苏州市传统文化研究会　编著

传统文化研究

顾廷龙 题

第二十五辑

中国三峡出版传媒
中国三峡出版社

图书在版编目（CIP）数据

传统文化研究. 第 25 辑/苏州市传统文化研究会编著. —北京：中国三峡出版社，2018.7

ISBN 978 - 7 - 5206 - 0042 - 2

I.①传… II.①苏… III.①中华文化 - 研究 IV.①K203

中国版本图书馆 CIP 数据核字（2018）第 131154 号

中国三峡出版社出版发行

（北京市西城区西廊下胡同 51 号　100034）

电话：(010)66117828　66116228

http://www.zgsxcbs.cn

E - mail：sanxiaz@ sina. com

涿州市京南印刷厂印刷　新华书店经销

2018 年 7 月第 1 版　2018 年 7 月第 1 次印刷

开本：850 × 1168 毫米　1/32　印张：15　印数：1500

ISBN 978 - 7 - 5206 - 0042 - 2　定价：65.00 元

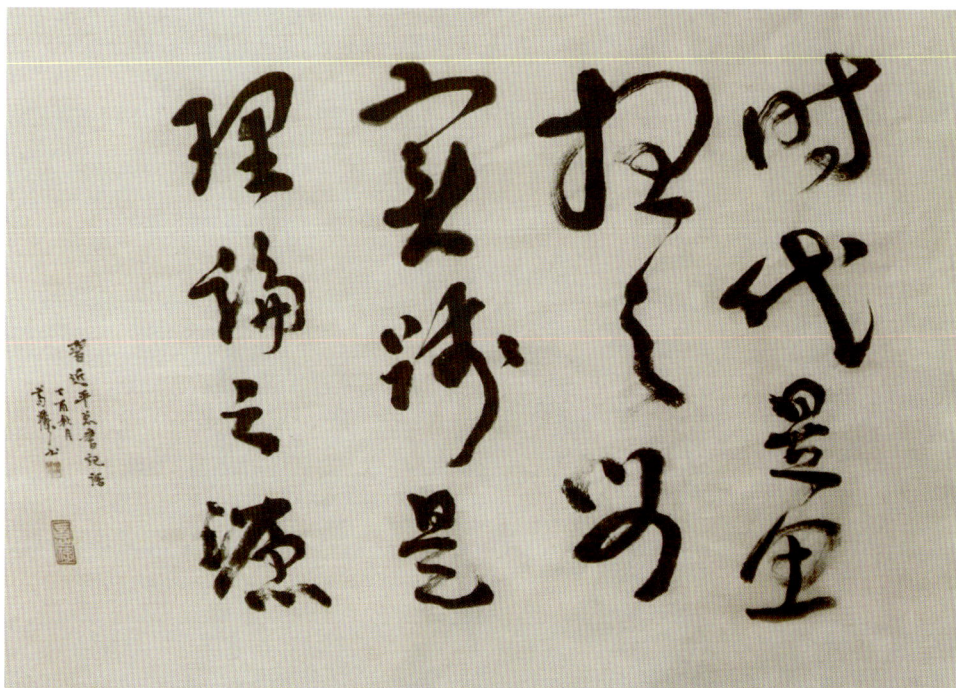

引习总书记讲话："时代是思想之母，实践是理论之源"

（书法作者：葛藤）

擎天柱

（作者：葛振华）

奔马，骅骝奔驰，志在千里

（作者：蔡纬　摄影：高自鸣）

一骑沙扬驿路长

嘶风踏雪气轩昂

征鞍日聘三千里

直指云天曜紫缰

海波开书

奔马诗　书法

（作者：蒋海波　摄影：高自鸣）

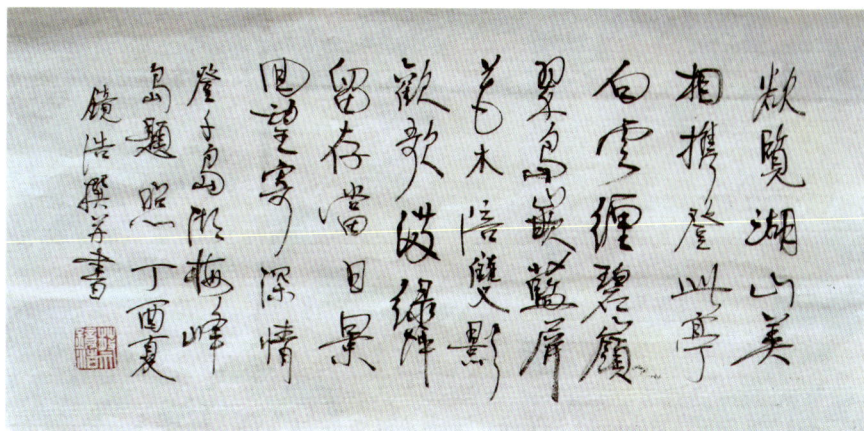

游千岛湖梅峰岛

欲览湖山美，相携登此亭。白云缠碧岭，翠岛嵌蓝屏。
花木陪双影，欢歌满绿坪。留存当日景，回望寄深情。

（作者：蔡镜浩）

牡丹　春盈清芬
（作者：程璧珍）

客吟三万六千顷，我取太湖一勺春。

太湖春望

（作者：文工　摄影：高自鸣）

兰花　幽香

（作者：李远延）

目　　录

核心价值论

生态综议

吴中人文

江南文化

街区文脉

资料集萃

序言　新时代担负起新的文化使命

杜国玲

　　党的十九大报告指出，文化自信是一个国家、一个民族发展中更基本、更深沉、更持久的力量。必须坚持马克思主义，牢固树立共产主义远大理想和中国特色社会主义共同理想，培育和践行社会主义核心价值观，不断增强意识形态领域主导权和话语权，推动中华优秀传统文化创造性转化、创新性发展，继承革命文化，发展社会主义先进文化，不忘本来、吸收外来、面向未来，更好构筑中国精神、中国价值、中国力量，为人民提供精神指引。

　　文化自信是支撑"三个自信"的基础。文化自信是一种广普自信，是一个国家，一个民族，一个人类的灵魂，也是信仰、信念的底气和支撑。文化自信存在于社会的一切行动中，同时影响着人类社会的一切行为。文化深入于人的一切活动，一切方面，无处不在，无处不有。

　　实现中国梦，是物质文明和精神文明均衡发展、相互促进的结果。没有文明的继承和发展，没有文化的弘扬和繁荣，就没有中国梦的实现。实现中国梦，是物质文明和精神文明比翼双飞的发展过程。

　　发展文化要以提高国民素质为根本。因此，既要关注经济目标，更要关注文化目标。在文化生产和文化消费过程中不断增长国民知识，醇化国民道德，完善国民人格，激扬国民精神，提高国民整体素质。

　　我们讲改善民生，文化应该是一个很重要的组成部分；

　　我们讲生活质量，文化应该是一个显著的标志；

我们讲幸福指数，文化应该是一个很重要的衡量尺度；

我们讲公平公正，文化应该是一个重要体现。

因此，中央明确提出，满足人民基本文化需求是社会主义文化建设的基本任务。

当今世界正处在大发展大变革大调整时期，文化在综合国力竞争中的地位和作用更加凸显，维护国家文化安全任务更加艰巨，增强国家文化软实力、中华文化国际影响力要求更加紧迫。

习近平总书记在中央政治局学习时的讲话中指出，一个国家的文化软实力，从根本上说，取决于其核心价值观的生命力、凝聚力、感召力。

社会主义核心价值观是当代中国精神的集中体现，凝结着全体人民共同的价值追求。习近平总书记在北大讲话时指出，核心价值观，承载着一个民族、一个国家的精神追求，体现着一个社会评判是非曲直的价值标准。核心价值观，其实就是一种德，既是个人的德，也是一种大德，就是国家的德、社会的德。

核心价值观倡导的德就是中国人的德的最大公约数。核心价值观倡导的德就是不同道德层次之间的最大公约数，目的是通过核心价值观这个德的最大公约数，把我们德的共同点找得更多一点。

核心价值观是文化软实力的灵魂、文化软实力建设的重点。因此，我们要在全社会大力弘扬和践行社会主义核心价值观，使之像空气一样无处不在、无时不有，成为全体人民的共同价值追求，成为我们生而为中国人的独特精神支柱，成为百姓日用而自觉的行为准则。

新时代是要以培养担当民族复兴大任的时代，以新人为着眼点，强化教育引导，制度保障，发挥社会主义核心价值观对国民教育、精神文明创建、精神文化产品创作生产传播的引领作用，把社会主义核心价值观融入社会发展各方面，转化为人们的情感认同和行为习惯。

人民有信仰，国家有力量，民族有希望。新时代要提高人民思想觉悟、道德水准、文明素养，提高全社会文明程度。广泛开展理想信念教育，坚持全民行动、干部带头，从家庭做起，从娃娃抓起。深化中国特色社会主义和中国梦宣传教育，弘扬民族精神和时代精神，加强爱国主义、集体主义、社会主义教育，引导人们树立正确的历史观、民族观、国家观、文化观。

新时代要深入实施公民道德建设工程，推进社会公德、职业道德、家庭美德、个人品德建设，激励人们向上向善、孝老爱亲，忠于祖国、忠于人民。要加强和改进思想政治工作，深化群众性精神文明创建活动，弘扬科学精神，普及科学知识，开展移风易俗、弘扬时代新风行动，抵制腐朽落后文化侵蚀。推进诚信建设和志愿服务制度化，强化社会责任意识、规则意识、奉献意识。

中国共产党从成立之日起，既是中国先进文化的积极引领者和践行者，又是中华优秀传统文化的忠实传承者和弘扬者。我们相信，当代中国共产党人和中国人民应该而且一定能够担负起新的文化使命，在实践创造中进行文化创造，在历史进步中实现文化进步！

苏州是历史文化名城，是历史形成的吴文化中心，深度开发苏州极为丰富的文化学术资源，大力加强包括吴文化在内的中华优秀传统文化的研究，对新时代苏州经济、政治、文化、社会和生态文明的进一步发展，必将产生重要的作用。苏州市传统文化研究会于1991年7月9日在鹤园召开成立至今，年年公开出好《传统文化研究》一本书，已经成为研究会的一项最重要的任务。《传统文化研究》第25辑所设的核心价值论、生态综议、吴中人文、江南文化专栏和相关文稿，既涉及整个中华传统文化内容，又深入地域吴地文化，一如既往地继续坚持了正确的政治方向，一如既往地继续坚持了正确的舆论导向，一如既往地继续坚持正确的编辑宗旨，这是难能可贵的。

2018 年，是贯彻党的十九大精神的开局之年，是决胜高水平全面建成小康社会、实施"十三五"规划承上启下的关键一年。今年，还将迎来改革开放 40 周年。时值《传统文化研究》第 25 辑付梓，缀言附上以为序。

核心价值论

谈苏州古城保护法律体系的构建

——兼议苏州市人大及其常委会
立法保护国家历史文化名城

高志罡　李远延

2017 年 4 月 25 日，苏州市第十六届人大常委会第三次会议对《苏州国家历史文化名城保护条例（草案）》进行初次审议。这是苏州历史上首次就"古城保护"专门起草法规，该条例的制定将为构建完整的古城保护法律体系起到统领作用。

1982 年，苏州成为国务院首批公布的国家历史文化名城。2013 年，住房和城乡建设部批准在苏州设立全国唯一的历史文化名城保护区。今天，这座人口众多的活态历史文化名城，作为长三角地区最繁荣、最活跃的经济文化集聚地之一，仍然发挥着举足轻重的作用，在世界城市史上极为罕见和珍贵。

为保护和传承这座独一无二的历史文化"瑰宝"，过去数十年间，苏州市人大及其常委会不断推进对古典园林、文物古迹、历史建筑、古树名木等进行全面抢救和保护，相继实施了老街巷、老新村综合整治、河道清淤和活水工程以及环古城风貌保护工程，历史文化名城保护的"苏州经验"成效卓著，广受赞誉。

苏州古城，既要承载当今社会各种功能，又要全面保护风貌，是一项极其复杂的系统工程。如何让传统文化风貌与现代生活方式并行不悖，如何使政府条块之间的机制体制与古城保护的相关政策法规体系相辅相成，如何确保保护力量与保障资金同步跟进，最终实现历史文化名城保护与经济社会发展的和谐共生？

一是必须打破体制机制障碍，处理好保护与发展、传统与现

代的关系，保护好历史文化名城优秀文化基因

2016 年初，苏州市第十五届人民代表大会第五次会议作出《关于加强苏州国家历史文化名城保护的决定》。这项充满历史眼光与文化关怀的重要决定随着煦煦春风拂过苏城大地。

市人大常委会强调，要树立"规划即法"意识，加强生态空间管制，坚决守好历史文化名城主体功能区规划红线和生态保护区红线，把江南水乡传统风貌保护放在更加重要的位置。在强调着理顺条块关系、推动市区两级构建古城保护管理体制机制、严格组织实施历史文化名城保护规划、加快编制和修订古城区控制性详细规划的同时，《决定》先谋一局，明确要求加快推进历史文化名城保护立法工作，市人大常委会将《苏州国家历史文化名城保护条例》列入 2016 年立法计划，并在立法过程中充分发挥主导作用。

运用法治方式加大保护力度，正是当前苏州历史文化名城保护的现实所需。作为国家首个历史文化名城保护示范区，苏州的保护措施和保护方法需要全面体现示范性、引领性。过去的保护工作明显地以行政管理为主导，相关法律制度建设尚不健全；在保护实践中，又面临着保护方法、资金投入以及社会参与等方面的一系列问题和管理矛盾；特别是在市、区两级政府的职责权限划分上，在景区和城市综合管理等领域都需要进一步通过立法来调整和理顺保护的体制机制。

苏州目前虽有 20 多种历史文化名城保护地方法规和管理办法，但保护工作一直缺乏统领性法规予以保障。颁布于 2003 年的《苏州市历史文化名城名镇保护办法》等已施行较长时间，不完全适应经济社会的发展现状，之后出台的《苏州市古建筑保护条例》等又偏重于具体文化遗产点的保护，缺少一部具有统领性的法律规范，与苏州名城保护的地位不相称，也难以应对当前从"城市遗产"发展到"遗产城市"的保护现状。

苏州国家历史文化名城保护区成立后，政府和社会层面加强

名城保护立法的呼声一直很高。2014 年市人代会上，周国忠等多位人大代表提出强化名城保护立法的建议，同年，市人大常委会就对此进行了督办和调研。特别是按照市委、市政府关于加强历史文化名城保护、推进历史文化名城保护的总体部署，从今年开始，苏州将以"古城复兴"战略为引领，实施开展历史文化名城保护和提升六大工程。这些都迫切需要出台专门法规作为法律依据。

在梳理整合现有法规和办法的基础上，制定《苏州国家历史文化名城保护条例》，精心打造一个"升级版"的、具有苏州特色和较强操作性的保护法规，是社会各界的共识，也是苏州国家历史文化名城保护走上法治化轨道的必然。

2016 年，《苏州国家历史文化名城保护条例（草案）》起草工作正式启动。

二是古城保护立法，关键在于破解古城保护中长期存在的一些制度掣肘，有针对性地解决历史文化名城保护范围、保护的基本原则和定位、管理体制、保护对象、保护措施等问题事实上，苏州立法保护历史文化名城的前期工作起步早、调研细、基础实。

自设立保护区以来，市委、市人大常委会、市政府高度重视保护工作。2012 年 8 月 1 日，市人大常委会召集有关部门及专家对《苏州国家历史文化名城保护规划（2013—2030）》进行座谈；当月，市十五届人大常委会第 14 次主任会议、市十五届人大常委会第八次会议先后对此进行审议。

2014 年 8 月，根据市人大意见，市政府委托苏州国家历史文化名城保护研究院开展立法保护历史文化名城专题调研，并面向全社会征集立法建议。12 月，市十五届人大常委会第十七次会议通过的《苏州市人大常委会 2015 年度工作要点》将《苏州国家历史文化名城保护条例》作为市人大常委会 2015 年立法计划的重点调研项目。

2016 年，随着《条例（草案）》起草工作正式启动，市区两级立法工作领导小组相继成立，先后召开多场立法咨询会。市人大常委会环资城建工委、教科文卫工委、法制工委等通过召开立法协调会、参加政府部门组织的立法座谈会和论证会等，及时加强与市政府、姑苏区政府的沟通，明确《条例》起草的相关要求。

2017 年 3 月，市政府常务会议通过《苏州国家历史文化名城保护条例（草案）》后，市人大常委会专门成立立法调研组，分别召开由市政府有关部门、姑苏区及相关街道社区、保护项目实施单位、部分市人大代表、人大立法顾问和相关专家等参加的座谈会，广泛征求立法意见和建议。

历史文化名城保护的范围是需要明确的首要问题。依据《省政府关于调整苏州市部分行政区划的通知》、《苏州国家历史文化名城保护规划（2013 - 2030）》等文件，《条例（草案）》规定"适用于苏州国家历史文化名城保护区，保护区的范围覆盖姑苏区行政区域"。同时明确"保护区实行分区域保护，重点保护历史城区"，如此规定既能符合苏州名城全面保护的要求、又能落实历史城区的重点保护。

关于保护的基本原则和定位，《条例（草案）》规定"保护区保护应当遵循保护优先、科学规划、合理利用、协调发展的原则"，并要求名城保护应当"统筹城市经济社会发展与历史文化名城保护的关系"。这些纲领性的表述，鲜明地提出保护区保护的特色原则、定位和发展方向。

理顺条块之间的历史文化名城保护机制，是《条例》的立法重点，也是落实保护工作的关键所在。《条例（草案）》分别规定了市、区两级政府不同的管理保护责任，明确了"姑苏区人民政府、保护区管理委员会具体组织开展保护区保护工作。"同时还提出保护区保护管理体制改革的方向，着力"推进管理重心、管理力量下移，构建权责清晰、服务为先、管理优化、执法规范、安全有序的创新管理体制和高效合力的工作机制。"

《条例（草案）》根据保护区的特点，明确了历史环境、历史城区、历史文化街区和历史地段、河道水系、地下文物埋藏区、各级文物保护对象等、未被确认为古建筑的传统民居和具有地方特色的非物质文化遗产、其他等九大类保护对象，并根据保护对象的各自特征，分别提出了不同的具体保护要求。

作为一部先试先行的地方性法规，《条例（草案）》在具体保护措施上有很多创制性的内容。比如确立保护名录制度和信息管理；要求组织编制和实施保护区、历史文化街区等保护规划；在明确市、区政府将保护区保护资金纳入财政预算的同时，提出设立"专项资金"、"建立多元化的保护资金筹措机制"；明确将传统民居纳入了保护对象，实施差异化保护和利用；规定保护区内的产业业态应当符合保护区保护的要求，并提出建立产业转型升级基金，鼓励转型升级；明确姑苏区人民政府、保护区管委会为保护区行政综合执法体制改革工作责任主体；同时建立保护补偿制度和公众参与制度等，充分体现了苏州特色。

从突出对江南水乡传统风貌的整体保护以及物质文化遗产和非物质文化遗产的分级保护，进一步明确了历史文化名城的保护范围；从推进古城产业结构和交通体系优化升级、居住条件和生活环境不断改善，进一步明确了古城区未来的功能定位；从细化措施、落实保护要求和法律责任，进一步框定了实施保护的基本原则——《苏州国家历史文化名城保护条例（草案）》眉目初显。

三是苏州多年的古城保护实践证明，以科学合理规划为起始，健全管理体制为关键，全民自觉参与为根本，是依法务实保护历史文化名城的工作路径

2017 年 4 月，市政府将《苏州国家历史文化名城保护条例（草案）》提请苏州市第十六届人大常委会第三次会议审议。

市人大常委会认为，加快历史文化名城订立保护立法，是加强历史文化名城保护、构建完整名城保护法律体系、推进历史文化名城保护总体部署，是走上法制轨道的重要工作，对进一步提升历史文化名城的规划、建设和管理水平，有效保护和合理利用历史文化资源，对促进经济社会协调发展意义深远。

　　针对《条例（草案）》，市人大常委会提出：要进一步明确名城保护重点。坚持在保护中求利用，在利用中促保护，变被动保护为主动保护。以提升人口素质、改善人口质量为要务，从而增强历史文化名城生机活力。以建设宜居城市为重点，在提高名城保护过程中，让人们意识到生活中的幸福感。至于对自然风貌、人文建筑等有形的保护外，更应注重历史文化内涵的发掘和古城灵魂的传承。

　　要进一步优化保护体制机制。按照行政体制改革相关要求，逐步明确市、姑苏区两级行政主管部门管理职责，持续强化保护职能，扎实推进保护区全面保护与重点保护的有机统一。要建立健全保护委员会和专家委员会治理协调和智库咨询体系，推进名城保护档案工作，为更好地研究苏州历史文化奠定基础。要进一步推进总体保护利用。探索运用社会资本、市场动力和民间资源，促进政府、企业、市民等各类保护主体的积极参与，提高市场、文化、金融等多种保护资源的有效利用率。尽快厘清历史文化名城基础功能，建立产业业态引进负面清单，积极发展现代服务业，打造文旅深度融合的历史文化名城，把古城保护规划与名城保护条例相衔接，与苏州城市规划、各个专业领域规划相协调，加强经济业态上的调整和优化，促进名城优质资源有效集聚。要进一步拓展保护工作成效。以开创示范先例、树立标杆榜样的高标准、严要求来推进《苏州国家历史文化名城保护条例》的制定和保护工作的开展。关于历史文化名城保护纪念日的设立，要更符合老百姓庆祝传统文化的心理习惯，体现区域社会生活的内涵标志性，彰显苏州文化精神。

　　根据常委会组成人员的审议意见，市人大常委会相关工委于5月召开系列专题会议，围绕《条例（草案）》涉及的法规名称与适用范围、保护原则与保护目标、管理体制、纪念日、保护内容、社会力量参与、保护规划以及产业业态等八个方面的问题进行研讨，进一步修改完善草案。要让《条例》切实具有针对性和可执行性，在保护实践中真正突破关隘、起到实效，起草过程必须不守旧、不避难，啃下制度性问题的硬骨头。

《条例（草案）》将传统民居纳入了保护对象，并在具体保护利用方面，提出"鼓励利用传统民居，对外开展经营性服务，展示苏州地方传统生活氛围和传统民俗文化。对社会资本参与保护修缮国有传统民居的，可依法在不改变所有权的前提下，给予一定期限的使用权。"鉴此，直管公房在市场中的属性问题以及相关的产权流转问题，亟须得到法规明确。

5月22日，市人大常委会及时召开《条例（草案）》有关直管公房问题专题座谈会，排查我市直管公房所有权转让、修缮以及管理中的难点，重点研究直管公房进入市场交易问题。要求法工委在组织草案修改过程中，根据市政府的意见和要求，立足实际，制定措施，推动直管公房上市交易。

保护古城必须依法治理，才能取得良好效果。在社会主义核心价值观中就是有"法治"这个词汇，它和法律上的法治内涵是一致的，在社会主义核心价值观的引领下依法治国、依法理政，才能国富民强。保护古城同样是这个道理，所以保护古城，必须要立法，城市文化自有它的文化中心，但大量的古城文化都散布在街区、乡村，因此必须要一丝一缕、一山一水、一街一巷地进行深入调查，才有根据地立法治理，从而让苏州古城文化再放异彩。

简论国学的当代价值

——兼论国学与社会主义核心价值观之关系

赵杏根

当前，全国人民在党中央的号召下，正在热烈、潜心地探讨学习社会主义核心价值观的本质思维，然而多年来，社会上还存留着的那些"国学热"，连不少大学也办起了"国学院"或者类似的学院或者书院之类，社会上大大小小的挂"国学"牌子的教育机构，就更加多了。一些重要报刊也出现了"国学研究"或者相关的栏目。可是，人们对国学的态度却相差很大，争论不少。打着"国学"旗号的某些文化现象，更加令人忧虑。笔者觉得，对国学的当代价值作一番评估，是很有必要的，因此，草就此文，旨在抛砖引玉。

国学的概念及其基本特征

国外的中国研究，被称之为"中国学"，也叫"汉学"。这门学问包容广泛，对中国古今社会、历史、文学、思想、经济、政治、民俗、地理、气象等等的研究，只要是关于中国的内容，都属于这个学科范畴。我们所说的国学，和"中国学"是不同的。

国学研究的对象有广义和狭义之分。广义的国学研究的对象，是我国的传统文化；狭义的国学研究的对象，就是我国的经史子集。传统文化有历史的维度在，我们可以将这个维度定在清王朝灭亡，也就是我国封建社会在形式上特别是在政治上结束。在此之前的文化遗存下来的，我们称之为传统文化，当然，经史子集是包括在其中的。

那么，我们为什么要分别广义国学和狭义国学呢？首先，它们的研究对象是有很大的本质区别的。我把社会文化粗略地分成精英文化、大众文化两个部分，尽管其间也没有鸿沟之殊，但区别是明显的，前者是雅文化，是主流文化，而后者是俗文化，是非主流文化。前者的负载者是士大夫，后者的负载者是人民大众。士大夫"以先知觉后知，以先觉觉后觉"。从总体上说，主流文化引领大众文化，最能够代表传统文化的本质和特点文化，主要包括通俗文化和民俗文化。当然，这二者之间也是没有鸿沟之殊的，但大致的边界还是有的，本质特征也有不同。通俗文化主要包括戏剧、白话小说、曲艺等等，其本质特点是商品性或者商业性，通俗文化作家和其他相关的从业者，一般都是要考虑到直接为自己谋取物质利益的。抓住了这一本质特征，通俗文化中的许多现象就不难理解了。民俗文化的本质特征是原生态，自然和率真，但粗糙和愚昧也掺杂其中。可是，经史子集，作者写作这些文字不是为了卖钱的，它是精致的，即使某些部分也粗糙和愚昧，和民间文化相比，程度也是有很大不同的。总之，较之于大众文化，经史子集的文化，其深度、广度和高度，以及在社会发展中起的作用，都是大众文化所无法企及的，且对大众文化具有引领的作用。因此，我们把狭义国学的研究对象划定为经史子集，古代经史子集中，对此前的经史子集的传播、接受、研究，是不是国学研究呢？当然是的。是不是我们今天国学研究的对象呢？当然也是的。一门学问，怎么"学"，和它的研究对象之间，概念很容易混淆的，在具体的语言运用中，尤其如此。国学也是如此，我们讲国学，是指它的研究对象经史子集呢？还是指对经史子集的研究呢？英语中有个单词，叫 FOLKLORE，它有两个意思，一是"民俗"，是民俗学这门学问的研究对象，二是"民俗学"。根据这个例子，我们"国学"这个概念，也可以这样处理：一是"国学"研究的对象，经史子集，或者是传统文化，二是"国学"这样一门学问，即关于经史子集的研究。换一种说法，广义的国学，是我国传统文化及其研究，狭义的国学，是经史子集的及其研究。

下文论述的国学专指狭义的国学，国学所研究的对象也就是经史子集，最为基本的特点是多元化和主旋律的高度统一。国学研究的对象不仅仅是文学，也不仅仅是儒家的学说，墨家、法家、道家、兵家、农家、阴阳家、名家以及种种科技都是属于国学，都在冲荡和融合中发展变化，这就是多元化。国学的多元化也是和它的开放性紧密联系在一起的。例如，佛学是外来的学说，后来就成了国学的一部分。如果说徐光启、吴历等对基督教的接受，影响还不够显著，那么，近代以来，魏源、谭嗣同、康有为、梁启超、张謇等吸收外来文化所取得的成就，就有目共睹的了。"修身齐家治国平天下"，一向都是国学的主旋律。即使是曾被视为"出世"的道家、佛家的思想文化，不都是为解决"修身齐家治国平天下"过程中产生的问题而产生、而传播、而存在的吗？在全球信息传播高度发达的今天，如何面对异质文化？国学的这一基本特点，可以为我们提供有益的经验。

国学与当代文化建设

全盘否定国学，甚至连国学的研究价值也彻底否定的人，尽管还是有一些的，但不会太多。国学研究、教育和传播的价值到底如何？对这样的问题见仁见智，人们的意见会有这样那样的不同。我在这里说说我的看法。

首先，我们现在的社会文化中，有国学的大量成分。文化不是货币。废除旧币，通行新币，新旧货币之间可以毫无关系，但文化是无法这样更新的。大致说来，在我国封建社会中，在清王朝灭亡之前，我国的主流文化是经史子集，清王朝灭亡以后，社会的主流文化就不再是那样的经史子集了。可是，今天主流文化中许多重要的部分，明显来自经史子集。且不说文字和语言，那么多历史故事、文学典故、诗词歌赋中的名篇和名句，许多先哲的思想和名言，那么多概念和范畴，乃至这样那样的许多思想观念，难道不是我们当下的主流文化的重要部分吗？更加重要的是，今天的主流文化，其主旋律仍然是"修身齐家治国平天下"，尽管内涵有所改变，但这个主旋律的精神并没有改变。任何一个中国人，谁能彻底摆脱这些而形成自己良好的文化品格？因此，即使仅仅从这样的角度来看，国学研究、教育和国学传播的价值也是客观存在，是任何人都无法否认的。

其次，我们进行文化建设，需要对国学的研究和传播。我把当代社会的文化，简略地分成主流文化和大众文化，当然，这两种文化之间也是没有鸿沟之殊的，我只是为了论述的方便而姑且这样来分。我说的主流文化，是包括媒体传播的文化、学校传授的文化在内的知识分子的文化。我们的主流文化有没有缺陷？当然是有的。仅仅就当代的主流文化和国学的关系看，前者在继承国学遗产的时候，应该抛弃的没有抛弃，不应该抛弃的抛弃了，不应该忽视的忽视了，这些现象都是存在的。如何弥补这些缺陷？离开国学，当然不是明智的选择。再说，主流文化要不要发展？当然是要的。那么，国学也应该是主流文化发展所需要的重要文化资源。

再看当代的大众文化。对今天的大众文化，我可以大胆地表达不乐观甚至忧虑。当代主流文化对大众的浸润，还是远远不够的。当然，我们可以举出很多事实，例如电视、智能手机等的普及度，义务教育的普及度等等，以及技术的进步给大众生活带来的改善等。可是，如果深入到大众之中，特别是农村，去细致地了解大众的精神面貌、文化状态，我们很难乐观起来。主流文化对他们的影响，恐怕远远不及传统的民间文化对他们的影响大。如果作一个农村调查，调查某个乡镇没有到政府有关部门进行登记并且得到批准的各种庙宇寺观有多少？打着宗教旗号的不伦不类的法事有多活跃？婚丧喜庆的产业链是如何发达？命相、占卜、风水、巫术之类现象出现的情况如何？在"赛先生"大旗高扬了一百多年后的今天，此类现象还在社会上大行其道，而主流文化阶层对此基本上无所作为，甚至还推波助澜。长此以往，如果没有其他的力量相助，主流文化还能有效地在文化方面引领人民大众吗？这实在是值得我们深思的。

　　大众中至今还存在的某些落后的文化现象，即使是在封建社会也绝不属于主流文化，甚至是被主流文化所鄙弃的。国学中，就有不少抨击种种迷信等非理性文化的内容。因此，在大众中传播国学中健康的内容，一方面可以丰富大众的心灵，另一方面，可以对治这样那样的落后的文化，来提升大众的文化品格，因此，不管是主流文化，还是大众文化，当代的文化批判、文化改造、文化创新和文化建设，都需要国学这样的文化资源。

　　有人会说，经史子集产生于封建时代，现在社会状况已经完全不同，那些"老古董"除了观赏价值外，还有什么用处呢？我认为，当然是有用的。要知道经史子集中，有些内容具有很强的普适性，适用于当时，也适用于现在，甚至适用于将来，例如《论语》《孟子》《老子》《庄子》中的大量内容就是如此，一直在社会中发挥着重要的作用，并且还会继续下去。有些内容，则在当时具有很强的超前性，尽管产生在封建社会，但是，很可能不被当时所重视，或者不被当时所用，没有在当时发挥作用，乃至在当时和后来相当长一段历史时期被排斥，但是，今天看来仍然熠熠生辉，例如，黄宗羲的《明夷待访录》等著作就是如此。这一部分内容其实是不少的，等我们去努力发掘。

国学与社会主义核心价值体系

　　我们要进行文化建设，实现文化创新，必须明白种种文化现象中，文化的诸要素中，什么是最为重要的部分？是核心的部分，是决定文化性质的部分，是文化所蕴含的价值观。不仅如此，我们从具体的文化现象中跳出来看整个社会，文化实践以外的种种实践活动，包括政治、经济、科学等等的实践活动，其中确实有价值观体系在，这个体系就体现了该社会的性质。因此，中央提出社会主义核心价值体系，是非常英明的。

　　提出核心价值体系，到在我们全社会的实践中充分地体现这些核心价值，当然还有漫长的路要走。在这个过程中，我们必须利用种种文化资源。毫无疑问，国学就是我们在社会实践中，按照党中央提出的目标，建设社会主义核心价值体系的重要资源。

　　在国学中，特别是公民个人的价值准则，爱国、敬业、诚信、友善等思想文化资源，国学中非常丰富。对国家富强、社会和谐等的追求，可以说几乎贯穿了中华民族的整个历史，经史子集中，相关的思想文化资源同样是很丰富的。

　　在社会主义核心价值体系中，有的价值观看起来似乎是国学中所缺乏的，但实际上并非如此，例如"法治"就是。经史子集的"子部"就有法家。实际上，法家也是我国封建社会中的显学，实际地位并不在儒家之下。法治的思想文化，在封建社会中，同样是发展得蓬蓬勃勃的，这是事实，无须多说。笔者想强调的是，即使是儒家，同样也讲究法治的。我一贯认为，"法从礼出"。儒法两家，并非水火。先秦法家思想的集大成者韩非子，先秦法家思想最为成功的实践者李斯，这两个法家巨子，都出于荀子之门，而荀子是仅次于孔孟的儒家大师。儒家的《礼记》、《仪礼》和《周礼》之中，不少"礼"，实际上就是"法"。例如，《周礼》中关于中央和地方政府的行政设计，各官位的执掌等等，许多是属于法律的内容。《仪礼》中的婚礼，实际上起着法律的作用。古代没有结婚登记的制度，判定一对男女是不是合法夫妻，标准是什么？当然就是是否行过婚礼。因此，婚礼尽管是礼，但是，实际上也是法。《礼记》中大量关于保护动物资源的规定，实际上就相当于我们今天动物保护法中的许多内容。我们的"法治"价值观念，其渊源如此，那么，就多了些许人性化的内容，多了些许人情味，也多了些许文采，比起某些国家法律和执法都是那么冷冰冰的，甚至执法人员滥用暴力杀人的"法治"来说，当然要文明得多。可见同样是"法治"，作为我国社会主义核心价值观的"法治"，是和某些国家的"法治"，是有很大不同的。

"民主"，是国家层面的价值目标。在国学中，关于民主的思想文化似乎是缺乏的。可是，国学中，民本思想是非常丰富的。"民为贵，社稷次之，君为轻"，这就是孟子"民贵君轻"的思想。民本也好，民贵也好，其核心就是充分考虑到民的根本利益。那么，民主的核心，不也是充分考虑到人民大众的根本利益吗？某些国家和地区的"民主"令人眼花缭乱，其实，这些都是形式而已，能够真正体现人民大众的根本利益吗？因此，以民本思想为根底的民主，应该是和某些国家和地区的"民主"有很大不同的。

国学中的思想文化资源，对我们全面认识社会主义核心价值观中的某些部分，是有帮助的。例如，对社会层面的价值取向"和谐"的理解，就是如此。国学中关于"和谐"的思想资源是非常丰富的，特别是儒家，相关的论述很多。"和为贵"几乎是妇孺皆知的。既然是"和为贵"，孔子、孟子为什么又要抨击以老好人面目出现的"乡愿"，甚至说"乡愿，德之贼也！"孔子又为什么要和"三桓"作斗争，为什么要请鲁国当局讨伐弑君的田常？孔孟为什么都"好辩"？为什么要抨击异端邪说？

我们看看，《论语·学而》说的"和为贵"是怎么回事，"有子曰：'礼之用，和为贵。先王之道斯为美，小大由之。有所不行：知和而和，不以礼节之，亦不可行也。'""和为贵"，不是什么情况下都"以和为贵"的意思。上了点年纪的人，应该还记得20世纪70年代的"评法批儒"，那个时候批儒家的"和为贵"，批判者大多没有弄明白这话的意思。遗憾的是，许多报刊上、现实中，还常常看到这样的用法，劝告人家不要相争，往往就搬出"和为贵"来，甚至巨幅公益广告也这样写着。儒家和其他学派相比，有个鲜明的特征就是非常注重礼。在儒家看来，礼有这样那样的功用，例如文饰作用等等，在礼的这些功用中，创造和谐这一个功用是最为可贵的，所以说"礼之用，和为贵"。和谐社会正是大家所希望的。但是，如何实现社会的和谐？种种事情要以礼节之、以法节之。"小大由之",就是说大大小小的事情,都要遵循礼来办。我们不能为了和谐而放弃礼、放弃法,孔子也说得很明确:"有所不行:知和而和,不以礼节之,亦不可行也。"为了维持和谐而放弃礼法,是"不可行"的!和谐不以礼法而成、而维持,迟早会维持不下去的!总之,和谐是通过礼制和法制达到的,而不是无条件的,更加不是苟且!

总之,国学是我们实践社会主义核心价值体系的重要的思想文化资源,我们应该加以尽可能充分的发掘与利用。

"国学热"中的若干问题

"国学热"中有不少问题,不仅影响了我们对国学遗产的开发和利用,而且,对我们社会的健康发展也是不利的。因此,有必要对这些问题作些剖析。笔者在此仅仅列举其中比较显著的几个问题论之。

1. 复古

有些人念念不忘我国汉唐时代,认为那些时代,我们的国家最为强盛,文化最为繁荣,因此提倡恢复当时的文化。这无异于痴人说梦。流行一阵唐装汉服,有一些人喜爱穿唐装汉服,这也可以是社会的一道风景线,可是,要求大多数人穿唐装汉服,显然是不可能的,更莫说要人们都来写文言文、旧体诗,以及跪拜如仪之类了。社会已经大变,世界已经大变,文化还回得去吗?再说,汉唐社会真的是那么好吗?

看看古籍中的记载,不就知道了?

国学研究、国学教育和国学传播,目的并不是要复古。在漫长的历史中,国学一直是主流文化。事实已经早就证明,这样的主流文化早就已经严重阻碍了我国社会的发展了。社会已经发展到今天了,如果谁想再奉这样的文化作为主流文化,那么,他要把我们的社会带往何处?再说,这样的可能性,在实践中也早就不存在了。

2. 封闭

有些人认为，国学中尽管也有糟粕，或者是不适合当今社会的内容，但是，如果把国学改造一番，把其中对当今社会有用的部分提炼出来，加以整合，不必利用别的思想文化资源，就可以创造适合于我们当今社会的主流文化。因此，他们极力推崇国学，独尊国学，竭力排斥国学以外的其他思想文化资源。人们提到某个观点或者文化现象的时候，有些人就马上到国学中去找资料，以证明"我们也有"。连学习外语也觉得没有必要，这样的人，也颇为常见。

把国学中的精华提炼出来，加以整合，是否足以建设我们当今的文化？建设社会主义核心价值体系？我的回答是否定的。原因非常明显，国学产生在封建社会，我们今天看来，有些重要的部分是严重缺乏的。例如，在当今社会，"平等"是何等的重要，社会主义核心价值观中就有"平等"一条，可是，在国学中，平等的思想资源是非常贫乏的。佛教有丰富的平等思想，但是，传入我国后，这样的思想就被阉割了。因此，我们建设社会主义核心价值观，构建适合当今社会的文化，无论是主流文化还是大众文化，必须广泛利用更加多元的文化资源，进行创造性的构建才能实现。

3. 貌袭

某些国学教育机构让孩子仿照古人读经，穿古装，行古礼。莫说是这些做法几乎都是来自于影视作品，就是真的完全有充分的文献依据，又有什么意义？再说，真能够模仿得到位吗？是模仿哪个历史阶段的读书人呢？即使是模仿清代的，那么，家具摆设呢？设备呢？如果不是演戏，那就是宗教式的仪式。如果是演戏，把国学当演戏，效果会如何？如果是宗教仪式，把国学当宗教，效果又是如何？

诚然，儒家的思想文化是国学的最为重要的部分，甚至是主要的部分，在先秦诸子学派中，尚礼是儒家最为显著的外在特点，别的学派不是这样的。可是,《论语》中,孔子屡次表述过,和人的思想、行为等本质相比,礼是第二位的。《论语·雍也》中,孔子告诫子夏:"女为君子儒,无为小人儒。"儒家极重礼文。"克己复礼为仁",礼文乃行仁之手段,或云形式,仁才是核心内容。隆礼而行仁,是为君子儒;袭礼而弃仁,是为小人儒。"仁者,爱人"。隆礼爱人而不谋私利,是为君子儒;袭礼不爱人而谋私利,是为小人儒。子夏列于孔门文学科,文章学博,自有可观者,隆礼好文,盖其所长。孔子惧其昧于本末之辨,专务隆礼好文而忽视行仁义之实,以致堕入私欲而成为小人之儒,故以此警戒之。国学教育和国学传播,如果引导人们把重点放在种种"礼"上,即使达到了这样的目的,那么,不是买椟还珠,就是造成种种"小人儒",对社会有什么好处呢?

4. 嗜痂

国学内容驳杂,有精华,更有糟粕。有些人出于利益考虑,或者是见识不高,热衷于国学中的某些糟粕。例如,有些人以我国古代主流思想中"男尊女卑"为依据,提倡妇女"回归家庭";有些人秉承古代的门第观念,推崇"高贵"、"显赫"的门第等等。国学中那些宣传迷信的部分,明显是糟粕,却被不少人追捧。农村地区种种迷信活动沉渣泛起,甚至愈演愈烈,某些地方此类活动实际上已经发展为产业,而主流阶层对这些现象几乎无所作为,甚至还作为"传统文化"、"文化遗产"来对待。以"国学"的旗号算命、占卜的,往往有之。诚然,经史子集中有"术数"一类,但方术也在其中。可是,即使是在封建社会中,这些也是属于不入流的部分,被一般的士大夫所鄙视的部分,被视为旁门左道的部分。《论语》中说:"子不语怪力乱神。"孔子又说:"祭如在,祭神如神在。"既然是"如神在",那么,"神"当然是不在的了。孟子也没有过相信鬼神的论述。至于荀子,则是明确主张无神论的。儒家经典中,超现实的内容是不多的。《左传》中有一些是作为"纪异"的,"纪异"是史书的任务之一。把儒家经典神秘化,是秦汉以后的事情了，那是有另外的原因的，未必是神秘化者确实是认为鬼神存在。先秦诸子中，墨子是唯一明确鬼神存在的。然他也并非真的认为有鬼神存在，而是另有深意的。当时，社会政治失序，重要的学派都有恢复政治秩序的设想。儒家提出"君君臣臣，父父子子"，法家强调君主的权威，墨家提倡"尚同"，也就是下级服从上级，维护君主的权威。那么，君主如果为非作歹，谁去制约他？君主之上，还有"天"。在他的政治伦理框架中，墨子试图以"天"来制约君主，所以，"天"就被神化了。佛教和道教当然都是宣扬超自然内容的，可是在国学中，它们都不是主流，韩愈不就"攘斥佛老，不遗余力"吗？再说，佛教和道教的精华部分，全不在超现实的内容。如果让国学中的糟粕部分再死灰复燃，这肯定是社会的灾难，因此，我们必须提高警惕，制止此类现象。

　　总之，站在当今的思想文化高度，国学的优秀部分是社会主义核心价值观的传承发展的基因，但是对国学也要先作一番必要的鉴别，区分精华和糟粕，取前者作为我们今天进行文化建设、价值观体系建设的资源，而毫不犹豫地要抛弃后者，这是很有必要的。仅仅凭国学，我们无法建设现代文化，也无法建设社会主义核心价值体系，因为国学毕竟产生在封建社会，因此，我们必须广泛地利用一切可以利用的多种文化资源，但也必须接受历史唯物主义的检验，才能为现代文化建设，社会主义核心价值观体系服务。

古今法律的公平平等精神刍议

——兼议法与核心价值观的渊源

陆承曜

何谓法？《吕氏春秋新校释·处方》："为方圜则若规矩，此则工矣巧矣，而不足法。"此说"没有规矩不能成方圆"，仅是对能工巧匠的要求，或者说是能工巧匠自我的希望，不足谓法。

"法"的内涵是"法也者，众之所同也，贤不肖之所以其力也。谋出乎不可用，事出乎不可同，此为先王之所舍也"（《吕氏春秋新校释·处方》），那就是说"法"是一切行动的准则，人人都应遵守，所以贤与不肖者在法的面前，贤者能尽其所能，不肖者也不敢逃避其罪责。如果一切谋划行事不合于既定的"法"，那就是违法。

一

韩非进一步的阐述是："故当今之时，能去私曲就公法者，民安而国治，能去私行行公法者，则兵强而敌弱。"反之"忠臣危死，而不以其罪，而良臣伏矣。奸邪之臣不以功，则奸臣进矣"（《韩非子新校注·有度》）。韩非以忠臣无罪而屈死，于是良臣都隐伏而不敢发挥他们的智慧才能，奸邪无功者反而获得晋升，韩非以这种"奸私之行"的危害，反衬了"法"的公平、平等，秉公无私的涵义。

《韩非子》与《吕氏春秋》在篇章间已深深表露了法的公正性与重要性，但怎样才能在行使法的过程中体现其公平与平等的价值？《韩非子新校注·有度》："故以法治国，举措而已矣！法不阿贵，绳不绕曲……刑过不避大臣，赏善不遗匹夫"，就是说法不趋奉权贵，不受他人左右，施刑不避大臣，应和百姓一视同仁，奖赏应人人平等，不应遗漏一个该受赏的百姓。一切由法决定，可以使受赏者也好，受罚者也罢，都会感到法是无比的威严，但又公平平等，从而达到守法而不渝。

墨家有位大学者，他常为秦惠王出谋策划，深得秦惠王的信任，他就居住在秦国。可是他的儿子却在秦国杀了人，秦惠王念他年事已高，仅有一子，所以对那位大学者说："寡人已令吏弗诛矣，先生以此听寡人也！"秦惠王总以为他要感恩戴德了，谁知那位大学者并不领情，他对答说："墨者之法'杀人者死，伤人者刑……天下大义也'"，"王虽为之赐，而令吏弗诛，腹䵍不可不行墨者之法。"（《吕氏春秋新校释·去私》），意即您虽想赐我儿子不死，但我不可不行墨者之法。在法的面前，那位大学者尽到了"天下大义"，而秦惠王的"善心"却起不到"法"的作用。那位大学者的儿子也免不了法的严惩。这样的结果，用今天的话说是"法律面前人人平等。"可是在封建专制的社会中，那位大学者和秦惠王的故事是绝无仅有的，但这段法史佳话依靠古籍史书传承到今天，值得后人借鉴与研究。

至于公平、平等的含义，这里是指公民在法律上应享的权力、权利、权益，必须人人平等，公平、公正。

就以女权而论，人类社会从母系氏族过渡到父系氏族，妇女就无权了。在家庭中无继承权，在朝廷上无治国平天下的权。直至清末，在孙中山先生的革命号召下，革命女侠秋瑾就发出了："男女平等天赋有，岂甘居牛后"诗的呼声。清末大实业家、全国首富盛宣怀，他的家产财富，可以称得上是富可敌国。1916 年盛宣怀行将逝世时，将家产一半分给五房儿子，由于当时女子继承权的法规还没有出台，所以盛家二位女儿盛爱颐、盛方颐都没有得遗产的份儿。而遗产另一半用来设立愚斋义庄，救济盛氏贫苦人家和从事社会慈善事业。

1927 年，南京国民政府成立。为筹措军费，首先打在上海作寓公的前清遗老们的主意，自然盛氏家族首当其冲。由江苏省政府发出通告，命令把愚斋义庄解散，财产的四成上缴国库，充作军需。盛氏兄弟也想乘此机会，想把余下的六成由五房相分（那时盛宣怀及其夫人都已逝世）。但是，他们没有想到的是，时代不同了，分家已不单单是男人们之间的事，女人们也有份儿。

那是因为国民党在 1926 年 1 月召开的第二次代表大会上，通过了一个由宋庆龄、何香凝、邓颖超 3 位女代表提出的《妇女运动决议案》，敦促国民政府应根据《党纲》政策第 12 条：（1）制定男女平等的法律。（2）规定女子有财产继承权。此次代表大会是在国共第一次合作时期中召开的，当时就有多名中共党员参加。

其后，国民党中央委员会第 61 次会议决定，凡是审理妇女诉讼，都要按照《妇女运动决议案》进行裁判。于是司法委员会就对各司法机关发布训令：在未制定新法规之前，凡属审理妇女的诉讼，都应按照《妇女运动决议案》在法律方面的原则进行裁判。

盛宣怀的第七女儿盛爱颐本是民国初期的新女性，她就状告五房，将诉状递到上海公共租界临时法院，起诉她的三个哥哥（恩颐、重颐、升颐）和两个侄子（毓常、毓邮，他们的父亲也已逝世），认为他们把收回的义庄财产只分为五份是不对的，而应分为七份（爱颐的妹妹方颐此时亦未出嫁），她自己应该得到其中一份。由此，她特地慎重聘请陆鸿仪为辩护律师（苏州人，光绪廿九年进士、翰林院庶吉士、留学日本中央大学，法学士，历任大理院法官、庭长、修订法律馆总纂、副总裁。"七君子"辩护律师。"七七"全面抗战后，在重庆，因皖南事变，任《新华日报》法律顾问。中华人民共和国成立，即被任命为中央人民政府最高人民法院委员会委员兼庭长，1952 年病逝于北京）。

由于盛氏家族争夺遗产一案，涉及中国女子的继承权问题，非同一般的遗产诉讼，因此轰动全上海。开庭当日，法庭内外人头攒动，其中尤其以法律界人士特别引人注目。当时上海著名律师江一平、詹纪风等都到场旁听。盛氏家族兄妹因是内部遗产之争，不便双方对簿公堂，只是各自委托律师为代理人，为自己辩护。当场，就以愚斋义庄究竟是谁的财产为中心，进行长时间的辩论。

被告一方坚持认为他们五房作为盛宣怀的继承人，在1916年盛去世时继承了他的全部遗产，其中包括已经分配的一半财产，也包括义庄。因此当他们分配义庄的六成财产时，并不是在分配盛宣怀的遗产，而是在分配早就属于他们自己的财产。因为1916年时有关女子继承权的政策还没有公布，未婚女儿是没有继承权的，所以盛爱颐对义庄财产权利，正像她对父亲的其他遗产一样，没有任何继承权利。

原告一方的律师陆鸿仪认为，盛氏叔侄不是义庄的共同所有者。既然盛宣怀临死时明确把一半财产划出，不给五房分配而去建立义庄，就证明义庄财产不在继承之列。义庄成立后，其本身即是一个财团法人，义庄所有财产该归财团法人所有，而不是归盛氏兄弟所有。如今既然中央政府以特别的行政决定解散义庄，被告才可能对义庄财产提出要求。但是这个行政决定只是说解散义庄，并将财产归还盛家，却并没有说在盛家兄妹间如何分配，因此分配办法必须由法庭根据现行法律来决定。这个法理论断致使被告一方无言置辩，博得了全体旁听人员的赞同。

法庭根据当时现行法律《妇女运动决议案》原则，"女子应有财产继承权"，认为盛爱颐对义庄剩下的六成拥有与她的哥哥和侄子一样的权利，并于1928年9月下旬判决将义庄财产分为七份，盛爱颐应得其中一份，计白银50万两。

盛方颐在判决下达的几周后也提出同样的诉讼，并得到同样的判决，分得了义庄财产的七分之一。

这是中国历史上第一件女儿赢得继承权的案例。它为宣传男女平等、争取女性的独立与解放开拓了先河，但当时的"第一"，仅是使盛爱颐类型的豪门闺秀获得了享受，50万两白银也是有价的，但随着时代的发展，也使广大的平民妇女同胞们，懂得了要拿起法律武器来维护自己的权益，这体现了向数千年"女子无继承权"的封建制度的挑战。这件案子的胜诉，无疑是法律界的一次剧变；无疑是树立了一个男女平等的范例，是无价的。因为获得妇女继承权的胜利是不可以白银价值而论的。

我们再从另一角度看，社会主义核心价值观中的公正、平等是人们生活中思想行为的优秀道德主流，是充实法的内容的一个方面，而法是人们在社会上必须遵守的准绳，道德与法律拧成一股绳，必然社会清明，国家强盛。若治国无法，国家必乱。但守法而不变，也不能跟上时代的脚步，正如《吕氏春秋·察今》所说："先王之法，经乎上世而来者也，人或益之，人或损之，胡可得而法？"就是说先王的法，长期以来，有人补充它，有人删损它，后人不能看到它的原意。又说："譬之良医，病万变，药亦万变"，否则药石乱投，必然是庸医杀人。所以世易时移，旧法也必然不适合于新时代。

二

法律是随着社会的发展而发展的，法律的平等、公平等内涵也在不断拓展和深化。1949 年新中国成立，民国时期的《六法全书》已不适合新政权的需要，但当时的中央人民政府却能重用一批既有高度的法学理念，又有丰富的用法、执法实践经验的爱国民主人士，例如沈钧儒、史良等等。同时在 1949 年 9 月成立了中国新法学研究院，让旧法人员学习新法学理念。又培养了一批新的法律工作人员，分配在全国各地。所以中华人民共和国成立后还是有法可遵，有法可循的。例如 1949 年的《中国人民政治协商会议共同纲领》就具有临时宪法作用。1954 年第一届全国人大第一次会议又通过了第一部《中华人民共和国宪法》，从此，立法就有了母法的依据。我国的现行宪法是根据党的十一届三中全会确定的路线方针政策，于 1982 年 12 月 4 日第五届全国人大五次会议通过，并公布施行，这是对 1949 年的《共同纲领》、1954 年的

《中华人民共和国宪法》的继承与发展。

由于法律是随时代的脚步行进的，并且宪法又是国家的根本大法，是治国安邦的总章程，是党和人民意志集中的体现，所以必须及时随着时代的需要不断修正与修订，不断地充实与完善。至今中华人民共和国的宪法在 1975、1978、1982 年历经修订后，直至全国人大又在 1988、1993、1999、2004 年，先后 4 次对我国现行宪法，即 1982 年宪法进行了修订。

2018 年，我国已进入了新时代，在十九大精神的指引下，十三届全国人大以新时代意识修订通过了一部崭新的中华人民共和国的大宪章，在这历史性的庄严时刻，它标志着 60 余年来，我国的法治宪法建设已取得了巨大的进展，法治意识也已深入人心，并已建立起了一套比较完备的法律体系。

同时，也使人们明确了"法治中国是时代的要求"；明确了法治中国，必须要坚持中国共产党的领导；明确了法治中国，必须要以马克思列宁主义为指导思想；明确了法治中国，必须要知法、懂法、用法，才能坚持平等、公平、公正的法律原则。

目前，我国尚在社会主义的初级阶段，政治、经济、科学、教育等等还是多元而复杂的，她会不断发生新情况、新问题、新特点，所以应从动态中去认识和把握国情，坚持一切从社会主义初级阶段的实际出发，但也必须要在这个阶段中有所创新，否则，社会缺少了这股动力，就会停滞不前。在法治过程中同样如此。法律又是维护社会安定，国家强盛的主力军，决不能有所差错，即使在施法过程中错失一个法律程序，都会形成误判、错判，甚至有关生死出入，稳而且准这是必要的条件。所以在法律上的平等、公平正就是一切依法治国，依法理政的核心理念。

关于法律和社会主义核心价值观的渊源关系，可以再从法律上的平等、公平来探讨，公平、平等精神传承于中华民族优秀传统文化的基因，这种平等和公平的精神又在当今社会主义核心价值观中放射出来。平等在核心价值观中是属于优秀道德范畴。但是在一般人之间，还不可能一律平等，甚至"民事主体（即当事人）之间不可能平等，比如在经济地位上的不同等"（中华人民共和国民法总则第4条）。但"民事主体在民事活动中'法律地位'一律平等"（中华人民共和国民法总则第4条）。也就是说，法律所保障和强调的是所有当事人在参与民事活动中的"法律地位"的平等。当然，在刑事活动中同样如此。如果在法庭上当事人没有"法律地位"一律平等，判案的结果，也许会出现不是明镜高悬，而会是怨声载道的情况。

至于法律上的公平原则，在核心价值观中，也有一个"公正"词汇，可说是公平的同义词，也可说"平等"的延伸，两者的内涵和外延是一致的。

所以核心价值观的内涵道德和法律的渊源是相辅相成，互为融注的，两者之间并不矛盾，因为它们的主旨是一致的，道德就是法律的内涵底色，法律是保护道德的有力武器。在社会主义核心价值观内，24个字，12个词，既是来自优秀传统文化的基因，又是当代文化的精粹。以平等、公平的精神来用法、执法，从而激发人们的自信、自觉、自强的力量，这正是社会主义核心价值观在法治中所起的引领作用。因而法律和社会主义核心价值观是不可分割的两个方面。并且要用法律来推动社会主义核心价值观，要完善以宪法为核心的中国特色社会主义法律体系。

古今法律是传承发展，不断深化演进的，青出于蓝而胜于蓝，这才符合科学发展观的规律。依宪治国、依法治国，在民族复兴大业的两个一百年中，应该是重中之重。为民族复兴定能提供有力的宪法保障，深信今后定会奏响一支民族复兴大业的凯歌！

参考文献：

1. 陈奇猷著.《吕氏春秋新校释》，上海古籍出版社，2002年4月版.
2. 陈奇猷著.《韩非子新校注》，上海古籍出版社，2000年版.

3. 中华人民共和国《民法总则》，中国法制出版社，2017 年版.
4. 关于《中华人民共和国宪法修正案（草案）》说明，《文汇报》，2018 年 3 月 7 日.
5.《中华人民共和国宪法修正案》，《苏州日报》，2018 年 3 月 12 日.
6. 张德江作全国人大常委会工作报告，《文汇报》，2018 年 3 月 12 日.

《墨子》"兼爱"核心精神新诠

李无言

　　墨子思想的核心精神就是"兼爱"，它是墨子人文学说的纲领与精髓，是中华思想文化有别于先秦儒家、道家、法家等诸子学说，而是贡献卓著、独放异彩的杰出成果。以墨子为代表的"墨学"与以孔子为代表的"儒学"堪称是并驾齐驱的"显学"，是春秋战国时期百花齐放、百家争鸣的思想夜空中的"双子星座"。尽管在以后历代社会思潮中墨学的命运不如儒学那样幸运，但作为墨子核心精神的"兼爱"思想，在炎黄子孙中却始终没有消失。它像一粒粒生命力极其顽强的思想火种，一旦幸遇适合的土壤、水分、养料、春风、阳光，它就会立时生根发芽、蓬勃生长，昂然挺拔，焕发出固有的青春活力与思想光芒。

　　在墨学思想的研究中，最为人关注与探讨的主要内容就是"兼爱"精神。

　　尽管有许多论者就墨子的"兼爱"观发表过不少较好的见解，但对于"兼爱"概念的明确表述、"兼爱"内涵的全面理解与"兼爱"系统的关联阐释等问题，尚有进一步深入探研的必要，为求"兼爱"精神的明确性、全面性与系统性，本文拟就此作一新诠，不揣谫陋，以求教于方家同仁与读者诸君。

兼爱概念表述的明确性

　　若要真正理解和掌握墨子"兼爱"的实质性内容，首先得弄清"兼爱"本身的概念。对此，学者们已有一些较好的论述，但却见仁见智，莫衷一是。杨俊光认为："墨子'兼爱'的原意是：每个人要爱、利所有的人，又都要互相施爱，以利于对方。"水渭松认为:"'兼爱'就是要人们爱人如己,大家都相亲相爱。它是墨子学说的核心。墨子倡导此说的出发点,是为了制止当时已十分严重的侵略别国、伤害他人的行为,用以保护弱者的利益。墨子的'兼爱'思想已具有平等的意识,故有其明显的进步性。"颜炳罡指出:"墨子所主张的'兼爱',就是要求每个人不分你我,不分贵贱,不论贫富,不讲种类,不管血缘,不论国度地爱一切人。即是'人人爱我,我爱人人'。由此可见,墨子可称是我国历史上第一位博爱主义的倡导者。"谭家健指出:"'兼爱'说是由两个要素组成,二者互相联结,但又各有独立的含义。而墨子所特别强调的则是'兼'。"在解释"爱"之涵义时,认为与孔子"仁者爱人"有三点不同:"第一,墨子把爱和'利'密切结合起来。……第二,墨子所讲的'交相利',主要是指人与人应互相帮助,不能损人利己,只顾自己不管别人,或者损天下之大利以就个人小利。……第三,墨子并非只讲爱而不讲恨,并没有说过要爱一切人,不分善恶连坏人也爱。墨子一向把'兴天下之利'与'除天下之害'相提并论。"在解释"兼"之涵义时,认为其包含四条基本原则,即"平等性原则","普遍性原则","相互性原则","无私性原则"。"总之,兼爱是墨家学说的总纲领,既是社会道德追求,又是政治目标,同时具有世界观的哲学意义,是贯穿于主观世界和客观世界的普遍性规律。"谭家键将"兼爱"概念与内涵阐析得较为周详,颇为难得。孙中原指出:"《说文》解释'兼'的含义是一手'持一禾':一只手握住两根稻谷。'兼爱',即尽爱、俱爱、周爱,不分民族、阶级、阶层、等级、亲疏、住地、人己、主仆等差别,包括过去、现在和未来的一切人,是最为普遍深刻的人文精神与人道主义。……兼爱平等观,是墨家的理想和奋斗目标。孙中山《三民主义》说:'故时最讲爱字的莫过于墨子'。梁启超《墨子学案》说:'墨学所标纲领,其实只从一个根本观念出来,就是兼爱'"。郑杰文等人认为:"兼爱主要强调的是爱的范围的广泛,要'兼爱天下之人'(《天志下》)"。萧鲁阳亦认为："兼爱是普遍的爱，就是弥六合而贯三世，用墨子的话说就是'远施周遍'。《墨经》中说：'无穷不害兼'。这个'无穷'，应该是空间的无穷、时间的无穷、人类的无穷。都不影响兼爱主张的实行。在墨家看来，兼爱就是'爱众世与爱寡世相若，兼爱之，有相若，爱尚世与爱后世相若，一若今之世人也。'墨家法天，兼爱就是天道。"邢兆良认为："墨子力倡'兼相爱，交相利'，有财相分，有利相交，有力助人，使老有所养，幼有所育，人皆温饱的友爱互助的社会道德伦理观，虽然具有绝对平均主义的原始平等思想，但其基调仍有推己及人、忠恕爱人的倾向。这点和传统文化所倡导的敬老、爱幼、助人为乐的社会道德是相合拍的"。方勇阐释说："墨子的'兼爱'是建立在实际利益基础上的，具有互利性。……在墨家的思想中，利与义是一致的，重利就是贵义。墨子的'兼爱'还具有平等性，不分等级出身，即所谓'使天下兼相爱，爱人若爱其身'（《兼爱上》），'为其友之身若为其身，为其友之亲若为其亲'（《兼爱下》）。君爱臣，父爱子，兄爱弟，谓之兼爱；反过来，臣爱君，子爱父，弟爱兄，也是兼爱。"胡德平认为："我国社会至今仍然在尊孔，历代帝王将相则不可不知韩非子，生活悠闲的士大夫多喜欢老子和庄子。其实，墨子才是一位最不应该被今天的劳动大众和企业家们所遗忘的卓越人物。中国五千年的文明史中，最先分离出独立的手工业者是在春秋战国时期。严格地讲，墨子是小手工业者和小生产者的代表。墨子的哲学以'利'为指导原则，'利'又被认作是社会伦理的基础。……墨子的伦理观是'兼相爱，交相利'。"清人孙诒让指出："墨子思想最具代表性的观点是'兼爱'，即一视同仁地爱一切人。"秦彦士对墨子的"兼爱"精神却有着自己独到而深刻的见解，他指出："确实，正如《庄子·天下》所说：墨子'日夜不休，以自苦为极'，的确是'反天下之心'，但墨子并没有对天下提出这种普遍要求。他既然知道人性是自私的，因此，他不会把自己对墨家集团的内部要求作为普遍的准则，而是以'兼相爱，交相利'这一更为合乎人性的观点来作为普遍的要求。而这一思想不仅极具学理的深刻性,而且直到今天仍然具有重要价值。"秦彦士从不同维度来解释"兼爱":作为"对墨家集团的内部要求"而存在的"兼爱";作为"普遍的准则"(人际道德准则)而存在的"兼爱"。这是迄今对"兼爱"思想分析较为切近墨子思想本真与最有价值的地方。

综上"兼爱"诸说,大致可以归纳为五种类别。其一,爱人如己,相亲相爱,推己及人,忠恕爱人,一视同仁地爱一切人。其二,互相施爱,利于对方。以利益为基础,利与义一致。重利就是贵义,"兼相爱,交相利",具有平等性、互利性。其三,"人人爱我,我爱人人"。无贫富、无贵贱、无种族、无国界、无范围、无限制的相爱,包括过去、现在、未来一切人的博爱。其四,有条件、有原则、有限制地爱,并非无条件地爱。爱有选择,并非只讲爱而不讲恨。"爱"有对象,"兼"有原则。墨子总是把"兴天下之利"与"除天下之害"相提并论的。其五,"兼爱"包含两层意思,即墨家集团内部的"兼爱"与具有普遍准则的"兼爱"("兼相爱,交相利")。但颇为遗憾的是,以上五种关于"兼爱"的解释,皆把目光集中于人类本身了,而忽略了墨子对自然关系的论述。其实,墨子的"兼爱"精神,除了包含丰富的人类社会道德伦理思想之外,还包括了大量的自然生态道德伦思想。二者相加,才是墨子"兼爱"精神的全部,也才是他兼爱万物的前无古人、后无来者的绝顶大爱。前三种类别侧重于"兼爱"所及之对象、范围及"义"与"利"并行不悖的重要关系问题,较易理解,且歧义甚少,故拙文不作多论。下面仅就四、五两种类别再予补充阐析,并对墨子"兼爱"自然生态的伦理思想略作新探。

首看"其四"之说。墨子所处之时代,是一个兵燹不断、争霸无休、礼崩乐坏、民不聊生的大动荡、大分裂时代,贵贱贫富两极分化严重,美丑善恶现象极为突出,正是在这样的时代背景之下，才有墨子颇具理想色彩的"兼爱"治世安民的伟大政治纲领的诞生。龚自珍《己亥杂诗》（第220首）云："九州生气恃风雷，万马齐喑究可哀。我劝天公重抖擞，不拘一格降人才"。墨子正是"天公"降于时代的一位适时超级"人才"。既然现实世界中有那么多"窃国"之"盗"，"乱世"之"奸"，"害人"之"贼"，他们都是祸国殃民的罪魁祸首。"庆父不死，鲁难未已"（《左传·闵公元年》），他们统统都在翦灭"除害"之列。毋庸置疑，墨子的"兼爱"是根本不施与这些盗贼奸佞的。对他们唯有满腔的恨，而无丝毫的爱。《墨子·小取》篇尝云："爱盗非爱人也，不爱盗非不爱人也，杀盗非杀人也，无难盗无难矣。"其中的"人"，即指正常无害于世之人，也就是可以"兼爱"之人。这段话的意思是说，如果爱盗贼，就不是爱人了。而不爱盗贼，并非不爱人。杀盗贼，不能等同于一般意义上的杀人，这显然是不难理解的。可见，墨家的"兼爱"是有限度的，在情感上是爱憎分明的，并非如基督教般的所谓"博爱"或"泛爱"。'爱你们的仇人，为迫害你们的人祈祷'。"王讚源亦认为："墨子的'兼爱'与'博爱'是不能等同的。……法国大革命提出的口号是'自由、平等、博爱'，虽然大革命期间'博爱'只是召唤人们参与革命的口号，但它是以人的自由平等为前提的。在墨子的理论里，与君权概念相对应的并不是民权概念，而是臣权概念。"基督教的博爱是以人性的自由平等为前提的理论，墨子兼爱则存在于君权和臣权的对立之下。在墨子的理论中，人与人之间并不平等。墨家兼爱在外延上比基督教之博爱观更为严谨而苛刻。《兼爱下》云："禹之征有苗也，非以求以重富贵、干福禄、乐耳目也，以求兴天下之利，除天下之害。此即禹兼爱也。"墨子强调兼爱非攻，即反对一切攻伐，却主张诛，但这并不矛盾，禹诛有苗是为了兼爱而做的事。故而《小取》又云："故言多方，殊类，异故，不可偏观。"不能机械地看问题，应该采取辩证的观点。这点在《兼爱下》中表述得更为清楚。其云："子墨子言曰：'仁人之事者，必务求兴天下之利，除天下之害'。然当今之时，天下之害孰为大？曰：'若大国之攻小国也，大家之乱小家也，强之劫弱，众之暴寡，诈之谋愚，贵之敖贱，此天下之害也。又与为人君者之不惠也，臣者之不忠也，父者之不慈也，子者之不孝也，此又天下之害也。又与今人之贱人，执其兵刃毒药水火，以交相亏贼，此又天下之害也'。"墨子从当时社会现实状况中精准地概括出三种"天下之害"的类型，它们都在必除之列。"仁人"要行仁政，献爱心，"必务求兴天下之利，除天下之害"，兴利除害，立场坚定，爱憎分明。对此严重影响与阻碍"兴天下之利"的"天下之害"，必须除之殆尽，毫不姑息。很显然，墨家的"兼爱"与如此之三种"天下之害"根本是风马牛不相及的。所以，"墨家绝非有爱无恨，墨家敢爱敢恨，而且必要时还敢'杀人'。《小取》篇说：'爱盗非爱人也，不爱盗非不爱人也，杀盗人非杀人也'。就是明证"。

　　次看"其五"之说。秦彦士认为，"兼爱"包含两层意思，即墨家集团内部的"兼爱"与具有普遍准则的"兼爱"（"兼相爱，交相利"）。所谓"墨家集团"，即指墨子及其弟子与再传弟子等后学所组成的较为庞大的墨家学派系。在这个内部思想体系之中，所有的墨学传人理当毫无疑问地要继承祖师爷的思想源头的。所以，在其内部，无论是谁，都是要无条件地实行"兼爱"精神的。"兼爱"精神在墨家学派内部集团中通行无阻，一贯到底，是完全有效而可行的。然而，在其墨学集团之外的社会政治生态环境中，由于美丑同存、善恶交错、忠奸混淆等复杂现实情形下，那么，墨子纯粹的"兼爱"精神的实施就会遇到许多麻烦，难免产生"爱"错对象、适得其反的不良现象甚或险恶结果。因此，充满智慧的墨子在"兼爱"的精神框架内又拓展出"兼相爱、交相利"的思想文化策略来。就墨子所处的战国诸侯争霸的时局观之，各诸侯国之间尤其是战国七雄所奉行的是"合纵连横"的外交政策，因此，时而为友、时而作敌、勾心斗角、风云莫测朝秦暮楚的社会现象已经司空见惯、不足为奇。产生这些政治状况的根源，不是别的，就在于一个"利"字。各诸侯国之间就完全被"利"这根绳索牵着鼻子走。谁对我有利，我就依从谁，或者拉拢谁。双方虽然处于敌对状况，但有时为了达到某一目且又使得双方得利，便可结盟乃至歃血为盟，建立盟国，缔结条约，加强关系。这便是"交相利"。即便历史的车轮飞驰于21世纪的当代，我国外交政策所执行的依然是和平共处的五项基本原则。中国之外的其他任何国家，只要承认这五项基本原则，中国都能与他们建立"战略伙伴关系"，在各个领域都可以签订双赢共利的合约。即便当年八国联军（美、英、法、德、俄、奥、意、日）疯狂侵略中国，肆意烧杀抢，强迫订不平等条约（如《辛丑条约》等），血债累累，罪恶滔天，他们无疑是中国人民百世铭记的敌人，但是只要他们承认五项基本原则，中国就可以与他们建立战略合作伙伴关系，就可以在教育、医疗、文化、物资等方面开展互利双赢的文化交流与商业贸易活动。这也当是墨子"交相利"思想精华的DNA吧。所以说，墨子"兼相爱、交相利"的思想文化策略，完全是由人性的角度出发，无论从学理还是情理来讲，都是具有全社会各阶层的普遍意义的。

再看墨子"兼爱"自然的生态思想。墨子的自然生态思想主要体现在《天志》《非攻》《节用》《节葬》《非乐》等篇章中。如《天志下》云："今人皆处天下而事天，得罪于天，将无所以避逃之者矣。"意思很明显，普天之下的人，如果有谁得罪于天意，违背了自然，那么谁就难以逃脱自然的惩罚。上天是极其公正无私的，因此，顺天意者则赏，逆天意者则罚，此所谓"天子为善，天能赏之；天子为暴，天能罚之。"天子乃一国之君，必须率先垂范，带头顺从天意，替天行道，以尽天子之责。天子做得好，天则赏之，反之，则罚之。墨子举例详论遵从天意、敬重天德的道理说："且吾所以知天之爱民之厚者，有矣。曰：以磨为日月星辰，以昭道之；制为四时春秋冬夏，以纪纲之；雷降雪霜雨露，以长遂五谷丝麻，使民得而财利之；列为山川溪谷，播赋百事，以临司民之善否；为王公侯伯，使之赏贤而罚暴，贼金木鸟兽，从事乎五谷丝麻，以为民衣食之财，自古及今，未尝不有此也。"(《天志中》)从自然气候有利于农作物自生自长与设立王公大臣来赏贤罚暴等各方面来歌颂天意之大善与自然之可爱，从正面来告诫人们应该顺天意、敬自然，应该做到天人合一、和谐万物。故而墨子最后强调说："察仁义之本，天之意不可不顺也。顺天之意者，义之法也。"(《天志中》)《非攻》则是从战争对人类与自然的双重破坏与毁灭之角度，强调爱护自然、保护自然的重要性。至于《节用》《节葬》《非乐》等篇中所体现出来的自然生态伦理思想，无一不是阐析了自然资源之宝贵、人类应该珍惜保护自然的这一根本理念。倘若过度性消费、炫耀性消费，迫使人类压榨自然，就会造成自然资源的枯竭，从而造成人与自然关系严重对立，乃至导致生态灾乱。这些都是发人深省的关乎人类生存的重大命题。显而易见，墨子的"兼爱"精神除了包含人类社会生态伦理内容外，理应包含自然生态伦理道德的思想，这是客观事实，缺少不得。

　　至此，笔者可以将上述诸说，对"兼爱"内涵作一个新的认识与阐释。"兼爱"二字，"爱"字甚明，就是人们对人、物、事等具有深厚的感情，表现在喜欢、热爱、亲近、怜悯、同情、珍惜、支持、保护等情感伦理方面，而爱的内容无非是在"物质"与"精神"两个层面上。至于"兼"字，其解释就不那么简单了。而此一"兼"字，则是墨家精神的关键点所在，也是墨家区别于儒家之"爱"的显著标志。《尸子·广泽》云："墨子贵兼"。《吕氏春秋》亦云："老聃贵柔，孔子贵仁，墨翟贵兼"。按照许慎《说文解字》所释"兼"字是"并"的意思，是"兼持二禾"，即拿着两个禾穗，这与金文中"兼"字的形状像手持二禾是甚相一致的。所谓"兼持二禾"，即对二者都兼顾，不分彼此，不分优劣，不分轻重，这就是公平、公正与平等。墨子之"兼"，正是采用了许慎所释之义。因此，墨子的"兼爱"，就是指人与人、人与物、家与家、国与国之间的爱要做到公平、公正、平等。彼此相爱，不分你我，有施有受，施受相兼，有来有往，秉持君德。这里，墨子强调的是"兼爱"的方法与形式的问题。但"兼爱"的实质性内容应该突出利人，利人是"兼爱"的题中应有之义。墨家的"兼爱"是爱和利的统一，而儒家的义与利则是相对立、相悖离的。《论语》云："君子喻于义，小人喻于利。"《孟子》云："何必曰利，亦有仁义而已矣。"《墨经上》云："义，利也。"因此，墨家的爱利、义利是统一的，不是对立的。正如梁启超所说的那样，墨子的"兼爱"思想是建立在"道德和实利不能相离，利不利就是善不善的标准。"所以，墨子讲兼爱，不是空空洞洞的爱，而是力行实实在在的"爱"与"利"的结合。《节用中》云："古者明王圣人所以王天下正诸侯者，彼其爱民谨忠，利民谨厚，忠信相连，又视之以利，是以终身不厌，殁世不卷（倦）。"故《墨子》一书中每每"爱利"并言，重复无厌。如："爱利万民"（《尚贤中》），"爱利国"（《尚同下》），"相爱相利"（《法仪》），"爱人利人"（《兼爱下》）。爱人而不利，犹之"高其爵"而不"厚其禄"一样，不能取信于民。故墨子谈"兼而爱之"时，必定强调"从而利之"（《尚贤中》）。主张"有力者疾以助人，有财者勉以分人，有道者劝以教人。若此则饥者得食，寒者得衣，乱者得治"（《尚贤下》）。鉴此种种，"兼爱"的完整表达就是"兼相爱，交相利"（《兼爱中》）。两句六个字，意蕴对应，相辅相成。"兼"与"交"同，"爱"与"利"连，相互之"爱"是前提，互为得"利"是根本，最终的落脚点是在"利"上。实质上就是从科学技术层面来为民谋"利"，这的确更是一种实实在在的大"利"。墨子特别强调统治者"兴天下之利，除天下之害"（《非攻中》），为天下开辟根本大利，从而描绘出一幅"以爱得利、以利促爱"的万民"兼爱"的理想图景。墨子所阐释的一切思想理论与观点主张，都落实到为人民谋利益上来，这才是其"兼爱"精神的核心所在、价值所在与意义所在。

很显然，墨子"兼爱"之思想主张，在对象上是指人类社会的男女老幼，自然世界的山川动植；在阶层上，绝无贫富、贵贱之等级差别；在原则上，一律实行公平、公正与平等；在本质上，追求人们之间所获利益的最大化；在方法上，坚持"爱""利"结合，重在得"利"。在终极目标上，则要达到"兴天下之利，除天下之害"的理想现实。在实施上，墨子要求墨家集团内部的"兼爱"必须是无任何条件的相爱；至于在墨家集团之外的其他人们，则更多地推行"兼相爱，交相利"的思想策略。当然，这种策略也同样可行于墨家集团内部的所有成员。所不同的是，墨子集团内部成员主要是"爱""利"结合，而墨家集团之外的其他人们主要侧重于"利"的方面。有了互惠互利，才有"兼爱"的体现；若无惠无利，那还何"兼爱"之有？

墨子的"兼爱"学说，则是总纲式的概说而已，而"兼相爱，交相利"才是有血有肉的实质性的准确观念与行为准则。"墨家主张互爱互利，反对亏人自利，即反对自私自利。大凡亏父而自利、亏兄而自利、亏君而自利、亏子而自利、亏弟而自利、亏臣而自利，都在墨家反对之列。兼爱是正确处理父子兄弟君臣之间关系的准则。'兼相爱，交相利'，具体说就是：'视人之国，若视其国；视人之家，若视其家；视人之身，若视其身'。如果用现代人的眼光来概括，这段话可以叫作'三视三若'。这'三视三若'是对普天之下，从天子诸侯王公大人到士庶臣民所有人说的。"至于"兴天下之利，除天下之害"，则是"兼爱"学说的终极目标。墨子认为"天下之害"包括："若大国之攻小国也，大家之乱小家也，强之劫弱，众之暴寡，诈之谋愚，贵之敖贱，此天下之害也。又与为人君者之不惠也，臣者之不忠也，父者之不慈也，子者之不孝也，此又天下之害也。又与今人之贱人，执其兵刃毒药水火，以交相亏贼，此又天下之害也。"（《兼爱下》）从以强凌弱的势力层面、为人不正的伦理层面、制造祸乱的战争层面，高度概括出影响社会"兼爱"的三大危害，极其全面而准确。因此，在"兴天下之利"的同时，必须要"除天下之害"。只有除尽天下之害，才能大兴天下之利，也才能真正出现喜人的社会美景，即："诸侯相爱，则不野战；家主相爱，则不相篡；人与人相爱，则不相贼；君臣相爱，则惠忠；父子相爱，则慈孝；兄弟相爱，则和调。天下之人皆相爱，强不执弱，众不劫寡，富不侮贫，贵不敖贱，诈不欺愚。"（《兼爱中》）我们简称墨子的此段言论为"七爱五不"说。有此"七爱五不"，天下如何不太平美好？故而，兴利与除害，这是"兼爱"的两面，兴利也好，除害也好，都是为"兼爱"服务的。换言之，都是"兼爱"精神的直接体现。如果真正做到兴利除害，那么，人们之间的关系自然也就公平、公正、平等而和谐，必然出现河清海晏、国泰民安的盛世景象。这正是墨子"兼爱"精神所体现的美好境界。

总而言之，墨子的"兼爱"，是其全部思想理论的精神总纲；"兼相爱，交相利"，是其实施"兼爱"精神的行为准则；"三视三若"与"七爱五不"二说，是践行"兼爱"精神的有效路径；"兴天下之利，除天下之害"，则是达成"兼爱"精神的宏伟目标。简而言之，墨子的"兼爱"精神，实质上是由"爱"、"兼"、"利"三个字组成。"'爱'是核心，'兼'是方法，'利'是实质。爱而不兼，必流于偏爱、自爱，是狭隘的爱，乃罪恶之源；爱而不利，则流于空洞，不足服众取信。'爱'与'兼'与'利'，构成墨子'兼爱'理论的全部内容。"三字虽简，可它确是墨子"兼爱"精神高度浓缩的结晶。向以鲜指出："墨子是中国历史上第一代真正有思想和抱负的大佬。"德国著名哲学家与社会思想家、诺贝尔和平奖获得者阿尔伯特·史怀哲（Albert Schweitzer）称墨子是"中国思想史上第一个使爱的思想破土而出的人，所以这也具有重大意义。"墨子的"兼爱"精神，体现了天地人和、天下太平的盛世美景，是人间最无私、最博大、最彻底、最动人的古道热肠、慈悲情怀。它虽然是在特定时代背景下，立足于小生产者的道德基础上产生的一种理想主义的爱，但它却更多地体现出此一思想的人民性、合理性、进步性与广泛性，具有普遍价值与恒久意义。

"兼爱"内涵理解的全面性

明确了墨子"兼爱"精神的基本概念后，我们再来具体解读其丰富的精神内涵，就能起到提纲挈领、纲举目张的阅读效果。作为墨子人文学说的纲领与精髓，主要集中于《墨子》一书的《兼爱》上、中、下三篇之中。认真解读《兼爱》三篇，我们大致就可以比较准确地理解与把握墨子"兼爱"精神的全部内涵。细加抽绎，墨子的"兼爱"精神主要体现在三个方面。

（一）"兼相爱则治，交相恶则乱"——"兼爱"之重要性

《兼爱上》开宗明义便云："圣人以治天下为事者也，必知乱之所自起，焉能治之；不知乱之所自起，则不能治。"从统治者的角度，强调治理国家必须知道各种乱世产生的现象与根源，对症下药，这样才能收到良好的治理效果。墨子罗列世道乱象的种种表现为："臣子之不孝君父，所谓乱也。子自爱，不爱父，故亏父而自利；弟自爱，不爱兄，故亏兄而自利；臣自爱，不爱君，故亏君而自利，此所谓乱也。虽父之不慈子，兄之不慈弟，君之不慈臣，此亦天下之所谓乱也。父自爱也，不爱子，故亏子而自利；兄自爱也，不爱弟，故亏弟而自利；君自爱也，不爱臣，故亏臣而自利……虽至天下之为盗贼者亦然：盗爱其室，不爱其异室，故窃异室以利其室。贼爱其身，不爱人，故贼人以利其身。此何也？皆起不相爱。虽至大夫之相乱家，诸侯之相攻国者亦然：大夫各爱其家，不爱异家，故乱异家以利其家。诸侯各爱其国，不爱异国，故攻异国以利其国。天下之乱物，具此而已矣。"在《兼爱中》，墨子又有类似的论述："今诸侯独知爱其国，不爱人之国，是以不惮举其国，以攻人之国。今家主独知爱其家，而不爱人之家，是以不惮举其家，以篡人之家。今人独知爱其身，不爱人之身，是

以不惮举其身，以贼人之身。是故诸侯不相爱，则必野战；家主不相爱，则必相篡；人与人不相爱，则必相贼；君臣不相爱，则不惠忠；父子不相爱，则不慈孝；兄弟不相爱，则不和调。天下之人皆不相爱，强必执弱，富必侮贫，贵必敖贱，诈必欺愚。"在《兼爱下》中，墨子则将世相之"乱"字，换成曰"害"字。其云："然当今之时，天下之害，孰为大？曰：若大国之攻小国也，大家之乱小家也，强之劫弱，众之暴寡，诈之谋愚，贵之敖贱，此天下之害也。又与为人君者之不惠也，臣者之不忠也，父者之不慈也，子者之不孝也，此又天下之害也。又与今人之贱人，执其兵刃毒药水火，以交相亏贼，此又天下之害也。"其实，"乱"与"害"，名词不同，其意如一，都是指祸国殃民的悲惨黑暗社会现实，都不利于"兴天下之利"。那么，产生如此种种乱象的根源在哪里呢？墨子一言以蔽之曰："皆起不相爱"。

既然"乱"（或曰"害"）之象与"乱"之根已明，那么，治"乱"的良方亦就运筹帷幄、运于掌心了。因此，墨子便高擎其"兼爱"的伟大旗帜，率先发出"兼爱"的时代最强音。他为治理乱世开具的良药就是："以兼相爱、交相利之法易之"（《兼爱中》）只要君王真正实行了"兼相爱，交相利"之法，那么，天下便会得以大治，即："视人之国，若视其国；视人之家，若视其家；视人之身，若视其身。是故诸侯相爱，则不野战；家主相爱，则不相篡；人与人相爱，则不相贼；君臣相爱，则惠忠；父子相爱，则慈孝；兄弟相爱，则和调。天下之人皆相爱，强不执弱，众不劫寡，富不侮贫，贵不敖贱，诈不欺愚。凡天下祸篡怨恨，可使毋起者。"（《兼爱中》）"国与国不相攻，家与家不相乱，盗贼无有，君臣父子皆能孝慈，若此，则天下治。"很显然，之所以"乱"，是因为"皆起不相爱。"（《兼爱上》）之所以"治"，是因为"以相爱生也。"（《兼爱中》）因此，墨子得出结论："故天下兼相爱则治，交相恶则乱。"（《兼爱上》）墨子通过"乱"与"治"的鲜明对比，强调了"兼爱"的重要性。墨子对当时天下乱象丛生的现状及其产生的根源，进行由表及里、由上而下、有利有弊、有理有据、对比鲜明、立场坚定、逻辑严密的深刻思考与辨析，在中国思想史上破天荒地提出拯救治理社会的伟大、崇高而灿烂的"兼爱"思想，委实是一件万古一人、举世瞩目的不朽创举。

（二）"兼相爱，交相利"——"兼爱"之实质性

如果说"兼爱"是墨子精神的纲领的话，那么，"兼相爱，交相利"则是墨子精神的实质性内容，它是"兼爱"精神最切实际的重要组成部分，也是实施"兼爱"精神的行为准则。就"兼相爱，交相利"而言，前者主要是精神层面的爱，后者着重于物质层面的爱，前虚后实，虚实结合，这才是真实而完美的"兼爱"。郑杰文等认为："'兼相爱'是内在的道德情操，而'交相利'则是由这种道德情操外发出来的实际行为。没有实际的'利'，就无从谈爱。"墨子坚信，只要统治者奉行"兼相爱，交相利之法"，就能出现"凡天下祸篡怨恨可使毋起者"（《兼爱中》）的和平景象。尽管天下那些士人君子们从理论上认可实施"兼相爱，交相利"之法是"兼则善矣"，但在客观上仍然认为要真正实施起来则是颇为迂阔而难办的事。对此，墨子十分严肃地指责道："天下之士君子，特不识其利、辩其故也。"深刻批评了士人君子们没有真正认识到"兼相爱，交相利"的好处，也没有真正辨别"兼相爱则治，交相恶则乱"的利弊得失关系。墨子又打比方说："今若夫攻城野战，杀身为名，此天下百姓之所皆难也。若君说之，则士众能为之。"（《兼爱中》）意思是说，像攻城野战、杀身为名这样的残酷之事，天下的老百姓是很难参与的，但如果统治者乐意为之，那么广大士兵与百姓也会参与的。倘若实施了"兼相爱，交相利"之法以后，情况就完全不同了。正如墨子所云："况于兼相爱、交相利，则与此异！夫爱人者，人必从而爱之；利人者，人必从而利之；恶人者，人必从而恶之；害人者，人必从而害之。此何难之有？特上弗以为政、士

不以为行故也。"（《兼爱中》）突出了"兼相爱，交相利"的优越性，并指出获得这种优越性并不难，难就难在统治者不加实施而士人们无以行动。强调了统治者推行"兼相爱，交相利"善政的无可替代的关键作用。

此外，墨子又进一步列举了历史上圣贤君王正反两方面的例子，说明统治者率先垂范极其重要的积极作用。如晋文公好士之恶衣，楚灵王好士细腰，越王勾践好士之勇，皆是反面教材。而大禹九州治水以利民，文王善政而国泰民安，武王伐纣以祭泰山、为民除害，均为正面榜样，他们都是"兼相爱，交相利"的典型表率，值得当今统治者敬而效之。墨子云："今天下之君子，忠实欲天下之富，而恶其贫；欲天下之治，而恶其乱，当兼相爱、交相利。此圣王之法，天下之治道也，不可不务为也。"（《兼爱中》）墨子将"兼相爱，交相利"的准则提高到"圣王之法，天下之治道"来看待。可见，墨子是极其在乎这"兼相爱，交相利"的行为准则的，只是因为它委实是国富民强、社会安宁的至美法宝。故而墨子强调统治者们"不可不务为也。"在《兼爱下》的结尾处，墨子再一次表达了类似的观点。其云："故兼者，圣王之道也，王公大人之所以安也，万民衣食之所以足也，故君子莫若审兼而务行之。为人君必惠，为人臣必忠；为人父必慈，为人子必孝；为人兄必友，为人弟必悌。故君子莫若欲为惠君、忠臣、慈父、孝子、友兄、悌弟，当若兼之不可不行也。此圣王之道，而万民之大利也。"既然"兼相爱，交相利"具有如此神妙奇异的治世功能，那么，"君子莫若审兼而务行之"。"务行"者，务必实行者也。在墨子看来，唯有"将相爱，交相利"之法，社会才能和谐，国家才能昌盛，人民才能安康。一治一乱，泾渭分明，道理如此，启人深焉。

（三）"兴天下之利，除天下之害"——"兼爱"之目的性

墨子通过对"兼爱"的纲领性、"兼相爱、交相利"的实质性的层层论证之后，最后便和盘托出"兴天下之利，除天下之害"

的目的性及由此勾画出的宏伟而美好的人类蓝图。

《兼爱下》开篇云："仁人之事者，务求兴天下之利，除天下之害。然当今之时，天下之害孰为大？曰：若大国之攻小国也，大家之乱小家也，强之劫弱，众之暴寡，诈之谋愚，贵之敖贱，此天下之害也。又与为人君者之不惠也，臣者之不忠也，父者之不慈也，子者之不孝也，此又天下之害也。又与今人之贱人，执其兵刃毒药水火，以交相亏贼，此又天下之害也。"此段话有两层意思：首先，墨子提出作为统治者一定要实现"兴天下之利，除天下之害"的伟大终极目标，展现一幅社会和谐、天下太平的美好蓝图，具有激励、鼓舞、振奋人心的重要作用。其次，则从以强凌弱的势力、为人不正的伦理、制造祸乱的战争等三个因素层面，深刻揭示出影响社会"兼爱"的三大危害。只要天下这三大危害存在一天，那么，"兴天下之利"就只能是一句空话。只有尽"除天下之害"，才能大"兴天下之利"。

为了更好地论证"兴天下之利，除天下之害"之间的利害得失与逻辑关系，墨子假设了"别士"与"兼士"两个虚拟角色的对话，再对此进行分析评判，有的放矢，得出结论。其云：

是故别士之言曰："吾岂能为吾友之身，若为吾身？为吾友之亲，若为吾亲？"是故退睹其友，饥即不食，寒即不衣，疾病不侍养，死丧不葬埋。别士之言若此，行若此。

兼士之言不然，行亦不然。曰："吾闻为高士于天下者，必为其友之身，若为其身；为其友之亲，若为其亲。然后可以为高士于天下。"是故退睹其友，饥则食之，寒则衣之，疾病侍养之，死丧葬埋之。兼士之言若此，行若此。

从别士与兼士的对比中可以看出，别士是一个无德无爱的人，兼士是一个有德有爱的人；前者属于"天下之害"之列，后者归于"天下之利"之属。"是故子墨子曰别非而兼是者，出乎若方也。"（《兼爱下》）"别非而兼是"，这就是墨子坚定不移的立场，也是他"今吾本原兼之所生天下之大利者也；吾本原别之所生天下之大害者也"（《兼爱下》）的根本原因。墨子又采用了同样的方法，以统治者君王的身份，假设了"别君"与"兼君"两个角色，二者对话内容与上述"别士"与"兼士"相同。无疑，墨子对"别君"与"兼君"的态度自然也是"别非而兼是"。因此，"兼士"与"兼君"，属"兴天下之利"一类；"别士"与"别君"，属"除天下之害"一类。"兼相爱"与"交相恶"，"兴天下之利，除天下之害"，利害关系，一目了然。随而墨子便要求天下士人君子们"今若夫兼相爱、交相利，此自先圣六王者亲行之。"（《兼爱下》）意思是说，士人君子们如果真的想要做到"兼相爱，交相利"、"兴天下之利，除天下之害"，那么，就必须向先圣四王学习并亲身实践之。此四位圣王，即周文王、大禹、商汤、周武王，都是历史上著名的"兼君"，都是"兴天下之利，除天下之害"的最佳典范。故《兼爱下》末段云："故兼者，圣王之道也，王公大人之所以安也，万民衣食之所以足也，故君子莫若审兼而务行之。为人君必惠，为人臣必忠；为人父必慈，为人子必孝；为人兄必友，为人弟必悌。故君子莫若欲为惠君、忠臣、慈父、孝子、友兄、悌弟，当若兼之不可不行也。此圣王之道而万民之大利也。"这正是墨子梦寐以求的"兴天下之利，除天下之害"目标达成后的天下和美图景的真实写照。

除了《兼爱》三篇反复出现"兴天下之利，除天下之害"主题思想的关键语句外，在《非攻》《尚同》《节用》《节葬》《非乐》《非命》《天志》《明鬼》等八篇中也有同样或近似的表述。虽然《尚贤》篇中未见"兴天下之利，除天下之害"明显的句子，但很显然，尚贤的目的就是要使"天鬼富之，诸侯与之，万民亲之，贤人归之"（《尚贤中》），这不真是不折不扣的"天下之利"吗？若不"尚贤"，就会出现"失措其国家，倾覆其社稷"（《尚贤中》）的恶果，这自然是"天下之害"也。所以说，《尚贤》篇虽无"兴天下之利，除天下之害"之名，却有"兴天下之利，除天下之害"之意，它仍然蕴含着浓厚的"兴天下之利，除天下之害"的主体精神因素。故而可以明确地说，"兴天下之利，除天下之害"的主体精神犹如一根红线，它是始终贯穿于代表《墨子》思想理论观点的《兼爱》《非攻》《尚贤》等十篇专论之中的，论证严密，自成体系，丝丝入扣，别具魅力。

"兼爱"精神关联的系统性

墨子的思想体系主要蕴含于《兼爱》《非攻》《尚贤》《尚同》《节用》《节葬》《非乐》《非命》《天志》《明鬼》等十篇中，而其"兼爱"之精神则主要集中于《兼爱》上、中、下三篇里。此外，墨子的"兼爱"精神与《非攻》《尚贤》《尚同》《节用》《节葬》《非乐》《非命》《天志》《明鬼》却有着密切的关系，从而形成了墨子"兼爱"精神的系统性特征。清代学者孙诒让指出："由于主张兼爱，必然导致他的'非攻'思想，反对一切侵伐别国的战争，不仅口头反对，而且付诸行动，积极讲究守城御敌的方法。他又反对贵族生活的奢侈化，提倡节省财力，减轻下层劳作者的负担，于是导致他的'节用'、'节葬'、'非乐'等主张。而儒家的繁文缛礼、厚葬久丧正是耗费财物人力的因素之一，于是导致他的'非儒'思想。他还提出'尚贤'、'尚同'的政治学说，主张用人唯贤是举，不偏党父兄亲贵。……他提出，自百姓、里长、乡长、国君直至最高统治者天子，由下而上层层服从，都要遵守同一个最高准则，即他所谓的'天志'，而这个上天的意志不是别的，正是他自己'兼相爱，交相利'思想的神格化。最后，不论是他宣扬鬼神能赏善罚暴的'明鬼'思想，还是认为国家的治乱兴亡、个人的贫富荣辱都非命里所定的'非命'思想，目的都在告诫统治者勤政行善。"梁启超亦认为："墨子的实利主义，拿'节用'做骨子，'节葬'不过'节用'之一端，'非乐'也从'节用'演绎而来。"孙诒让与梁启超都是较早注意到《墨子》十篇中《兼爱》篇与其他诸篇关系的著名学者之一，给后人有很好

的启发，但两位先贤所论有限，且未得以展开论述。故今就墨子
"兼爱"精神与其他诸篇的关系问题作一较为浅切而全面的探论，
以见其"兼爱"精神所关联的系统性。

"兼爱"与"非攻"，是"和谐"社会的两面。要做到"兼
爱"，就必须要"非攻"。"非攻"是以"兼爱"为其伦理基础的，
是墨子为解决国与国之间矛盾，实现其"兼相爱，交相利"理想
的必然结论。因为"攻伐无罪之国"，"此其为不利于人也，天下
之害厚矣"，这就是"以攻伐之为不义"（《非攻下》），与"兼爱"
原则是针锋相对、格格不入的。所以，《非攻下》最后不得不严正
指出："今且天下之王公大人士君子中情将欲求兴天下之利，除天
下之害，当若繁为攻伐，此实天下之巨害也。今欲为仁义，求为
上士，尚欲中圣王之道，下欲中国家百姓之利，故当若非攻之为
说，而将不可不察者此也！"直接将"兼爱"精神与"非攻"思想
融合一体，关系密切，显而易见。

"尚贤"是墨子选用人才的标准与组织策略，若要有效地推行
与实施"兼爱"精神，就必须选拔真正的贤才。如果选才不当，
用人失误，那就会造成"天下之害"。墨子云："凡我国之忠信之
士，我将赏贵之；不忠之士，我将罚贱之。"（《尚贤下》）又云：
"古者圣王之为政也，言曰：不义不富，不义不贵，不义不亲，不
义不近。"（《尚贤上》）这里的所谓"忠信之士"，就是那些能够
实行"兼爱"纲领与"兼相爱，交相利"准则的人，也即墨家所
谓的"兼士"。而选贤授能的具体条件与标准则为："不党父兄，
不偏富贵，不嬖颜色"（《尚贤中》），"虽在农与工肆之人"（《尚
贤上》），只要是"贤者"、"能者"，就必定"举而上之，富而贵
之，以为官长"。（《尚贤中》）墨子"尚贤"的思想，体现公正，
反对"私爱"，切实体现了"兼爱"精神。

墨子所谓"尚同"，就是"一同天下之义"。"天下之百姓，
上同于天子"。（《尚同上》）所谓"上同于天子"，即上同于
"兼君"；"一同天下之义"，即一同于"兼爱"。可见，墨子的

"尚同"思想，正是"兼爱"精神得以实施的政治制度，而"兼爱"乃是推行"尚同"的思想基础。二者相辅相成，颇具辩证关系。

从"兼爱"精神出发，墨子从经济学的角度，为了缓解和改善贫民生活的艰难处境，遂提出了"节用"、"节葬"、"非乐"的思想主张，委实具有深厚的人民性特征。如"诸加费，不加于民利者，圣王弗为。"（《节用中》）他主张要像古代圣王那样，在饮食、衣服、兵甲、舟车、宫室等方面，反对浪费，严责奢侈。如果统治者挥霍民财，铺张浪费，这就必然要"厚敛于万民"，"亏夺人衣食之财"。（《非乐上》）这就从根本上背离了"兼爱"精神。

至于"节葬"，此为"节用"的补充。墨子认为："厚葬久丧，实不可以富贫众寡，定危理乱乎？此非仁非义，非孝子之事也"。（《节葬下》），他尤其反对残酷的杀殉制度，具有浓厚的宗教色彩与人道主义精神。墨子"非乐"，其用意即在提倡节用，反对过度消费，切合"兼爱"精神。墨家一向代表广大贫民阶层的利益，饥者得食，寒者得衣，劳者得息，是墨家的良好愿望与宗旨所在。墨子"节用""节葬""非乐"思想的产生，都是从"兼爱"精神的整体性原则出发，坚持竭诚为平民阶层请命、全力对王公大人规劝的可喜结果。

在《天志》篇中，墨子的动因主要是想把"兼爱"精神升华为天的意志，以提高"兼爱"学说的权威性。墨子云："今夫天，兼天下而爱之，遂万物以利之。""天之意不欲大国之攻小国也，大家之乱小家也。强之暴寡，诈之谋愚，贵之傲贱，此天之所不欲也。不止此而已，欲人之有力相营，有道相教，有财相分也。"（《天志中》）意思是说，天的意志就是"兼爱"。所以，墨子一再强调："顺天之意者兼也，反天之意者别也。""顺天之意若何？曰：兼爱天下之人。"（《天志下》）在墨家看来，天就是一个有意志、有情操、有好恶、奖善惩恶、无影无踪而确实无处不在的人格神。这样，"天志"说与"兼爱"便自然构成了源与流、体与用的密切关系。

墨子提出"明鬼"之说，也是希望借助鬼神的魅力，使"兼爱"精神得以顺利地推行。因为鬼神的基本职能就是赏贤罚暴，是"兼爱"的监护神。"民之为淫暴寇乱盗贼，以兵刃毒药水火，退无罪人乎道路，夺人车马衣裘以自利者，有鬼神见之。"甚至连"吏治官府之不洁廉，男女之为无别者"（《明鬼》），鬼神也能见之。一句话，具有"兼爱"精神的"兼"者，鬼神就予以"赏贤"；违背"兼爱"精神的"别"者，鬼神就给予"罚暴"。可见，《明鬼》与"兼爱"精神也是息息相关的。

如果人们相信有命，就不可能践行"兼爱"精神。所以，墨子便极力"非命"。对信命者而言，"上之所赏，命固且赏，非贤故赏也。上之所罚，命故且罚，非暴故罚也。是故入则不慈孝于亲戚，出则不弟长于乡里，坐处不度，出入无节，男女无辨，是故治官府则盗窃，守城则崩叛。""以此为君则不义，为臣则不忠，为父则不慈，为子则不孝，为兄则不良，为弟则不弟"，"贪于饮食，惰于从事，是以衣食之财不足，而饥寒冻馁之忧至。"（《非命上》）由此可知，有命论是贯彻"兼爱"精神的"天下之害"。因此，墨子强烈呼吁道："今之为仁义者，将不可不察而强非也"。（《非命下》）"非命"思想也与"兼爱"精神的关系颇为丝丝相扣、一脉相承的。

由上对"兼爱"精神与《非攻》《尚贤》《尚同》等诸篇关系的阐论可知，"墨家以'兼爱'为出发点展开，在政治上派生出《尚贤》《尚同》，在经济上派生出《节用》《节葬》《非乐》，在军事上派生出《非攻》，在宗教观上派生出《天志》《明鬼》《非命》，构筑了一个上至天神、下到平民百姓的立体伦理学说体系，虽然有历史局限和空想的成分，但墨家学说仍不失为一种关爱百姓、向往进步、引导人民积极向上、促进社会繁荣发展的进步学说。"墨子"兼爱"精神在《墨子》十篇论述中的内在逻辑结构与相互呼应的脉络线索是十分清晰的，因此，它则进一步证明了墨子的"兼爱"精神确实是墨子全部思想的核心与灵魂。

余　论

墨子以民胞物与淑世情怀，在天下大乱、生灵涂炭的风雨飘摇时代，努力高擎其"兼爱"精神的纲领性旗帜，这样既顾及对人类生活世界的仁爱，又莫忘对自然生态情状的关怀，大力倡导天人合一、万物谐和的善政理念，全力推行"兼相爱，交相利"爱利结合、双赢互利的实质性准则，竭力追求"兴天下之利、除天下之害"的伟大理想与宏伟目标。这些便是墨子"兼爱"核心精神的全部蕴髓。"兼爱"精神是墨子对孔子"仁爱"思想革命性的发展，及时反映了社会处于阶级冲突、利益竞争特定时代背景情况下，平民者祈求人与人、人与物、家与家、国与国之间互相同情、互相关心、互相爱护的美好道德愿望，具有积极的激励作用与鼓舞力量。然而，由于墨子的"兼爱"精神是在战国特定时期产生的，故其难免其思想的局限性。即对于当时普遍存在的相互对抗的个人利益与极其复杂的社会关系只是做了较为孤立的分析，未能充分探索"兼爱"精神的可行性。虽然提出了"爱无差等"等平等观，但并未能提出废弃等级差别的具体要求与改革措施。不过，对于2000余年前的先贤墨子，我们还以理解之同情态度为好，秉持吸取与扬弃的哲学观来珍惜这份难能可贵的"兼爱"精神遗产。他为后人留下了一畦优秀的传统文化的沃土，让后人继续耕耘，在历史的发展论，发展的阶段论中，孕育出更为深广的公正、平等的涵义，继而兴天下之利，除天下之害。墨子的兼爱精神正是中华优秀传统文化的一部分，所以在现代的核心价值观中也深植了公正、平等的意蕴。

习近平总书记说得好："把培育和弘扬社会主义核心价值观作为凝魂聚气，强基固本的基础工程"，墨子的"兼爱"精神也必然被凝聚其中；墨子的兼爱精神对自强不息的人们和爱好和平的人们永远是一种鼓舞的力量。

《老子》与“和谐”价值观

谭　丽

　　《老子》中虽然没有明确提出“和谐”范畴，但是“道”为万物之母，是先天地生的绝对的本根存在，是宇宙本原，也是宇宙运行的最高指导原则。“道法自然”、“无为而无不为”，强调达到人与天、人与社会、人与人之间以及人自身的身心的“自然”状态。“道生万物”以“无为”，“道法万物”以“自然”，即达到天地万物的和谐状态。“无为”即顺应社会发展规律，“自然”即万物各行其道，故《老子》之“道”即“和谐”。

一、《老子》中的“和谐”思想

　　（一）“道”“无”

　　“道”是老子的最高哲学范畴，老子哲学思想的核心以道本体论为基础。分析《老子》中的和谐思想首先看《老子》中对“道”的描述。“道”作为超越具体事物之上的形上本体，具有遍在、太一、无形、无象、无性等特征。

　　1. “道”

　　《老子》第一章言：“道可道，非常道；名可名，非常名。无名，天地之始；有名，万物之母。”

　　第二十五章：“有物混成，先天地生，寂兮寥兮，独立而不改，周行而不殆，可以为天下母。”

　　“道”是先天地生的太初混沌，“为天下母”，是万物产生的根源。“无名”之“道”是世界的终极原因。

　　第二十一章又言：“道之为物，惟恍惟惚。惚兮恍兮，其中有象；恍兮惚兮，其中有物。窈兮冥兮，其中有精；其精其真，其中有信。"

"惟恍惟惚"、"先天地生"之物即"道",故"道"也是真实存在,是形而上的实存者,即绝对的存在本体,是宇宙的本原物。

第三十九章:"昔之得一者,天得一以清,地得一以宁,神得一以灵,谷得一以盈,万物得一以生,侯王得一以为天下正。"

第二十五章又有:"吾不知其名,字之曰道。强为之名曰大。"

第十四章言:"视之不见名曰夷,听之不闻名曰希,搏之不得名曰微。此三者不可致诘,故混而为一。一者,其上不皦,其下不昧。绳绳不可名,复归于无物。是谓无状之状,无物之象,是谓恍惚。"

"一"、"大"都是指道。"夷"、"希"、"微"都是指极为细小、不可感知的意思。"道"在其太初阶段,是"视之不见"、"听之不闻"、"搏之不得"的"一",这个"一"实则"混沌"之"道"。"道"是超越于具体感官认知对象的形上本体,不可描述,无法言说。"道"之为物是无状无象、无声无响的"惚恍",这个无规定性的"恍惚"之物,以词"道"表示,勉强给它一个名称曰"大"。"大"意为"崇高",是真实的、应当如此的,能人信服和敬仰。"道"即是"一"、"大"。

2. 道生万物

《老子》第四十二章言:"道生一,一生二,二生三,三生万物。万物负阴而抱阳,冲气以为和。"

第五十二章:"天下有始,以为天下母。"

"道"是形而上的存在本体,具体存在的天地万物是形而下之"器"。"道"是天地万物的"本原"和"创造者",道体与天地万物是一种"虚涵"的"创生"关系。"一"、"二"、"三"只是表示"道"生万物从无到有的过程,宇宙的生成从太初的无形无状无象的形而上之"道"到有形有状有物的天地万物,这个过程就是:"道生一,一生二,二生三,三生万物。"

第四十章:"天下万物生于有,有生于无。"

第一章又有言："无名，天地之始；有名，万物之母。"

《老子》以"无"和"有"来描述道生、道化万物。"道生一"就是"有生于无"，"三生无物"就是"天下万物生于有"。"道"是无、有的对立统一，万物则是阴阳二气的对立统一，"道""冲"，则阴阳二气变化，"和"生万物。"道"是一种统一体，从中可以分化出对立的物质的各个层次，各个层次的物质可以变化，但"道"本身却是永恒不变的"一"。

在道物关系的描述上，有两层体用关系。首先，"道"是万物之根，万物所依，是先天地生的超越物，绝对的存在者，即本原之体；天地万物则是由"道"创生的分化者，形而下之"器"，因此二者是一体与分化的关系。其次，"道"是万物之母，道物之间是母子、生者与被生者的关系，"道"作为宇宙运行原则参与到万物演化的过程中，可以说"道"内在于天下万物，道体物用。故"道"以无有生成万物，以遍在化万物。

3. 道法自然

第二十五章言："故道大，天大，地大，王亦大。域中有四大，而王居其一焉。人法地，地法天，天法道，道法自然。"

人取法于地，地取法于天，天取法于道，道自我取法。"道"不取法于他者，先天地生，自我运行。"道"生万物是无目的性和无意识性的，即"自然"，故"道"本性"自然"。

第三十七章："道常无为，而无不为。侯王若能守之，万物将自化，化而欲作。吾将镇之以无名之朴，镇之以无名之朴。夫亦将无欲，不如以静，天下将自定。"

第三章："使夫智者不敢为也，为无为，则无不治。"

"无为"即不刻意自作之"为"，"无为"实质就是遵循规律，顺其自然，这是"道"生万物的总原则。"道"创生、分化出万物，并非有目的、有意识的过程，而是自然而然的，"无为"的过程。

第十七章："悠兮其贵言，功成事遂，百姓皆谓我自然。"

第六十四章："是以圣人欲不欲,不贵难得之货;学不学,复众人之所过。以辅万物之自然而不敢为。"

第二十三章："希言自然,故飘风不终朝,骤雨不终日,孰为此者?天地尚不能久,而况人乎?故从事于道者同于道,德者同于德,失者同于失。"

第五十一章:"是以万物莫不尊道而贵德。道之尊,德之贵,夫莫之爵而常自然。"

上位者尊道采用无为之事,百姓得以自然。侯王守之,即侯王"守道","万物将自化","无欲以静","天下将自定"。"善为道者"顺自然而不敢有为。

第五十一章:"生而不有,为而不恃,长而不宰,是谓玄德。"

第七章:"天长地久,天地所以能长且久者,以其不自生,故能长生。"

道无为,万物有为。"辅万物之自然",即"道"以"无为"的方式对万物展开教化,万物各自有为,即万物依靠道的原则自化、自我成就。概言之,"道法自然","道""无为"而物自化。

(二)"道""合和"

1. 反复

第四十二章言:"万物负阴而抱阳,冲气以为和。"

万物都包含着阴阳,阴阳调和,生成万物。阴阳之气交相作用,以至于平衡谐和。这种平衡谐和的状态在《老子》看来就是万物存在的本根状态。

第二十五章:"大曰逝,逝曰远,远曰反。"

第四十章:"反者道之动,弱者道之用。"

第十六章:"万物并作,吾以观其复。夫物芸芸,各复归其根。归根曰静,是谓复命。复命曰常,知常曰明。"

道是宇宙在不断的变化之中,变化的规律就是反复。"反"是由"道"而有所动,"道"亦是"反"之所以,一切变化莫不"反"。万物虽然纷繁众多,最终都要回归其本根,遵循道的自然规律，复归于宇宙本原之道。回归本根就是清静，清静中又孕育出新的生命。归根复命就是"常"，就是遵循宇宙万物运行的规律，即"反复"之道。

2. 合和

"反"、"复"、"常"表示"道"的运动具有向对立面转化和万变不离其宗的复归特性。《老子》亦讲两一对待"合一"与"综合"的关系。

第二章言："天下皆知美之为美，斯恶已；皆知善之为善，斯不善已。故有无相生，难易相成，长短相形，高下相倾，音声相和，前后相随。"

第五十八章："祸兮，福之所倚；福兮，祸之所伏。"

凡二者对待皆是相依而生、相辅相成，此依彼而立，彼依此而存。"合一"即"会合相异之物于一处"，就是指两个不同的对待者相互依存，换言之，指矛盾双方存在的必然性。

第四十五章："大成若缺，其用不弊。大盈若冲，其用不穷。大直若屈，大巧若拙，大辩若讷。"

第四十一章："故建言有之：明道若昧，进道若退，夷道若类，上德若谷，大白若辱，广德若不足，建德若偷，质真若渝，大方无隅，大器晚成，大音希声，大象无形。"

第六十五章："玄德深矣远矣，与物反矣，然后乃至大顺。"

以"正而若反"的方式说明对待二者不仅相互依存，还可以向对立面相互转化。对待还能相互融通，一物亦包含其反面，与其反面相融合才能圆满。故对待二者合一，对待亦综合为一（圆满）。"综合"之圆满的"一"即"和"。"会合异类之物而使之均衡，是谓谐和"，亦即众多相异者相成而相济。换言之，对待进行辩证运动，达到均衡状态即"和谐"。

（三）"道""自然"

从"道本体"方面讲，"道"是太初"混沌"、"恍惚"、无规定性之物。"道"具有无规定性，故"道"是"无"。"无"表示

"道"的超越性、绝对性和崇高性，"道"不取法于他者，本性"自然"。

从"道生万物"方面讲，"道"创生万物是无目的性和无意识性的过程，即"自然"。形而上之"道"以"无为"让万物处于自然状态；形而下之"器"遵循"道"的运行规律，自然而然，故万物"法自然"而自化。

一方面，"道"本性"自然"、"无为"，"道"之"无"就是一种和谐。另一方面，万物遵道自宾、自化，而又能合和归复，达到"自然"状态，这时候的"自然"即最高的无为境界。"达道"、"至无为"的"自然"乃"道"的最终目的，"道"的循环运动也是和谐的体现。

《老子》以"无"、"有"指称"道"的功能性，"我无为而民自化"、"我无事而民自富"，以"无为"之原则行"无不为"之事有，"道"既是"有"，也是"无"。无而不无，乃全有。所谓全无即有，全有即无。老子以"道"为本体，由"无"和"有"的对立消解合一，一就是最高抽象性的"无"之"道"，此时，至"道"即达到"自然"境界。"自然"是《老子》的价值选择和最终追求，故"自然"即和谐。"顺性"、"无为"，"尊道"、"贵和"，即"自然"、"和谐"。

在《老子》八十章中有关和谐的内涵是："小国寡民，有什伯之器不用，使民重死而不远徙，虽有舟舆无所乘之，虽有甲兵无所陈之，使人复结绳而用之，甘其食，美其服，安其居，乐其俗，邻国相望，鸡犬之声相闻，民至老死不相往来。"这是老子的"无为"社会，也可说是"理想"社会。老子之所以有这样的想望，那是由于他当时所处的时代背景是人类欲望不断增长，于是诸侯国相争，战争频繁，老子就由此希望能有一个没有战争而安静闲适的社会。可是时代却在持续发展，几千年的岁月嬗变，"鸡犬之声相闻，民至老死不相往来"的想望早已彻底淡出了时代，在今天的新时代，习近平总书记在国际会议上多多呼吁"建设人类命运共同体"，一路一带，就是他呼吁的体现。所以这就和老子所期望的恰恰是南辕北辙。不过他的和谐概念在几千年前的社会中还是有其含意的，尤其是在保护大自然的原生态方面，人与大自然的和谐，就是在今天，仍不失其原动力的作用。

二、汲取优秀传统文化，推进社会和谐

（一）"道"即"和谐"

在《老子》"和谐"思想中分析了"道"之"无"、"道"之"合和"和"道"之"自然"，首先，以"无"表示"道"的功能性和超越性，"道"之"无"是一种和谐。其次，"道"的循环往复运动和"道""合和"的朴素辩证统一也是"和谐"的体现。老子以"道"为本体，由"无"和"有"的对立消解合一，"一"就是最高抽象性的"无"之"道"，此时，至"道"即达到"自然"境界，"自然"即和谐状态。

"道生万物"以"无为"，"道法万物"以"自然"，即达到天地万物的和谐状态。"无为"即顺应社会发展规律，"自然"即万物各行其道，故《老子》之"道"即"和谐"。"无为"是动态原则，"自然"是静态境界。合之即"道"，"道"即"和谐"。对"无为"、"自然"的选择就是"合道"，"守道"是老子的最高价值追求，故《老子》追求达"道"之"自然"与社会主义核心价值之"和谐"是有其渊源关系的。

（二）"自然"与融通

"自然"是《老子》的价值选择和最终追求，"自然"即和谐。"顺性"、"无为"，"尊道"、"贵和"，即"自然"、"和谐"。《老子》之"道"即和谐的智慧在当今有其存在价值。分析《老子》的和谐思想：一方面，个人减少贪欲、返璞归真，即人性自然；另一方面，上位者（君、圣）尊道贵和、顺应天道，即天性自然。"无为"既是《老子》哲学思想的最高原则，也是一种理性自觉的态度和方法。"自然"是《老子》守道的最高境界，亦是最

高价值追求。概言之，《老子》的"顺性"、"无为"，"尊道"、"贵和"，即"自然"、"和谐"。

（三）"和谐"思想的朴素辩证观

和谐，是中国古人的一种社会理想，是植根于东方文化的一种独特价值追求。"和谐"思想，古来有之。春秋战国时期，对"和"的观念讨论较多。儒家有"和为贵"，"君子和而不同，小人同而不和。"儒家"中和"思想，道家"和谐"思想，都体现中华民族的精神追求。《左传》有言："如乐之和，无所不谐。"《礼记》言："讲信修睦"、"天下为公"。中国传统文化的核心精神即"和谐"文化，和谐社会是对人类社会发展理想状态的一种诠释，是从古至今人类不断追求的生活理想和社会理想。

《现代汉语词典》解释和谐为配合得当、和睦协调。《辞海》则把和谐与协调并称。和谐的含义是指配合或搭配得适当、匀称、协调而不生涩、不别扭。概言之，和谐是对立事物之间在一定的条件下具体、动态、相对、辩证的统一，是不同事物之间相依相存、相辅相成、相反相成、互助互补、共同发展等辩证关系，这是辩证唯物主义和谐观的基本观点。

马克思主义经典作家说，未来理想社会是社会生产力高度发达和人的精神生活高度发展的社会，是每个人自由而全面发展的社会。这样的社会，就是人与人和谐相处、人与自然和谐共生的社会。马克思主义的和谐理论不仅指要实现人的自由全面发展，也要构建和谐社会，强调人的自由发展是社会和谐的具体表现，建设好和谐社会才能更好地实现人的自由全面发展。

（四）"和谐"价值观选择

和谐是社会发展的基础，和谐也是社会主义现代化国家在社会建设领域的价值诉求，是经济社会和谐稳定、持续健康发展的重要保证。党的十八大提出，倡导富强、民主、文明、和谐，倡导自由、平等、公正、法治，倡导爱国、敬业、诚信、友善，积极培育和践行社会主义核心价值观。

　　构建和谐社会是一个系统工程，它贯穿于建设有中国特色社会主义的始终，是一个不断化解矛盾的长期历史过程。我国要构建的和谐社会是"民主法治、公平正义、诚信友爱、充满活力、安定有序、人与自然和谐相处的社会"。在构建和谐社会的实践中，要逐步实现人自身和谐、人际关系和谐、人与社会关系和谐、人与自然之间和谐。人自身和谐，就是个人身心协调发展，生理健康、心理健康、精神健康。人际关系和谐，就是人与人之间关系和谐，包括个体之间、个体与群体之间、群体与群体之间关系的和谐，体现为人们在利益关系平衡基础上的互相尊重、平等互利、诚信友爱、互帮互助、融洽相处。人与社会关系和谐，就是人与社会组织、社会制度之间的相互作用、相互制约、相互促进。表现为国家、集体、个人权益关系协调，整个社会安定有序，平稳运行，充满活力，人们心平气和、安居乐业。人与自然之间和谐，就是人与所处的环境和谐共生。人尊重自然规律，保护自然，与自然和谐相处。

参考文献：

[1] 陈鼓应. 老子今注今译四 [M]. 北京：商务印书馆，2009.
[2] 楼宇烈. 老子道德经注校释 [M]. 北京：中华书局，2008.
[3] 吕思勉. 先秦学术概论 [M]. 北京：中国大百科全书出版社，1985.
[4] 高亨. 老子正诂 [M]. 北京：清华大学出版社，2011.
[5] 冯友兰. 中国哲学史 [M]. 上海：华东师范大学出版，2000.
[6] 张岱年. 中国哲学大纲 [M]. 北京：商务印书馆，2015.

韩非子法治思想的现实意义

陈　奕

　　韩非子是法家思想体系的集大成者，提出了"以法为本"，结合"术"与"势"是使三者有机统一的法治思想家。韩非子的法治思想主要是以"以法治国"为主线，强调"法"的绝对权威性。本文试图借鉴韩非子的法治思想的理念，结合我国社会主义法治建设中产生的问题，来说明韩非子的法治思想是具有现实意义的。

　　西周封建社会根据两条原则办事：一条是"礼"；一条是"刑"。礼是不成文法典，以褒贬来控制"君子"即贵族的行为。刑则不然，它只适用于"庶人"或"小人"，即平民。法家思想起源于春秋时期，形成于战国年代，在秦朝达到鼎盛，秦朝灭亡之后就走向衰落。在周朝的后几百年，社会发生了深远的变化，封建社会体制逐步解体，此时君子的地位遭到撼动，且人人自危。原因是在那个时代，有一些贵族开始丧失土地和爵位，然又有些平民凭借自己的运气和努力，一步步走向社会和政治顶峰。

　　新的情况带来了新的问题。当时各国诸侯面临的都是这样的情况，当时诸子百家共同努力要解决的就是这些问题。可是他们提出的解决方案，多是不现实的，不能实行的。

　　当时有些人却对实际的政治状况有着深刻的见解，他们往往就是诸侯们可以相信的能人、顾问，如果他们的建议行之有效，有时候抑或成为宰相。这样的顾问就是所谓的像韩非子一样的"法术之士"。

　　法家的先驱人物有春秋时期的管仲、子产，战国时代的李悝、吴起、商鞅、申不害、慎到等人。法家思想体系的最终确立人是韩非子,他综合与总结了前期法家所得成就,创立了以法为本,"法"、"势"、"术"相结合的法治理论体系。韩非子将商鞅的"法",申不害的"术",慎到的"势"治思想进行了吸收与整合,提出了"以法为本",结合"术"与"势"使三者成为有机统一的法治思想。他认为统治者要通过"抱法"、"行术"才能"强势",从而达到天下大治。他的这一思想反映了战国后期新兴封建地主阶级的愿望,适应了从诸侯割据到建立中央集权封建国家的历史要求,尤其是他的思想为秦朝的一统天下提供了理论准备。借鉴吸收韩非子法治思想中合理的成分,对于当今社会建立以法治国方略具有十分重要的意义。

韩非子认为,这三者都是缺一不可的。他说:"明主之行制也天,其用人也鬼。天则不非,鬼则不困。势行教严而不违……然后一行其法"明主像天,"天"在当时就是权威的象征,因为他遵循法治,公正无私。明主又像鬼,"鬼"就象征着手段,因为他有用人之术,人们还不知道是怎么用的。术的概念也与"实"相对应起来,这就是术的妙处。此外,他还有强势的权力来加强其命令的力量。这是势的作用。这三者"不可一无,皆帝王之具也",缺少了"法"、"术"、"势"任何一个都不能推行以法治国的新政,完成统一中国的战略。

同时我们必须关注的是,韩非子的法治思想吸收了儒家、道家、墨家等众家思想理论,融会并发展了道家、荀子以及法家先驱者商鞅、管仲等人的法治思想,缔造出了独树一帜的法家理论。韩非子一生的追求是为封建统治者缔造出一套能够有效治国的法律制度,并希望借此实现自己人生中的政治抱负。所以韩非子的法治思想里很少见到深邃的思辨哲学,而大多是带有浓厚的实用主义和功利主义色彩的阐释。韩非子将法治作为维护君主统治的主要工具,通过对法的公开、公平和公正的理论分析以及对法的实效和功用的功利价值分析,从而找到真正的治国之术,并得到秦国君王的赏识。

根据韩非子的观点"法"要具备四个特点：首先，法必须是公正的。韩非子关于法公正性的论述是："释法术而心治，尧不能正一国；去规矩而妄意度，奚仲不能成一轮；废尺寸而差短长，王尔不能半中。使中主守法术，拙匠守规矩尺寸，则万不失矣。君人者能去贤巧之所不能，守中拙之所万不失，则人力尽而功名立"。规矩立好了，并且把规矩扩大到全国范围，就能保证"法"的公正性地位，法律的公正性在当今仍然是我们社会的终极追求。其次，法应当是立公弃私的。法家非常注意公私分明，韩非子在《五蠹》中以"自环者谓之私，背私谓之公，公私之相背也，乃苍颉固以知之矣"来区分公与私，这充分地体现出法的独立性原则，有效地规避执法者滥用职权，这与下文的法家通过"名""实"参同来掌握"二柄"的权限有异曲同工之处。再次，法必须是公开的。韩非子指出："法者，编著之图籍，设之于官府，而布之于百姓者。故法莫如显，法而术不欲见"，法在颁布后必须是要及时地公布到民众中去；最后，法必须是平等的。韩非子对儒家"刑不上大夫，礼不下庶人"的观点来说并不支持的，具有一定的进步意义，当时"君子"和"小人"的命运都是相似的，儒家根据宗法制和亲疏关系制定的社会制度是属于相对落后的观念。韩非子的法治思想中能够做到坚持法律面前人人平等，不区分人的社会地位的高贵与卑贱是很可贵的。韩非子进一步说明"法不阿贵，绳不绕曲。法之所加，智者弗能辞，勇者弗敢争。刑过不避大臣，赏罚不遗匹夫"。在韩非子看来，法在大臣即"君子"和匹夫即"小人"面前是处于平等的地位。这对我们社会主义核心价值观中的法治观来说，也是有相当强有力的参考价值。在当今社会，国家统治阶层要想营造到公私分明、公平公正、平等自由的氛围，在我看来，唯有以史为镜，譬如借鉴并利用韩非子的"法治"思想，结合当代的实际情况，才能作出合理的决策。

那么"法"制定后，怎样去维持法的合法性和权威性地位？韩非子在用人方面的观点具有借鉴意义。"名""实"参同的标准贯穿在韩非子的论述中，正是这种选人用人的标准，才能使君主"静观其变"。"故虚静以待令，令名自命，令事自定"，君主只要定好"名"，接下来的"实"只要通过"符契之所合，赏罚之所生"来参考"名"就能做出判定。法也可以通过民众行为的"实"来参考法的"名"，这样既能保证法的"公正性"，也能保证法的"平等性"。

在"名"和"实"的有效机制中如何把握自身权威的地位呢？韩非子给出了详细的解答："明主之所导制其臣者，二柄而已矣。二柄者，刑、德也"。通过"二柄"（炳即权力），来制约臣的行为，"刑"即杀戮的权力，奖赏的权力叫作"德"。但是，这种令人威风丧胆至高的权力恰恰很容易被奸佞之徒利用，所以君主要保持"虚静以待，静退以为宝"的"势"来权衡"二柄"。这对推动法的执行，具有基本的保障作用。

韩非子在《五蠹》中说："古者丈夫不耕，草木之实足食也；妇人不织，禽兽之皮足衣也。不事力而养足，人民少而财有余，故民不争。是以厚赏不行，重罚不用，而民自治。今人有五子不为多，子又有五子，大父未死而有二十五孙。是以人民众而财货寡，事力劳而供养薄，故民争。虽倍赏累罚而不免于乱"韩非子的这段的论述主要涉及到人口数量与资源分配的问题。虽然韩非子所处的时代与当今社会的环境已经大不相同，但就中国目前的实际情况来分析，两者具有历史相似性，资源在人口数量面前总是处于匮乏状态，即经济学上所说的"供不应求"的经济状态。

目前我国面临的最主要的问题，就是资源分配不公平引起的收入差距明显扩大等现象。由于分配不公导致群体之间的收入差距不断扩大，这种扩大不但体现在城乡居民收入上，同时也体现在东西部地区的发展差距上面。虽然初次分配应当由市场机制解决，但是我国在改革开放后，在制度上一直实行的计划与市场双轨制。在缺乏有效监督的制度下，导致市场分配失灵，秩序混乱。违法现象就会出现，非法途径获取的高收益使得合法经营者失去了信心，破坏了他们守法的信念，阻碍了市场机制的建立。以权谋私、权钱交易、非法经营、偷税漏税等现象大量出现。这就给我们执政者提出了一个很大的难题：怎样制定有效的法律来监管和控制这种现象的扩大问题。人们希望通过国家立法实现对社会资源合理分配，但是由于社会各阶级对国家立法权拥有的不平衡的制约性，所以最终导致国家立法对有限社会资源的分配出现了不公正现象，进而使法律的失去遵守正当性理由。一旦法律的公正性和权威性受到挑战，社会群体之间矛盾冲突就会出现加剧与最终恶化，从而出现"有法律却无秩序"即"有法不依、执法不严"的法律困境。因此，我国要想发展经济必须有法律作为保证。韩非子的法治思想在此处对于解决这一矛盾问题有着借鉴意义，利用"名""实"参同的标准来规避矛盾产生后的不良后果，建立健全社会主义市场经济法律制度，即定好了"名"，再通过国家权力机关的执法力量，把"名"推广扩大出去，社会和政府共同来行为"实"的动作，使得权力关在"笼子"里，那么再分配得到有效监管和控制，这样就能减少上述矛盾的产生。

其次，法律权威丧失。法律是规范人行为的准则，一旦建立，每个人都必须毫无条件地遵守。韩非子的"法不阿贵，绳不绕曲"就要求法律在贯彻执行中做到不偏袒权贵，一视同仁。在这一层面上来说，韩非子的法治思想与现代法治的基本要求是相似的。由于我们国家没有民主法制的历史传统，现代法治建设的历程也很短，所以在建立法律的绝对权威性方面面临诸多的问题。比如：法律的普及宣传不够，立法滞后，司法从业人员的整体素质不够优秀，律师职业体不够强大，过分强调社会稳定而忽视法律等等问题，导致民众对法律权威的信仰丧失。在如何树立法律权威方面，韩非子在《有度》中提出："法不阿贵，绳不绕曲，法之所如，智者弗能辞，勇者弗敢争，刑过不避大夫，赏罚不遗匹夫。故矫上之失，诘下之邪，治乱决缪，羡齐非，一民之轨莫如法。厉官威民，退淫殆，止诈伪，莫如刑。刑重，则不敢以贵易（轻）贱；

法审，则上尊而不侵。上尊而不侵，则主强而守要，故先王贵之而传之。人主释法用私，则上下不别矣。"在韩非子看来，严格而严厉的执法才能保证法律的权威，从而树立起君主的威信，使民众对于法律和君主产生敬畏心理。同时，利用"赏罚二柄（即权力）执法地位的权威性，以制约不法之徒的行为，使得"刑过不避大夫，赏罚不遗匹夫"，既保障了"法"的权威性，又让民众感受到"法"的公正、平等，形成"有法必依、执法必严"的良性法治体系。

在今天看来，韩非子的法治理论在当时是具有历史进步意义的，是适应社会发展需要的。虽然他的思想表现了强烈的实用与功利倾向，但是由于韩非子身处一个弱肉强食的时代，儒家和道家所提倡的"以德治国"和"无为而治"，显然是不能适应社会发展的。要想使国家强大，人民富裕，有效的方法是以法治结合德治的"以法治国"，最适应时代的需要"。但韩非子的法治思想主要是以"以法治国"为主线，强调"法"的权威性，这对我国的社会主义法治建设是具有现实意义的。

生态综议

这里曾被称作为天堂

杜国玲

编者按：此文选自作者所著《吴山点点幽》第一版增订版的《后记》，是以图文并茂，照片为主的版本。《后记》，文不在长，有感则灵。作者"性本爱山丘"，又因工作需要，几乎探遍了吴中的山山水水，从质感升华为情感，作者对吴中山水可谓情有独钟，"企慕之、追寻之，师之友之。"

在文中又蕴含着别有的言外创意，就是时时惦念着一座城市的人文生态与大自然的生态如何融合，又如何将这一天堂装点得更为美妙？所以她委婉、深情地在文末提示了一句"苏州这座城市，凡两千五百年来坐落于吴山吴水间，曾被称为天堂之所在。"让人们去深思践行，也体现了作者的生态情怀。

苏州以水闻名，山不多，却以秀媚见长。那一道道蜿蜒于太湖之畔的俊秀山林，枕湖而居，青黛是眉，秀水是眸，湖光山色，构成了"诗画江南"的绝美意境。

世纪之初，我转到苏州工作。所谓"性本爱丘山"，自然山川之于我，向来是企慕之，追寻之，师之友之。姑苏城外美丽的山水很快吸引了我的目光，工作之余，记不清有多少个黄昏及周末是与这片山水一起度过的。心既有所动，手复有所摄，心中的感受亦积成了一批札记，后来就汇集成《吴山点点幽》的文字。未料此书竟一度成为很多苏州人周末踏青，重新认识苏州、寻访苏州的"工具书"，实是笔者始料所未及。

迄今十多年过去。这是苏州历史上发生最深刻变化的时期。工业化的迅猛推进，创造了中国发展的"苏州奇迹"。在此进程中，城市快速向城外的山水田园扩张，那些飘逸灵秀的山水逐步被纳入城市的轮廓，通上了宽敞的马路，修建了休闲娱乐的设施，成为人声鼎沸的市民休闲场所。"一迳抱幽山，居然城市间"，人类在空间上离自然愈来愈近，为何我们的心，却总觉得真正的自然似乎正在渐行渐远？

闲暇无事的时候，翻翻当时信手拍下的数千张照片，感觉它们就像一个时间的凝结器，把我当年与这片山水一起度过的岁月永远定格，让人备感亲切。这些照片大多拍摄于2001—2006年间，有些风景正在发生变化或消逝，此部分照片已经成为新时期的老照片。曾几何时，新与旧的差异就如此的巨大，时空之间的变化就如此的惊人，令人顿生白云苍狗、沧海桑田的慨叹。照片只是用最普通的数码相机信手拍下的所见而已，当时本无出版之念，只因瞬间的欢喜与感动。然而，是否也有一种唯恐自然优美的事物会稍纵即逝，想立此存照的潜意识在冥冥中起作用呢？

许多读过《吴山点点幽》第一版的朋友，多次敦促我将照片以合适的方式公开。当时我尚觉无此必要。但近年来我日益感受到，随着工业化与城市化的巨轮滚滚推进，人类在创造和享受从未有过的物质成果的同时，也正在永远失去很多东西，而且这种失去还在加速。这些照片印证着已经变化并正在变化的苏州山水格局，日益具有历史价值和资料价值。这使我不再犹豫，决定将这些照片用于本书的再版，即"向之所欣，俯仰之间，已为陈迹，犹不能不以之兴怀"之意也。尽管照片中有些景象已无法重现，然留给我们的则不只是追忆和怀念。依旧存在的种种，则提醒我们倍加珍惜与呵护。

这一修订版是以图文互现的方法，再现了第一版《吴山点点幽》中文字所无法完全传达的真实的存在。我有时候在想，"老"

照片所蕴涵的话语、传播的意味，远不是几条简单的历史结论所能涵盖的，而历史唯有正视和倾听这些画面的声音，才能鲜活生动起来，永远生生不息。其实文或照都也还罢了，甚或连所谓正史也都罢了。令作者所不能忘情者，令后人所不可忘记者，一言以蔽之，就是苏州这座城市，凡两千五百年来坐落于吴山吴水间，曾经被称为天堂之所在。

我国古代传统生态思想与可持续发展

冯志杰

　　毋庸置疑，现代工业革命极大地推动了社会生产力的发展，使社会财富创造与积累速度大大加快，极大地促进了人类文明进步。与此同时，也带来诸多问题，其中最突出的就是对环境的污染和生态的损伤。在农业方面，过量地使用农药、工业肥料等现代化学生产资料，使包括土壤、水体、空气等在内的生态要素受到不同程度的污染，同时污染物通过生态系统转移到食物链，进而威胁到人类身体健康[1]。在林业方面，由于木材消耗急剧增加引发森林过度采伐，导致严重水土流失和土地沙漠化，土地资源遭到严重破坏。在工业方面，由于各种污染物大量排放，造成对水源和空气污染，由此引发的温室效应导致灾害天气频发，给生产生活造成巨大损失。在这一背景下，以环境保护运动为原始动力，可持续发展观应运而生，并逐渐成为全球共识。我国是农业文明古国，其传统农业生态思想同可持续发展观有着异曲同工之处，对当代可持续发展理论的进一步完善具有借鉴价值[2]。

　　目前，我们已经进入一个新时代，面临实现"两个一百年"宏伟目标和中华民族伟大复兴历史使命。大力推进生态文明建设，实施可持续发展战略，建设美丽中国，是实现"两个一百年"目标和中华民族伟大复兴题中应有之义，也是一项长期的历史任务。深入发掘我国传统生态思想宝库，同时借鉴国外可持续发展的经验，探索和发展我国独特的生态文明建设道路和模式，促进新时代中国特色社会主义建设。

一、我国古代传统生态思想的基本内涵

（一）"天人合一"的整体系统

我们知道，包括人在内的生物与环境组成了一个完整的生态系统，构成一个对立统一体。对于这一点，我国古人很早就有所认识，把天地人（即人及其所处的环境）看成一个有机整体。这集中反映在古人的"天人合一"思想。"天人合一"，既是我国古代重要的哲学思想，也是古代生态观的核心理念。换句话说，生物与环境相统一的基本原理构成了我国传统生态思想的核心内涵。大家知道，我国古代有两大思想体系，即道家学说和儒家学说。无论是道家，还是儒家，两者都倡导"天人合一"思想。老子认为："道大，天大，地大，人亦大。域中有四大，而人居其一焉。人法地，地法天，天法道，道法自然。"其中，"道"就是自然规律，生态系统中各个生态要素按照一定的自然规律组成一个有机整体系统。道家的另一个代表人物庄子认为："天地与我并生，而万物与我为一。"（《庄子·齐物论》）同样认为天与人、人与其所处的环境中的万物处在一个统一的生态系统中，是一个有机的生命统一体；人要顺应自然，而不是主宰自然。

与道家观点相类似，儒家也同样把"天人合一"作为天人关系的核心理念。其代表人物孟子认为："尽其心者，知其性也，知其性则知天矣。"《孟子·尽心上》把人性与天性看成统一整体，由人性知天性。汉代儒家代表董仲舒提出"以类合之，天人一也。"明确提出天人一类。从此，"天人合一"思想随着其推行"罢黜百家、独尊儒术"也逐步发展成为社会主流思想。

（二）生态要素之间和谐统一

和谐统一是我国古代生态思想的又一个重要内涵，强调各个生态要素之间构成和谐统一和整体性，强调天地人物的和谐统一[3]，生态要素之间相互适应。"人与天合，物乘气至"（《农桑通诀·授时篇》），因而在农作时间当中强调"顺天之时，因地之宜，

存乎其人。"（《农桑通诀·恳耕篇》）"无变天之道，无绝地之理，无乱人之纪"（《月令·孟春之月》）、"与天地相参"等都反映了天地人物和谐统一的思想。老子的"自然无为"并非是指"无所作为"，而是指顺应自然。[4]

《周礼·职方氏》等许多史籍中均有这方面的记载。通过大量的观察，我国古人发现生物与环境的相互关系以及生物与环境之间的相互作用：一是环境决定生物的种类及其区系分布，不同环境条件下有着不同的植物或动物区系分布。正如荀子所说："川渊者，龙鱼之居也；山林者，鸟兽之居也。"（《荀子·致士》）二是不同植物和动物的区域性分布与环境因素有着密切关系，不同的环境条件下适宜不同的作物生产和家畜饲养。例如，《周礼·职方氏》中就记载了适宜不同作物和动物的生存的地域，这似乎已经带有某种原始的农业区划的意味。古人根据不同的生态条件发明的适宜当地的耕作技术，也是极好例证。北方的旱作技术和南方的水田耕作技术就是按照"土地所宜"的原理在空间分布上合理配置土地资源的技术措施体系，是因地制宜、适应自然生态的典范。同样在局部地区，我国古人也强调在土地资源空间上的合理配置，因地制宜地做到合理利用。"善相丘陵坂险原隰，土地所宜，五谷所殖"（《月令》）。这是我国古人对环境影响农业生物水平分布的典型实例。类似地，《管子·地员》则记载了农业生物的垂直分布情况。三是生物对环境能够产生影响。冬季"不作土事"，就是为了避免"诸蛰则死"而消除对土壤的有害作用。四是环境因素，如土壤地力、阳光等影响作物生长发育。

上述这些发现，构成了传统生态的思想基石，是我国古代生态思想形成的重要论据。

（三）生态资源保护意识与永续利用思想

在生态实践上，我国古人按照天地人物和谐统一的原理，十分重视保护和适应自然生态环境，重视资源的永续利用。

在山林资源保护方面，注重遵从林木的季节演替规律，并根据季节演替规律保护山林资源，在林木发芽生长阶段禁止采伐林木。"斩伐养长，不失其时，故山林不童而百姓有余材也。"（《荀子·王制》）在动物资源保护方面则体现于动物孕育、哺乳阶段严禁捕捞和宰杀以利"永续利用"。"汙池、渊沼、川泽，谨其时禁，故鱼鳖优多，而百姓有余用也。"（《荀子·王制》）。

在土壤资源的保护方面，我国古人也给我们留下极为宝贵的经验。我国古人对土壤资源的保护首先表现在时间上按照季节节律保护土壤资源。例如，夏季"不动土攻"，以保障农作物生长所必须；冬季"不作土事"以避免"诸蛰则死"而破坏生态平衡。其次是土壤的用养结合，从最早不自觉地抛荒，到有意识地休耕、轮作等，以达到培肥地力的目的，都是对土壤资源保护的重要方式[5]。

不难看出，我国古人有极强的生态资源保护意识，已孕育着可持续发展理的理念。

二、当今生态环境面临的挑战与可持续发展观的形成

（一）环境危机与可持续发展观的萌芽

近代以来，由于人口的迅速增加，尤其是 20 世纪 50 年代以来人口的急剧膨胀，对物质文化生产提出了更高要求，人类必须不断大力发展生产力，才能满足不断增长的需要。继 18、19 世纪工业革命以后，20 世纪的技术革新浪潮一浪高过一浪，生产力发展突飞猛进，以至于创造出比人类有史以来生产力之和还要大得多的生产力，其情形更甚于马克思、恩格斯在 150 多年前所描述的情形[6]。如今，机器延伸了人的器官，石化能源取代了人力、畜力，机械代替了手工，电脑延伸了人脑，生物技术改变物种基因结构，人类已经干预整个地球的生物化学循环，改变物质循环与能量流动。人们试图征服自然、控制自然，做自然的主人。在这种思想的指导下，地上、地下、天空、水域，都成了人类开始攫取财富的战场。生产的不断发展和工业的不断集中，使得自然界的财富被

索取得越来越多，随之排向周围环境的废弃物也不断增加，最终导致资源破坏、环境的日益恶化，"生态危机"逐步加剧，地球出现越来越干旱、燥热、缺水，气候反常。二氧化碳过量排放引发"温室效应"，二氧化硫和氮氧化物大量排放使得酸雨危害等越来越严重。资料显示，20世纪90年代全球灾难性自然灾害比60年代多8倍，造成的生命和经济损失大幅度增加。森林超伐和过度放牧使土壤严重退化，目前全球沙漠化面积已达40多亿公顷。一些地区因过量使用化肥、农药使土壤严重污染[7]，人们赖以生存的土地资源遭到严重破坏。

一言以蔽之，生态环境面临越来越严峻的挑战。

在此背景下，人们开始反思传统发展模式及其带来的严重后果，迫使人类重新审视自己在生态系统中的位置，开始寻找和探索新的发展途径和模式，特别是寻求长期生存和发展的道路。为了达到这一目的，人类进行了不懈的努力和探索，并提出了一些富有启发的观点、思想和对策。实施可持续发展就是人类通过深刻反思传统的发展模式后做出的选择。

可持续发展观的提出，是人类在探索新的发展模式的历程中付出了巨大努力并因旧的发展模式付出高昂代价后找到的正确发展道路。在探索历程中，最具里程碑意义的当属1962年美国生物学家雷切尔·卡尔逊女士所著《寂静的春天》公开出版[8]。该书的问世被认为是环保运动的滥觞。

正是卡尔逊《寂静的春天》的问世，唤起了人们对环境污染问题的极大关注。她通过研究发现，人类不顾后果地滥用化学农药，导致有毒物质污染土壤、河流、空气，最后转移到食物链，长此以往，人类面临的将是没有蛙鸣鸟唱的寂静春天。可以说，该书的出版，拉开了环境保护运动的序幕。同时我们也看到，虽然环保运动发轫于农业，但卡尔森提出的命题则是整个生态保护问题，并成为了人类探索新的发展道路的一个起点。

卡尔逊命题促使许多学者和政府官员开始深入思考环境保护

问题。1972 年 3 月，罗马俱乐部发表了由 D·米多斯主持起草的研究报告《增长的极限》。该报告通过研究世界人口、工业增长、环境污染、粮食生产和资源消耗之间的动态关系，认为人类不可能以当时的增长方式继续发展下去，必须停止经济和技术的增长，使全球系统走向一个零增长的均衡社会，才能生存下去。尽管该报告被认为是"'新马尔萨斯主义'的典型代表而备受争议，但它的作用已不在于其采用的研究方法和提出的令人震惊的结论本身，而在于其提出里程碑式的'全球性'概念"，[9] 成为可持续发展观形成的最早推动者，为可持续发展观萌芽创造了条件。至此，可持续发展思想初露端倪。

（二）可持续发展观的演进

在《增长的极限》报告发表之后，1972 年 6 月，联合国在瑞典斯德哥尔摩首次召开了"联合国人类与环境会议"，会议发表了由经济学家 B·沃德和微生物学家 R·杜博斯为会议准备的背景报告《只有一个地球》。该报告将环境与发展紧密联系在一起，将环境污染问题与人口问题、资源问题、技术的影响、发展不均衡等问题联系在一起，作为一个整体来加以探讨，颇具说服力。会议发表的《人类环境宣言》采纳了该报告的主要观点，号召人类采取有效的行动保护地球和环境，使之不仅成为现在人类生活的场所，而且也适合将来子孙后代居住。经济社会发展与生态环境相协调的可持续发展思想由雏形进一步得到发展。

1987 年，世界环境与发展委员会发表了报告《我们共同的未来》。该报告是由当时的挪威首相布伦特兰夫人领导全球 20 多名优秀的环境与发展问题方面的专家学者，到世界各地进行实地考察后撰写而成的，历时 900 多天才脱稿。报告从理论上阐述了可持续发展是人类解决环境与发展问题的根本原则，并在实践上形成了一个比较系统的全球性可持续发展观与发展战略，具有权威性和代表性。

至此，可持续发展的理论框架基本形成。之后，可持续发展思想不断得到丰富和完善。1992 年在巴西里约热内卢召开的"联合国环境与发展会议"，制定出《21 世纪议程》，把可持续发展作为全球战略和行动准则。2002 年在南非约翰内斯堡召开"可持续发展世界首脑会议"，回顾了《21 世纪议程》的执行情况、取得的进展和存在的问题，并制定一项新的可持续发展行动计划，会议通过了《可持续发展世界首脑会议实施计划》等重要文件。所有这些，均对可持续发展思想的完善起到了极为重要的作用。可持续发展已经成为全人类的共识。尽管也有人持不同的观点[10]，但保护环境，实施可持续发展已成为当今的主流观点，实施可持续发展战略是未来发展的必然选择。可持续发展观的提出彻底地改变了人们的传统发展观和思维方式。

值得再次强调的是，我国古代就已对可持续性有朴素的认识。除了我们前面讨论的古代生态思想内容外，古人对"竭泽而渔"做法的批评也是很好的例证。"竭泽而渔，岂不获得，而明年无鱼。焚薮而田，岂不获得，而明年无兽。"（《吕氏春秋·义赏》）。管仲也有类似的论述："童山竭泽者，君智不足也。"（《管子·国准》）我国古代的改革家荀子则有更详细而系统的阐述："……春耕、夏耘、秋收、冬藏，四者不失时，故五谷不绝，而百姓有余食也。"（《荀子·王制》）也都反映了我国古代的"可持续利用"的思想。尽管我国古代可持续利用思想始于农业（当时人类社会只有农业产业），但对当今整个生态文明建设和可持续发展具有启迪意义。

三、弘扬我国传统生态思想，大力推进可持续发展

保护生态资源和生态环境，实施可持续发展，是我国现代化建设的必然选择。我国是一个人口众多、自然资源相对短缺的国家。我国人均耕地、森林、草地和淡水资源不到世界平均水平的 1/3，生态资源显得更加弥足珍贵，保护环境，推进可持续发展势在必行。虽然我国在环境污染治理方面取得了显著成就，但依

然面临严峻挑战，生态环境保护任重道远。这就要求我们，在现代化建设进程中，必须加强自然资源和生态的保护，实施可持续发展战略，在保障经济快速发展的同时，正确处理发展同人口、资源、环境的关系，使整个经济社会步入全面、协调、可持续发展的轨道。既要考虑当前发展的需要，又要考虑未来发展的需要，不以牺牲子孙后代人的利益为代价来谋求满足当代人的需求。

第一，深入贯彻落实党的十九大精神，按照十九大的部署要求，树立和践行绿水青山就是金山银山的理念，实施可持续发展战略。在发展和建设实践中，尊重自然、顺应自然、保护自然，坚持人与自然和谐共生，坚持节约资源和保护环境。正确处理人与自然之间的相互关系，坚持绿色发展方式和绿色生活方式，实现物质生产、人的生产和环境生产的协调统一，走生产发展、生活富裕、生态良好的文明发展道路。

第二，充分发掘我国古代传统生态思想宝库加以借鉴，建立具有中国特色的生态保护与可持续发展理论，并以此指导经济发展和生态文明建设实践。我国古代传统生态思想，是中华传统优秀文化的重要组成部分，内涵丰富，博大精深。我们要深入研究和阐发，从古人的智慧汲取营养，并实现创造性转化，丰富当代生态保护和可持续发展的理论内涵，为生态文明建设和可持续发展提供有益借鉴，服务生态文明建设和美丽中国建设。

第三，千方百计保护和节约利用资源，提高资源的利用效率。要克服自然资源"取之不尽，用之不竭"错误观点，摒弃"竭泽而渔"式的生产方式，强化资源保护和利用，特别是耕地、森林、草地和淡水等重要基础性生态资源的保护及保护性利用。千方百计地保护生物多样性，维护生态系统的稳定性，遏制土地资源退化，遏制土壤沙化、盐渍化、水土流失和土壤污染[11]。通过推进生态文明建设解决人口、资源、环境之间矛盾，实现经济效益、社会效益和生态效益相统一的可持续发展目标。

第四，大力推进科技创新，研发和推广绿色生产技术和绿色产品。一是大力研发和推广清洁能源（绿色能源），加快核电、风电、太阳能光伏发电等新材料、新装备的研发和推广，推进生物质发电、生物质能源、沼气、地热、浅层地温能、海洋能的开发应用，不断改善和优化能源结构。二是大力提高传统能源的效率，减少碳排放和污染物排放。三是发展绿色农业，采用保护性耕作、少用化肥、慎用农药；大力开发无公害农药、肥料、饲料、兽药等，生产出无公害食品、绿色食品和有机食品，在保护生态环境的同时保障人类食品安全和人类身体健康，最大限度地降低生产过程对环境以及食物链的污染。

第五，严格控制温室气体排放，实施绿色生产，确保一片蓝天。目前人类的生产和生活依然主要依赖传统的化石能源，这是导致大量污染物和温室气体排放的主要根源。为严格控制温室气体排放，必须从政策和技术两方面入手，实现对碳排放的严格控制。在技术层面，一要大力促进研究开发和推广应用可再生能源技术（包括太阳能、风能、生物能等新型绿色能源生产技术），通过新型替代能源的推广应用，逐步减少对化石能源的过度依赖，从而缓解化石能源消耗对环境污染和气候变化造成的压力；二要大力研发和推广应用提高传统能源效率的新技术、新产品，达到降低发排放的目的。在政策层面，通过制定政策法规等政策措施进行政府干预调控。一方面通过制定激励性政策，鼓励节约能源，减少能耗，从而达到减少和限制碳排放的目的；另一方面鼓励和倡导可再生能源的研发推广，为绿色能源的广泛应用提供优惠政策和资金扶持，从而达到减少环境污染的目的。这些经济政策手段包括法规命令、价格调控、税收政策，以及对可再生能源的资金支持等。这方面欧盟积累了可资借鉴的成熟经验。[12]我们可以加以借鉴，为我所用。

人类在走过曲折道路，经历艰苦探索付出沉重的代价之

后，终于在发展进程中找到可持续发展之路。可持续发展观，
作为人类发展史上的形成的宝贵的思想财富，是人类集体智慧
的结晶，现已为全世界所接受并得到广泛普及，成为人类发展
历程中的必然选择。而我国传统生态思想，蕴涵着"可持续"
生态和发展的思想内涵，是进一步丰富可持续发展理论的重要
思想来源。发掘我国传统生态思想宝库，不断完善和丰富可持
续发展理论，服务于生态文明建设，促进美丽中国建设目标早
日实现。

参考文献：

[1] 王兆骞. 中国生态农业与农业可持续发展. 北京：北京出版社，2001.

[2] Bishay, F. K. Incorporation of environmental and sustainable development considerations into agricultural planning and policy analysis in developing countries: lessons and experience from China. In: Mei Fangquan and Fahmi K. Bishay ed. Sustainable Agriculture and Rural Development. Beijing: China Agricultural Scientech Press, 1997. pp. 45 – 56.

[3] 郭文韬. 中国传统农业思想研究. 北京：中国农业科学技术出版社，2001.

[4] 詹石窗主编. 新编中国哲学史. 中国书店，2003.

[5] 张芳，王思明. 中国农业科技史. 北京：中国农业科学技术出版社，2001.

[6] 马克思，恩格斯. 马克思恩格斯选集，第一卷，人民出版社，第256页，1972.

[7] 程序. 中国生态农业. 北京：中国农业大学出版社，2004.

[8] 卡逊·雷. 寂静的春天. 格林威治出版社，1962.

[9] De Haen H. Strategies towards sustainable agricultural and rural development. In: Mei Fangquan 2and Fahmi K. Bishay ed. Sustainable Agriculture and Rural Development. Beijing: China Agricultural Scientech Press, 1997.

［10］ Degregori T R. Agriculture and Modern Technology：A Defense. A-
　　　 mes：Iowa State University Press，2001.

［11］ 蒋家慧，王洪娴. 论我国生态农业建设. 当代生态农业，2004（1 -
　　　 2）：9 - 12.

［12］ 安苏阿特吉等编著. 王书婷等译. 绿色能源经济. 中国三峡出版
　　　 社，2016.

松风吹绿一溪烟

——李根源经营小王山的意蕴

吴眉眉

小王山是穹窿山的余脉，又名小黄山、琴台山。晚近以来，与小王山最有因缘的是李根源先生，正因他的居住和经营，使得生态文明的小王山远近闻名。

专注于近代文人掌故的郑逸梅先生，对小王山极为向往，曾作《我所渴望之小王山》一文，文中写道："小王山距城西南四十里，为穹窿之余脉，印泉葬其母阚氏于此。印泉事母殊孝，有古老莱子风，定省之余，曾撰《娱亲雅言》一卷，为海内所传诵。母死于民国十七年，乃卜吉山中，种松以为点缀，松凡万株，涛声云影，喧眩耳目，因名之曰松海。更披荆剔藓，辟径疏泉，有所谓听泉石、吹绿峰、梨云涧、湖山堂、孝经台、卧狮窝、万松亭、西井、寒碧、灵池、石林、可桥、小隆中诸佳地。名人题识，琳琅满目，如于右任、陈石遗、陈去病、金鹤望、朱彊村、费迂琐、谭茶陵、陈弢庵、赵云壑等，悉留墨迹，而朴学大师章太炎题小隆中云：'予昔为印泉作楹语，称治世之能臣，乱世之奸雄，盖戏以魏武相拟，以印泉尚在位也。退处十年，筑室松泉，自署小隆中，又追慕武侯其人，盖仕隐不同，故澹泊宁静也，山林之趣，予因据其所称榜之。'叶恭绰题石林云：'印泉先生于小王山之阴，种松十万株，石遗翁为题曰松海。地多怪石，印泉属予题识，因名曰石林，取吾祖石林公弁山旧号也。公本籍吴郡，晚乃居吴兴，今苏城古宅遗址犹在，卞山奇石遍岩谷，不减小王山，予有意葺治，以复兼山碧琳之胜，而力不能及，迄今无成，识此适增愧羡。'同社眠云、烟桥，均曾往游，归而道其胜如此，则彼嵯峨秀蠹者，益复萦我梦寐矣。"

李根源，云南腾冲人，字印泉，又字养溪、雪生，别署高黎贡山人。清光绪二十四年（1898），中秀才；二十九年（1903），入昆明高等学堂，次年留学日本；三十一年（1905），加入同盟会；三十四年（1908）回国，先后兴办并担任云南讲武堂监督，旋升总办。辛亥武昌起义后，与蔡锷等发动新军响应，成立大汉军政府，任军政总长兼参议院院长，以后又参加"二次革命"，反袁时任军务院北伐联合军都参谋。民国六年（1917），任陕西省省长；十一年（1922），任北京政府航空督办、农商部总长、代总理；十二年（1923），因曹锟贿选总统，愤而辞职，寓居苏州葑门内曲石精庐。在此期间，李根源收集姑苏文献、金石碑文，著有《吴郡西山访古记》五卷，参与《吴县志》总纂，任吴中保墓会会长；十六年（1927），李根源母阙太夫人因病亡故，暂将灵柩停放于上方山治平寺湖山堂内，开始寻找葬母佳域，最后选定小王山。

吴郡西山有诸多山水胜境，李根源为何偏偏选中小王山呢？金松岑在《阙茔石刻》序中谈及其原因，穹窿之山，自大茅峰而下，起顶蜿蜒东走，如神龙赴海，麟甲生动，不可控勒，而小王山为其中干结穴。当时李根源通过吴荫培介绍，由善人桥殷惕生陪同到小王山踏勘。选穴时，李根源带着大小格盘，时而登山环视，时而下坡俯察，乡人误以为他是风水先生。

小王山虽不高，然背靠穹窿，面对灵岩，北望阳山，南临太湖，加上这里民风淳朴，手工艺者众多，又是汉代朱买臣的故居，具备这许多优势的小王山，李根源自然一看就中。在其母亡故的第二年，李根源葬母于小王山麓，并建阙茔村舍，庐墓十年。值得一说的是，黎元洪大总统为阙太夫人墓赠种两千株松柏，积翠森森，映衬着那古色斑斓的墓碑。墓旁有一座石砌的大碑亭，里面并列着四块近七米高的丰碑。后面山壁上，刻满了从前参与会葬和后来谒墓人的题名，不下五六百处，其中有博习医院西人苏迈尔医师的英文题名，可算得是摩崖石刻中别开生面的一件事。

李根源在小王山期间，为当地农人办了许多实事，他与张一麐等人一起创办农村改进会、阙茔小学、成人夜校，凿井筑路，植树造林，还置浴室、苗圃、菜圃、竹园、羊圈、马棚，棚内养三匹驴子二匹马，既可供代步，又可利用它们的粪便滋养土地。又于山上开辟松海林园，坚持连年植松，十万株松树将原本光秃秃的小黄山变成了绿油油的大碧山。李根源的老师孙光庭《题记》中说："印泉于小工山前，安阙茔，遍镌题识于石，琳琅满目。今又辟松海于山后，苍翠连云，山为生色矣。第起视山外之尘寰，氛垢弥天，安得移此手笔扫荡之，一如此山之清凉。士君子固当整顿乾坤，不仅藻缋山林。虽然印泉随地随时，无不有所设施，无不胸有千秋，然则兹于其松海也，固也经纶天下之所见端云。"

李根源在松海中造九间瓦屋，取名小隆中，还有湖山堂、万松亭、梨云涧、灵池、吹绿峰、听松亭、听泉石、孝经石、卧狮窝共十处名胜。松海之名是著名学者陈衍于民国二十三年（1934）秋天所题，其时他与门人龚自如、诸祖耿、徐沄秋访小王山，见峰头有章太炎题"万松亭"三个大篆字，作联道："此老能知千古事，先生共有后凋心。"李根源索题胜景名，陈衍先说云海，忽又改松海，李根源听后拍案叫绝。陈老先生意犹未尽，又于二十四年（1935）、二十五年（1936）分别题了湖山堂、万松亭、听松亭、吹绿峰、梨云涧、西井。松海上，南边筑有湖山堂，在万松亭右，因阙太夫人灵柩曾停放在上方山的湖山堂，所以仍题旧名。

这三间屋子，恰恰面对岳峙、烂柯两山，凭栏一望，真是气象万千，那峰岚缺处，正露出一片银亮的太湖水光，湖山堂确实当之无愧。靠北的一所，中间有章太炎和于右任题的小隆中篆额同石印，李根源有诗写道："苟全于乱世，不觉入山深。高卧小隆中，聊为梁父吟。"做这首诗的缘由，是因为章太炎夫妇来访小王山，在松海口，章夫人口占一绝："探胜不辞远，楼山莫怨深。苍茫松海里，应有蛰龙吟。"于是，自称不爱作诗的李根源，很高兴地和了这首。

　　章太炎和夫人汤国梨都十分喜欢小王山，尤其章夫人，到了山明水秀的环境里，不禁动了故乡之思，又作诗一首："偶来世外说桑麻，何处云山是我家？苕水弁峰劳怅望，长林羡煞晚归鸦。"李根源笑指岳峙山麓一带树林说，那儿尽多空地，希望太炎先生也来经营几间房子，我们做个山邻，岂不甚好。章夫人当即表示同意，在小王山巅湖山堂前，远望太湖时，又得一诗："登高望太湖，湖在白云里。浩然发长啸，万山松风起。"李根源也诗兴勃发，很难得地又和了一首："湖在山之巅，山在松之里。松声与水声，涌地掀天起。"并对章夫人说，你诗中第一句"望"字改作"观"字，第二句"白云"改作"云影"更好。你如买山就可用这两字作为园名。因章夫人的笔名就叫"影观"，这诗改得巧妙极了。

　　小隆中后面石壁上，刻着邓孝先的一首《松海铭》。下面便是卧狮窝，窝中石上刻有张溥泉诗一首："大王卜宅小王山，野服芒鞋意自闲。遥指吴宫无限恨，太湖明月一沙湾。"屋北石台，宽八九米，时年九十七岁的马相伯先生题"枕涛"，上面是于右任题的草书"寒碧"石，下面是章太炎题的篆书"听泉"石，北面有章太炎题的篆书"听松亭"，均题于民国二十四年（1935）。亭与善人桥遥遥相望，李烈钧原题"射虎"，章太炎觉得略有火气，遂改为"听松"。卧狮窝西侧里，有一块突出的山峰，上面满绣着碧油油的苔草，翠骨峋嶙，青苍可爱，徐沄秋信口凑了一首七绝："穹窿三叠翠浮天，我欲移家作散仙。更爱隆中幽绝处，松风吹绿一溪烟。"李根源见后，便有了"吹绿峰"一景。

　　本来岳峙、小王两山之间有条溪涧的山坳，当时已干涸，李根源把岳峙山涧的泉水引过来，开辟成一个大池塘，那绿汪汪的涧水，其味甘洌，水声清潺，可饮可听，映衬着满山松翠，到此如处仙境，李烈钧题为"灵池"，上面筑有"池上亭"。池南约有两亩地，遍种梨树，春来花开时节，万枝雪萼，十里缟云，月下来游，景致倍增，陈衍题"梨云涧"，确实也是景名两相宜的。

小王山的正面是阙太夫人墓，墓后有一处十二米左右见方的大平石，陷伏在山坳里，上面刻有章太炎篆书《孝经·卿大夫》章，每字约有零点四米见方，李根源将此处称之"孝经台"。立于台前，仿佛置身于泰山"经石峪"中。墓的前面，右边是李根源从兄李希白先生墓，再东去便是三国时顾雍的古墓，由左边去，有宋朝进士周南墓。以上便是徐沄秋在《穹窿杂写》中记载的小王山"松海十景"情状。

李根源于此镌刻题识，经营松海，还在小王山后的岳峙山上建造三间"岳峙山居"，常常领友人穿越松海，去到比小王山高出许多的岳峙山居登高凭眺，后来索性雇人从岳峙山顺势筑一石径小道，逶迤盘旋至穹窿山上真观，这样李根源和来小王山的友人，可以随时随地去附近的朱买臣读书台和韩蕲王玩月台了。徐沄秋在《穹窿杂写》中就记了他骑驴上穹窿山宁邦寺，看望李根源的五子季邮的过程。让我们跟随他的步伐，一起享受片刻大自然的美景。

"十九日，我骑了一匹驴子，翻过小王山的雾月岭，上穹窿山宁邦寺来。骑驴上山真不容易，那驴儿必须歇息几次。到三茅峰望灵岩、天平、天池、白阳等山都小得像土堆般，真如众星环拱。这时暮霭渐渐浓厚起来，使我联想起金松岑老师常讲的'黄山云海'的胜境来，一轮隐身在浓雾里的红日，也逐渐敛光匿芒地躲到山坳角下去，带着松林中寒绿色的冷风吹来，真有些'高处不胜寒'的感想，同时证实了袁中郎说的'穹窿高深，甲于他山，比阳山尤高'，和俗语说的'阳山高高高，不及穹窿半截腰'那句话。"

山中夜深，更觉寒冷，季邮拿出一件从前冯玉祥将军送给其兄希纲的皮大氅给徐沄秋御寒，这件皮氅足有十多斤重，穿上后都站立不住了。第二天清晨，徐沄秋和季邮从晓雾笼罩的岚光山翠中，由二茅峰经飞升台，翻过凤凰岭向小王山走去。季邮边走边指给徐沄秋看，"这三茅峰上一簇白色的粉墙，是上真观，殿宇比邻，据说真有五千零四十八间啦。这面望下去，翠柏成堆的地方叫博士坞，是金圣叹葬身之处，还有乾嘉时藏书家黄荛圃的坟墓，也在一起。那灵岩山下巍峨卓立的大碑，就是韩蕲王的坟了。"

李根源在小王山时，雅客嘉宾甚多，题咏也颇多，他特地长期雇用两位石匠，将来访名人的题词随时刻于岩石，于是关切国家兴亡的激扬文字，变成一方方摩崖石刻，字字句句无不寄托他们浓厚的爱国情思。这近代难得的书法摩崖石刻群中，有章太炎、陈衍、于右任、李烈钧、马相伯、叶恭绰、张大千、邵元冲、章士钊、吴昌硕、黎元洪、蔡锷、谭延闿、沈钧儒、张默君等所书数百石。李根源将小王山的石刻和题咏编为《松海》一书，包括《松海集》、《松海石刻》、《阙茔石刻》及徐沄秋《穹窿杂写》四部分。

小王山的摩崖石刻，虽饱经沧桑，至今尚保存百余方，大致可分为墓碑藏碑、阙太夫人墓周石刻、小隆中一带的石刻（即松海石刻）以及附近岳峙山的数十方石刻留题与游穹窿的诗文四部分。墓碑藏碑部分，皆为吴昌硕、章太炎、曾熙、黎元洪、张一麐、郑伟业等名人撰文书写，如吴昌硕的"笔挽兹晖"、李根源的"曲石精庐"，还有李根源老师孙光庭撰书的"漪兰"碑等。阙太夫人墓周石刻，作者中有于右任、章太炎、黎元洪、谭延闿、邵元冲等名人，皆属挽尊之词。

松海石刻是小王山石刻中的精华部分，有诗文、有题名写景，词丽意深。如章太炎在霁月岭题的"霁月"，展示的便是一幅雪霁月夜图，还有他的万松亭石联"此老能知千古事，先生共有后凋心"，更是突出了李根源等人的高风亮节。李烈钧题的"灵池"，含有"水不在深，有龙则灵"之意。王謇的"苍洱遥拱"，王同愈的"大茅西峙，小王东下，白云无尽，中有亲舍"，李根源自题的风木堂联"空望白云依子舍，种将红树点秋山"，都绘形绘色，情真意切。

　　附近岳峙山数十方石刻留题与游穹窿的诗文，则记录了李根源与友人的游踪。岳峙山上，又有朱梁任先生父子墓，两墓前都立有章太炎题的碑碣，碑亭石柱上刻着张仲仁撰的对联："乃翁因罗汉捐躯，载酒谁过杨子宅；有儿与曹娥比烈，看山长傍赵王坟。"梁任父子是因参加甪直唐塑罗汉馆开幕典礼，中途覆舟遇难的。

　　在民国二十年（1931）爆发的抗日战争期间，李根源更是积极参与救护工作，亲临战地劳军，营葬阵亡将士，并拟组织"老子军"抗日，还参与营救"七君子"出狱。二十六年（1937）十一月中旬，日军迫近苏州，李根源才赴南京，经武汉，辗转西安、迪化，到四川，返云南。1950 年李根源重返小王山省母墓，后应中央人民政府之召，离苏赴京定居，为全国政协委员。1965 年 7月 6 日，李根源在北京逝世，遗嘱归葬阙茔之侧，墓向着灵岩山下的韩蕲王墓。

　　李根源晚年，时常怀念居住苏州时交往密切的友人，曾作《吴门赠友诗二十四首》，还有《赠顾颉刚、汪旭初、杨千里三先生》、《怀张仲仁、金松岑两先生》等诗，读来首首真切，饱含对友人的怀念和对第二故乡的思念。小王山所在的藏书村民更加不会忘记李根源，当年他亲切地称村民为"我的乡亲"，并且处处保护他们，这里举个小小的例子，当年藏书乡有一村民，在苏州观前街宫巷开了家昇美羊肉店。一天，店里来了位青年，再三添汤，喝了一碗又一碗，村民频频解释并表示歉意，青年恼羞成怒，竟打了村民一巴掌，摔碗而去。事后才知，那位青年是苏州糕点名店黄天源的少爷，村民担心以后会有麻烦，就把事情原委告诉李根源。没过几天，村民发现羊肉店的桌上供着糕团，点着红蜡烛，一问才知，黄天源的少爷得罪了李根源的乡亲来赔礼了。从此，藏书的村民凡遇到不能解决的事，或遇上麻烦，只要告诉李根源，他都会出面解决。时间一长，只要说是李根源的乡亲，问题全部迎刃而解。值得一说的是，李根源特别喜爱吴中郡西，他认为光福诸山之胜，除了渔洋山就数石壁，当初欲买白浮岛，因惧怕湖盗而放弃，别购石壁永慧禅寺左右约五亩地，拟他日筑生圹之用，至今寺院两进大殿之间的碑廊壁上，仍然保存一方李根源和松林住持签订的土地代管合同书，石碑虽在"文革"时遭到人为破坏，但仍能看出大概内容：李氏将坐落听字圩内的二亩三分水田换山地二亩三分，在寺之东北；又有山地二亩五分，在寺之西北。因该地离苏州太远，不便照料，除粮按年自行完纳外，委托寺庙代为照管。还特别关照，地里的茅草可随意割用，但树木万万不能砍伐，等等。单从这一点，就不难看出李根源超前的热爱生态意识，或许正因如此，使得石壁永慧禅寺的古树名木至今仍完好生长，堪称为数不多的历史文化与生态文明兼具的古寺院之一，李根源为苏州的历史文化作出了诸多贡献，他所在的吴中保墓会对苏州古墓的保护以及他和他的友人们留下的许多题刻，特别是居住小王山期间，所做的一系列提高当地百姓生活环境和生活质量的实事，百姓自然感恩于心，从而无形之中促进了人与人之间的和谐文明，乃至促进社会和谐文明。李根源将脏乱落后的小王山，经营成大碧山，就足以说明，生态文明作为人类文明的一种新形态，人与自然和谐共生、协同发展，的确是人类可持续发展的最终目标，而这一切，都建立在博大精深的优秀传统文化的基础上，其意义尤为重大，影响深远。如今，漫步郡西诸山中，不经意间就会发现李根源当年留下的点点履痕。可以说，李根源因苏州留文名，而具有广阔胸襟和历史底蕴的苏州，也因有了无数像李根源这样热爱苏州的新老苏州人排除万难、共同努力，而更加充满人文情怀，不管是以前或者现在还是将来。

始见吴郡大，十里郁苍苍

——从韦应物的诗咏看唐代苏州的自然生态

施伟萍

　　唐代诗人韦应物曾出任苏州刺史，世称"韦苏州"。诗风恬淡高远，以善于写景和描写隐逸生活著称。特别从他在苏州期间留下的诗作中可以看到唐代江南的自然生态，中国古代对自然生态的欣赏和保护理念反映到文学作品中，就形成了一种绿色文学的景观。分析韦应物苏州诗咏的江南自然生态，不仅为发思古之幽情，也是通过历史这一面镜子，照出当今在生态保护中的问题，从而进行改变，维护好我们赖以生存的自然环境，让天更蓝、水更清、树更绿。

　　韦应物（737—792），是京兆万年（今陕西省西安市）人。出身世族，韦氏家族自西汉时迁入关中，定居京兆，自汉至唐，不但贵宦辈出，文学方面亦人才辈出。韦应物的父亲韦銮在当时是一位善画花鸟、山水松石的知名画家。

　　韦应物早年生长在舒适的环境里，豪纵不羁。他少年时练习武艺，骑射本领不凡，韦应物十五岁当上了唐玄宗李隆基的侍卫三侍郎，都是唐朝宫廷的禁卫军，皆以高品级官员及勋官的子孙，按职荫的高下充任。韦应物在《燕李录事》诗中写道："与君十五侍皇闱，晓拂炉烟上赤墀。花开汉苑经过处，雪下骊山沐浴时。近臣零落今犹在，仙驾飘飘不可期。此日相逢思旧日，一杯成喜亦成悲。"描写当时唐玄宗带着杨贵妃到骊山度假玩乐，韦应物作为侍卫相随左右，可是人事变迁，终究以悲剧收场。

　　世事总不让人一帆风顺，安史之乱唐玄宗奔蜀，长安陷落，韦家的富贵钱财凋零殆尽，而唐玄宗的失势，也让韦应物风光不再，往往一件事改变人的一生，韦应物此后便丢了官职，过了二三年逃难生活，跌入了人生低谷。冷酷的现实迫使韦应物重新选择生活道路，他痛下决心，折节读书，所幸天资聪慧，不久就为学官所称道。

安史之乱以后，韦应物应举入仕，先后为洛阳丞、京兆府功曹参军、鄠县令、比部员外郎、滁州和江州刺史、左司郎中、苏州刺史。从肃宗广德二年（公元764年）起到德宗贞元七年（公元791年），将近三十年间，韦应物大部分时间在做地方官吏，其中也有短期在长安故园闲居，或在长安任官。在地方官任上，韦应物勤于吏职，简政爱民，他在《寄李儋元锡》一诗中这样写道："去年花里逢君别，今日花开已一年。世事茫茫难自料，春愁黯黯独成眠。身多疾病思田里，邑有流亡愧俸钱。闻道欲来相问讯，西楼望月几回圆。"唐德宗建中四年（公元783年）暮春入夏时节，韦应物从尚书比部员外郎调任滁州刺史，离开长安，秋天到达滁州任所。李儋，字元锡，是韦应物的诗交好友，当时任殿中侍御史，在长安与韦应物分别后，曾托人问候。次年春天，韦应物写了这首诗寄赠李儋以答。诗中叙述了别后的思念和盼望，抒发了国乱民穷造成的内心矛盾和苦闷。他反躬自责，为自己没有尽到责任而空拿俸禄自愧。

在韦应物赴滁州任职的一年里，他亲身接触到百姓生活情况，对朝政紊乱、军阀嚣张、国家衰弱、民生凋敝，有了更具体的认识。就在这年冬天，长安发生了朱泚叛乱，称帝号秦，唐德宗仓皇出逃，直到第二年五月才收复长安。在此期间，韦应物曾派人北上探听消息。到写此诗时，探者还没有回滁州，可以想见诗人的心情是焦急忧虑的。

这首诗广为传诵，主要是因为诗人诚恳地展现了一个清廉正直的封建官员的思想矛盾和苦闷，真实地概括出这样的官员有志无奈的典型心情。尤其是"身多疾病思田里，邑有流亡愧俸钱"两句，韦应物自言身体多病，越发思念乡田故里；治邑还有灾民，

　　愧领俸钱。他的仁者忧民爱民心肠，感动着后世读者。自宋代以来，甚受赞扬。范仲淹叹为"仁者之言"。

　　韦应物晚年到苏州任刺史，一身正气，两袖清风，理赋税，勤政务，矜老疾，话艰难，实实在在地为苏州百姓操劳了三年。苏州百姓以"韦苏州"这个美名来敬称他。在韦应物当苏州刺史的三年里，他已经是重病缠身，辞官后，他寄住在苏州的永定寺里，自己租地耕种。约公元792年，溘然长逝，年仅五十五岁。

　　韦应物的山水田园诗大都描写一幅幅清静悠闲的大自然的画面，特别是大自然的宁静、山水花鸟的生机。在苍翠的古树、清冽的山泉和婉转的鸟鸣中，表现了诗人忘情山水的喜悦、回归自然的满足，这些对忙碌奔波的今人具有何等重要的意义，我们苦苦地要寻找这样的自然生态环境，那么我们就来读一读韦应物在苏州刺史任上所作的诗，来领略唐代江南的自然生态环境。

一、尊重江南的时令节气

　　中国古代是一个自给自足的农业国家，节气是指二十四时节和气候，是一种用来指导农事的补充历法，二十四节气是中国古代劳动人民独创的文化遗产，农业需要严格了解太阳运行情况，农事完全根据太阳运行变化进行，韦应物在苏州刺史任上，写过一首题为《郡斋雨中与诸文士燕集》的五言诗：

　　　　兵卫森画戟，燕寝凝清香。
　　　　海上风雨至，逍遥池阁凉。
　　　　烦疴近消散，嘉宾复满堂。
　　　　自惭居处崇，未睹斯民康。
　　　　理会是非遣，性达形迹忘。
　　　　鲜肥属时禁，蔬果幸见尝。
　　　　俯饮一杯酒，仰聆金玉章。

神欢体自轻，意欲凌风翔。
吴中盛文史，群彦今汪洋。
方知大藩地，岂曰财赋强。

　　这是一首写与文士宴集并抒发个人胸怀的诗。诗人自惭居处高崇，不见黎民疾苦。全诗议论苏州的风情人物，大有长官胸襟。其中"鲜肥属时禁，蔬果幸见尝。"两句说鲜鱼肥肉是夏令禁食的荤腥，而夏日的蔬菜水果可以让大家尽管品尝。表达出对时令节气的尊重。

　　诗的开头六句，写宴集的环境，突出"郡斋雨中"四字。兵卫禁严，宴厅凝香，显示刺史地位的高贵、威严。然而这并非骄矜自夸，而是下文"自惭"的原由。宴集恰逢下雨，不仅池阁清凉，雨景如画，而且公务骤减，一身轻松。韦应物久病初愈，精神健旺，面对嘉宾满堂，诗人不禁喜形于色。寥寥数句，洒脱简劲，颇有气概。

　　"自惭居处崇"以下四句，写宴前的感慨。"自惭居处崇"，不单指因住处的高大宽敞而感到惭愧，还包括显示刺史地位的"兵卫森画戟，宴寝凝清香"等因素在内，因为这些更使韦应物感到了自身责任的重大。当然，"未睹斯民康"言百姓生活的艰难困苦是触发他"自惭"的最为直接的原因。诗人从儒家仁政爱民的思想出发，自觉地将"斯民"之康跟自己的华贵、威严及"居处崇"对比，这是很自然的。他把自己所得俸禄与农民的辛勤劳动联系起来，把自己的地位和自己的责任联系起来，为自己的无功受禄而深感惭愧，深感不安，这种深刻的认识，来自他历年担任地方官所得到的感性印象。

　　但是又将宴饮享乐了，解决这种心理上的矛盾，最好的办法莫过于老庄思想了，于是，"理会是非遣，性达形迹忘"，会老庄之理而遣送是非，达乐天知命之性而忘乎形迹，用这种思想去麻痹自己，可以暂时忘怀一切，心安理得地宴集享受，不必再受良心的谴责。韦应物亦不能免俗。这是中国封建社会知识分子的通病。

　　"鲜肥属时禁"以下六句，写诗人对这次宴集的欢畅体会。这次宴会，正值禁屠之日，并无鱼肉等鲜肥食品上桌，而是以蔬果为主。可以看出虽然是场面热闹的聚会，但是却是一场素宴，没有饕餮美食，尊重当时苏州的时令习俗，夏季不易捕杀禽鱼，那就只吃蔬果。这说明与宴者的欢乐并不在吃喝上，而是在以酒会友、吟诗作赋上。诗人得意洋洋地说："俯饮一杯酒，仰聆金玉章。神欢体自轻，意欲凌风翔。"他一边品尝美酒，一边倾听别人吟诵佳句杰作，满心欢快，浑身轻松，几乎飘飘欲仙了。

　　最后四句，盛赞苏州不仅是财赋的大藩，更是"吴中盛文史，群彦今汪洋"的人才荟萃之地，以回应题目上"诸文士燕集"的盛况。

　　文人多好聚。翻开唐诗，文人之间，总有聚不完的酒会，说不完的闲话，叙不完的旧情。不过，文人的朋友圈子不容易大，不外乎那么几个。几经进退，韦应物在苏州做刺史，当是他最为惬意的人生时光。他的身边聚集着一批文人雅士，这首诗据说是他为诗人顾况专门安排的一次聚会，焚香郡斋，嘉宾满堂，韦应物端坐在席上，朗声劝菜，虽然鲜鱼大肉为时下所禁，但蔬菜水果尚丰，敬请大家多多品尝啊……

二、反映江南的节庆民俗

　　苏州传统的节庆民俗活动特别丰富多彩，自古追求人、社会、自然三者和谐共生的生态系统，通过诸多的节庆民俗活动，将生产方式、生活方式和自然山水融为一体。韦应物在苏州也感受到了苏州的节庆民俗，作为地方官，他参与或倡导地方民俗活动的开展，他在《登重玄寺阁》一诗中就有反映：

时暇陟云构，晨霁澄景光。

始见吴都大，十里郁苍苍。

山川表明丽，湖海吞大荒。

合沓臻水陆，骈阗会四方。

俗繁节又暄，雨顺物亦康。

禽鱼各翔泳，草木遍芬芳。

于兹省氓俗，一用劝农桑。

诚知虎符忝，但恨归路长。

　　韦应物在他日理万机的空闲中登上苏州的重玄寺阁时，情不自禁地抒怀。前四句气势博大，云构指高大的建筑，就是重玄寺阁，恰逢雨过天晴，日光清明，登高望远，吴都苏州不愧江南第一雄州，郁郁苍苍，一片生机勃勃的壮阔景象。表现出诗人对苏州的赞美之情。

　　接着"山川表明丽"四句写出吴地山川呈现出的明净美丽的景色，远处的茫茫的太湖和东海以及广漠的原野，重重叠叠，看到水舟陆马来来往往，连续不断，百姓在这片令人神往的江南富庶之地忙碌而充实地生活着，诗人感受到吴地百姓生活和自然和谐共生。

　　"俗繁节又暄"以下四句写出了吴地人民生活的丰富多彩，这里人事纷繁，节令和暖，风调雨顺，万物生长，禽鸟和鱼儿各自在天空和水中悠闲地翱翔和自由自在地游来游去，草木一片生机，到处是花开芬芳。

　　最后四句写诗人省察民俗，全力来劝勉吴地百姓从事农耕，诗人深知为官一任，造福一方，所以感受到责任重大，不能考虑个人得失了。诗中的"俗繁节又暄，雨顺物亦康。"看出唐代的苏州就是节庆民俗活动很多，但是非常热闹，感受到具有地方特色的民俗也是一种自然的生态。今天我们依然要保留这些传统习俗，因为这就是我们生活的不可分割的一部分内容。

三、描写江南的郊游览胜

　　吴人好游，苏州拥有极其丰富的山水人文资源，形成了苏州自古以来的郊游览胜传统，如香雪海探梅、石湖赏串月、天平山观红枫等等。苏州人爱好春游踏青，韦应物的一首《游灵岩山》也写得生趣盎然：

> 始入松路永，独欣山寺幽。
> 不知临绝槛，乃见西江流。
> 吴岫分烟景，楚甸散林丘。
> 方悟关塞眇，重轸故园愁。
> 闻钟戒归骑，憩涧惜良游。
> 地疏泉谷狭，春深草木稠。
> 兹焉赏未极，清蟾期杪秋。

　　本诗是一首记游诗，韦应物一进入灵岩山，就看到茂密的松林，遮蔽着长长的道路，他非常高兴地独自来到了山中幽静的灵岩寺。不知不觉中登临了一处如槛一样的绝壁处，终于可以看到滚滚奔流的西江。极目吴楚大地，山峦起伏，云烟穿空，林木茂盛。这时感到边塞的遥远，加重了对故园的愁思。忽然，听到寺院中钟鼓之声，是告诉远足的游子，及早归来。在山涧稍事休整和游玩后，更感觉到不虚此次灵岩山一游，这里虽然地势偏远，泉谷狭小，但是草木稠深，春色诱人。到这儿玩赏还没有尽兴，一轮清月已经爬上山顶，下次等到秋天再来欣赏明月吧。

　　这首五言古诗，诗人写游灵岩山的所见所感，全诗以游踪为线索展开。开头两句写沿着长长的松林夹道的山路来到山顶的灵岩寺。进入山寺之后，寺中清幽的境界令诗人非常欣喜。一个"独"字表现了诗人与众不同的审美情趣。也许同游者所津津乐道的是有关西施的故事和遗迹，诗人对此似乎不感兴趣，而对寺内幽雅环境倒颇为欣赏。三四句写登上高楼的惊喜，在寺里，山下景物看不到，一上高楼，眼前顿时开阔，只见西江滔滔，原野如展，"不知"和"乃见"相呼应，表现了惊喜之情。五六两句继续写所见到的山下景色。吴地特有的山川林莽，呈现在诗人眼前，诗人对此似乎饶有兴致。在欣赏了一会吴中山水之后，诗人突然想到了自己的故乡长安，那里也是有山有水，但那里的山水与这里不同，而且"虽信美而非吾土兮，曾何足以少留！"五百多年前东汉辞赋家王粲登上荆州城楼的感慨在诗人心头升起，于是思乡之情油然而起，七八两句写的就是这种复杂的感情，"方悟"句写面对眼前的景象。突然发觉这里是自己客居之地，这里离开自己的故乡是关塞阻隔、路途遥远。"重轸"句写的是一种强烈的思乡之情在心头泛起，但是，这里毕竟风光旖旎，令人流连忘返。山上看了，到山谷中小憩，听那淙淙泉流嘤嘤鸟鸣，不知日之将暮。这时山顶灵岩寺中传来阵阵晚钟声，好像在催促诗人一行，赶快返城。九、十两句要倒个次序来理解。十一、十二两句是回程反顾灵岩山时所见。诗人走出浅浅的山谷，来到开阔的原野，回首仰望灵岩山，只见漫山遍野一片绿茵茵的花草林木，灵岩山被浓浓的春意笼罩着。该回去了，但诗人游兴未尽，总感到灵岩山美景还未赏够，于是定下了秋游灵岩的计划，到秋末的时候，山上该是另一番清幽之境了吧。清蟾：称澄澈的月亮。因传说月中有蟾蜍，故以蟾代称月。宋张先《于飞乐令》词："宝奁开，菱鉴静，一掬清蟾。"宋范成大《代人七月十四日生朝》诗："已饶瑞荚明朝满，先借清蟾一夜圆。"读着十三、十四两句，孟浩然的名句"待到重阳日，还来就菊花"，将会从读者嘴里脱口而出。这首诗在立意上颇有新意。一般人写灵岩山，都会和吴王夫差、美女西施、馆娃宫联系起来，但是这首诗则只字未提，写的尽是游灵岩山的实录，抒发的是对灵岩山自然生态美景的赞叹，脱出了怀旧的窠臼。

　　这首诗以游记的形式，从白天入山，游山，到晚上戴月归来，娓娓写来，如行云流水一样的灵动自然。其中写景与抒情结合，情景交融，自然天成，情因景生，景随情变，将灵岩山寺和灵岩山的风景尽收心中，让人流连忘返，并生来日故地重游的想法。

苏州灵岩山有"灵岩秀绝冠江南"和"灵岩奇绝胜天台"的美誉。有昂首攀游状的石蛇，敲打有声的石鼓，状若发团的石鬈，伸首隆背的石龟，两耳直竖的石兔，形影不离的鸳鸯石，埋头藏泥的牛背石等。韦应物站在灵岩山上更可以看到茫茫无边的太湖，山水相依，那是苏州城西最美的自然生态，千年岁月沧桑，所幸灵岩山生态完好，依然是苏州人周末登高远眺太湖的美景之一。

四、表现江南的农耕生活

春耕夏耘，秋获冬藏是中国古代原汁原味的农耕生活，东晋大诗人陶渊明《归园田居（其三）》写道："种豆南山下，草盛豆苗稀。晨兴理荒秽，带月荷锄归。"而韦应物也有一首著名的《种瓜》诗这样写道："今年学种瓜，园圃多荒芜。众草同雨露，新苗独翳如。"韦应物率性而为，放下手里的事情，跑到农田里，破土撒种，浇灌施肥，兴致勃勃地学起了种瓜。可是他的园圃里还是杂草丛生，望着田地里的星星豆苗，怎么总是苗稀草盛。

韦应物大约在贞元七年（公元791年）前后自苏州刺史任上离职，由于他囊中空虚、疾病缠身和然一身，只得寄居在苏州永定寺，无法返回长安，租二亩田，躬耕糊口。家贫无物，老来多病，思念故乡，种两亩薄田，以教书为生。这个年轻时的纨绔子弟、享誉海内的大诗人就这样黯然离开了人世。在永定寺，韦应物穷困潦倒，他的诗《寓居永定精舍》记述了他最后的岁月，诗中可以看到他在生命的最后时刻自己还在努力地躬耕，养活自己。

政拙忻罢守，闲居初理生。
家贫何由往，梦想在京城。
野寺霜露月，农兴羁旅情。
聊租二亩田，方课子弟耕。
眼暗文字废，身闲道心精。
即与人群远，岂谓是非婴。

苏州永定寺早已难寻踪迹，但现存永定寺弄，不知是否永定寺遗址。诗的前四句描述韦应物当时的处境，他被免去了郡守之职，但是闲居要自己料理生计。为官一任依然家贫无盘缠，无法前往京城，返回故乡。只能在梦中思念家乡，回到京城。接着"野寺霜露月"四句写寄居永定寺依然早起晚睡，开始繁忙的农事，因为就靠租二亩田，督促农家子弟一样进行耕作。最后四句写自己已经走入了人生的暮年，因为眼疾几乎不能看书写字，又因为家贫无处可去，连回到京城老家落叶归根的愿望都只能是梦想，可是，他仍然还在为自己能免去苏州刺史而远离是非重获自由的生活高兴。

韦应物一生参禅习佛，寄情山水，他用绿色的意象传达出勃勃的生机，甚至他的诗歌创作本身，也是一种平衡心理的重要方式。德国哲学家马丁·海德格尔认为心境愈自由愈能得到美的享受。或许，韦应物正是在不断寻求心境自由的努力中，充分感受了自然之美，并把这种淡泊平和的美丽真切而生动地传达给了我们。中国人自古对自然山水有着崇拜与敬畏，认为一切神灵皆隐于山水之中，山高水远，山静水动，蕴涵着天体宇宙无限奥妙，由此而形成了独到的山水观念。所谓"智者乐水，仁者乐山"，人开始与天地精神来往。游山赏水，体现了中国人对自然的爱好，也表现了中国人特有的联结自然与文化的方式。今天的我们更要继承古人热爱自然、欣赏自然的传统，拥抱大自然，保护大自然，在万物生长中，获得更美好的双赢。

从伍子胥设计阖闾大城的生态理念谈起

陈其弟

2014 年端午节前，江苏电视台教育频道摄制组来苏州一周，要做一档有关伍子胥与端午节的节目《端午·风雅颂》，具体在苏州的分栏目叫《姑苏城外话子胥》，约请我参与摄制，并要对我作现场采访。5 月 13 日清晨，我与江苏电视台教育频道记者陈海陵一起到盘门景区作现场拍摄，一路上，走了伍子胥弄，瞻仰了胥门广场的伍子胥像，登上了盘门城楼，还指点了伍相祠等主要景点。在盘门城楼上，我主要阐述了这几个观点：

一、伍子胥不但是苏州古城（即阖闾大城）的缔造者，而且苏州的端午习俗吃粽子、赛龙舟等均与之有关。

二、伍子胥建造阖闾大城的贡献，客观上使得吴国称霸诸侯。

三、阖闾大城的特点是水陆并行的双棋盘格局。盘门是唯一遗存水陆城门齐全的城门。

四、伍子胥的城市设计理念暗合现代生态理念，放在今天仍然不过时。

这档节目最后是否播放了，如果播了，其中有没有将我的观点传递给观众？我没看到，不得而知。时隔一年后的端午前 5 月 24 日，我应苏州图书馆公益大讲堂之邀请，主讲《历史名人与苏州》，我再次向苏州的父老乡亲提及伍子胥及其设计阖闾大城的生态理念。但是，受众面不广，认可度不高。故于此修改完善后再次重申。

阖闾大城的生态意义

在通常人的眼里，苏州古城的最大特点就是"小桥流水人家"，其实，从城市格局和设计理念来看，远不止此。伍子胥在2500多年前"相土尝水，象天法地"，为的就是选择一个宜居之地。

自古以来，人类都是择水而居的。水在江南不是问题，但是个大问题。人类生活离不开水，但也不能生活在水中。太湖流域不缺水，"水能载舟亦能覆舟"，水是把"双刃剑"。如何让水充分展现"利"，而不为"害"，这是城市设计者需要首先考虑的。

苏州地形西高东低，西部是丘陵地带，东面是漾泽一片，都不适合建城。于是东西之间的开阔地带就成了最佳选择。城址选定后，伍子胥利用西高东低的落差，设计城市的排灌系统，设计了纵横交叉的水系。从今天的视角看，仍具有很强的现实意义，主要体现在：

（1）确立水源地：太湖水从2500多年前被伍子胥定下为苏州人民的水源地以后，迄今没有变过。一条胥江将苏州的母亲湖太湖与苏州古城连接起来，源源不断的将清澈的太湖水流入古城，滋润和呵护着古城的百姓。直到民国时期，苏州的某些茶馆还有专门到胥江挑水的习惯。

（2）构建交通体系：苏州古城内四通八达的水巷，据宋《平江图》显示，当时城内河道总长约82公里，是古城居民生活和交通的必需。既是古代人们最为便捷的交通运输通道，又是颇为完善的城市排泄系统。每当雨季来临，这些河道就成了蓄水和泄洪通道，可以有效解决城市内涝问题。

（3）城市保障体系：伍子胥站在春秋晚期这个历史节点，受吴王阖闾的委托设计阖闾大城，目的是让吴国强盛，城市保障系统当然必须首先考虑。因此，从这个角度考虑，胥江既是水源地之水的通道，又是连接后方古城与太湖前哨的供给线。除此以外，古城内有水稻田、有菜田，可以自给自足。这一点，在元末明初得到印证，朱元璋的大军围困苏州城整整10个月，久攻不下，就是因为苏州城是座活城，而且可以自给。

（4）景观设计：看油菜花。春天看油菜花自古以来就是苏州人的踏春"节目"。清顾禄《清嘉录》中就有记载："南园北园，菜花遍放，而北园为尤盛。暖风烂漫，一望黄金，到处皆绞缚芦棚，安排酒垆茶桌以迎游冶。青衫白袷，错杂其中，夕阳在山，犹闻笑语，盖春事半在绿阴芳草之间，故招邀伴侣及时行乐，俗谓之游春玩景。"并转引蔡云《吴歈》云："北园看了菜花回，又早春残设饯杯。此日无钱看买酒，半壶艳色例玫瑰。"又杨韫华《山塘棹歌》云："北园春尽菜花香，野蝶飞来都变黄。归棹齐门看落照，红镫一道出山塘。"直到80年代，还能在南园、北园看到油菜花。

南园、北园的菜地和稻田兼具景观设计和实用价值，城中水稻田，除了保障城市居民的生活需求外，还具有湿地功能，是调节城市温湿度的"城市之肺"，加之，城内四通八达的水系也具有相当大的蓄泄功能，这与当今社会提倡的建设"海绵型城市"理念不谋而合。且城内水系与外城河相通，可以西达太湖，东入大海，交通便捷。地形西高东低，水流西进东出，河道活水自净，生活闲适自在，宜居苏州不言而喻。

大运河与苏州古城相伴而生

众所周知，运河是人工挖掘河道的通称。最早的京杭大运河就是春秋战国时期吴国争霸的产物。为了壮大自己，"逐鹿中原"，吴王阖闾（一作阖庐）一登王位，就向伍子胥讨教强国之策。据《吴越春秋·阖庐内传》称，伍子胥的强国建议是"立城郭，设守备，实仓廪，治兵库"十二个字。于是阖闾就命伍子胥"相土尝水，象天法地"，建造阖闾大城。在以水乡泽国为主基调的吴越大地上建城，如何解决水的问题是个中首要问题。"披发文身以像龙子"的吴地先民的治水智慧，与伍子胥的谋略相结合，便成就了至今已有2500多年历史的阖闾大城———一座被史学家顾颉刚称为"全国第一，尚是春秋物"的苏州古城（见顾颉刚《苏州史志笔记》)。伴随阖闾大城而诞生的便是被列入中国大运河项目中苏州四条运河故道——山塘河、上塘河、胥江、环古城河中后三条的诞生。从历史的角度来看，中国大运河是发端和孕育于苏州的。环古城河乃是大运河的最早雏形和组成部分。

据《吴越春秋》记载"阖闾元年，造大城""周回四十七里"，《越绝书》云："吴大城，周四十七里二百一十步二尺。陆门八，其二有楼。水门八……"可见，在最初建城时，阖闾大城的八门是均兼水陆城门的。既然古城的四面有八个水城门，那么只能说明外城河是与城俱来的。也就是说，今天被列入中国大运河项目中苏州的运河故道之一的环古城河的历史，与苏州古城同龄，确切的诞生时间也是"阖闾元年"，即公元前514年，也有2500多年的历史了。

再说胥江，那是伍子胥建城时设计的苏州母亲河，也是苏州古城的生命线。她既为苏州古城带来了源源不断的澄净的太湖水，又是连接太湖前哨（南面是越国、西面是楚国）与吴国都城的重要的交通线和供给线。伍子胥选定的水源太湖水，迄今为止仍是保障苏州人民生活和生产发展的水源地。因此，胥江也是与苏州古城同个时期诞生的人工运河。

据《苏州山水志》记载，江南运河苏州段的流向，"1955年前，流经铁铃关后，折东循上塘河流入阊门与外城河会合，再经胥门、盘门、南门，出觅渡桥至宝带桥。"也就是说，在漫长的2469年时间里，上塘河及苏州环古城河的西面和南面，一直是大运河的主要组成部分。1959年，苏州实施彩云桥工程后，在寒山寺西侧开挖800米，大运河过铁铃关后，直线南下走横塘，循胥江过泰让桥流入城河。这个时候，与大运河同龄的古老胥江（横塘以东段），才与大运河合二为一、融为一体。1987年4月至1992年6月，在横塘镇南弃胥江另辟新河，折东经新郭北侧、五龙桥南侧入澹台湖，至宝带桥北块与苏嘉运河连接，绕过苏州古城。从此，孕育大运河的上塘河、胥江、环古城河才彻底脱离了大运河，均成为了"运河故道",不再是大运河的组成部分了。

苏州人为大运河的最终形成,贡献不仅于此。早在春秋末期,周敬王二十五年(公元前495年),吴王夫差下令开凿从苏州城西铁铃关至望亭沙墩港,经无锡、常州,在武进奔牛镇与孟河连接,这是京杭运河之江南古运河段最初形成。她打通了吴国西进与楚国抗衡的水上通道。之后,还在今扬州市筑邗城、开邗沟,邗江因此得名。不管叫邗沟还是邗江,扬州境内的运河段,出自吴王夫差之手是毫无疑问的。为了争霸,夫差还将运河延伸到齐国(今山东)境内。《左传·哀公九年》称"吴城邗,沟通江淮"。这里的"哀公九年"是周敬王三十四年,也即吴王夫差十年(公元前486年)。《寰宇记》曰:"吴将伐齐,自广陵掘江通淮,运粮之水路也。"说的就是此事。这条为"伐齐"而准备的运粮水路"邗沟"即最初的扬州运河,距今已有2500年的历史了。

至于苏州刺史王仲舒捐宝带建宝带桥,白居易开凿山塘,那都是唐代的事情。在此之前,隋炀帝已经将大运河贯通南北。吴王夫差开凿的苏州至常州段、扬州至山东段,完全融入了大运河之中了。

综上所述,大运河孕育于苏州,与苏州古城相伴而生。苏州先人是大运河主体工程的最早开凿者的结论,已昭然若揭。古城苏州随中国大运河列入世界文化遗产名录,当之无愧!

吴中人文

吴越地区人民的海洋心态

——并议中国海上丝绸之路的启航

陆 咸

中国宽广的国土上，有漫长的海岸线，长达1.8万公里。从北向南分为三段，即齐鲁段、吴越段和闽粤线。三段之间有山川相隔，相对分离。在春秋战国时期，齐鲁线为齐鲁两国所有，吴越线为吴越两国所有，闽粤线的内地是福建和广东地区，当时还没有形成国家，后来为闽越和南越国所有。中华文化发源于中原地区，齐鲁地区在中原文化圈内，文化发展早于吴越及闽广地区。但从海洋文化发展的角度来观察，吴越地区却并不比齐鲁地区落后。

吴越地区土著人的祖先，是浙江宁绍平原的河姆渡人。宁绍地区西部靠山，东方面向大海。由于背山面水，阳光充足，雨量充沛，生态环境良好。在这一地区居住的人类已进入农耕时期。据近代考古发现：在公元前7000到公元前5000多年以前，存在一种新石器时代文化。有大量稻谷、稻秆、稻叶和农具发现，说明这里曾大量种植水稻，是东亚地区最早种植水稻的地区之一。发现了陶器、漆器、纺织工具等，以及干栏式房屋建筑，同时还发现遗有独木舟，以及木桨等。说明已有一定规模的水上舟楫活动，对于海洋有了初步的认识。这些生活在河姆渡地区的原始社会的古人，便是最早的越人。

大约在一万多年前，宁绍地区的海洋上发生了一次卷转虫海侵现象，是一个长达一个多世纪的过程。海平面上升，海水侵占陆地，对农业生产产生不利影响，导致河姆渡地区生存环境恶化。居住在这一地区的越人陆续四处逃散。一部分逃向四明山区，成为后来的"山越"，一部分流向福建和广东地区，后来成为"闽越"和"南越"。一部分进入浙西长江下游地区，也就是宁镇地区，成为后来的"吴越"。还有一部分人东渡海到澎湖、台湾，及日本、东南亚等海外地区，称为"外越"。越族分散后有了多种分支，统称为"百越"。

浙西地区，当时主要是长江下游的宁镇丘陵地区。以后，长江下游的冲积平原逐渐形成，成为太湖沼泽地区，部分越人便进入这一地区，创造了马家浜文化、崧泽文化和良渚文化等有太湖地区特色的新石器时期文化。约在公元前十一世纪，中原地区一部分周族贵族来到此地，也就是"太伯奔吴"，和当地土著居民结合，中原文化因素渗入良渚文化中，形成了句吴族，这一支就称为吴族，也称吴越族。建立了"吴国"，它虽然渗入了中原文化因素，但土著人占大多数，所以大量保留了越人的风俗习惯。以后，留在宁绍地区的越人在楚国的协助下建立了越国，吴、越成为两个国家。春秋后期，由于吴国和越国有过多次大战，被人们视为两个仇敌国家，但从根本上说，吴越两国是"一族两国"。春秋战国时期人们就认识到这一点。秦国的《吕氏春秋》一书中说："吴之于越也，接土邻近址，交通属，习俗同，语言通。"，东汉时《吴越春秋》一书中也说："吴之与越也，接土邻境址，交通属，习俗同，语言通。"

因为吴越两国是一族两国，习俗同，语言通，吴越文化中都继承了河姆渡文化的特色，都是种植水稻，善于渔猎，交通主要是行舟。也都继承了其中的海洋基因，有较强的海上航行能力，能从事海洋交通和经济活动。在长江三角洲地区近代考古中，多次发现有行舟的遗物。河姆渡遗址曾发现有独木舟，吴兴钱山漾遗址和杭州永田畈遗址都出木桨，常州圩墩遗址更发现长达1，24米的木橹，器形厚重，是固定在船尾可以指挥船行方向的物件，比木桨的作用更大。这些发现表明：早在新石器时代，吴越民族中那些以渔猎为生的先民，曾利用最早的船——独木舟进行过海上活动，认识了海洋的特点，积累了航海的经验。

人类面对浩瀚的大海，面对海中丰富的渔产，海上飞翔的海鸟，总会感到心情开阔。认识到世界的广阔，存在通过海洋四处交流的可能性，因而勇于开拓，敢于冒险，较少保守心态。吴越地区的人类继承了河姆渡文化的海洋文化基因，表现和发展了这种心态，也就是现在人们常称的"海洋心态"。

吴越地区的沿海地理形势，有利于培育这一地区人的海洋心态。这一地区沿海北起长江口，南至温州湾，有 1000 公里海岸线。近海有近千个小岛，如舟山群岛、嵊泗列岛、鱼山列岛、台州列岛等。再向东去就是朝鲜半岛、日本群岛、琉球群岛、台湾岛等。有了这些沿海的岛屿，使当时航海手段比较落后的人类也可以短时间出海即到达陆地。钱塘江口出海口基本上是沿纬线向东。长江流向大洋的水则偏南向东流出，这两条大江每年要向海口流出大量淡水。居住在吴越地区沿海的人类，很早能利用季风的规律和江水入海的便利，顺利出海进入海外岛屿，进入大海的深处。据现代考古发现：在中国近海许多地区，发现有吴越文化的物件，如在南洋群岛地区所发现的石锛，就起源于长江下游三角洲地区。

吴越地区人的海洋观念，有一个从浅到深的过程。大体上可分为三个阶段：

一是避难。由于吴越地区背靠大陆，面向大海，这一地区的人类常常是在大陆发生灾难性事件后漂洋过海。长达一个多世纪的卷转虫海侵事件是一次重大的自然灾害，漂流出海的人很多。此外，还有政治灾难。如春秋时期，越国灭了吴国，吴国贵族很多人逃到日本等地避难。后来，楚国打败了越国，越国贵族也有不少人渡海避难。

二是贸易活动。三国时期的吴国，商品经济有大的发展，丝绸、茶叶、瓷器等都是主要出口产品，对东南海外各国影响极大。日本的和服就来自吴国，原称"吴服"。瓷器和茶叶等也大量进入日本、朝鲜和东南亚等地。同时，从朝鲜、日本、东南亚等地进口人参等名贵药材、黄金、白银等贵重金属，以及各种珍贵木材等。三国时期，吴国和日本的商品交流令人注目。隋唐以后，吴越地区和日本、朝鲜等地商贸往来更是成为常态。据记载：仅公元935年到公元959年这二十多年间，商船来往就有十多次。中国的海上丝绸之路从此起航。

三是文化交流。人员往来和贸易的增加，必然带来文化上的交流。日本、朝鲜和东南亚地区的水稻种植和陶器的制作技术，茶艺等都是由吴越地区传布过去的。唐代以后，佛教大规模传入日本、朝鲜等地，也是从吴越地区传出的。最著名的就是鉴真和尚五次从扬州东渡日本。宋代以后，中国的木板书籍更是大量从吴越地区传向海外。明代后期，清军侵入江南地区以后，就有儒家学者朱舜水在进行抗清活动失败后，逃到日本，成为在日本传布儒学的著名学者。明代以后，大量通俗书籍和木刻画由吴越地区进入了东亚各国，这些带有市民文化色彩的通俗文化的传布，极大地扩展了汉文化对日本和朝鲜等国的影响。

由于人员交流、贸易往来和文化交流的日益频繁，促进了吴越地区造船业和港口建设的发展。吴越地区的造船工业发展很早，早在春秋时期，吴越两国就能制造相当规模的大船。吴王阖闾和伍子胥对话中，提到吴国水师的船中有大翼、小翼，还有与楼车相似的"楼舡"。无论从规模上看还是从灵活性来看，都达到了相当的规模。这种船不仅在内河中航行，也可以在海上航行。据三国时期的《吴史》记载，孙权曾派卫温和诸葛直带领海军横渡台湾海峡到达台湾。另据《南洲异物志》记载：孙权还派船只航行到南海一带，测算航速和航程。以后，在吴越地区造船业一直发达，技术也不断进步。

这一地区的港口建设也一直在发展中，形成了一批以港口为依托的商业城市，如浙江的明州（宁波）、温州、杭州，江苏的太仓、昆山、扬州、江阴等地。宋代王安石曾有诗描写江阴城外的黄田港："黄田港北水如天，万里风樯看贾船，海外珠犀常入市，人间鱼蟹不值钱。"南宋《梦梁录》记载：杭州更成为"穹桅巨舶，客行于烟涛涉之中，四方百货，不耻而集"的港口城市。而太仓刘家港早就被公认是各国船只云集的"六国码头"。

　　吴越两地的港口城市各有特点。越地港口条件优越，但由于西部地区四明山等高山阻隔，通向内地的腹地有限。吴地港口条件不如越地，但由于这些港口同长江以及京杭大运河水路通畅，可以从南北和东西两个方向通向全国，腹地广大。吴越两地的港口可以说是各有优势，互相依托，形成优势互补。这一地区西面联结着大陆，东面面对着海洋，这使吴越地区的海洋观不仅和内陆国家不同，也和其他海岛国家不同。

　　明代永乐年间的郑和下西洋，说明这一地区的海洋文化已经相当成熟。不仅是中国航海史上的重大事件，也是世界航海史上的重大事件。

　　明代永乐三年以后，郑和奉旨七次下西洋，他率士兵近三万人，船只至少有 48 艘，最多一次有 249 艘之多。最大船只折合今天的公制计算，约 137 米长、56 米宽，吃水量深，在当时世界上可称第一。郑和七次下西洋，先后到达了整个印度洋和半个太平洋地区，访问了 40 多个国家。这样伟大的航海行动，不仅在当时是空前的，现在看来也是令人敬佩。

　　郑和的航海行动，可以说是吴越地区海洋文化长期积累的成果。主要表现在以下几个方面：一是郑和下西洋所乘的船，主要是由南京的龙江船厂制造，同时协助制造的还有江苏的苏州、扬州以及浙江、福建、湖广等地的官办船厂。如果没有吴越地区长期积累的造船技术，很难在短期内造出这么多大船来。二是郑和船队是由苏州太仓刘家港出海，要求刘家港有良好的港口条件，也不是短期内可以形成，必须有长期的积累。三是大量的水手，大部分是吴越地区的人。他们长期从事海洋方面的活动，熟悉海洋的方方面面。船队在经过海洋水文条件并不掌握的地区，要用

"天盘"等航海仪器进行测量，没有经验和知识是不行的。可以说：郑和下西洋是吴越地区长期积累的海洋文化发展的高潮。

郑和下西洋又进一步促进了吴越地区海洋文化的发展。郑和七次出海航行，都带了大量丝绸产品和瓷器，推动了苏州、杭州的丝织业和景德镇的瓷器生产的发展。离刘家港很近的上海县，也从一个不起眼的边界小县，成为从事海内外转口贸易比较繁荣的城市。

但是，在长期农耕经济所形成的保守思想的影响下，明清两代皇帝的海洋观念始终是封闭和保守的。他们轻视贸易活动，死守国门，长期不能对外开放。虽有郑和下西洋这样大规模的航海行动，并没有改变他们封闭的海洋观念。吴越地区的海洋文化基因长期受到压抑，一直到英帝国主义发起侵华战争，签订了不平等的《南京条约》，中国才被迫走上了开放之路，但却是在殖民主义条件下变形的"开放"。此后，发展最快的城市就是地处吴越地区的上海，成为中国最大的经济城市，并非偶然。但总是畸形发展，并不能体现出吴越地区海洋文化的积极精神。

近年来，我国实行改革开放政策，以上海为首的长三角地区，是我国经济发展最快、对外贸易最繁荣、引进外资和对外投资最发达、技术进步最快的地区。苏州的外向型经济长期处于前列，可以说：有上万年历史的吴越地区的海洋文化基因，到了今天，才真正发挥了积极的作用。

范仲淹的忧乐观及其影响

牟永生

范仲淹面对内忧外患的社会现实和曲折困厄的仕途生涯，批判地吸收和凝炼了以儒、道、佛三家为主体的中国传统思想文化中的忧患思想，形成了自己"先天下之忧而忧，后天下之乐而乐"的忧乐观，表现出士人始终守望着的一种担当精神、超前精神和整体精神。诚如《宋史·范仲淹传》所云："自古一代帝王之兴，必有一代名世之臣。宋有仲淹诸贤，无愧乎此。仲淹初在制中，遗宰相书，极论天下事。他日为政，尽行其言。诸葛孔明草庐始见昭烈，数语生平事业，备见于是。豪杰自知之审，类如是乎。考其当朝，虽不能久，然先忧后乐之志，海内固已信其有弘毅之器，足任斯责，使究其所欲为，岂让古人哉！"朱熹也曾将仲淹与诸葛亮、韩愈等称颂为史上"五君子"，足见仲淹忧乐观所具有的重要历史地位和影响。

一

忧乐观作为一种人生价值观和哲学智慧，它通常是知识分子基于其历史使命感与紧迫感，自觉承担民族大义与社会责任的思想观念及其实践活动的概括与总结。《周易》说，"君子安而不忘危，存而不忘亡，治而不忘乱，是以身安而国家可保也。"（《系辞下》）《论语》曰："士不可以不弘毅，任重而道远。仁以为己任，不亦重乎？死而后已，不亦远乎？"（《泰伯》）《孟子》讲："思天下之民，匹夫匹妇有不与被尧舜之泽者，若己推而内之沟中。其自任以天下之重也。"（《万章下》）《孙子》云："投之亡地然后存，陷之死地然后生"（《九地》），以上引文都体现出一种深具担当精神的忧乐观。

　　作为深受中华传统忧患思想熏陶的范仲淹，其担当精神早在求学期间便已形成。据《宋史》等文献记载，仲淹二岁丧父，家境贫寒，生活艰难。但他年小志大，勤学苦读，玉汝于成。留下了"只身求学"、"划粥割齑"、"拒绝佳肴"、"闭门不出"等家喻户晓的感人故事。早在河北正定时，当人问及仲淹的志向时，他便借用张仲景"进则救世，退则救民；不能为良相，亦当为良医"的名言，其志向是，要么当个好宰相，要么当个好大夫。好宰相治国为民，好大夫治病救人。良相治国平天下，拯救社稷于乱世；良医四方悬壶济民，救死扶伤，谋求福祉于桑梓。"上以疗君亲之疾，下以救贫民之厄，中以保身长全。"（张仲景《伤寒杂病论》）二者路径不同，却殊途同归，共同表现出忧国忧民的责任情怀。

　　特别是仲淹"知其世家感泣"而愤然离开山东长白山澧泉寺，来到河南应天府读书期间，常以颜回自勉，身居陋巷，昼夜苦学，五年未曾解衣就枕，夜或昏怠，辄以水沃面，往往膳粥不充，日昃始食，动心忍性，人所不堪，而他却自刻益苦。终于"大通六经之旨"，博采儒道佛三教关于仁爱、包容和慈悲的价值精髓，取长补短，兼宗一身，使其自幼树立的担当精神越发强烈和成熟。诚如欧阳修所撰："公少有大节，其于富贵、贫贱、毁誉、欢戚，不一动其心，而慨然有志于天下，常自诵曰：'士当先天下之忧而忧，后天下之乐而乐也。'其事上遇人，一以自信，不择利害为趋舍。其所有为，必尽其方，曰：'为之自我者当如是。其成与否，有不在我者，虽圣贤不能必，吾岂苟哉！'"

　　仲淹的担当精神自幼形成，并贯之一生。无论是应天求学，还是进士及第，抑或是高居庙堂，远落江湖，仲淹都勇担责任，表现出士大夫特有的道德情操。据载，友人梅尧臣作《灵乌赋》寄给仲淹，写道："凤不时而鸣，乌哑哑兮招唾骂于时间。乌兮，事将乖而献忠，人反谓尔多凶。"以自己在朝中屡次直言，均被当作不祥乌鸦，发落边陲的遭遇，劝示仲淹也明哲保身，不再进谏。

同贬边陲的仲淹收阅后，随即"勉而和之"："我乌也勤于母兮自天，爱于主兮自天"，任凭人们怎样诅咒和封杀乌鸦的哑哑之声，我却"宁鸣而死，不默而生！"可以说，这种担当精神既是范仲淹忧乐观的逻辑起点，也是其重要组成部分。

忧乐观一般蕴藏着人们"忧何"、"为何忧"以及"如何解忧"如是三个相互依赖、彼此渗透的问题。仲淹的忧乐观尤其如此。面对宋朝"边略未固，兵力未僵，威令不扬，战局多覆，因循以甚，平定无期"的西北边患，他"痛心疾首，日夜悲忧，发变成丝，血化为泪，殒殁无地"，却依然"乐道忘忧，雅对江山之助，含忠履洁，敢移金石之心。"正所谓"进则持坚正之方，冒雷霆而不变。退则守恬虚之趣，沦草泽以忘忧；""进则尽忧国忧民之诚，退则处乐天乐道之分。"

对于仲淹忧国忧民的士大夫情结，究其成因是多方面的，既有当时内忧外患的社会历史背景，亦有源远流长的中华忧患文化传统，还有仲淹个人特殊的人生经历和性格特征等诸多缘由。特别是后者，直接决定着仲淹忧乐观"如何解忧"的主要路径："不以物喜，不以己悲，居庙堂之高，则忧其民；处江湖之远，则忧其君。是进亦忧，退亦忧；然则何时而乐耶？其必曰：'先天下之忧而忧，后天下之乐而乐'"。（范仲淹《岳阳楼记》）"人生识字忧患始，姓名粗记可以休。"（苏轼《石苍舒醉墨堂》）仲淹早已深悟士大夫由于其现实社会的历史使命感与责任感而注定成为忧患一族，所不同者，有的悲观绝望，离群索居；有的则百折不挠，勇往直前，表现出"生于忧患，死于安乐"的进取精神。

因责而忧，因挫益勇；以退为进，以忧为乐。如果担当精神是仲淹忧乐观的基本意蕴，那么进取精神则是其逻辑延伸。一般而言，人们仕途亨通，高歌猛进时，可以"昔日龌龊不足夸，今朝旷荡恩无涯；春风得意马蹄疾，一日看尽长安花。"（孟郊《登科后》）其感恩之情，担责之心，无需言表。然一次次无缘"黄金榜"，或屡遭贬谪，含冤入狱，万念俱灰，"忍把浮名，换了浅斟低唱。"（柳永《鹤冲天》）恐怕就会成为多数士大夫的人生哲学。仲淹的忧乐观所以能彪炳史册，王安石评价云："呜呼我公，一世之师。由初迄终，名节无疵。明肃之盛，身危志殖"，恰恰就在于他屡战屡败，屡败屡战，穷且益坚，越挫越勇，进退从容，忧乐自在。即使远处边陲，仲淹也主张："求民疾于一方，分国忧于千里。""不敢念身世之安，忘国家之忧"。

仲淹生性直爽，行侠仗义，大胆进谏，抨击时弊，数遭贬谪。他任秘阁校理期间，多次上书批评章献太后垂帘听政所带来的弊端，曾被贬为通判；章献太后去世后，仲淹即被召入京，任左司谏，但很快又因评议仁宗废后，而被贬知睦州；之后因批评宰相吕夷简用人不察，再遭贬知饶州。仲淹仕途一波三折，历尽坎坷，不但丝毫没有动摇他心忧社稷，情系百姓的人生信念，相反，他每到一地，都仔细查看灾情，商讨对策，为当地民众办了许多好事、实事。仅在知苏州时，仲淹就率父老乡亲挖渠、清淤、筑堤，引导太湖水系及时流入大海，并治理苏州周边其他的江河、湖泊、池塘，消除了水患，从而使这里自南宋以降便流行"苏湖熟，天下足"的谚语。

二

仲淹临终《遗表》云："伏望陛下调和六气，会聚百祥，上承天心，下徇人欲，明慎刑赏而使之必当，精审号令而期于必行，尊崇贤良，裁抑侥幸，制治于未乱，纳民于大中。"又云："警于未形，恐于未炽。知我者谓吉之先，不知我者谓凶之类。故告之则反灾于身，不告之者则稔祸于人。"这其中蕴藏着具有超前精神的忧国忧民之情至深至切。

出于责任，必须进取，而进取又得指向特定的理想目标。理想与现实间不可能绝对重叠，它们总是处于动态式的有限趋近与无限超越，所以忧乐观的价值和特质正是在于其具有前瞻性、预警性和超越性。然处在特定社会阶层和历史条件中的人们并非都能达成如是共见，倒是当先见之士强烈预感到若不居安思危，得宠思辱，未雨绸缪，审时度势，化险为夷，某一社会有机体将遭遇重创而悲天悯人，奔走呼号时，却往往被歌功颂德、粉饰太平者冠之以危言耸听，杞人忧天，甚至邪说异端的罪责横加拒斥与迫害。

宋大中祥符七年（1014），信奉道教的宋真宗到安徽亳州朝拜太清宫。浩浩荡荡的车马队伍经过南京（今河南商丘），于是全城轰动，人们都争先恐后想一睹皇帝的尊容。当时，南京应天书院的学生也都纷纷赶去夹道迎驾，唯独仲淹始终闭门不出，在那里埋头读书。有个要好的同学叫他去，说"这是一个千载难逢的好机会，以后恐怕就见不着了"，但是仲淹只是随口说了句，"将来再见也不迟"，连头也没抬便继续读他的书。这充分表现出仲淹的高远志向和自信心。

仲淹的忧乐观就曾引起朝廷内部莫大的争议："知我者谓吉之先，不知我者谓凶之类。故告之则反灾于身，不告之者则稔祸于人。主恩或忘，我怀靡臧。虽死而告，为凶之防。"仲淹本人不顾家人的埋怨与劝阻，向来将自己的贫贱、富贵、毁誉，乃至身家性命均置之脑后："有石砺其齿，有泉洗其耳。下瞰红尘路，荣利无穷已。孜孜朝市人，同在风波里。大为高士笑，誓不拾青紫。我亦宠辱流，所幸无愠喜。进者道之行，退者道之止。矧今领方面，岂称长城倚。"（范仲淹《访陕郊魏疏处士》）常常发出"动静三思，始终以志"，"许国忘家，亦臣自信"的人生感慨。

面对朝廷加强边防，造成百姓徭役赋税日益加重，农民起义成蔓延之势，以范仲淹为代表的士阶层深感宋廷内忧外患之严重，认为："我国家革五代之乱，富有四海，垂八十年，纲纪制度，日削月侵，官壅于下，民困于外，夷敌骄盛，寇盗横炽，不可不更张以救之"，系统地总结他从政数十年来酝酿已久的改革思想，向仁宗帝呈上《答手诏条陈十事》。提出明黜陟、抑侥幸、精贡举、择长官、均公田、厚农桑、修武备、推恩信、重命令和减徭役十项变法主张，涉及政治、经济、军事和文化教育等方面改革的具体办法。尽管遭到保守派的阻挠和破坏，"庆历新政"昙花一现，但其影响却是深远的，直接成为后来王安石变法的前奏。

有论者认为仲淹变法失败的重要原因，就是其中的不少主张严重脱离宋朝当时所处的社会经济和政治实际，过于超前，陷于理想化的陈述。其实，在异常强大而顽固的帝制下面，任何一种改变原有利益格局的企图与尝试，都无异于与虎谋皮，都会被强势者手里的屠刀证明为一种奢望，一种痴妄。仲淹的忧乐观没有问题，其超前精神更没有过错。错就错在皇权至上的社会体制，输也就输在仲淹等人几乎动了太岁头上的土。诚如韩琦所见："琦尝谓自古国家之治否，生民之休戚，在人不在天。人或不然之。今于文正范公，然后知其说之胜，或者不足疑，而于教之有补也。公以王佐之才，遇不世出之主，竭忠尽瘁，知无不为……身虽可绌，义则难夺，天下正人之路，始公辟之。"

三

孔子曾说："朝闻道，夕死可矣。"（《论语·里仁》）又说："君子谋道不谋食"，"君子忧道不忧贫。"（《卫灵公》）孟子也认为："乐民之乐者，民亦乐其乐；忧民之忧者，民亦忧其忧。乐以天下，忧以天下"。（《孟子·梁惠王下》）孔孟等先儒奠定了中国士人的忧乐观不是计较个人利益的患得患失、满腹牢骚和怨天尤人，而是情系天下，心忧修齐治平的利民兴邦之道。仲淹的忧乐观亦然，他始终以"以天下为己任"，折射出一代知识分子忧国忧民的整体精神。

"以天下为己任"，这是朱熹对仲淹精神的高度概括和评价："且如一个范文正公，自做秀才时便以天下为己任，无一事不理会过。一旦仁宗大用之，便做出许多事业。"（《朱子语类》卷一二九）又说："天地间气，第一流人物！"仲淹的忧乐观就其整体精神而言，无疑就是其一直倡导并身体力行的天下观。即便"居亲之丧"，在忠孝难以两全的情况下，仲淹也告诫自己："盖闻忠孝者，天下之大本也。其孝不逮矣，忠可忘乎！此所以冒哀上书，言国家事，不以一心之戚，而忘天下之忧，庶乎四海生灵，长见太平。"（范仲淹《上执政书》）呼吁宋廷"圣贤存诚，以万灵为心，以万物为体，思与天下同其安乐。"

与历史上的天下观一致，仲淹的天下观也主要是中华观、国民观，尽管有论者认为古人的大卜观，非常接近我们今天的"世界"观、人类观。或许在先贤眼里，"四海之内皆兄弟"，中国就是天下，就是全人类。但用今天的眼光看，仲淹的天下观恐怕还没有那么广博，而是偏重于宋朝的1亿多中华儿女。如是理解，非但不妨碍我们对仲淹整体精神的挖掘、阐释与弘扬，恰恰相反，我们构建和谐社会，坚持科学发展，复兴中华民族的重要文化资源就是大力吸取包括范仲淹忧乐观在内的中华文化的优秀传统。正如温家宝总理所指出："身为天下人，当思天下事。而天下之大事莫过于'万民之忧乐'了。行事要思万民之忧乐，立身要先天下之忧而忧，后天下之乐而乐。"

古人极为推崇立德、立功、立言的所谓"三不朽"价值观。由于特定的社会环境与个体差异，士大夫立德、立功、立言的具体方式和成效也会因时而异，因势而异。然而"志不立，天下无可成之事。"立志成为士大夫立德、立功、立言的前提，则是亘古不变的。仲淹之所以"政必顺民"，"不以己欲为欲，而以众心为心"，"爱将众同，乐与人共，德泽浃于民庶，仁声播于雅颂"，即使出处穷困，也忧情深远，心系民苦，"思天下匹夫匹妇有不被其泽者"，"审民之好恶，察民之否臧。有疾苦必为之去，有灾害必为之防。"为天下生民立下了大德、大功和大言，达至人生的真三不朽，也正是仲淹自幼立志，矢志不渝。

史籍记载，"范文正公微时，尝诣灵祠求祷。"不管是为良相，还是为良医，仲淹都立志为民，心忧天下，"夫不能利泽生民，非丈夫平生之志。"（吴曾：《能改斋漫录》卷十三）欧阳修也称

"其为政，所至民多立祠画像。其行已临事，自山林处士、里闾田野之人，外至夷狄，莫不知其名字，而乐道其事者甚众。及其世次官爵，志于墓，谱于家，藏于有司者，皆不论著。著其系天下国家之大者，亦公之志也欤！"

如果人文精神的核心价值就是以人为本，利世济民，那么仲淹的担当精神、进取精神、超前精神和整体精神都融摄着极为丰富的人文精神。但如果将人文精神仅仅理解为"观乎天文以察时变，观乎人文以化成天下。"（《易·贲》）"天文，天之理也；人文，人之道也。天文，谓日月星辰之错列，寒暑阴阳之代变，观其运行，以察四时之速改也。人文，人理之伦序，观人文以教化天下，天下成其礼俗，乃圣人用贲之道也。"（程颐：《伊川易传》卷二）也即狭义化为人伦教化和人道法则，那么仲淹为人为官的人格魅力才堪称其忧乐观中的人文精神。

学界一般认为，先忧后乐是范公的人格，忠君爱民是范公的人格，改革弊政，为国出力是范公的人格，不顾个人安危得失上书直言，也是范公的人格。范仲淹之所以光照千秋，其实正是他的这种人格魅力所散发出的人性光辉。的确，仲淹留给今人的宝贵精神财富不光是其文学成就、军事思想、政治哲学和教育智慧，还有其几乎具有普世价值的人格魅力。仲淹深知："以德服人，天下欣戴；以力服人，天下怨望。尧舜以德，则人爱君如父母；秦以力，则人视君如仇雠。是故御天下者，德可凭而力不可恃也。"

常言道，"态度决定高度，眼界决定境界。"即使身泊江湖，跌入人生低谷，仲淹也心系百姓，急民所急，忧民所忧。他被贬谪邠州镇守期间，闲暇时候带领下属和官员登上城楼准备酒宴，正准备举杯进餐时，便看见几十名穿着孝服的群众正在筹办装殓之物。他马上派人去询问，才发现原来是一个客居在外的读书人死于邠州，将要埋葬在近郊。这名读书人下葬时入殓的衣服、棺材外面的套棺都无从准备。仲淹见状十分痛心，立即下令撤掉宴席，重重地救济了书生，让他们完成装殓事宜。在座的各位同事不但毫无怨言，反而被仲淹此举感动得热泪盈眶。（王辟之：《渑水燕谈录》卷二）无怪乎欧阳修评价他说："临财好施，意豁如也"，富弼也称："公天性喜施与，人有急必济之，不计家用有无。"

仲淹求贤若渴，兴教育才，乐善好施，利乐后学的事迹遍及大江南北，妇孺皆知。《增广贤文》关于"时来风送滕王阁，运去雷轰荐福碑"的后一句典故即出自仲淹救助饶州穷书生的故事。张镐穷困潦倒，流落江湖，慕名拜谒仲淹："天下之至寒饿者，无在某右。"交谈中，仲淹见他颇有才气，便设法成全其赴京赶考。叫随从拿出纸墨，陪同张镐前往城东荐福寺，拓欧阳询碑帖售卖，以为路费。持有仲淹手令，寺中和尚答应次日拓碑。不料，是夜雷雨大作，石碑被击得粉碎。张镐落至穷途末路，正欲自杀时，仲淹解囊相救，张如愿赶考，竟中状元。（释惠洪：《冷斋夜话》卷二）

仲淹宦海沉浮，坎坷一生，为官一任，泽被一方，忧国爱民，人文风范，"雄文奇谋，大忠伟节。充塞宇宙，照耀日月。前不愧于古人，后可师于来哲。"高山仰止，景行行止。仲淹饶州离任，万民热泪相送；邓州调任，百姓遮道挽留；苏杭赈灾，乡亲立生祠祀。《宋史》列范仲淹传云："泛爱乐善，士多出其门下，虽里巷之人，皆能道其名字。死之日，四方闻者，皆为叹息。为政尚忠厚，所至有恩，邠、庆二州之民与属羌，皆画像立生祠事之。及其卒也，羌酋数百人，哭之如父，斋三日而去。"（《宋史》卷三百一十四）足见仲淹人格之魅力。

四

仲淹一心为民，每至一地任职，不是兴修水利，赈灾救灾，就是兴学育人，奖掖后学，深受当地百姓的拥戴。他调任时，百姓上书乞求留任，万人空巷，泪送清官。生前有的百姓画了仲淹肖像，给他建造生祠；仲淹去世时，人们聚集在当地祠堂哀悼痛泣，斋戒三日，祀之如亲。仲淹忧乐观不仅影响着其同时代的韩琦、富弼、苏舜钦、欧阳修、孙复、胡瑗、石介、李觏、张载和王安石等人的教育、政治和军事思想，也深刻地影响了后来的苏轼、二程、朱熹、陈亮、叶适、陆游、范成大和文天祥等宋元时期的理学思想。

这时期忧乐观的代表人物不可谓不多，既有直接点评仲淹忧乐观者，亦有亲聆师承仲淹忧乐观者，还有间接承传仲淹忧乐观者。当然，诸如此类情况兼而有之者，也是一个重要方面。

首先，直接点评仲淹忧乐观者颇多，除了范氏后裔，除了变法维新的推动者与拥护者外，尤值得一提的就是司马光、苏轼二人的点评。司马光如是评价仲淹，认为他天生俊贤，为国之纪。服休服采，以翼天子。冠带立朝，正色巍巍。谠言直节，奋不顾己。德实光大，才则茂美。又代韩琦曰：上天生公，固为吾宋。以尧舜佐吾君兮，即忘身而忠国；以成康期吾俗兮，又竭思而仁众。凡有大事，为国远图，争而后已，欢言如初。韩琦称赞他"雄文奇谋，大忠伟节。充塞宇宙，照耀日月。前不愧于古人，后可师于来哲。固有良史直书，海内公说，亘亿万世，不可磨灭。"突出仲淹心忧社稷，情怀万民，谠言直节，奋不顾己的高尚人格魅力。苏轼在《宋资政殿大学士文正公赞》中也认为，"出为名相，处为名贤，乐在人后，爱在人先，经天纬地，轶后空前。有宋文明之运，实自公始。天下信其诚，争师尊之。"进一步颂扬仲淹先天下忧，后天下乐的高风亮节和文治武功。

其次，亲聆师承仲淹忧乐观者，也不在少数，然张载堪称代表。据史籍记载，张载少小喜兵，超然有凌厉六合之意。就是因为仲淹的一次劝读《中庸》，方导其步入理学殿堂，德成道尊，卓然为一世师表。主张"为天地立心，为生民立命，为往圣继绝学，为万世开太平"的张载精神，不仅与仲淹"以天下为己任"的忧先乐后思想异曲同工，而且承继仲淹的宗经路径，张载也以归宗于《周易》等经，认为圣人以通天下之志，以定天下之业，以断天下之疑，故能感人心，知吉凶，同忧患。"天下之理既已思尽，因易之三百八十四爻变动以寓之人事告人，则当如何时，如何事，如何则吉，如何则凶，宜动宜静，丁宁以为告诫，所以因贰以济民行也。易之兴也，其于中古乎！作易者，其有忧患乎！"（《横渠易说·系辞下》）毫无疑问，天人合一，并不意味着天人齐一、混同，而是天人之间相通互存。圣人作《周易》，正是要架起天人之桥，用天道孕育人道，用人道惠泽天下黎民。圣人这　特殊的角色地位，决定着圣人要先天下忧，后天下乐："圣人则岂忘思虑忧患？虽圣亦人耳，焉得遂欲如天之神，庸不害于其事？圣人苟不用思虑忧患以经世，则何用圣人？"（《横渠易说·系辞下》）

　　再次，既亲聆师承，又直接点评仲淹忧乐观者，当以王安石为代表。尽管张载在《庆州大顺城记》等文献中对仲淹的生平事迹也作过较为详尽的记载与评论，但因其不是专门针对仲淹忧乐观，故笔者以为这与王安石等明显不同。王安石不但在杭州等地亲自拜谒仲淹，承续着安邦济世的忧乐观，反复拜读和摘抄仲淹的重要诗文，而且还专门撰写《祭范颍州文》，激情赞扬仲淹心忧天下与变法维新的精神。皇佑二年（1050），王安石在杭州拜会仲淹，仲淹这样叮嘱这位有志青年："拯民于水火，安国于累卵，皆在尔之双肩。愿勿负天下苍生之厚望！"期盼他拥有诗中所写的那种气概，不要被世俗之见的'浮云'，遮住远大的政治目光，为国家建立一番特立独行的高远业绩。两年后，王安石沉痛悼念仲淹的丰功伟业："呜呼我公，一世之师。由初迄终，名节无疵。……硕人今亡，邦国之忧。刿鄙不肖，辱公知尤。承凶万里，不往而留。涕哭驰辞，以赞醪羞"。后来，王安石发起轰轰烈烈的"熙宁变法"，足可以告慰仲淹的在天之灵。

　　最后，间接承传仲淹忧乐观者，应该是最多的。倘若仅间接受到影响，未留下明确点评者存而不论，单就既间接受其影响，又有明确点评仲淹忧乐观者，那也难以计数。且以力倡"位卑未敢忘忧国，事定犹须待阖棺"的陆游为例。"少小遇丧乱，妄意忧元元。"陆游亲历家破人亡，"万死避胡兵"，其忧国之心，恤民之情，至深至切，妇孺皆知。"书生忠义与谁论？骨朽犹应此念存。砥柱河流仙掌日，死前恨不见中原。"（《太息》）从其"六十年间万首诗"里，不难发现，其人生际遇与忧患之心，同仲淹是何其相似。二人之间的传承逻辑十分明晰，毋庸赘述。值得一提的是，陆游还在《老学庵笔记》等文献中评述道："范文正公喜弹琴，然平日止弹《履霜》一操，时人谓之'范履霜'。"陆游本人亦有"酒仅三蕉叶，琴才一履霜"的诗句。"履霜"一语，源自《易·坤》中的"履霜之戒"，谓踏霜而知寒冬将至，用以警示自己，事态发展存有恶化之潜在可能，须居安思危，得宠辱，虑于未萌，防微杜渐，备则无患。仲淹有不少外号，因其总喜欢弹奏《履霜》一曲而又有"范履霜"之说。显然，在众多雅号中，这一雅号最能表达其悲天悯人的忧乐观。

明清时期，社会发展的历史进程开始剧烈变化，从帝王将相到普通士人均表现出明显的危机意识与担当精神，仲淹忧乐观对这时期的影响也格外突出。康乾二帝同赞仲淹是"济世良相，学醇业广"，褒扬仲淹具有忧乐与民的高义质量："希文古大臣，不与伊葛殊。特达圭璋器，心迹如天日。庙堂而江湖，忧乐与民俱。""文正本苏人，坟山祠宇新。千炼传树业，一节美敦伦。魏国真知己，夷维传后尘。天平森翠笏，正色立朝身。"李贽、王直、黄宗羲、顾炎武、王夫之和俞樾等一大批社会精英的忧乐观也深受影响。现略举三例。

李贽针对程朱道学日益走向僵化，成为士人走向仕途的跳板，甚至不少士人"阳为道学，阴为富贵，被服儒雅，行若狗彘"，早已堕为"口谈道德而心存高官，志在巨富"伪君子之流弊，主张"穿衣吃饭，即是人伦物理"，摒弃故弄玄虚，佯装高深的谎言虚话，回到质朴纯真、实用实在的"百姓日用之迩言"与"绝假纯真、最初一念之本心"、童心。他说："绝假纯真、最初一念之本心"，而反对以"闻见道理"、实即孔孟之道为心。他说"善言即在乎迩言之中","唯以迩言为善，则凡非迩言者必不善。"（《道古录下》）所谓"迩言"，就是"街谈巷议，俚言野语，至鄙至俗，极浅极近，上人所不道，君子所不乐闻者，"（《道古录下》）它是生活在社会最底层人士"治生产业"的行话和俚语，"是谓天成，是谓众巧，迩言之所以为妙也，"（《焚书·答邓名府》）它是言为心声，语必由衷，不假思索，脱口而出的真情实意，与那种"以假人言假言而事假事、文假文"的伪道学截然不同。

"从故乡而来，两地疮痍同满目。当兵事之后，万家疾苦早关心。"李贽这幅在云南姚安县任知府时，曾挂于办公厅堂的对联，进一步表达了他对道学流弊和社会乱象所造成的万家疾苦的无比愤怒与同情。他从历史中，特别是从仲淹等历代革新家那里吸取了丰富的思想养分，竭力反对"以孔子之是非为是非"，主张求新求变，拯救满目疮痍的国家。"今日新也，明日新也，后日又新也"（《道古录上》）他认为，"仲淹内刚外和，泛爱乐善。咸惜其当朝不久，莫能成先忧后乐之志。真可惜！"仲淹"性至孝，好施予"，是快人；多次不计己危，进谏上书，是快言、快语、快论；刚直不阿，以民为体，是快心。对于"快心之事，决心之心，为此老占尽"的仲淹人精神，"海内莫不敬慕其德。范公何尝死也？宋亡，范公终不亡耳！"

吴郡自古多才俊，天下名句诵天下。在苏州历史上，与仲淹"先天下之忧而忧，后天下之乐而乐"的名句一同传颂天下的，无疑就是顾炎武的"天下兴亡，匹夫有责"。顾炎武在《日知录》里这样认为："有亡国，有亡天下。亡国与亡天下奚辨？曰：易姓改号，谓之亡国；仁义充塞，而至于率兽食人，人将相食，谓之亡天下。……是故知保天下，然后知保其国。保国者，其君其臣，肉食者谋之。保天下者，匹夫之贱，与有责焉耳矣。"（《正始》）称誉顾氏"不但是经师，而且是人师"的梁启超，极为重视这一源于仲淹的忧乐观，将其高度浓缩为上述几个字，从此传颂天下。应该说，梁之概括是非常明快而精当的。在顾氏看来，天生豪杰，必有所任，即使赴汤蹈火，也在所不辞。"今日者拯斯人于涂炭，为万世开太平，此吾辈之任也。仁以为己任，死而后已"。(《病起与蓟门当事书》，《亭林诗集》卷3)。

尽管顾氏对天下与国家进行了辨析，其天下观与仲淹的天下观在内涵和外延上均不尽一致，二人所处的具体社会历史背景和时代主题与价值观念也差异明显，然他们忧乐观的根本内容却是一以贯之的，这就是如前所述的拯救万民于水火的担当精神、超前精神和整体精神。无怪乎顾氏在著述中多次提及并高度赞扬仲淹为民请命，直言谠论的忠义品质："《宋史》言士大夫忠义之气，至于五季，变化殆尽。宋之初兴，范质、王溥犹有余憾。艺祖首褒韩通，次表卫融，以示意向。真、仁之世，田锡、王禹偁、范仲淹、欧阳修、唐介诸贤，以直言谠论倡于朝。于是中外搢绅知以名节相高，廉耻相尚，尽去五季之陋矣。"

仲淹忧乐观不仅深刻地影响着明清之际主张启蒙革新的思想家，对那些坚持返本开新的思想家也有重要影响。俞樾这位学承顾炎武、戴震等思想家的晚清经学大师，罢官后，移居苏州曲园，"杜门塞窦，足不逾阈，日坐其中，焚膏读书，"潜心著述。诚如其自作的挽联："生无补乎时，死无关乎数，辛辛苦苦，著二百五十余卷书，流播四方，是亦足矣；仰不愧于天，俯不怍于人，浩浩荡荡，数半生三十多年事，放怀一笑，吾其归乎。"他力倡"尊本重教"，"通经致用"，认为"人人皆务为孝悌忠信，亲其亲而长其长，虽有外患，何由而至"，但当得知门下章太炎剪掉辫子，投身革命后，却表现得辞气凌厉，异常顽固、保守，呵斥章太炎"不孝不忠"。

就是这样一位近乎愚忠愚孝的人物，其忧乐观不仅明显地受到仲淹的影响，而且他也对仲淹的先忧后乐精神推崇备至。俞樾有诗曰："门前高弟孙明复，帐下偏裨狄武襄。贼胆至今犹可破，义田自昔未曾荒。先忧后乐无人识，一曲空传范履霜。"包括孙复在内的宋初三先生（还有胡瑗、石介），都出自仲淹门下。仲淹知苏州期间，创办义庄、府学，还特邀胡瑗出任首任教席，胡瑗提倡"明体达用"，分斋教学的教育思想，强调学有专长，学以致用的教育方针，形成沿用近千年的所谓"苏湖教学法"。范氏义庄也一直持续至民国时期。它通过帮扶族困，有效地化解了地区矛盾与冲突，达至社会和谐。（本文系江苏省哲学社会科学立项资助项目"儒家忧乐观与中国梦研究"（14ZXB002）之阶段性成果。）

范仲淹安边策论精华

——读《奏陕西河北和守攻备四策》有感

沈建洪

庆历四年（1044 年），范仲淹主持施行新政进入第二个年头，成败利钝，关键一年。为推进新政，范公夜以继日，日以继夜，不遗余力。但是，革除赵宋政权 80 年积弊谈何容易！范公决定在百忙中撰写《奏陕西河北和守攻四策》（以下称《四策》），把有关因应契丹、西夏的战略战术选择加以集中阐述，以便于日后朝廷、两府参考。

让我们了解《四策》基本内容，把握其重点要点。

一、陕西和策："结好"之策　不可有失

范仲淹写道：臣下我观察西戎（西夏）积蓄祸患，李德明在世已经露头。如今元昊正当盛年，凶残骄枉。勾结北戎（辽国，即契丹），欺凌中国。打仗屡战屡胜，没有经历过挫败，没有经历过长时间战争磨炼。但是他个人已有远离战争的想法。他搞了一份"通顺之意"，对自己的名号、称谓稍作收敛，着眼于获得更巨大的物质享乐。朝廷对"通顺之意"以生灵为重加以考量、权衡对策。

《四策》仿佛站在史料累积的高山之巅，以开阔的视野，看长江、黄河滚滚东去，与无数涓涓细流一道，为海洋吸纳，指出来自北方的戎狄对中原的骚扰，并非宋代才有，三代以还，历朝历代，并无例外，就看中原大国如何处置。范公举唐初突厥、后唐石敬瑭为例加以阐发。

一代开明皇帝唐太宗，后代赞颂他从谏如流，懂得水能载舟

亦能覆舟。说出了"人以铜为镜可以正衣冠、以古为镜可以知兴替、以人为镜可以知得失"那样深刻的名言，但关于唐太宗解决北方民族侵扰中原的功绩，却少有记述。唐高祖李渊武德九年（626 年）六月初四日，李世民发动玄武门之变，李渊近臣萧瑀、陈叔达劝高祖立秦王李世民为太子。就在玄武门事变当天，唐高祖大赦天下，宣布国家事务皆由秦王处分。初七日立李世民为太子，凡国家、军队大小事务一概由太子处置决策，然后奏闻。八月初九日，接受唐高祖禅位，登上帝位，是为唐太宗。唐太宗登大位前，每年秋季，突厥首领颉利率众侵扰中原，胡马西风，声闻渭河，长安不宁。颉利没有想到此种行径是隋朝旧例，也没有想到斗转星移，江山易姓，突厥人的营生应当改弦易辙，走上文明道路。突厥人的集体行为阻碍了民族进步，也造成大唐首都长安人心浮动。唐太宗岂能容忍京畿动荡？虽然，唐太宗之父李渊在太原起兵，与群雄角力之初，曾经得到突厥帮助，"资其士马以益兵势"①唐太宗一行六人骑马亲赴渭上，与颉利隔岸对话，共商大唐与突厥缔结盟约的程序，并晓之以"兵因义动"的道理。范仲淹在奏章中对仁宗说：陛下您如唐高祖、唐太宗：隆礼敦信，以盟好为权宜；选将练兵，以攻守为实事。彼不背盟，我则优抚不倦，对方将在道德上欠账，且日积月累。我则攻守皆宜。这样做，结好之策就不会有失误。不久，大唐与突厥果然在渭水架起便桥，双方使团紧张工作，签订了友好相处盟约。

　　本文是奏章。奏章记录大臣自己要给皇帝说的话。虽然范仲淹说话一向尖锐犀利，但是，面对仁宗，还是尽可能正面说话，正面讲理。这是《论语》、《孟子》等儒家经典的说理方法和行文规矩。像范仲淹这样既熟读，且读熟经史，又有治学和与人交往的良好行为规范，在古代是学养深厚的士大夫，在今天则是识大体、顾大局、有道德、懂规矩、善表达的知识分子。

二、陕西守策：士兵守本土　兵民相融合

　　范仲淹关注守边兵员的籍贯：长久的守策必须使"士兵"达

到一定比重，他们熟悉这里的山川道路，知晓在这样的地形地貌中如何战斗，如何生存。

士兵与东兵相比，战斗和守卫，功效相差成倍。然而出身于边境或靠近边境的士兵数量少，分配不过来。应当到地理位置更加重要、交通更为便捷的城寨去招募"士兵"。出身于边境地带的士兵，愿意隶属于边寨的，把他的全家迁到边寨。参照日前庆州新近筑成的大顺城，原计划从振武、保捷两寨调来，两位指挥长官在永兴、华耀士兵中招募愿意守寨的，应募的人数很多。

有人说士兵带家属居住塞下，费用是个大数。给予士兵的待遇本来就很差很少，很不合理，须合理增发。士兵是边防部队的战斗力所在。用士兵及其家眷戍边，适当增加按月发给的津贴。东兵可以减少，不要一次到位，顺利的话，下次还可以减。这样好的举措，不要急于求成，不要一个早晨就迅速改变面貌，分几次达到目的更加稳妥。

很明显，守策首先要依靠本地兵源，本地人愿意当兵，外地来的士兵对黄土高原水土不服。把愿意当士兵的男子及其妻子迁移到边境居住，不仅加强兵民融合，而且连带解决一些伦理问题，夫妻常年在一起生活，互助救援照应，浓厚的亲情在稳定的家庭里生长培养，这些是人世间宝贵的东西。边境有了妇女，对于发展边境贸易也不无好处。范仲淹对待边境安定，是从长远建设着眼的，要有经济建设、民族关系建设等等交织在一起。

陕西保捷士兵中有体弱而不堪战阵者，应予淘汰，使归于田亩，既省军费又增农力。然后东兵三分，其中一分屯边，以助士兵之势；一分移入次边，或屯关辅，以息馈饷之困；一分归京师，以这一支人员加强对首都禁卫部队的监督，重点管好走出营门的禁卫军士兵的军容风纪，严禁欺压百姓。

缘边无税之地所招弓箭手，各使聚居险要。每一两指挥共修一堡，以安置家眷，与城寨相应。彼戎小至，则使属户、蕃兵和弓箭手与各寨士兵共同御敌，捍卫家园。

彼戎大举进攻，我们的侦察兵二十天之前必定能够发觉敌方动静，要把我一线二线兵马集中到坚固大城驻扎，等待敌军进攻或后撤。国境线上的山坡路，敌军必定依过去重兵走过的路线，循着大川行进，先追求快速。等到敌军稍有小胜，而以为我部沮丧不出的时候，才敢于放肆，把部队分散，实施掳掠。过越障碍也无顾虑。我方如果采取持重态度，不与应战。敌方重兵行走在川路中，粮食得不到接济，没有机会抢夺牛羊，用不了几天时间，人马困乏，行动小心起来，派出小股散兵游勇，到村子里偷抢掳掠。我部在山谷、村落中伏精兵，以逸待劳；条件成熟，各个歼灭之。这种小规模的歼灭，可能成为敌军心理防线崩溃的突破口，不可小看。更何况小胜还可以积累起来成为大胜呢！

敌军散兵脱离了军官指挥，心理恐惧，度日如年。我方与之遭遇，可以狠狠打击，也可以驱赶。不让散兵接近任何可以充饥的东西。边境线上难于生存，转而深入腹地。那么我方各个城寨将出奇兵随其后，敌军想全师而归，难于上青天。此时，敌方从士兵到长官，饥饿、疲倦看不到尽头，流行性感冒尤其可怕。前有伏兵、后有追兵。各种弊端爆发出来，负面影响层层叠加。无功而返，大本营将追究责任。心情比打败仗还要复杂。

守策的核心价值就在这里：

一是重视就地征兵、兵民融合；

二是迫使异族军堕入消耗战泥潭，一天一天地削弱自己的优势。

守策要领，不与来犯之敌接触，更不与决战，诱敌深入，使其无法逞胜、逞勇、逞强，而后勤脱节、体力消耗、水土不服、疾病流传、军心浮动等等严重问题却日见其多，难于支持他们的侵略行径。

三、陕西攻策：效"三师破楚"梦汉唐气象

对待西夏，积极的战略战术是实施攻策。攻有目标，攻有策

略，攻有节奏，是参与攻的部队攻无不克的先决条件。范公在此推荐将领们学习研究春秋时期吴国大将伍子胥的"三师破楚"的谋划。

元昊的兵员、马匹、粮草、兵器、装具、辎重的补充基地，实际不在河套地区，而在河套之外。横山一带蕃部东到麟府，西至渭河，东西绵延二千余里，后备兵员强健彪悍，尚武好斗，渴望参战，建功立业，接受赐赏。马匹为北风嘶吼。每大举入寇中原，必为前锋。所以西戎以山界蕃部为强，而中原则以山界属户以及弓箭手为善战。如此看来，双方都以边人为强，道理明白。所以，秦汉驱逐西戎，必须先得山界之城。彼既远遁，然后以河为限，寇不深入。倘元昊归款，则请按照和谈的规格接待；如未通顺或通而翻覆，则有可攻之策，非穷兵黩武，角胜于绝漠之外也。

范公继续写道：我和我的同仁曾经计算过陕西四路之兵总数。总数近三十万。总数不少！然而要分配他们去守卫城寨。实际打仗的兵员不过二万多人。待在寨子里吃些粗粮，不敢随便行动。岁岁设备，常备不懈，随时准备兵临城下。不知道敌人的谋划究竟侵犯那一路守军。我们的敌人则不是这样。他们的住房分散，服装和粮食自备。忽然点集，进攻某路。一声令下，游牧民族发动起来，十多万人马集合起来了。以我们分散的兵力，阻止敌军气焰，寡不敌众，结果我方失败。按照常理常规，敌军远道而来，客当劳，但他们反而逸；我军为主，本当处于逸，但反而劳。我们如果也用这个计谋，使敌军疲惫而我军以逸待劳。那么胜利必定属于我方！

我和我的同僚请求朝廷批准我们在鄜延、环庆、泾原路各选将佐三五人，使臣一二十人，步兵二万，骑兵三千，以为三军，以新定阵法训练一年多时间，成为一支精锐新军，然后观察西夏，趁元昊在执政上有所缺失的时候，让三军在横山互相掠夺，更有把士兵带到演练场令他们投降，给予厚赏。横山，是陕西北部的一座大山，东西走向，绵延千里，北宋时期，它的西部和北部属于西夏，南部属于宋。横山自夏代以来一直有人类活动，特别是军事斗争，多数时间有县级行政建制。范仲淹担任第一个军职知永兴军，横山南部宋地属永兴军路延安府绥德军，就在范公管辖范围之内。

关于新三军的联合作战。举例说如果鄜延一军先出，敌军必定投入全部兵力应战。我军不与敌军对抗、相持，当然更无死拼可言。我们是为学习提高而来。看准敌军毕全力于一役了，我鄜延一军退守边寨或险要阵地，不与大战。不用十天，敌军就弊端百出，不得不考虑打道回府。此时，我环庆之军出动。敌军如果再图谋点卯集中兵员以抗拒王师，我出动第三军泾源之师，向敌军兵力薄弱点组织进攻，敌军顾暇不及。西夏军疲于奔命，士兵饥饿得不到食物，干渴得不到饮水，困乏得不到睡眠，夜间得不到衣被，心生怨恨。撤回夏境，难上加难。此时我军士气正旺。宥州、绥州、金汤、白豹、折薑等寨，皆可就而城之。山界蕃部远离元昊，鞭长莫及，来不及求援、救援。而我军占据的都是坚固的城寨，再把精锐部队派过去。在这样的形势下，元昊手下的山界蕃部强兵将归附我军，以求个人和部落的安全。三五年间，山界的地盘和能打仗的蕃部可以完全归我所有。这是春秋时期吴国采用的"三师破楚"②的策略。元昊失掉横山，可以说他的右臂被砍掉了。到那时，疆场恢复旧观，汉唐气象再现，横山重回祖国怀抱，将会充分展现出它的雄伟壮丽！范公在把自己的谋划留给后人的时候，连带把边疆建设的愿景也传给后人，对未来充满信心，坚信后人将实现他的未竟事业。

笔者曾经在宋夏古战场听当地民族干部谈论历史事件和历史人物，他们对于范仲淹、韩琦的历史性功绩的赞美，对于范、韩个人崇高的人品、深厚的学问、卓越的才干的敬仰，与我们毫无二致。民族干部和汉族同胞共同为多元融合中华民族和谐团结而备感庆幸。

《宁夏军事志》③和《固原军事志》（固原为宋代镇戎军故地）④

等等地方志书，对于范、韩在陕、甘的业绩的记载完备、完整，略无偏颇，读来公允。

四、河北备策：考法于古　择利于今

康定元年（1040年）三月，范仲淹在知越州任上，被首次授予军职知永兴军。带兵打仗，历时三年六个月。庆历三年（1043年）八月就任参知政事，富弼任枢密副使，韩琦任宣抚陕西。同年九月宋仁宗开天章阁，诏命范、富、韩条对时政，范仲淹作《答手诏条陈十事》（《十事疏》）。

臣下我和一些朋友，在陕西边境的时候，注意研究利害，上面陈述的"和"、"守"、"攻"三种策略，应对西夏，必定可以施用。

而国家御戎重心在北，作为大臣不敢不精心谋划应对北戎的国策。何况北戎很久以来国势强盛，在后唐曾经以四十万军队把石敬瑭送到洛阳，举行盛大仪式，立为后晋开国天子，然后班师回国。辽国与石晋的关系双方表达为"父子之邦"。辽国贵族贪得无厌，石晋无法满足。一旦衅起，纵马南牧，冲破边寨，长驱直入，直抵京师，虏石少主、公卿以及他们的家属，劫持到辽国，幽燕十六州再次落入辽国贵族掌心。对于这样的奇耻大辱，中原帝国至今还没有洗雪。国家以生灵为重，与辽国结和，休兵养民，有所期待。及天下无事，人人怀安，不复有征战之议。前年北虏骤变，诡谋称兵，燕蓟有背盟之虞、割地之请。国家没有准备，短期内难于用兵。遂增重赂，以续前好。彼既获利，方肯旋师。今乘元昊"通顺之意"，又欲邀主盟之功，其势愈重。如果不扎实备战，那么，我们国家和人民的灾难将越来越多。

臣等请朝廷尽力做好七项大事、要事。

一密为经略者。将近四十来年，河朔罢兵，旧制因循，州郡不谋军务，地方长官若修葺废弛军事设施，引惹敌意议罪。昨天朝廷在遴选派遣转运使，就是为了革除旧弊，为打仗早做准备。

但是，新选差的转运使有本职任务，势必每天被琐碎事务困扰而且忙碌。没有时间精力周密地思考准备打仗的事情。

我们的建议，干脆在近臣里面挑选几位有才有识的，让他们以都转运使名义，亲临边境战场考察，权衡各种情况下的利弊得失。凡是边境有关战争准备方案尚不完备的州郡，都要向都转运使报告，在都转运使指导下重新制订战争预案。不出半年，统一报奏朝廷。然后再请中书和枢密院仔细寻访熟悉这方面情况的老百姓，商讨长期起作用的预备方案。

二再议兵屯者。自从真定府、定州、高阳关分为三路，他们所管辖的兵马还没有完全弄清楚自己的隶属，其中还有一州兵马却属于两路指挥，又不知道本路军将来会在何处控扼合用，重兵若干又甚处，委托只宜固守，合屯兵若干及三路互相应援，次第须差近臣前往边境，秘密经略，预定法制，不至于临时发生差失，乘战争尚未打响，各寨各城，军马何处驻泊，如此人马就食，节省边境开支。至用兵之日，请一线居民顾全大局，承担局部牺牲，支持王师，打赢战争，减少牺牲，保存实力，以利再战。

三专于选将者。委枢密院于关上大门，只候已经选为使臣的官员中入三班院。于使臣中选入。殿前马步军司军，于军旅中选人。或有智略，或有材武可以放到边疆使用者，一个一个呈给朝廷根据选到人数编制名册等正式记录。候牵路有阙，有序地差使并授予职务、品级。这样做，时间不用太长，三二年间，将得到一批将才。

四急于教战者。于陕西四路抽取曾经押战队使臣十数人，授以新八阵战法，派遣到河北，检阅各路军马，使士兵懂得奇正循环变换之法，在战斗中从容应对敌情。

五训练义勇者。当前河北登记在册人数，大致相当于唐朝府兵。有法规规定，春夏秋三段时间从事农业生产，冬季农闲，传授学习打仗的知识和本领。但是与之配套的府卫之官没有建立起来，因此，法制不能贯彻，号令不能统一。须要在知州、知县、县令中遴选有能力、有才情、有智谋的人才来带兵。同时在军队机关增加将校岗位设置，搞好部队内部教育。使每一个军人懂得军中法律法规，战斗中可以用来对付敌军。这种建设性，本来就是强兵制胜的根本。

六修京师外城者。后唐无备，契丹一举，直陷洛阳。石敬无备，契丹一举直陷京师。所以契丹人骄慢，必渭边城坚而难攻，京师坦而无备，一朝称兵，必谋深入。我以京师无备，必促河朔重兵与之攻战。战或不胜，则胡马益骄，更无顾虑，直叩澶渊⑤。张扬冒犯天子宫阙的战争态势。然后派使者来要求以大河为界。我方没有充分战备，将怎么抵御呢？接受契丹的无理要求不行，拒绝契丹的领土要求很难。形势将振逼京师拿出什么样的计谋。如果京师坚固完备，那么可以告诫河朔重兵，不与交锋。我军坚守不与交锋，契丹就失去乘胜之气，想通过深入创造打胜仗的机会，那么，前面有高城深池，后面有以逸待劳的重兵。北戎的情绪一天比一天沮丧，不得不选择自退。兴师动众，无功而返。士兵饥不得食，睏不得眠，病不得治。撤兵如败兵，纪律堪忧。将领们感到，把部队带回去是严峻任务！修京城不光抵御侵略，更重要的是为了讨伐契丹的战略家们的深入之谋。汉惠帝时，考法于古，择利于今。起六百里内男女城长安，全部不必怀疑。然而，修城工程须二年成之。则民不劳苦，人无惊骇。

七密定讨伐之谋者。彼幽燕数州人，本来就是汉人。对汉人生活方式的怀念、追思和向往，子孙不会忘记一代一代往下传，哪一代人也不会忘掉！我祖宋太宗皇帝，既克河东，乘胜北讨，数州官吏和平民，望风请命。唯幽州未破，我军虚惊。班师以来，岁月緜远。如天限其北，无复轻议，一昨盟好，已揺安保。其往当训兵、养马密为方略，以待其变。未变则我不先举，变则我不后图。指彼数州决其收复，使彼思汉之俗，复为我民。成宋太宗赫怒之志，雪石晋千古之耻，则陛下之功如天如日，著于无穷矣！

《四策》可读　读而后知精华

范公自景祐二年（1035 年）权知开封府开始关心并研究京都的安全保卫，到庆历二年（1042 年）递交第一个恳求修筑京城防御工程的动议《乞修京城劄子》，历时七年，直到庆历四年（1044 年），向朝廷递交《乞修京城劄子》，历时十个年头。在这十年里，特别是康定元年（1040 年）担任军职以来，在不同场合，或面对皇上应诏条陈当今急务于天章阁，或与两府要员讨论安边问题，范公知无不言，成文二十篇以上，事关治国安邦，国计民生，军事、外交最高决策层，也须了解这些重要材料。分散在数十篇文章之中，不便于检索、研究。把有关安定边境问题的材料集中起来，以策论的形式重组题材，提纲挈领，钩玄提要，明确要点、突出要害。于是，范公在推进庆历新政的同时写成本文。作为研究成果，有丰富实战例证，史论兼备，留有余地，以待后世高人真知灼见。

范公明白，朝廷用人规则、潜规则看得清楚。联系自己，心中坦然："上用我至矣"⑥，仕途辉煌好景不多了！但是，这篇文章再忙、再累、再困也要写好交给朝廷。这就是范公荟萃安边策论精华，特地为他人写作的《奏陕西河北和守攻备四策》。此文此情，不忍不领！

注释：

①李贽.《藏书·唐太宗皇帝》，中华书局 1959 年 8 月第 1 版，第 1 册第 119 页.

②《左传·昭公三十年》记载，公元前 512 年，吴王阖闾问伍员："'伐楚何如？'对曰：'楚执政众而乖，莫适任患。若为三师以肄焉，一师至，彼必皆出。彼出则归，彼归则出，楚必道敝。亟肄以罢（疲）之，多方以误之。既罢而后以三军继之，必大克之。'阖闾从之，楚于是乎始病。"范仲淹称伍子胥提出的策略为"三师破楚"。苏州大学

社会学院院长、博士生导师王卫平名之曰"三师肆楚"（古吴轩出版社苏州名人丛书《伍子胥》第59页，2004年第1版）。本文作者沈建洪作"三分疲楚"（见《从"三分疲楚"到朱毛"十六字诀"》，《炎黄春秋》杂志2014年第1期第78页）.

③《宁夏军事志》. 宁夏出版社2001年出版，180万字.

④《固原军事志》. 宁夏出版社2001年出版，65万字.

⑤澶渊，地名，今河南濮阳，北宋时被称为京都开封的门户。宋真宗景德元年（1004年），辽国（契丹）大举侵略宋朝。两军在澶渊对阵。由于宰相寇准的坚持，宋真宗御驾亲征，宋军士气高涨，连打胜仗。辽军主将挞凛被宋威虎军床子弩击中身亡。宋真宗内心虚弱，在形势大有利于宋的时候与辽国达成盟约，宋岁供辽绢二十万匹、银十万两，辽军撤退回国，沿途宋军不得袭击。这就是北宋与辽国达成的澶渊之盟。此后，范仲淹用澶渊指代京都，暗示兵临城下的危险，吁请最高统治者不忘澶渊之仗中的屈辱，徐图强兵富国.

⑥中华书局，历史人物传记译注《范仲淹》第32页.

参考文献：

1. 习近平谈治国理政. 外文出版社有限责任公司. 2014年10月第一版.

2. 习近平总书记系列重要讲话读本（2016年版）. 中共中央宣传部，学习出版社，人民出版社. 2016年4月第一版.

3. 胡锦涛. 坚定不移沿着中国特色社会主义道路前进. 为全面建成小康社会而奋斗. 学习出版社，人民出版社. 2012年11月第一版.

在商业经营中应正确运用孙子兵法原理

李　直　　沈棠嘉

苏州吴中诞生的、被誉为"世界第一兵书"的《孙子兵法》，曾使许多军事家、政治家"如虎添翼"，也曾使许多商业经营者"如鱼得水"。他们从中已经领悟到，竞争与战争，市场与战场虽有不同，但表现在市场竞争中的斗智斗勇和优胜劣汰的实力对抗是一样的，其规律是可以寻找的。《孙子兵法》既是"兵经"，也是"商经"，其中许多重要思想，对于商业经营者来说有着极为重要的指导意义。走兵法经营之路已成为许多商业经营者的共识。在当代，只有正确认识和灵活运用《孙子兵法》的原理，才能使商业经营者走好兵法经营之路。

一、要认识经营获胜是可知、可为的

有人认为，战争的胜胜负负，难以捉摸，不可知晓，商业的兴衰成败，也是难以捉摸，不可知晓。

马克思主义者认为，世界上一切事物的发展都是有规律的和可知的。有些事物由于现代条件的限制一时还说不清楚，有些还没有发现，但将来一定会搞清楚。

古代朴素的军事辩证法思想家孙子认为，战争是敌我双方的决斗。要想赢得战争，就得认识战争规律。认识战争规律主要是认识敌（彼）和我（己）双方的情况及其变化。孙子说："知彼知己者，百战不殆；不知彼而知己者，一胜一负；不知彼，不知己，每战必殆。"（《孙子兵法·谋攻篇》）这就告诉我们，战争的胜负是可知的，只要战争指导者对敌我双方的情况真正了解，并认识到它同战争胜负之间的关系，就能赢得战争。这就是指导战争胜利的普遍原理（规律）。这个规律是可知和可以掌握的。"战争不是神物"，而是世界上的一种必然运动。孙子总结的"知彼知己，百战不殆"的规律，确实是科学的真理。许多高明的将帅，按照孙子的论述，指挥作战，取得了一个又一个胜利，就是最好的例证。

事有同理。战争谋略与商业经营的方略是相融相通的。商业经营像战争决斗那样，虽然充满着艰巨、复杂、激烈的竞争，使人觉得扑朔迷离，难以捉摸，但也是可知的，有规律可循的。按照孙子"知彼知己"的思想，科学分析市场走向和竞争对手的情况等，商业经营是可以获得成功的。许多高明商业经营者，按照孙子这一重要思想，经营商业，作出了一个又一个高人一筹的决胜之策，取得了显著的经济效益和社会效益。

改革开放不久，北国哈尔滨市有个"北国音乐餐厅"，其创始人原是年轻经理李杰，他看到当今"饭店"、"酒楼"、"餐馆"林立的现状，心想要改变经营不佳的局面，必须寻找新路。如果同其他饭店一样按照传统经营的路子走下去，不会有出路。经过调查研究，知彼知己，他果断地作出了将音乐引进酒店的决策。一架钢琴抬入餐厅，李经理以娴熟的动作奏响了琴键，悠扬动听的旋律扣动了宾客的心弦。此后，酒店里悦耳的琴声、歌声，同溢香的饭菜从餐厅飘出，洋溢在街空。来此的宾客络绎不断。"北国音乐餐厅"由此声名鹊起。这里成了宾朋相聚、生日喜庆、洽谈生意的最佳场所。如此高人一筹的做法，取得了良好的效果。

"北国音乐餐厅"的崛起告诉我们，在激烈的市场竞争中，经营获胜是可知的，也是可能的。知"彼"又知"己"，就能使商业优先得到发展。任凭市场"风云变幻"，也能"胜似闲庭信步"

商业经营不仅是可知、可能的，也是大有可为的。其关键在于必须清醒地认识"彼"与"己"，运用兵学原理，掌握"彼"

与"己"，而不是蛮干。孙子很强调在知彼知己的过程中，全面了解"彼"与"己"的各方面情况，以求获胜。在《孙子兵法》中，孙子讲了几十个"知"，这里强调六点：

一是要知打，知不打。孙子说："知可以战与不可以战者胜"（《孙子兵法·谋攻篇》，以下只注篇名）。这句话的意思是：知道可以打或知道不可以打的人能够胜利。这对商业经营者来说，是把握时机、争取主动的重要前提。打仗是一个动态系统。此时此地可以打，不等于彼时彼地也可以打；此时此地不可以打，不等于彼时彼地也不可以打。知可以打而不打，就会失去作战时机；知不可以打而打，就会造成行动上的失误或失败。战机是流动的，对于打与不打的认识和把握也应该是动态的。战场上的该不该打，体现在商业经营上就是该不该投资、该不该生产、该不该销售等。如果可以投资、生产、销售，并不失时机地进行，就能占领市场，获得利益；如果不可以投资、生产、销售，坚决不办，就可以避免损失，保存资本。在商业经营中，"战"与"不战"，全靠准确地了解市场行情、发展趋势和投资可行性等，做到"真知，深知，全知"，以求主动。新加坡是东南亚最小的国家，但它居于东南亚地区的中心，扼守马六甲海峡这个太平洋与印度洋航行的要冲，是亚、澳、欧、非四大洲的空中、海上交通的枢纽。据此，他们首先投资大力发展转口贸易，建立高效能的国际运输设施和自由贸易港，使新加坡经济高速度发展。尤其是对技术行业的投资，他们更加重视，建立了世界上一流的地球物理电脑中心，用于炼油业及海洋勘探服务业。他们认为这些项目都"可以战"，而其他项目"不可以战"或只能"少战"。这样做，求得了主动，给新加坡带来了极高的经济效益。

二是要知众、知寡。孙子说："识众寡之用者胜"（《谋攻篇》）。意思是说：懂得根据兵力多少而采取不同战法的会胜利。这是孙子"知彼知己"思想在预知战争胜负中的具体运用。两军交战，应以兵力对比的优劣为依据，正确运用自己的力量，调动敌军的力量，辩证地认识和对待"众"与"寡"。市场竞争中的"识众寡"主要包括：产品的数量、品种、质量、经营等，以此与竞争对手相比较，以多少定取舍，以优劣定对策，以强弱定举措。美国的农业比较发达，每个农业劳动者目前能供养70多人，并有相当一部分农产品过剩。此事如果处理不好，必然发生农业危机。美国政府通过综合分析，认为国内农产品虽有过剩，但国际粮食市场需求很大，特别是非洲、亚洲地区粮食奇缺，具有广大的市场。此地之"众"，正是彼地之"寡"。这就是己"众"彼"寡"的形势。美国政府看到竞争的大环境、大背景对"众"、"寡"的制约，于是采取相应的做法：既保证农业生产的数量，也保证价格的稳定，使农业生产平稳发展，又帮助农业经营者扩大出口，打开国际市场，从而使美国的玉米、大豆、小麦等成了外贸的一大支柱。

三是要知己有准备、知彼无准备。孙子说："以虞待不虞者胜"（《谋攻篇》）。虞，准备的意思。此话是说能知道"己"有准备和"彼"无准备的情况，才可胜利。充分做好准备，是预知能否取胜的基本条件之一。战场上如此，市场上也如此。市场上的"以虞待不虞"可以保证经营获胜。这种获胜，主要表现在：产品在投产之前就要考虑能否保证本产品在同类产品中质量最优，其成本在同类产品中最低，其销售后的服务最周到等。这些要求如果都能做到，说明已经做好了与同类产品竞争的准备。否则，就是准备不充分。日本的丰田汽车公司有一条最重要的经验，就是在与同行竞争中，不断改进技术，提高质量，降低成本，为经营获胜准备条件。成本的降低，使丰田汽车以其性能优越、技术完备、美观舒服、价格低廉、耗油量低等技术指标打入了欧美市场，并超过了一些美国公司，取得了"高收益、高质量、高效率"的突出成就。

四是要知利，知害。孙子认为，用兵者在考虑问题时，"必杂于利害"，"故将通于九变之地利者，知用兵矣"（《九变篇》）。在战争中，敌我双方不论处于什么态势，对每一方来说都存在有利和不利的因素，都需要知道。只有通晓多种应变之利的将帅，才算真正懂得用兵之法。在商业经营中，也需要知利、利害。在有利的情况下要考虑到不利的因素，以避其不利或化不利因素为有利因素，使商业朝着有利方向发展；在不利的情况下要考虑到有利的因素，以增强信心，促使职工特别是商业管理者采取多种措施克服困难，适应市场需要。苏州有个化学纤维厂，产品的产量虽不大，但市场占有率却高达40%。为什么在化纤行业大面积产品积压、竞争激烈、市场供大于求的不利情况下，该厂却能提高市场占有率呢？用厂长陈镇的话来说："经常分析利害，通晓多种应变。"多年来，他们根据市场形势的变化，立谋应变，以变取胜。最突出的有三点：一是在产品开发上打"短平快"。为了将不利变为有利，他们强调一个"快"字，建立快速反应机制，给产品开发开"小灶"。一只品种从研制样品——上车试纺——改换试验，到产品投放市场，前后不过3天，周期比以往缩短一半以上，率先赢得客户。二是超前开发高科技含量的品种，发挥技术力量比较雄厚的有利条件，在一块喷丝板上能同时喷出丝截面不同、粗细不同、收缩率不同的"同板三异"产品，经后道处理，内、外风格与羊毛极为接近。它一经问世，就赢得市场青睐。三是在质量上比高低，做到"同中求异"。大中型企业由于负担重，成本高，无法低价位与小型企业和乡镇企业竞争，这是不利因素。但大中型企业也有有利的方面，可在产品质量上大做文章，不断对产品进行设备技术改造，开展工艺攻关，使产品的质量水平高人一等，畅销不衰。这真是经营有道，应变有术。

五是要知天、知地。天候、地形，直接影响着作战的胜败。孙子说："知天知地，胜乃不穷"（《地形篇》），又说："知战之地，知战之日，则可千里而会战"（《虚实篇》。意思是说：懂得天时，懂得地利，能预先掌握战场地形与交战时间，就可以获胜。商业经营中的竞争，也与知天知地有着密切联系。善于经营者，经常根据气象形势组织进货和储存。更为聪明者，经常在太阳底下卖阳伞，大风雨中卖雨具。至于地理条件，影响就更大了。不同的地域，有不同的特点，不同的需要，不同的市场。经营者准确把握地理特点，把握消费者需求，就能在市场竞争中取得更大的主动权。苏州地处富庶的太湖水系和长江三角洲腹地，东邻上海，南连浙江，西滨太湖，北枕长江，是中国著名的历史文化名城、"丝绸之府""状元之乡"和重点风景旅游城市，也是一个日益国际化的城市，正在加快建设国家级的高新技术产业开发区和中国新加坡合办的工业园区。改革开放以来，苏州经济迅速增长，城乡全面繁荣，人民生活开始步入"小康"，发展前景十分广阔。苏州利用"天时"、"地利"发展经济的成功，充分说明了"知天"、"知地"在市场竞争中的重要。苏州从苏州的实际出发，取得了成功。这就告诉我们一个道理：只要从自己的客观实际出发，知天、知地，正确认识和把握"天时"、"地利"，就能闯出一条独具一格的发展经济之路和经营获胜之道。

六是要侧重于知彼。知彼和知己相比，知彼更困难一些。从这个角度说，重点应放在知彼上。怎么知彼？孙子主张"动敌"、"相敌"、"用间"、再"因敌而制胜"。他说："作之而知动静之理，形之而知死生之地，角之而知有余不足之处"，"能因敌变化而取胜者，谓之神"（《虚实篇》）；又说："赏莫厚于间"，"不可取于鬼神，不可象于事，不可验于度，必取于人"（《用间篇》）。意思是说：要使敌人"动"起来，必须在敌人的运动中了解敌人，观察和判断敌人情况，并要充分发挥间谍的作用，不能相信鬼神，只能根据敌情的变化决定其取胜的方针和谋略。这种知彼知己，"必取于人"的思想，十分可贵。如果在商业经营中也会运用此法，灵活地因"市"而动，因需而变，经营者定能获胜。日本的卡西欧公司曾一度敌不过精工手表，但卡西欧的经营者通过分析研究，决心独树一帜，开拓技术新领域，以石英晶体为振荡器，经过反复试验，终于开发出了精确度更高、造价更低的石英电子新手表，以后又开发了收录机、电子钟、文字处理机、计时器和电视机等新产品，使卡西欧在逆境中迅速崛起，销售增长率在同行中居于首位。卡西欧的关键在于决策者独具慧眼，不断创新，因敌制胜。

随着经济交流时空范围的不断扩大，"知彼"的范围也在不断扩大。知彼，不仅要知"敌"，还要知"友"，尤其是在当今强调合作共赢之时，更须摸清"朋友"家底，了解有哪些共同需求？近年来，中国提出加强丝绸之路经济带和海上丝绸之路建设，得到许多国家的热烈响应，各方本着共商、共建、共享精神，在促进政策沟通、设备联通、贸易畅通、资金融通、民心相通上取得了丰硕成果，许多商业经营者在"一带一路"的实践中，都获得了自身效益和自身发展。

孙子关于"知彼知己者，百战不殆"的思想，是对战争认识论原理的哲学概括。在商业经营中，如果能将胜可知与胜可为、认识规律与运用规律浑然一体地结合起来，变可能性为必然性，商业经营一定能获胜。经营者应当具有这样的决心与信心。

二、要了解经营获胜的基本因素和首要因素

只要有战争、竞争，就必然有胜负。不管哪一方，都想求胜而避负。为了求得胜利，就得弄清决定胜负的因素。

一是先要了解决定胜负的基本因素。在战争或竞争这个动态系统中，胜负的因素是多方面的，但最基本的因素有哪些？正如孙子在其十三篇的开篇之首强调的有五个方面："兵者，国之大事……故经之以五事…一曰道，二曰天，三曰地，四曰将，五曰法"（《计篇》）。这里所说的"道"，是指治国理政的规律，强调的是一个国家的政治，即使民众与统治者的意志相一致，愿意为之而生，为之而死；"天"是指昼夜、晴雨、寒暑、四季更替等天候情况；"地"是指高丘洼地、远途隘口、险要平坦、广阔狭窄、死地生地等地形条件；"将"是指"智、信、仁、勇、严"五条兼备的

将领；"法"是指军队的组织编制、指挥信号的规定、将帅的职责、军需物资的运输管理等制度。要判断战争的胜负，就需双方对这五个方面（五事）的优劣情况进行比较。

如何进行比较？接着孙子又从七个方面（七计）具体说道："敌校以计，而索其情。曰：主孰有道？将孰有能？天地孰得？法令孰行？兵众孰强？士卒孰练？赏罚孰明？"（《计篇》）。从这七个方面进行正确的比较，就可以对其胜负作出可靠的判断。

孙子的这些重要思想，就是著名的"五事"、"七计"说。这些重要论述，说的都是决定胜负的基本因素。商业经营要能获胜，就需要对决定竞争成败的这些基本因素进行综合分析。通过对影响竞争优劣的多方面情况的反复比较，对竞争的特点和要求、竞争的目标、内容和途径以及发展趋势作出准确的判断，并以此为依据付诸准备和实施，就能争得主动，赢得市场。

以前四川长虹是生产彩色电视机的重点厂，面对一度热销市场突然冷落下来，该厂领导立即组织有关人员进行市场调查，密切注视行情变化，通过详细论证、分析，认为彩电价格有降低的可能，于是决定向消费者让利销售。持币观望的消费者们竞相购买，该厂争得了销售优势。后来又率先推出立式遥控彩电，以款式新、功能好、性能可靠等优点受到消费者的拥护。究其成功的经验，正是得益于"经之以五事"，"校之以计"。长虹厂走的每一步，都没有离开孙子的这些重要论述。

二是在了解基本因素后，更要了解决定胜负的首要因素。在决定战争或竞争胜负的"五事"中，孙子非常重视治国理政的规律——政治范畴的"道"，他把"道"放在"五事"之首，并明确指出："道者，令民与上同意也，故可以与之死，可以与之生，而不畏危"（《计篇》）。又说："修道而保法，故能为胜败之政"（《形篇》）。从这些论述中，可以看出孙子的战争观。在他看来，"道"是决定战争胜负的首要因素。

对于一个国家来说，统治者有道，爱护部下，与"民"打成一片，下属才能服从命"令"，出"死"力而为"工作。如果能从各方面修治"不可战胜"的道，确保必胜的法度，就能掌握胜败的决定权。对于商业来说，也是如此。苏州昆山的好孩子集团狠抓思想政治工作，要求公司全体人员既确立远大理想，又立足本职岗位，引导全体人员走向市场。他们提出"创国际名牌、当世界名厂"的口号，其核心是"岗位爱国"，强调以"道"为先，"爱国先爱厂，爱厂先爱岗"。经过全体人员"一道道工序，一滴滴汗水"的努力，实现了既定目标，成为世界上规模最大的童车集团之一。他们还建立了多家涉外分公司，向国际市场进军，创造了一个全球性的大市场，与客户建立了稳固的贸易关系，成为国际最佳商业信誉单位。好孩子集团的决策者们已经认识到思想政治工作的重要和"道"的地位和作用，并尝到了甜头。这对不讲社会效益、不注意"道"、不为消费者拥护的商业经营者来说，很值得学习和借鉴。

在获取胜利的过程中，孙子有句名言："上下同欲者胜"（《谋攻篇》）。上下意愿一致，齐心协力，就能取得胜利。这正如俗话所说："上下一心，其利断金"。

孙子的这个重要思想，早已嫁接到商业经营管理之中。有许多单位已经制定出把工人利益同单位利益捆在一起的方针，并订出许多措施，使职工与所在单位的命运紧密相连。台湾华渊电机公司逢年过节发给职工一份优厚的礼物；平时有交通车接送职工上下班；车间气温由中央系统冷暖气设备调节；每年秋季每位职工免费旅游一次，还有房屋、电话、婚丧、疾病等补助。同事间非常融洽，上至总经理，下至职工，都穿水蓝色制服，午餐时共聚一堂，共享三菜一汤的自助餐。同甘共苦的管理模式，使全公司上下一条心，"人人以华渊为荣，个个以华渊为傲"。良好的领导作风所形成的"上下同欲"的精神状态，使这个单位的产量、营业额比原来猛增了二十多倍。当今，大家对孙子"上下同欲"的论述，有了更高的认识，它的价值不是黄金所能衡量的。

以"道"为先，"上下同欲"，才能"众志成城"，克敌制胜。商业经营同样是这个道理。用今天的话来说，这就是强调讲政治，要有政治意识、大局意识、核心意识、看齐意识，要坚持道路自信、理论自信、制度自信、文化自信。

三、要辩证地处理商业经营中的各种关系

在商业经营的实践中，有一条重要经验，这就是像孙子用兵那样，要讲究艺术，即正确运筹、辩证看待和对待各种问题。它表现在对许多问题的辩证处理上，如同画画一样，笔力有轻有重，画法有虚有实，色彩有浓有淡。这里主要强调要处理好九个关系：

一是处理好患与利的关系。患与利是一对矛盾，普遍存在于各个领域之中。孙子提出要"必杂于利害"（《九变篇》），要"以患为利"（《军争篇》）。这种辩证思想，是要人们重视从不利中、祸患中找出能够夺取胜利的有利因素。只有辩证地认识患与利，正确把握患与利之间的内在联系，并能以恰当的方法促使其由患向利的方向转化或防止其由利向患的方向转化，才能争取主动，获得胜利。在商业经营中，由于存在复杂的联系，患、利因素就更多，树立忧患意识、确立变患为利思想就更为重要。第23届奥林匹克运动会确定在美国的洛杉矶举办。鉴于耗资巨大，亏损严重，美国政府不援助，地方政府也不赞助。在无人承担的忧患面前，美国第一旅游公司副董事长尤伯罗斯主动表示愿意组织承办。他采取"以患为利"战略，大肆宣传"忧患"，使人人皆知"忧患"；提出"自筹资金，不要政府一分钱"口号，激发承办人员尽力拼搏；借用三所大学的学生宿舍作为万名运动员公寓；挑起电视、广播同行之间的竞争，高价出售独家播映权，高价出租电视、广播室和报道间；高价出售门票；还代办广告，等等。最后，共消耗5.1亿美元，而盈利却有2.5亿美元，他本人获红利47.5万美元，真正实现了"以患为利"。具有战略眼光的商家，在事物发展

过程中，总是能辩证地处理患与利的关系，在决策中趋利避害，使其本身不断获得经济效益。

二是处理好迂与直的关系。走迂回的道路，常常是达到目的的最短途径。正如孙子所说："以迂为直"（《军争篇》）。这种说法，深刻地反映了他的军事辩证法思想。在战场上，以迂回之虚，掩直取之实，打击无戒备之敌，会使空间由远变近，使时间由长变短；如果不用此策略，打击强敌，则会使空间由近变远，时间由短变长。在商业经营中，"以迂为直"的策略用得得当，就可以有可观、可喜的收效。如产品质量不过关，以加强售后服务和实行"三包"来"迂回"；正面交易不成，以"公关"手段"迂回"，等等。运用此法，既无定势，也无套路，全靠把握其理，领会其意，根据既定目的，在实践中灵活运用。

三是处理好快与慢的关系。快与慢是对立的统一，相互依存，相互转化。如何处理好这对矛盾？一般地说，主快；但有时却需要慢，因为"欲速则不达"。孙子注意快。他说："兵之情主速"（《九地篇》）；又说："兵贵胜，不贵久"（《作战篇》）。在激烈复杂的战争活动中，情况瞬息万变，战机稍纵即逝，只有以迅雷不及掩耳之势"先发制人"，才能取胜。在商业经营中，时间观念、速度观念也非常重要。一个高明的商人必须要有强烈的时效观念，抓住时机，创造经济效益。美国 IBM 公司（即国际商用机器公司）明确规定：在接到用户报告该公司的计算机出故障的 24 小时内，专修人员必须赶到现场。一次，亚特兰大的尼尔公司使用的 IBM 计算机发生故障，IBM 公司在接到报告后的 8 小时，就从美国、欧洲和加拿大请来了 8 位计算机专家赶到尼尔公司，对其故障进行会诊。这件事给尼尔公司留下难忘的印象和无限的信赖。因此，尽管 IBM 公司的计算机机价格比其他公司要贵，但用户仍然争买该公司的。"兵贵神速"已经成了该公司的经营活动准则和决策方略。过去那种"皇帝女儿不愁嫁"和"守株待兔"的经营观念已经无法使商业经营者获得经济效益。

　　四是处理好镒与铢的关系。孙子说："胜兵若以镒称铢，败兵若以铢称镒"（《形篇》）。镒和铢都是古代的重量单位，一镒比一铢重五百多倍。孙子说的意思是如果镒与铢相比，力量悬殊实在太大。胜利的军队就好比镒，处于绝对优势；失败的军队就好比铢，处于绝对劣势。打仗，要以数量上的优势谋取胜利；在商业经营中，也需要有数量上的优势获得胜利。香港李嘉诚先生，23岁时开始办厂，生产玩具和家庭用品，并着手建立"长江实业公司"。经过8年拼搏，他正式介入不动产投资。历经六十、七十年代，公司效益大幅度提高。他坚持"以镒称铢"，以其优势开拓市场。后来，将公司改为股份有限公司，并买下了香港希尔顿饭店，完成了地铁车站的地上开发计划；以后又收购了英属水泥公司——青州英泥；开始发行公司债券，以8亿美元买下英国哈吉松公司22%的股权，成了拥有50多家企业、多样化经营的集团，在变幻无穷的市场风云中，创造出了高于他人多倍的经济效益。

　　五是处理好多与精的关系。孙子非常强调军队质量。他说："兵非益多"（《行军篇》）。军队不是越多越好。"兵多"并不是战争胜负的基本要素。兵贵精，重质量。历史上曾出现过许多以少胜多、以弱胜强的著名战例。如果承认军队质量是军队的生命，那么产品质量就是商家的生命。衡量的标准，不能只看总产值，更重要的是要看产品质量和经济效益。苏州的吴江电缆厂，有一次发现价值40万元的电缆不合要求，厂长顾阿毛抓住这件事，在全厂开展质量曝光分析教育，发动大家讨论。讨论中，有的主张便宜一点卖掉，有的主张卖到远处混过去……但顾厂长坚决不同意，断然决定，当众全部烧掉，不留隐患，并停产一周，进行整顿。这一烧，使大家都重视质量，更加努力工作。消息传开后，用户对该厂更加信任，订货单更多了，销售渠道更畅通了，网点遍及全国各地。

　　六是处理好爱兵与管兵的关系。孙子对将帅的要求有五个标准，即"将者，智、信、仁、勇、严也"（《计篇》）。其中"仁"

是指"仁慈"、"仁爱",要爱护士兵,"视卒如婴儿","视卒如爱子"(《地形篇》)。如果能做到这样,士卒就可以跟将帅赴汤蹈火,生死与共。"故可与之赴深溪","可与之俱死"(《地形篇》)。但孙子更主张把爱兵与严格要求结合起来,爱兵而不骄兵,要处理好爱兵与管兵的关系。他说:"厚而不能使,爱而不能令,乱而不能治,譬若骄子,不可用也"(《地形篇》)。将帅要带出一支英勇善战的队伍,必须爱护士兵,又要严格要求士兵,管好士兵,"严"的本身就是一种"爱"。治军是这样,治理商业也是如此。真正的商家,没有一个不爱职工的,没有一个不严格要求职工的。这方面的例子,比比皆是,不胜枚举。

七是处理好集中与分散的关系。如何使用自己的力量,孙子强调"并敌一向"(《九地篇》)。即集中主要兵力,选定恰当的主攻方向。这样才能形成优势,以力而战。决不能分散兵力,削弱自己。当然,"并敌一向"也是相对的。在不同的时间、不同的地点,与不同数量、质量的敌人作战,应有不同的做法、不同的措施。这些道理,在商业经营中,同样具有实践意义。商业经营者在某种商品的竞争中,也必须集中人力、物力、财力,特别是智力、技力才行。切忌分散力量。

昆明船舶设备集团公司原是一个庞大的军工企业,在转产过程中,从生产切肉机、收录机、电扇到生产印刷、制药等大型机械设备等,什么都干过,产品多达 200 种以上,结果"四面出击",什么都没有站住脚。后来,专门研制制丝成套设备,集中全力,艰苦奋斗,终于搞成了"首批军转民最大的系统工程"、"轻工业最大的国产化项目"——制丝生产线,并获得了专利,由此带来了巨大的经济效益,人均经济指标居于军工企业的前列。如果不"并敌一向",分散力量,"昆船效益"无从谈起。

八是处理好伐谋与伐交的关系。孙子说:"上兵伐谋,其次伐交"(《谋攻篇》)。伐谋,就是运用谋略去战胜敌人,这样做最为有利,是制胜的上策;伐交,就是运用外交手段使敌人不敢打仗。

这种通过伐谋、伐交而屈人之兵的做法是屡见不鲜的。大凡成功者，不管是军事家，还是商家，无不都是智慧过人，精于谋略，巧使诀窍。张家口市橡胶总厂以谋在先，在橡胶行业不景气的情况下，率先生产足球鞋，以月产 60 万双的能力，率先抢占市场，结果"伐谋"成功。在此基础上，又改进技术，生产高档注塑胶鞋，通过"伐交"，打入国际市场，又在同行中独树一帜。无数事实证明，善于把"伐谋"、"伐交"结合起来的，就能在竞争中自由驰骋。

九是处理好先胜与后战的关系。战场上的角逐，是双方力量的对抗。先发者未必胜，后发者未必败。其中的奥妙，全在于施谋用计的艺术。孙子说："胜兵先胜而后求战，败兵先战而后求胜"（《形篇》）。意思是说：胜兵是先创造取胜的条件，然后才同敌人决战；而败兵则是先打起来再说，寄希望于侥幸取胜。孙子的这种"先胜""后战"思想，说的是作战要有正确的战略战术，周密而切合实际的作战计划和作战准备，这样才能取胜。在商业经营中，强调"先胜"，就是要通过安排经营计划，造成市场竞争前的胜势，以保证在竞争中胜人。德国的奔驰汽车，以其性能稳定、耐用舒适的质量"先胜"，而后稳步进入国际市场"求战"，结果顶住了日本、美国汽车的压力，不断获胜。"先胜而后求战"必然容易胜，"先胜而后求战"必然难求胜，这就是摆在我们面前的现实。

《孙子兵法》给予我们经营之道还有许多。当今的商业经营者，应在实践中认真、大胆地探索这些经营之道。如何探索？有一句老话：一切从实际出发，走自己的经营之路。"运用之妙，存乎一心"。愿所有的商业经营者把学习兵学作为自觉行动，挤出时间，读原著，学原文，悟原理，通过实践，把商业经营搞得更好。

英格玛公司孝顺金制度的哲学思考

——以《孝经》为论据

卢宝玉

　　苏州英格玛人力资源公司为了倡导员工孝敬父母长辈，于十年前在全国首创实施"员工孝顺金"的制度，每月由员工和公司各分摊五十元钱（现在为一百元），一年累计下来，分别在中秋节与春节邮寄给员工的父母，让员工即使身在他乡也能践行孝道。

　　作为一个民营企业在如今经济飞速发展与西方多元价值观并存，传统文化逐渐衰落的现状下，而不是在其他任何一个时期，能够形成这种"孝"文化观念。固然有随着西方文化的冲击，导致传统深入人心、天经地义的孝文化观念的缺失，但又让人欣慰的是，在一家以营利为主要目的企业，能够为员工及其父母考虑而施行的孝顺金制度，又体现着传统优良文化的回归与继承。

一、这种孝顺金形成的考察

　　"孝顺金"的起源无非来自于一个"孝"字。我们探寻欧美历史，虽不能说他们没有爱、敬、孝顺及反哺父母的道德观念，但找不出哪个民族、哪种文化如中国文化一般把孝道提到至高无上的地位，"夫孝，德之本也，教之所由生也。"我国传统文化中如此重视孝道。因此，在具有如此深厚孝文化的土壤中孕育出"孝顺金"这一制度并得以推行，也就不足为奇了，看似偶然现象实则是必然的发展过程。

　　（一）孝文化的传承

　　讲到"孝"，我们最熟悉的便是《孝经》，孙中山先生曾说过："《孝经》所讲的孝字，几乎无所不包，无所不至，现在世界上最文明的国家，讲到孝字，还没有像中国讲得这么完全。"

《孝经》中对于子女如何直接对父母尽孝的具体行为描述并不多，我们从中看到的基本上都是关于如何通过良好的亲子关系来促进子女健全人格的发展及达到人际关系协调的描述。即是子女的修德为人、立身处事之道。我们的祖先将这些内容以孝统称，这种"孝"实际上涵盖了为人子、为人者一生的行为标准与内容。

《孝经》之孝，首先表现在对血缘关系的看重和对生命的爱惜与尊重，"身体发肤，受之父母，不敢毁伤，孝之始也。"我们时常把这句话看成愚孝否定其内涵及意义。我们的生命是父母赠予的，"父母爱子之心，无所不至"他们用心呵护着我们，伴随着我们成长的每时每刻，所以对自己的生命加以珍惜爱护是为人子女应当做的，作为子女谁能忍心通过不自尊自爱，不对自我加以保护的方式让与自己血脉相连的亲人焦虑与心疼呢？

对这这句话加以细细品味，就会对生命的来源与生命的价值形成正确的认识，它不仅仅属于我们，更属于时刻牵挂着我们的父母，就会明白作为一个生命体来到这个世界上的意义，对于家庭的意义。所以我们在进行抉择之时首先想到父母，自尊自爱，不要让身体受到伤害，以免他们担忧。它还能促使我们成为一个不仅尊重自身而且尊重他人、尊重这世间的一切有情生命体至善性格的人。能够真正明白"身体发肤，受之父母"这句话并加以践行的人，是绝不会因为遭受了某些挫折就轻易做出毁伤自己的身体，甚于极端的以结束生命作为了结这类傻事的。

我们每个人为自己的人生理想奋斗也是孝的体现，《孝经》有言"立身行道，扬名于后世，以显父母，孝之终也"。爱惜自己的身体发肤只是行孝的开始，"子孙为老人的冠冕"我们的一言一行都体现着父母的德行；"三年无改于父之道，可谓孝矣"作为子女，要继承父母优良的品德，时刻爱惜自己的名声，遵循仁义道德，行得端、立的正。不给父母、先祖丢脸，这是孝的展开。成为德才兼备之人，建功立业，报效祖国，以此来彰显父母，培育出了优秀的子女，这才是孝的最高境界。可见这个"孝"的要求与我们的人生理想并行不悖，并且只有在父母的引导与支持下我们才有动力有信心实现我们的理想、体现我们人生价值。

"夫孝，天之经也，地之义也，民之行也。"在日常交往中，我们总是自觉地与那些不孝顺父母的人保持距离，不愿同他们打交道。看似不经意的行为，背后却有必然的理由，"孝悌也者，其为仁之本与！"如果一个人连孝顺父母这样天经地义，最为根本的事情都不愿做，那么他还会对谁有真心诚意，会用心善待谁呢？

可见孝是一切的根基，从爱惜生命，到立身行道，做出一番事业。它们之间是层层递进的关系，缺一不可，而孝始终贯穿其中，是源是本，亦是目的。没有孝其他一切都成了无源之水，无根之木，都是无稽之谈。而做到这些，"始于事亲"之孝也就自然而然实现了。

很多人误解《孝经》是一本要求子女对父母绝对顺从，是封建落后的愚昧思想产物的书。其实孝的本意绝对没有盲从的意思，甚至是非常反对无原则地服从父母的命令。"父有争子，则身不陷于不义"。可见在《孝经》明确表现出如果有敢于据理力争的孩子，就能够避免家长陷身于不义。

作为子女在日常尽心孝顺父母，但遇到父母有违法悖理的事情，就要勇于指出父母的错误所在，坚决避免父母做出错误的行为，这也是孝的体现。"故当不义，则子不可以不争于父"，虽然要孝顺父母，但不能失去自我价值、是非的判断标准。"从父之命，焉得为孝乎？"即使父母作了不道德的事情，也要坚持原则，力劝其改正，才是真正孝顺父母。否则，无原则的顺从父母使其陷于不义，就是子女的大不孝。

《孝经》之孝从保证子女有一个健康的身体，作为成就一番事业的基本条件为开始，到继承父母优良品德、为人处世之道以彰显父母为终。皆是教导人们如何成为一个心智坚毅、品行高雅、具有独立人格的人，这是我国传统文化的珍宝，若失去了孝文化，华夏民族就失去了其独特性的内涵，也就与其他的国家、民族就没有什么区别了。

（二）孝顺金的形成

随着商品经济大潮的冲击，当今社会不孝顺父母的事例时有报道，这些人不仅不对父母的辛苦养育恩德铭记于心，努力拼搏回报父母，却反过来抱怨父母职位不高，能力不足，不能够提供给自己想要的物质生活。就如当今的"拼爹、啃老"族，不再想着反馈父母，却总惦记着父母还能为自己服务多久，还有多少是能给自己的。

推行孝顺金制度的英格玛公司对于那些当上白领，却让年迈多年的老母亲住进不见阳光的地下室、小车库的现象加以哀叹，对在父母的病榻前为争夺财产、房产而大打出手不孝的行为加以置疑。

该公司表明，对于一个连自己父母都不孝顺的人，无论多么优秀，公司都不会录用的。从"孝"来看，该公司的录用条件不仅不是苛刻，而是睿智之极。在我们潜意识里认为只有那些能够尽心孝顺父母的人，才会有更多的人愿意接近，愿意结交，才有可能做出事业，立足于社会。"夫孝，德之本"孝昭示着人的一生，承载着人的一切。如果连孝顺父母都不愿去做，那么又怎能做好其他的工作呢？

英格玛公司推行孝顺金的理念在于：整个公司是靠全体员工的奋力拼搏，但是员工的父母对公司也是有恩的，公司理应回报员工的父母。公司倡导员工孝顺父母，孝顺金的发放绝不是表面上在节假日给父母寄去一笔钱这么简单，而是通过这种行为提醒员工要时刻重孝感恩，把父母放在心中，随时提醒员工养成一种珍视亲情的氛围，这种方式能够在企业内部培育"孝"的氛围，培养"孝"的意识，促成"孝"的行为。孝顺金制度的推行是返本还源之举，是顺应人心明智之举。

二、孝顺金制度内容的哲学省视

从孝顺金来源及实行的目的可以看出，其中富有深刻的哲学内涵。它不仅传承了孝的文化表现了"和合"精神，而且体现了该公司的企业哲学中所确立价值观与道德准则。

（一）孝顺金制度体现企业哲学

传统孝道认为"父母在，不远游，游必有方"，但随着社会经济的发展和行为方式的多元，子女远离父母赴外求学或工作，已成了不可避免的事情。当子女们在千里之外为自己、为未来、为人生奋力拼搏的时候，却习惯性忽略甚至忘记了父母。孝顺金制度的实施恰好解决了这一矛盾，它给员工的父母送去的不仅是一笔物资上的慰问，更重要的是心理的安慰。

孝顺金能够起到和员工家长沟通的作用，能够让父母知道子女在什么地方工作，工作状况及生活状况。这样可以减少父母的担忧与牵挂，让父母真正把心放下来。远游能让父母安，这才是当代孝所应当做到的。而且选在中秋与春节这两个在传统文化中最看重团圆的节日里送上孝顺金，该公司可谓是思虑周全，不仅提醒了员工尽孝还能让家长感动，营造一种温馨的氛围，达到家人和的效果。

其次，英格玛公司认为把公司当作家的人，公司也将员工的家人当作家人来看待，该公司把孝顺父母长辈的中华民族传统美德融入企业文化当中，变成公司企业哲学的重要组成部分。把公司变成家，有孝心的人家庭和谐，那么这样的人在公司也就把公司变成一个和谐的家庭。用"孝"把公司、员工和员工家长三者融合为一个"和"字，形成独具特色的和文化，亦是难能可贵。

虽然孝顺金所能提供给父母的金钱确实不多，但它表的是公司与子女的一份共同心意，体现的是公司对员工的态度，对社会的责任，道德尺度，它的价值就在于对孝行的倡导与孝道弘扬，以形成代表公司特色的企业哲学观。

在我国这样一个尤其重视情理的社会，当员工看到公司能够关心自己的父母，不仅考虑到而且能够做出为父母尽孝的行为，这样的具有人情味、尊重和敬仰父母的公司，能够打动员工的心，让员工自愿地留在公司。在当今整个流动很强的社会中，用企业文化留住员工是具有远见卓识的举动。该公司用人性化的制度去感染员工，用文化反哺企业发展。

（二）全面省视孝顺金

实施的孝顺金制度，就是为了大力弘扬孝文化，让孝文化在企业落地生根，惠及员工父母及社会，即达到留住人的目的，又弘扬了企业声誉。虽然该公司的动机与所达到的效果具有积极的作用，但是，任何事物都不是绝对完满的存在，矛盾存在于一切事物之中，更何况一个制度的推行。它有利于公司社会发展的一面，也有流于危险的一面。

首先，由一家民营公司把"孝"与"金"挂钩，来弘扬孝道，表现了对于"孝"的误解，也容易引起社会上的误解。认为作为子女在金钱方面满足父母，就是尽孝了。"今之孝者，是谓能养。至于犬马，皆有能养"诚然一定数量的物质财富是维持孝顺的必要条件，却不是充分的。仅仅物质方面的满足时远远达不到孝顺的标准的。有的人养宠物花费的金钱远远超过给予父母的，这就能够判断他不孝顺吗？"不敬，何以别乎？"关键还是发自内心爱敬父母。

其次，孝顺金制度在一定程度上带有某种强迫的意味在内。每月从员工工资中代扣工资，公司的员工必须认同这一制度，否则就会被辞退，甚至根本不予录用，这在一定程度上侵犯了员工的合法权益。而且不认同这一制度的员工就被定义为"不孝"，那么这个孝顺的标准不仅太儿戏化、片面化，而且使孝心变了味。

作为代表企业哲学的孝顺金制度，不仅仅只考虑到金钱方面的敬孝，公司真的想要倡导员工尽孝形成孝文化，首先要做到对员工基本权利的保障，推行措施真正落实带薪休假等制度，保障员工休息休假的权利，引导健康工作生活方式，最起码做到不因工作使员工的身体有所毁伤，多鼓励员工"常回家看看"，而且能够"常回家看看"等。

更何况孝顺金制度的施行表明了当前社会下，不孝的人，对父母不敬的人有很多，以至于一家以营利为目的公司来倡导员工行孝，代为敬孝。这正是"失道而后德，失德而后仁"的现实上演，也是对把孝奉为文化之源、社会之基的中国传统文化莫大的讽刺。不过作为一家民营企业能够在营利的同时自觉承担一份社会责任，推行孝道，已是难能可贵，孝顺金制度的推行对社会具有重要的价值。

三、孝顺金制度的价值的哲学分析

我们都知道传统文化衰落这一现实，在我们扼腕哀叹之时，英格玛公司以发放孝顺金的方式重塑孝文化，其对个人价值观、对其他企业的引导及对社会养老探索方面具有不可忽略的价值。

首先，在当代社会中，传统价值观没落，而新的孝文化观念尚未得到一致认同，在不断纠结应当用何种方式对父母尽孝之时，英格玛公司率先创新思维，孝顺金制度的推行让父母切切实实感受到，子女正在考虑着、惦念着他们，把外在的规范纳为内在的可供实践的行为，这比天天高喊孝顺父母，却不落实行动的行为要有意义的多。在这个倍感压力、人情淡薄的社会下，饱含员工孝心与公司诚意的孝顺金怎能不让人动容。当前已经有越来越多的企业加入推行孝顺金的队伍之中，便是对其价值的最好证明。

《孝经》中有云"君子之教以孝也，非家至而日见之也。"教导人们实行孝道，既不是挨家挨户地去推广，也不是天天在人们面前说教，而是通过自己的身体力行为众人做出榜样。孝顺金制度的推行能够引导社会上的管理人员，看到孝的力量，不仅要孝顺自己的父母，也要考虑到他人的父母，自觉承担社会责任。形成整个社会都认可又能切实推行的孝观念，是对既符合时代而不失传统特色的孝文化的继承和弘扬的尝试。

其次，孝顺金制度的施行有助于培养尊老敬老的道德意识、形成内在的自觉孝敬父母的习惯。孝顺金制度的推行能够时刻提醒每位员工无论遇到任何事情，他们的父母永远站在他们后面，不要让父母担心，不要让他们失望。同时每月看到扣除的孝顺金时，都是一次该给父母打个电话，送上一声问候，该回家看看的提醒。这是一种潜移默化的教育，会内化在每个员工的心中，成为不自觉的习惯，能够让原本没有孝顺意识的人行孝，让孝顺的人更孝顺。它比任何的外在说服教育都要有用，借此也可达到"其教不肃而成，其政不严而治"的目标。

在现代强调自由平等、个性解放的社会，以往那种他律性的孝道教育几乎失去了其固有的功能与作用，很难让年轻的一代接受。实行孝顺金可以引导子女自觉敬孝长辈，试想公司都能够为员工的父母考虑，而我们作为子女还有什么理由来推脱来回避本应该属于我们的义务？一旦作为子女认识到自身的不足，认识到孝顺远远不止于当前所做的，那么就会努力改进，正如哲学的精神：自知无知，而求知。黑格尔也说过"当一个人只消意识到或感觉到他的限制或缺陷，他便已经超出他的限制或缺陷了"，因此孝顺金的效用不仅是为父母提供一些物质供养，更重要的是通过具体行动为我们打开了视野，认识到了自己的不足，为我们为人子女者自觉尽孝打开了契机，更为形成符合时代的孝文化生成了无限的可能。

最后，"孝顺金"制度为我国养老提供了一种新的可供探索的模式，虽然现下孝顺金本身能够承担的物质有限，但也不能小看其作用。由公司与员工共同承担，不仅能够减轻员工的负担，而且促进企业自觉承担责任，在这样一个有全体员工认同的企业文化共同奋斗的公司，随着公司的发展，那么可提供的孝顺金也能随之增长。我国已经进入老龄化社会，在老年问题日益突出的情况下，孝顺金制度把企业与员工凝聚起来形成合力，其效果将是不可估量的。这种既可在物质上又能在精神上弘扬孝的文化，不仅能够构建和谐的社会关系，而且是提高当代人道德素质的切入点，更是当代精神文明建设的内在要求与体现。

参考文献：

[1] 春秋·孔子《孝经》，经济日报出版社. 2004.

[2] 肖群忠《孝与中国文化》，人民出版社. 2001.

[3] 朱岚《中国传统孝道发展史》，国家行政学院出版社，2003.

[4] 老子《道德经》，中华书局，2006.

[5] 元·吴澄注《孝经·开宗明义章》，《忠经孝经：白话精解》，北京燕山出版社，1991.

[6] "英格玛公司连续 11 年给员工父母寄孝顺金"，英格玛公司，2015.

[7] 《"孝顺金"值得倡导》，人民日报·海外版，2009.

[8] ［德］黑格尔《小逻辑》，北京：商务印书馆，2016.

曲学与曲学研究四题

王　宁

一、曲学是戏曲学研究的核心和本质，是戏曲研究的华山胜景

文人的学术研究很难分高下，尤其是在当今的学术氛围里，其中原因大致有三：一是所谓"文科无第一"，认为文科的很多问题嘛，这样说可以，那样说也可以，只要能自圆其说即可。二是学术评价"讳言人短"的时风，很多学术评论和评价多做和光之论，虚饰浮夸者在在有之，针砭商榷倒成为一种另类。三是在功利的影响下，学者地位和名声发生错位甚至倒置。很多掌握资源、学问平平的大咖往往占据醒目位置；而一些学问精深的真学者常常沉埋不显，恰似浮油和沉铁，形成当今学术界轻重高低错位甚至互换的独特景观。

如果不是具备一双慧眼，面对泥沙俱下鱼目混珠，要想真正甄别学者和学术成果的高下，确乎是一件难事。依某愚见，抛开高下的问题不谈，我们倒是可以首先考察某学者研究视域的"内外"和"远近"。具体而言，由于学科本身存在严格的独立性，使得几乎所有学科都存在一个相对意义的核心区域。学科划分越是严密和科学，这个核心区域也就越加凸显和明晰。而对学者而言，任何研究者不管展开什么研究课题，不管你是自觉还是无意识，就必然选择了特定的研究视域，同时也必然拥有了与学科核心领域的相对位置和独特坐标：或内或外，或远或近。

戏曲研究的核心领域就是曲学，这里指的当然是狭义的曲学概念，非指宽泛和总集式的戏曲研究。梳理百年的中国戏曲研究史，这一结论更加清晰。狭义的曲学其实构成了戏曲学科最为核

心的内容，是这一学科区别于其他学科的本质和基础，也自然是最具魅力和最具难度的研究视域。近二三十年来，戏曲史研究中对于国学大师吴梅的重新认识其实正好可以佐证这一结论。而很多学者本着增加学术意味的动机，往往用曲学代指宽泛意义的戏曲研究，这也正可以说明狭义"曲学"在戏曲研究当中的核心地位。在此意义上，考察学者和研究成果的水平，不妨首先考察其研究内容与学科的相关性，考察其研究内容与学科之间的远近和内外关系。

　　当然，任何一个学者都可以自由选择自己的研究视域和研究角度，而且，当今戏曲研究的"广域"性也为学者的选择提供了多种可能。从戏曲研究史的角度考察，尽管戏曲学者每每将自己的研究成果加上"曲学"的冠冕，但就实际的研究内容看，多数学者并未涉及真正的曲学，仅在周边做"缭绕"之论。甚或有的学者，究其一生也未必涉足真正的曲学研究。同时，伴随着戏曲研究视域和交叉学科的不断出现，身处具体时段的学者往往会顺应潮流，将目光更多投向新视域和新问题。但所有这些，都不足以否定曲学作为学科核心和学科本质的客观存在。而且，我深信，这一结论也大可交给时间，经受时间的磨洗和检验。

二、曲学是汇通和贯穿之学，其本质是词乐关系研究

　　有学者将戏曲分解为文学和表演两张皮，这种纯逻辑的解析起码具有认知上的便利。从初学者的认知角度，我也曾将戏曲的认知归并为两个角度：作为文学，可以视作文章，称为"以文章论"；作为立体艺术，必须视作场上艺术，可称"作戏剧观"。中国的戏曲研究曾将很大的精力放在戏曲文学研究上，也曾经在经历过若干年的文学侧重后，展开对这种偏仄的纠正和补缺，对戏曲作为立体艺术的特性重新予以认定。在此背景下，由苏州国学大师吴梅创立的近代曲学也得以拓展了自己的生存空间。借用以上视角，所谓曲学其实可以表述为一种关联性质的关系学研究。

具体而言，由于中国戏曲的"曲"特性，在构成立体艺术层面的诸多元素中，音乐其实占据着凸显和首要的位置，而曲学正是研究文学（文、辞、词）与音乐（乐、声）关联和互动的特殊学科。

单纯的戏曲文学研究不属于曲学，诸如作家和作品相关信息的考订，作品主旨乃至语言艺术等，此类研究完全可以移植诗文类研究的研究方法，属于文学研究。单纯的音乐研究也不属于曲学。中国古代本有着系统的戏曲音乐体系，这类研究如果缺失了词乐互动的视角，也仅仅属于戏曲音乐范畴，与曲学无涉。在此意义上，曲学研究其实是面向音乐的文学和文辞研究以及植根文辞和文学（故事）的音乐研究，关联性、互动机制乃至共生过程，乃是曲学研究的核心和基础。基于如上认知，对曲学尚有以下几个问题需要说明：

一是曲学重视纵向研究，由于戏曲之词乐关系其实上承诗、词、曲的传统，故前代曲学之研究成果其实构成了后代曲学研究的起点和基础。戏曲曲牌之平仄、韵脚、步节、衬字乃至犯调，无一不是前代相关成果的继承和发展。故对曲学而言，"瞻前顾后"的重要性远远胜过"左顾右盼"。

二是不仅与传奇有关。习惯性的认知以为所谓戏曲文学，其代表就是明清传奇。因之而推导，曲学似乎就成了传奇与音乐的问题，其实不然。曲学中所称的词和辞，其实不仅包括了作为一代之文学的明清传奇；而且包含作为与音乐发生关联的文字和文本，诸如民间的歌词曲辞之类均属其列，不应简单停留在"文学"和文人文本的层面。

三是融通与兼擅。由于兼跨文辞和声律两门，而核心和本质又属于关系论，所以，曲学研究须具备融通的学养结构和兼擅的学术意念。横向看，曲学研究须文学和音乐并重，如此方能得窥真正的曲学门径。纵向看，历代的音乐文学也必须涉猎和研究，诸如乐府、声诗、词、曲等音乐问题，都必须是曲学研究者的必习和必修之学。

　　四是曲学既是技术，更是艺术，曲学是以技术为基础的艺术。有些学者以为所谓的声律之学不过是技艺人的伎俩，与音乐技艺类似，难等学术之殿堂，其实大谬不然。随着曲学在新时期的新发展，相信这一偏见也会被彻底摒弃。

三、明清曲学以昆曲兴盛为背景，以苏州曲家为代表，形成了丰厚的学术积累

　　戏曲视角的曲学随着昆曲的勃兴在明代大行其道，苏州的沈璟大约可以称为昆曲的第一个曲家。他和一般曲师的不同之处在于，他是具有清晰的理论意识和强烈曲学观念的曲子师。之后或者之前，苏州以及周边地区的一些著名订谱者乃至度曲理论的提倡和建构者，多数仍属曲子师。如果稍微苛刻一点儿讲，即使是昆曲的创始人魏良辅，以及后来采用格正方法订谱的钮少雅、叶堂等苏州名家，本质上也仍是曲子师，还难以置身曲家之列。运用严格意义的曲学学科定义来衡量，这些曲子师尽管有着丰富的演唱理论，有着厚重的曲谱著作，但由于缺乏系统理论，所以，更大程度上，他们更应该是用戏曲音乐家而非曲家。

　　但这些曲子师的研究对于曲学的研究却有着非同小可的意义。如果从血缘角度看，有两大块儿的研究对于曲学意义重大：一是音乐文学的研究，是以音乐化和歌唱为视角的文学和文本研究，集中体现为各种律谱；另外一块儿就是曲唱理论的积累和发展，即度曲之学。正是由于曲唱理论逐渐成熟，人们才能逐渐意识到什么样的文辞和文本乃至文学才是符合演唱要求的。而音乐文学本身也长期以来一直瞄准解决文本如何适应音乐的问题。换言之，在裸露形态的关系论和关系学出现之前，音乐文学的格律学和演唱角度的度曲之学已经为曲学做了长时间的准备和积累。

　　明清两代，曲学靠着诸多江南曲子师和少数曲家的共同努力，逐渐积累和发展，诸多形而上的理论也吉光片羽式地发生，显现出一条隐隐的但仍可觉察的发展线索。其中，创作角度的声律论

和演唱角度的度曲理论作为曲学最为直接的两个副翼尤为醒目，且共同发展，为近代曲学完成了学科建构前的准备和积累。

继魏良辅、沈宠绥、沈自晋、钮少雅、叶堂等人之后，吴梅的《南北词简谱》堪称是近代曲学的奠基之作，在考订曲牌谱式的同时，吴梅在曲谱中增加了很多虽吉光片羽却弥足珍贵的附注。这些附注很多已经具有总结性质，具有较强的理论色彩了。排场理论在吴梅的《南北词简谱》等著述当中也得到强化。以王季烈为首的一批现代曲家所编辑的《昆曲曲牌套数范例集》（南北曲两卷四册），则试图以主腔理论来揭示昆曲曲牌声情的秘密，显示了现代曲学的进一步发展。

如果单从戏曲研究的规模和体量看，中国当今的戏曲研究尚可称繁荣。从学术家数和家门角度看，当今中国的戏曲研究者差不多有一半儿为吴梅门人，我曾戏称为"天下戏曲半吴门"。但如果仔细考察一下狭义曲学的研究现状，却未免令人叹惋，兴发"零落才名谁继起，先生格调付何人"的感慨。除去少数几个吴门的三代传人外，对于很多戏曲学者和青年学者而言，发轫于江南的狭义曲学差不多已经成为了"绝学"，成了很多戏曲研究者望而生畏的禁区和绝地。

四、以吴梅第三代传人俞为民先生为例，看曲学的当今继承

俞为民先生堪称吴门第三代传人当中为数不多的醉心曲学研究的学者，先生受教于吴梅的高足钱南扬先生，早年致力于南戏研究，且取得了丰硕的研究成果。正在进行的国家社科基金重大项目《南戏文献全编整理与研究》无疑可以作为目前南戏研究的代表性成果。先生的第二视域为戏曲理论，其中，早些出版的《历代曲话汇编》和新近出版的《中国古代戏曲理论史通论》（中华书局，2016年3月）则可以视作先生戏曲理论研究的总结性成果。《昆曲格律研究》则是先生研究律谱之学的集大成者（南京大

学出版社，2009 年 11 月版）。但不论是哪一个研究视域，我们都可以看出他显见的曲学意识和一直秉持的曲学研究传统，欣喜地看到江南曲学的继承和发扬：

（1）对历代曲论之中"曲学"核心内容的充分重视和完美解读

由于具备丰厚的曲学研究积累和敏锐的曲学意识，使得俞为民先生的研究不仅可以充分重视历代戏曲理论之中有益的曲学成果，而且可以在充分打通的基础上合理解读。从而使有些在其他类似论著中被回避的内容得以归位，从而呈现出古代曲学完整系统的发展面貌。如关于沈约"四声八病"和刘勰《声律论》的充分重视和仔细解读（见《通论》页 36—40），其实所本即曲学视角。在四声基础上提出的"八病"问题，其实涉及的是音声内部的自然和谐。当文字组合成文章时，必然存在音声组合的问题。同时，也必然产生一些音声组合方面的忌讳。所以，本质看，所谓"四声八病"其实是中国古代曲学发轫时期的初步成果，他所关注的是：与句子容量相适应，步节（音步）存在的几种可能性以及由此导致的音声的基本要求。即在忽视文义的情况下，怎样首先做到汉字音声内部的和谐悦耳。这显然是曲学遭遇的首要问题，也自然成为后世曲学发展的基础和起点。刘勰《声律》篇所涉及曲学音声理论的一些基本问题，在论著中也得到充分挖掘，如《声律》篇有云："凡声有飞、沉，响有双、叠。双声隔字而每舛，叠韵杂句而必睽；沉则响发而断，飞则声扬不还。"这里的飞与沉，其实就是后世所谓的平仄。《声律》篇揭示了其发声特点：一者响发而断，一者声扬不还。从原始的音声效果看，前者声短，后者音长。联系到后世昆曲的"倚字声行腔"的规则，这种对字声特点的分析显然与昆曲的腔格有着极为密切的联系。双声与叠韵则均具发音时肌肉运动的便宜，属于有巧可讨的。破坏了这种组合，其实就是破坏了发音角度的便捷。再如古代曲学之中音声的差异性与统一性问题也在论述中得到了揭示和发扬，如《声律》

篇谓:"异音相从谓之和,同声相应谓之韵。"所谓的异音其实指的是平仄相间,所谓的同声相应,其实揭示的是押韵现象。前者同中求异,后者异中求同,显示了曲在音声方面统一性与差异性相互统一、变与同共存的辩证特性。这种音声的辩证性发展到后来,与文义层面的丰富和集中相对应,甚至延伸到曲牌、套数方面,构成曲学发展历史上规律性的线索和轨迹。

(2) 对元代乐府"倚字声行腔"方法的发扬以及其曲学意义

很多学者以为"倚字声行腔"为昆曲所独创,其实大谬不然。严格意义上讲,不仅是在汉语系统内,即使在全球范围内,几乎所有民族的"曲"都存在以声传"字"(词)的需要,都有着"倚字声(词声)行腔"的需求。但歌曲的实际历史形态却由于这样那样的原因呈现出具体差异。比如在元代,就出现了文人乐府和俚歌歌唱方式的不同。在文人乐府层面,则形成了"倚字声行腔"的方法和技巧,并与俚歌系统的"倚腔传字"构成对立之态势。俞先生对此予以了充分揭示,在周德清《中原音韵》的曲学理论一节之"乐府北曲论"中结合具体例证,对此问题予以了充分的阐发,得出了"乐府北曲采用的是依字声定腔的方式演唱的"结论。(《通论》页137)这一揭示和发明其实隐含着一个富有意涵的学术命题:表面看,所谓昆曲倚字声行腔的方法,其实承自元代乐府,并非昆曲的发明和创作。而背后一个更有意味的命题是:以昆曲为代表的明清曲学,其实不过是前代曲学的继承和发展,兼跨隔代的曲学虽然承载于不同的艺术载体,却有着一脉相承的沟通和关联。不论是诗、词、曲哪种载体,都不过是中国古代曲学的承载载体。显然,这个结论在曲学发展史上具有"贯通"的意义,打通了前代曲学和明清昆曲曲学的血脉。

(3) 对古代曲学诸显性问题的精深研究

中国古典戏曲理论当中,有很多问题都具有贯穿性。比如宫调就是一个令很多学者头疼不已的麻烦。纵观古代曲论中的宫调理论,存在着一个显见的矛盾:从声情角度看,尽管频频被后世戏曲理论著述征引和转述，但实际上，宫调声情说在明清时期的戏曲音乐操作层面已不具备实际意义，而代之而起的是套数声情和曲牌声情。换言之，明清时期的戏曲音乐对于声情的考察和描述，存在一个由含混的宏观（宫调层面）到具体的微观（套数和曲牌层面）的转移态势。缘乎此，致使许多曲家对宫调理论往往采取"弃"和"避"的态度。但在涉及曲牌声情的很多问题上，尽管存在诸多类似借宫、仙吕入双调、商黄调和高平调等打破宫调的现象，但事实上，很多曲家在操作层面，在处理集曲犯调等问题时，仍然将宫调作为一个参证的重要标准，这又使得很多曲家不得不重新面对宫调问题。这样，就使得明清曲家对于宫调的理解和论述呈现出纷纭复杂的形态。而先生由于早年对宫调有着专门研究，曾在《文史》杂志发表过数万言的《宫调考述》，这就使得他可以在充分研究的基础上，对历代曲论中的宫调说准确解读、合理定位。

再譬如"犯调"问题，不仅在不同时代呈现出不同状态，而且随着艺术形态（北曲或南曲）、曲家（个性化的表述）的不同，其具体论述也呈现出复杂性和繁复性。而要想在面对这些纷杂的论述时能条分缕析、合理措置，显然需要首先将这一问题打通。为民先生早期有专文《犯调考论》，系国家社科基金项目《中国古代曲体文学格律研究》的中期成果（《南大戏剧论丛4》，中华书局2008年12月，页209）。文章在前人研究基础上，对于昆曲中的犯调问题予以了系统的考述和论说，很多地方都有超过前人之处，弥补了诸如张大复等人分类的不足。诸如将北曲和南曲分置讨论，对南北曲的犯调重新分类等等。

阴阳问题也是古代曲学十分重要的一个命题。平仄和阴阳在古代曲学中各有侧重，前者关注的是字声的调值，后者专注的是字声的走向。前者是位置描述，后者属于趋势描述。但从周德清到王骥德，阴阳理论却已经有了较大不同。对类似问题，俞先生均能在打通前提下，条分缕析，对不同论著的历史贡献予以了客观评定，这些，显然都得益于素常的曲学积累了。

（4）从字声和腔格入手，联系歌唱实际考察研究词乐关系

曲学中的词乐关系其实可以分解为不同的层面：一个是字声与乐声的关系。在倚字声行腔的规则指引下，明清时期形成了一系列的谱曲度曲理论，谱曲层面形成了"腔格"说，度曲方面则在形成系列歌唱理论的同时，反过来对于字声的选择形成了一定的规范和禁忌。诸如"廉兼宜避"、"慎用上声"、"鱼模当分"等都是这方面的积极成果。另外一个层面是字义与乐声方面，这方面在明清曲论中也渐次发展，排场和主腔理论渐趋细密和丰富，形成了对宫调声情说的发展。所谓排场，其实可以分为套数声情和曲牌声情两个层面来谈，宫调声情由于过于粗疏和含混，在明清两代已经逐渐失去了与声情的对应意义，而将考量单位从宏大的宫调降低到具体的套数和曲牌方面，在明清曲学领域却逐渐积累和发展。一些套数往往可以运用到具体的戏剧场景和戏剧情境中，与具体的场景和情境形成了较为固定的对应，并大致具备了"套数"声情；而更加常见的，则是很多曲家经过长期的实践积累，为某些曲牌"赋予"了较为固定的声情属性。这种做法渐次固定，从而大致形成了曲牌较为固定的声情色彩。这里词与乐、声与辞的对应和呼应，不是字声，而是文字的文学含义，即文义。可见，词乐和声辞之间的匹配，其实是分属两个层面的问题，一是音乐声调和字声方面的和谐，另外一面是音乐声情与文义的交融。为民先生就词乐关系的问题，首先有着微观方面的考察和分析，如对王骥德下面一段论述：

平声尚含蓄，上声促而未舒，去声往而不返，入声则逼侧而调不得自转矣。故均一仄也，上自为上，去自为去，独入声可出入互用，北音重浊，故北曲无入声，转派入平、上、去三声，而南曲不然。

俞先生论曰：

所谓"平声尚含蓄"，是指平声字具有平稳悠长的特征；"上

声促而未舒"是指上声字所具有的"顿腔"而言，上声字在首音高出后，即下降一音，此低音须作虚唱，并略作停顿，有吞咽之意，在曲唱中称为"顿腔"，又称"囓腔"，故谓"促而未舒"。而去声字出口即高揭，高揭后不下落，故谓"往而不返"。入声字惟南曲有之，北曲入声派入三声。南曲入声字的腔格是"逼侧而调不得自转"，首音一出口即止，以表现入声字短促急收的特点，在稍作停顿后，再接唱腹腔和尾腔，随腔格的变化，抑扬起伏，以与缠绵婉转的旋律相合。若延长，则似平声，若上升或下降，则成上声或去声，故入声字可代平、上、去三声。（《通论》页435）

　　这段论述分开讨论四声的腔格特点，显然是结合唱曲的实践展开的。吴梅曲学的一个显著特色正是场上和案头的结合，尤其精于和度曲有关的词乐（字与腔）关系研究。先生早年也曾专习度曲，对于度曲的口法腔格也颇为谙熟，从而可以在论述此类问题时驾轻就熟、随手拈来。尤其是后面一段讨论，其实涉及的是语言学角度的"入派三声"在音乐学角度的独特意义。诸多类似问题的论述如平仄与阴阳的搭配使用等方面也均可看出先生对于度曲之学的精熟。

　　昆曲的字声有三个层次的要求：一是字声本身的组合须美听可读，这就要求其本身的字声组合须高下抑扬相互配合。这一层是初级要求，尚不涉及字义。二是基于"不倒字"、以声传字要求的"声字一体"，即"声出其字"，声传字音。这是"传义"和"表义"的低级也是基本层次。三是"腔"（音乐）与"情"（文义）的相配和和谐，即以腔传情，乐情与文义水乳交融。前两者的要求其实主要反映在腔格研究上，后者则在排场和主腔等不同层面的论述中，从先生的通论中可以看出，以上几个不同层面的论述，即各自独立又互相联系，呈现出鲜明的逻辑线索，也完美体现了"通"论的撰著初衷和整体构思。

　　以上仅从狭义曲学的一个小视角，我们已经不难看出明清江南曲学在当今的传承和发扬。由于曲学研究具有较强的"排凡性"，涉足真正的曲学研究也确乎需要非同凡响的毅力和耐性。就具体的学科视域而言，曲学在纵横两个方向都有着淹贯的要求，单纯的文学和单纯的音乐研究都远远不够。同时，还必须讲求行与思的一统，技术与艺术的兼能。所以，从目前戏曲研究的现状看，当今曲学已形同"华山胜境"，非足力雄健者不能企及。但同时，传统曲学也经过百年的积累，在很多方面显示出突破和超越的契机，形成了一块儿资源丰富的富矿。

　　最后，需要说明和强调的是，在当今浮躁时风的影响下，曲学也亟须"辨证"和"澄清"，需要打假，需要纠正一些人对于曲学的误解。吴梅曲学的本质是"学"而不是"技"。所以，不能把曲学简单理解为吹吹笛子和唱唱曲子。曲学的本质是词乐关系之学，是"华山论剑"和"刀尖儿上的舞蹈"。在此意义上，尽管研究戏曲音乐诸如度曲吹笛都可以形成对于曲学的助益。但如果仅仅停留于"吹一吹"和"拍一拍"，仅以此炫技于学人，甚或以"当代吴梅"自命，那就不仅是愚昧，而且堪称可悲了。

《通俗教育丛刊》连载《霜崖曲话》考

浦建强

在民国曲学大家吴梅先生的众多著作中，《霜厓曲话》一书或许是一颗被忽视的明珠。称其为明珠，是因为以目前所见的《霜厓曲话》十六卷十多万字的篇幅，不仅相较于吴梅先生的另外两部曲话类作品《奢摩他室曲话》和《奢摩他室曲旨》多出数倍，且"在科学性和系统性方面，则远远超过了以前的《雨村曲话》、《藤花亭曲话》和《箓漪室曲话》"，称它是"堪称卷帙最多、蕴蓄最丰富的一部关于戏曲文本评论的著作""代表着中国古代曲话的最大成就和最高水平"也并不为过。而相比于吴梅先生的其他著作，《霜厓曲话》的发现是最晚的，对它的研究也并不充分。《霜厓曲话》问世之后近七十年罕见消息，直到 1989 年 10 月 16 日，吴新雷先生才第一次在南京大学图书馆找到了二十世纪三十年代金陵大学根据原稿移录的《霜厓曲话》副本，而其原本则在此后被发现藏于台北中央图书馆内。吴新雷、王卫民、李占鹏诸先生据此均言其只存稿本及抄本，之前并无出版，亦未见有刊物连载的记录。而相关研究方面除了吴新雷先生的《吴梅遗稿〈霜崖曲话〉的发现及探究》和李占鹏先生的《吴梅〈霜崖曲话〉的发现、整理及研究》之外，常见的还有王卫民先生在《吴梅评传》中的《〈霜崖曲话〉及其他曲话两种》一节。实际上早在吴新雷先生发现南大本《霜厓曲话》抄本之前七十年，1919 年，《霜厓曲话》便以连载的形式，登载于通俗教育研究会印行的《通俗教育丛刊》中，前后连载了不少于 20 期，只是因为《通俗教育丛刊》存续时间较短（目前所见自 1919 年至 1925 年，前后六年时间，共发行 22 期），辐射影响范围较小（《通俗教育丛刊》一般多以赠送各类图书馆及研究机构为主，市面上罕见流传)，故而知者甚少。

1915 年 9 月 6 日，通俗教育研究会举行第一次大会，正式宣告成立。该会由时任教育部长汤化龙大力倡导，首任会长袁希涛曾任教育部次长一职，实际上是一个"以研究通俗教育事项，改良社会，普及教育为宗旨"的隶属于民国政府教育部社会教育司的半官方机构。通俗教育研究会的中央机构设在北京，下辖小说、戏曲、讲演等三个股（鲁迅先生亦曾在该会小说股短暂担任主任一职)。其中戏曲股负责的主要工作为：1. 关于新旧戏曲之调查及排演之改良事项；2. 关于市售词曲唱本之调查及搜集事项；3. 关于戏曲及评书等之审核事项；4. 关于研究戏曲书籍之撰译事项；5. 关于活动影片、幻灯影片、留声机片之调查事项。在通俗教育研究会的众多日常事务之中，编译书籍与印刷出版刊物是其较为重要的一项工作。早在成立之初，通俗教育研究会就设立有石印室，设专人进行书籍资料的石印印刷，成果颇丰，仅目前所见的《通俗教育丛刊》而言就有不少于 22 期，最早的一期刊行于 1919 年 3 月以后，一直延续到至少 1925 年。而《霜厓曲话》一书的连载则最早开始于 1919 年 8 月以后刊行的第 3 期，但因为每期刊载不过数页，所以直到第 22 期也不过刊载到了全书十六卷中的第六卷。且仔细比较了目前所见《通俗教育丛刊》中连载的《霜厓曲话》前六卷，与《吴梅全集》中排印的吴梅先生原稿本《霜厓曲话》，内容基本相同。

通俗教育研究会为何会在自己印行的《通俗教育丛刊》中连载吴梅先生的新作《霜厓曲话》呢？究其原因，首先自然是因为吴梅先生精通戏曲声律，所作曲话见解精辟，资料翔实，颇多真知灼见为学界所公认，除此之外吴梅先生当时正好在北京大学任教，且与通俗教育研究会中的很多人相识也是原因之一。1916 年吴梅先生的第一部曲律研究专著《顾曲麈谈》问世，在当时的曲家群体中引起不小的轰动，此后《顾曲麈谈》一书一版再版，很受欢迎（陈舜年先生回忆说，时任北大校长蔡元培便是购得《顾曲麈谈》一书，阅览之后，颇为赞赏）。次年9月，应北京大学蔡元培、陈独秀诸先生之聘，吴梅先生离开上海民立中学，进北京大学文科担任古乐曲教授直至1922年。在目前所见的吴梅先生的相关资料中，虽未见吴梅先生任职于教育部的资料，但在这通俗教育研究会中却不乏吴梅先生的同事和师友，如有"南徐北溥"之称的溥侗先生和日后戏曲成就与吴梅先生并称双峰的齐如山先生当时就在通俗教育研究会戏曲股中担任戏曲股名誉会员，而在《通俗教育丛刊》中常见撰稿的钱稻孙先生则是吴梅先生的北大同事。再者，1919年12月前后，民国教育部曾成立国歌研究会，并邀请吴梅先生等四人参与为民国国歌谱曲的工作，而在国歌研究会会员中就有时任通俗教育研究会经理干事高步瀛、交际干事陈任中等。且通俗教育研究会戏曲股原本就有"关于研究戏曲书籍之撰译"的工作，故而吴梅先生的新作《霜厓曲话》能够在要求较为苛刻的《通俗教育丛刊》中得以连载也就不足为奇了。

关于吴梅《霜厓曲话》的创作时间，吴新雷、王卫民、李占鹏诸先生大致有以下几种推断：1. 吴新雷先生认为《霜厓曲话》"不是一时一地写成的，而是吴梅在苏州、上海、北京、南京的教学生涯中长期积累的研究成果。它的属稿年代较早，约在1914年《顾曲麈谈》发表以前"；2. 王卫民先生认为"作于清代末年至1927年之间"；3. 李占鹏先生进而推断"《霜厓曲话》卷一至卷五约在1920年2月之前写成于苏州、上海，卷六至卷十二约在1920年2月至8月写成于北京，卷十三至卷十六则是他1921年9月受陈中凡先生之聘到南京后写成的。"结合此次发现的《通俗教育丛刊》中连载《霜厓曲话》，我们进而可以基本确认，早在1919年8月前后，《霜厓曲话》至少已完成前六卷撰写，而接下来的部分此时或许也已完成，只是随着《通俗教育丛刊》出版的中断而未能继续连载，最终险些湮没无闻。

戏曲杂谈两篇

陈兆弘

《桃花扇》主人公的真实结局

号称中国古典四大名剧之一的《桃花扇》，演绎了侯方域和李香君一段缠绵悱恻、跌宕起伏的罗曼史，打动了无数观众的心。然而，关于他们两人令人系念的结局，三个剧本竟有三种写法。

孔尚任《桃花扇》原著：南明弘光小朝廷覆灭后，侯与李在南京栖霞山白云观不期而遇，悲喜交集，听了张道士一番教训，彻悟人生真谛，遂双双入道；第二种是曾与孔尚任合作过《小忽雷》传奇的顾采，改作成《南桃花扇》，将结局改为"令生旦当场团圞"，后相偕回河南老家，白首偕老；在20世纪40年代，欧阳予倩改编为京剧演出，其结局是：明亡，李香君依女友卞玉京在葆真庵栖身，侯方域返乡应清廷考试中了副榜后，寻至葆真庵接香君，香君责他失节，严词拒绝，因为香君正在病中过于激动，气绝身亡。

三个剧本的结局处理悬殊很大，分别为正剧、喜剧和悲剧。究其造成的原因，除了作者的构思不同以外，恐怕还跟写作的时代背景有关，对各自的利弊得失，自可不必去详加评论。但是，读者还是要问：侯方域和李香君二人真实的历史结局究竟怎样呢？

那是几年前的事了，我因为参加一次学术会议，路过河南省商丘市，游览了著名的商丘古城——归德府城。昆剧传奇《桃花扇》中男主人公侯方域的故居，位于归德府城东北隅，进城步行十分钟就到了。8时整，我作为当天第一个参观者进入故居。侯方域故居的主体建筑是侯方域生前所造的"壮悔堂"。这是一座砖木结构的两层楼房，明三暗五，坐北朝南，青砖黛瓦，雕梁画栋，门窗都制作得相当考究，特别是二楼外走廊上一排瓶式栏杆，整整齐齐，非常有特色。整个建筑庄重别致，古朴典雅。堂前细砖铺的地坪上，立有商丘市文物保护单位标志牌，上刻"壮悔堂"三字。堂楼两厢各有一座三楼三底的房子，东楼由侯方域原配常氏所居；西楼称"翡翠楼"，因为李香君住过，又称"香君楼"，现在做了文物图片陈列室。在壮悔堂西边，还有"杂庸堂"，那是侯方域读书的地方。

清顺治八年（1651），侯方域三十四岁，清廷怀疑侯氏父子"通海"，与南明王朝有联系，欲加之罪。地方官为侯方域出主意，叫他去应清朝科举考试以救急。不得已，他参加了第一次河南乡试，但故意没有完卷就离考场了，结果还是中了个"副榜"（备取）。侯方域是南明"复社"名士，他的出山，引起了社会一片哗然，对此他自己也追悔莫及。次年起造这座堂楼，因年方壮岁，遂取名"壮悔堂"，以示其过；又将自己写的文章刻成集子，题名为《壮悔堂文集》，他在《壮悔堂记》中说："夫知过而能内自讼（检讨悔过），君子许之。"希望通人达士能够原谅他的过失。顺治十一年（1654），方域病重，当局又催迫他再次应试，结果就在当年年底病逝，终年仅三十七岁。

从故居陈列可知，李香君去世得比侯方域还要早。侯家是世代为官的簪缨之家，怎能容得一个青楼女子进门？所以开始李香君以"苏州吴氏"之名住进侯府。这是有诗为证的。有一次侯方域到江南，特地寻到吴县枫桥镇，探望了香君的兄嫂。他写给李香君的《家书附绝句二首》云：

> 送别西园翡翠楼，开帆十月到苏州；
> 为君寄讯枫桥巷，丘嫂迎门已白头。

其二

> 问君衣带近如何？我道思乡减去多；
> 况是王孙芳草外，休添离恨画双螺。

诗中写到自己到枫桥后受到了年长的丘嫂的热情迎接和殷切问候，希望香君在接信后能减却思乡之苦，也不要为这一次离别担心忧愁。他在苏州阊门听曲以后，写《偶听弦索又寄一首》：

> 紫雁黄花送我情，手调弦索度新声；
> 阊门听尽韩娥曲，不比樽前唱渭城。

在黄花地、雁南飞时节，友人为送别盛情邀请我去听歌女弹唱新曲，但是听来听去，总比不上你香君在家里送我时所唱的曲子动听、亲切！

侯方域所作关于李香君的名篇《李姬传》（《壮悔堂文集》卷五），写到她拒绝田仰聘金后就戛然而止，不见下文了；而在《四忆堂诗集》卷六里所收的这三首绝句，则成了侯、李有情人终成眷属、一起恩爱生活十余年的真实记录。

可是不久，李香君青楼女子的身份暴露，侯家认为有辱门第，硬将她迁到城外庄园去住，这个村子叫"李姬园村"，也因李香君而得名。一年后，产下一个男孩，侯府不准姓"侯"，只能随母姓"李"，并且不准载入《侯氏家谱》。在封建礼教的重重压迫下，香君遭受到一次又一次的精神打击，三十岁刚刚出头就郁郁而终了。死后葬在李姬园村东，坟包用黄石围砌，墓顶宿草披离，墓前立一块石碑，上刻"李香君之墓"，碑前置一张石头供桌。相传侯方域当时为香君墓题联："卿含恨而死，夫惭愧终生。"他常常一个人来到墓前，坐在石凳上默默悼念香君。据讲解员说，一些匪人为了攫取什么宝物"桃花扇"，在二十世纪曾先后两次盗掘坟墓。

从陈列的照片说明看，此墓是"文化大革命"以后重新修复的，四周竹树环合，环境倒还清幽。该村尚存李香君故宅遗址和一口"香君井"，因为路远，来不及前去探访了。一代名流侯方域、李香君，一个英年早逝，一个红颜薄命，遭遇如此坎坷，命运如此悲惨，令人思之黯然！

当我们了解了侯李真实结局以后，回头来看三个剧本的处理，觉得还是孔尚任原著的结局比较妥帖。首先，"一座栖霞山，半部金陵史"，《桃花扇》将结局放在南京栖霞山这个典型环境里，是再恰当不过的。其次，原著实际上写了侯方域两个结局，一是明写，一是暗写。《入道》一折写侯、李在栖霞山弃俗入道，一个到南山，一个到北山；最后在《余韵》中通过皂隶之口说："你们哪里晓得，那些文人名士，都是识时务的，从三年前俱已出山了。"暗示侯方域入清后应试出山。应该说，这样写是明智的，既躲过了清廷的文网，又接近历史事实。那么对于李香君的下落呢？戏里没有交代。孔尚任创作《桃花扇》是十分严肃的，写作的素材很多都是向当事人直接采访而来，他在《凡例》中说："朝政得失，文人聚散，皆确考时地，全无假借；至于儿女钟情，宾客解嘲，虽稍有点染，亦非乌有子虚之比。"对于李香君后来跟随侯方域到商丘，作者当然清楚，只是因为与"桃花扇底送南朝"的剧情题旨没有多大关系了，故而从略，在戏里虚构了一个双双入道的结局就完事。前人针对这个结局曾评论说："非悟道也，亡国之恨也。"这样巧妙地处理似乎更加符合该剧的主题思想。

江苏省昆剧院推出新版《1699·桃花扇》，以孔尚任原作为基础，用纯粹南昆的表演艺术，忠实地重现了300年前演出的原有风貌，不但热演京城，还被邀请到日本、韩国、欧洲、美国等地演出，盛况空前。可见广大观众还是乐意接受孔尚任原著的结局处理。

谈白先勇的《游园惊梦》

被誉为"中华小说王"的台湾作家白先勇，是一个昆曲迷，自称"昆曲义工"。关于昆曲，他曾经讲过一段颇为精辟的话：

昆曲是我们表演艺术最高贵、最精致的一种形式，它辞藻的美、音乐的美、身段的美，可以说别的戏剧形式都比不上。那么精美的艺术形式，而今天已经式微了，从这里头我兴起一种追悼的感觉——美的事物竟都是不长久。（《白先勇散文集·蓦然回首》）

震慑于昆曲表演艺术的精美，又为其衰落而惋惜，白先勇创作了小说《游园惊梦》。我们知道，《游园惊梦》是汤显祖《牡丹亭》传奇里的一出，作为著名的折子，在昆曲舞台上常演不衰，妇孺皆知。小说袭用这个题目，故事情节是这样的：出身低贱在南京秦淮河畔卖艺的女伶兰田玉，因一曲《牡丹亭·游园惊梦》，被民国要员钱将军看中，娶为夫人，享尽荣华富贵。到台湾以后，老将军去世，兰田玉成了落魄夫人。有一次到台北窦公馆赴宴，听到有人唱昆曲《游园惊梦》，触发了她的今昔之感，竟失去了嗓音。小说用细腻的心理描写和意识流手法，对主人公的身世遭遇作了入木三分的刻画，把两个时代的不同生活，糅合成一个艺术整体，反映出厚重的历史沧桑感。这篇小说作为白先勇的代表作，入选《中国当代文学作品选》，是全国高校的指定教材。

一次偶然的机会，白先勇到香港，看到香港中文大学的师生上演根据他小说改编的舞台剧，观众反应热烈。他就和导演杨世彭合作，将《游园惊梦》改编成话剧剧本，正式搬上舞台。1987年底，广州话剧团、上海青年话剧团和上海昆剧团三家联袂演出，在广州南方剧场首演，次年在上海长江剧场演出，很受欢迎，后来又赴香港献演。昆剧大师俞振飞出任昆曲指导，著名昆剧演员华文漪、顾兆琳、朱晓瑜分别担纲主要角色。古老的昆剧艺术，以与现代文学、戏剧、美术、音乐相结合，竟收到了意想不到的效果。作家、戏剧理论家余秋雨观摩后称赞说："无论是小说还是剧本，白先勇的《游园惊梦》都呈现了真正的大家手笔。"

《游园惊梦》从小说到舞台，可以看出白先勇对于昆曲不仅仅是感伤，而且有着追求和希望，希望乘中国昆曲被列入人类口头与非物质文化遗产的东风，摆脱颓运，走向复兴，使以昆剧为代表的中国人气派的优秀精致文化进一步发扬光大。

张大复笔下的"大梁王侯"

庄　吉

　　晚明曲家张大复所撰《梅花草堂笔谈》等笔记小说流传至今，其记载的晚明人物故事颇为可爱，尤其涉及昆曲人物方面的文字，其中如魏良辅、梁辰鱼、汤显祖等曲坛天王级人物的形象跃然纸上，弥足珍贵。

　　拙文《梁辰鱼和"大梁王侯"交游考》，就是以张大复记载的梁辰鱼生平故事作为出发点，结合地方志和梁氏诗文，进而解开了"大梁王侯"的真正身份，即明代嘉靖年间的昆山县令王用章。虽然解开了谜团，但是对这位风雅有趣的昆曲县令，我们仍然知之不多，如果想要全方位了解此人，似乎还得回到张大复的笔记文字，从中挖掘出更多有关"大梁王侯"的信息故事，本文尝试从张大复的《梅花草堂笔谈》《梅花草堂集》等著作入手，以他的视角来追踪"大梁王侯"的行踪，从而尽可能地还原出一个比较丰满的人物形象，及其与昆曲、习俗等文化的渊源。

　　关于"大梁王侯"的生平传略，在清初《康熙昆山县志稿·名宦》卷第十二"王用章"中有具体记载，本文不再赘述。当然，张大复早就做过相同的工作，在《梅花草堂集》中亦有详细记录。尽管王县令治理昆山的政绩卓著，疏浚吴淞江有功等，然而本文重点探讨的主题恰恰在其政绩之外，主要是挖掘他与江南文人、曲家乃至伶工之间的关系，比如，曲家张大复本人是否亲眼见过他？昆山的乡绅百姓如何纪念他？除梁辰鱼外，他又接触过的曲家或伶工，他对昆山地方习俗乃至江南戏曲文化的推动等等。

　　其一，张大复亲眼所见的"大梁王侯"

张大复《梅花草堂集》卷十道："王用章，字汝平，河南开封府祥符县人。以嘉靖乙丑进士选知昆山。……"考《明清进士题名碑录索引》可知在嘉靖四十四年乙丑科（1565），第一甲一名是范应期，王用章则为第三甲第二百六十六名。据清初《康熙昆山县志稿》卷第十二"王用章"条，曰："三年入计，考上上，民皆诣阙请留。海公疏请，迁为常州府同知，仍管县事。前后凡七年，召入为主客郎，竟不赴。"说县令王用章治理昆山三年，政绩卓越，考核评定为"上上"等，本当异地提拔任职，昆山百姓感恩，再三恳求其继续留任，此事惊动了清官海瑞，海青天考虑到昆山百姓的热切期待，即上疏建议提拔王用章为常州同知，仍然领昆山县令之职，这样王用章从1565年至1571年在昆任职长达七年之久。后来朝廷要召王用章入京任主客郎，他竟然没去。

那么，这时候张大复年纪有多大呢？是否能亲眼见到这位"大梁王侯"呢？张大复（1554—1630），字元长，昆山人。诸生，中年放弃科举，常与曲家文人唱和往来。后来不幸失明，仍专心著作，由其义子代为记录成书。松江陈继儒生动地评价其人其文："元长贫而不能享客而好客，不能买书而好读异书，老不能徇世而好经世，盖古者狷侠之流，读其书可以知其人也。"有《梅花草堂集》《梅花草堂笔谈》等传世。

由此推算，"大梁王侯"主政昆山的七年，张大复的年龄正好是从12岁长大到18岁，作为一个毛头小伙子，张大复应该有机会在不同场合见到过这位王县令，不然他怎会如此绘声绘色、惟妙惟肖地描写这个人物？

场合一：县学童子试。《梅花草堂笔谈》卷四有"王公子"一则，提及了他们相见的场合：

故侯王松筠先生去昆五十年，吏民几无在者，闻其即至，争雨汗观之，咨嗟载道。……先生辱与先君善，而某亦以童子就试，得当于先生。仅能随诸父老咨嗟惋叹而已，可不哀哉！

文中可解读出许多信息：一是"大梁王侯"王用章，字汝平，而号"松筠"为县志所不载。二是张大复的父亲太学生张维翰与王用章相善，这是让张大复引以为自豪的。三是张大复青少年时多次参加全县童子试，得到了王县令的接见，即所谓"得当于先生"。四是当王用章离开昆山，张大复曾随同长辈们一起长亭相送，并惋叹不已。

场合二：上元乡饮礼。《梅花草堂笔谈》卷一"张灯"一则所记："予家居片玉坊中，犹记嘉靖丙寅、丁卯之间大梁王公为宰，上元行学举乡饮礼。"说张大复家住昆山城内片玉坊，他记得小时候嘉靖丙寅、丁卯之间，也就是1566年、1567年，"大梁王侯"于正月十五日上元节（今元宵节），在昆山县的孔庙举行过"乡饮礼"，王县令亲自宴请当时地方耆绅宿儒，表示对长辈们的尊敬和爱戴。张大复当时是十三四岁的县学童生，自然也参加了在县学举办的"乡饮礼"。可知，张大复之所以对"大梁王侯"念念不忘确有来历。

其二，乡绅百姓对"大梁王侯"的纪念

《梅花草堂笔谈》卷九"是母是子"一则记载了母子赠百钱谢恩"大梁王侯"的故事，为读者塑造了王用章的清廉形象，张大复对此事亦感慨不已：

故侯王松筠先生之二子，偶来省祠，寓西林僧舍。有结髦者，持百钱跪以进。……若夫侯之德，在民间如此者可胜道哉。吾乡十万户，五十年来谁非休养生息于侯？子之子孙之孙，应若而人使尽如是母是子，则亦非王侯父子之意矣。侯居官不肯以手捉钱，而五十年后，能以百钱遗其二子亦荣矣哉！

张氏称"吾乡十万户，五十年来谁非休养生息于侯？"又说"侯居官不肯以手捉钱"，足见百姓对"大梁王侯"的感恩之情。五十年后，由昆山乡绅和百姓自发捐资在至和塘与新阳江口的白塔之左，建造了一座祠堂，专门纪念这位清廉好官。此事在《梅花草堂集》中也有提及："时侯去昆已五十年，侯祠在玉柱塔左，邑人支可大、徐应聘等建。"这里提到了带头出资建设祠堂的两位乡绅，一位支可大，一位徐应聘。支可大（生卒不详），字有功，昆山人。万历二年（1574）甲戌科二甲第一名进士。万历间官礼部主事，清介自守，品格清高，权相张居正欲引为铨曹，辞不受，累官湖广巡抚，寻告归。徐应聘（生卒不详），昆山人，万历十一年（1583），登进士，改庶吉士，授翰林院检讨。万历二十一年（1593），受诋毁辞官。家居十余年，又起用为行人司副。迁尚宝司丞，再升任太仆少卿，卒于任。

目前尚未发现支可大与"大梁王侯"的往来记载，而徐应聘与"大梁王侯"倒有过一面之交，张大复在《梅花草堂集》中有记载：徐应聘，字伯衡，十二应童子科，大梁王侯抚其顶曰："玉堂金马之器，特不即名而名即之，焉用早计为？"就是说，"大梁王侯"见到年仅十二岁的徐应聘参加童子试，特别喜欢，摸着孩子的头说："早晚是玉堂中人，何必小小年纪就参加考试拼成绩呀？"其事亦记录于《康熙昆山县志稿》"徐应聘"传略中："应聘生而端敏，十二岁应童子试，大梁王侯一见叹异，许以'玉堂中人'。"而正是这位徐应聘，日后与昆曲大师汤显祖结下了一段不解之缘。昆山徐应聘长期以来被学界视为昆曲的"局外人"，其实他与汤氏同年进士、同朝为官，又几乎相同的仕途命运，两人关系能走近是必然的。

关系一：据《明清进士题名碑录》：万历十一年（1583）癸未科朱国祚榜，江西临川汤显祖考中第三甲二百一十一名，南直隶昆山徐应聘则为第三甲第二百一十二名进士。作为同科进士又排名前后，之后同朝为官，自然关系就近了。

关系二：徐应聘于万历二十一年（1593）弃官回籍闲居十余年，汤显祖则在万历二十六年（1598）辞官。文史专家陈兆弘考证汤显祖创作《牡丹亭》时，一度作客徐应聘家。光绪《昆新两县续修合志》出处是这样的：

太史第。太仆寺卿徐应聘所居，在片玉坊，有拂石轩。注：应聘与汤显祖同万历癸未科，显祖客拂石轩中，作《牡丹亭》传奇。国朝张潜之诗：梦影双描倩女魂，撒将红豆种情根。争传玉茗填词地，幻出三生拂石轩。

其中诗人张潜之的一句"争传玉茗填词地，幻出三生拂石轩"已经说得不能再直白了，足见明清之时，江南许多文人知道汤氏住徐氏拂石轩创作《牡丹亭》的故事。

其三，"大梁王侯"接触过的昆曲伶工

"大梁王侯"与梁辰鱼饮酒决赌的故事已然众所周知，不妨重温一下：

公性善酒，饮可一石。大梁王侯请与决赌，左右列巨觥各数十，引满，轰饮之，侯几八斗而醉，公尽一石弗动。时有梨园数辈，更互奏杂调，公倚而和之，其音若丝，无不尽态。侯大笑，乐谓："伯龙之技，如香象搏兔。"具见全力如此。

文笔生动细腻，梁辰鱼和"大梁王侯"的形象活灵活现，难怪汤显祖称赞张氏文字为"天下有真文章"，历来昆曲研究者亦决不会放过这么精彩的段子。至于"大梁王侯"的其他戏曲活动则鲜有关注，而张大复《梅花草堂笔谈》卷三"王先生召张伯华吹箫"一则记之颇详，同样精彩：

大梁王松筠先生治昆山，酌泉茹冰，风流自赏，至今人犹思之，立祠江干，口碑载道。先生尝闻部民张伯华善吹箫，使人召之，诚不得辞。伯华窘甚，着布帽，衣青衣，偻行而前。先生揖之入，命□设酒脯慰劳，谈言欢谑。令奏新声，伯华殚技驰骋，先生倚歌和之，有白金纯棉之赐。明旦，伯华移家，匿吴门，聚徒授书，竟先生之任不归，先生亦不复问。

"大梁王侯"听说曲部伶工张伯华擅长吹箫，让手下皂隶召他前来，告诫张氏不得推辞。伯华应召入衙门，心中忐忑不安，头上戴个布帽子，身上穿着青布衣裳，低着头弓着背来到县衙官邸，一副囧态。可是王县令却很恭敬地行了礼，请伯华屋里坐，又让人摆好宴席，好酒好菜款待伯华，把酒言谈戏谑甚欢。饭后，就让张伯华吹奏当时最流行的昆腔新声，张氏使出浑身解数吹奏新曲，先生则倚歌拍曲相和。演奏完毕，王县令还赏赐了伯华一些银子和布料。谁料第二天一大早伯华就搬家了，隐匿在苏州一个地方，开了个私塾教人读书，"大梁王侯"在任期间一直没回过昆山，对此"大梁王侯"也没有追问。

　　这个故事说明"大梁王侯"绝对是一位专业的戏曲票友，一是他精通音乐，听说张伯华"善吹箫"，就想好好欣赏；二是他对伶工曲家十分尊重，好酒好菜热情款待，所以张伯华使出浑身解数"殚技驰骋"；三是他喜欢"新声"，即当时称为"时曲"的昆曲，及其最新流行的散曲；四是他还能拍曲，张伯华极力演奏而他则"倚歌和之"，这一点与梁辰鱼完全一样，可知王用章是昆曲高手；五是十分慷慨，他体恤伶工张伯华生活艰辛，临别时"有白金纯棉之赐"；六是非常大度，张伯华遇到如此精通曲律的县令，倍感压力山大，第二天一早便搬了家，隐匿苏州城中开了个私塾，王县令对此居然不加追究。

　　光绪年间编纂的《昆新两县续修合志》，也把这段小故事载为正史中曰："张伯华善吹箫，同时王季昭善度曲。大梁王松筠用章令昆山时，闻伯华之名，召之，伯华布帽青衣而前，松筠揖之。令奏新声，殚技驰骋，松筠依歌和之。明旦，伯华移家匿吴门，聚徒授书，竟松筠之任不归。"故事基本上就是从张大复那里批发过去的，不过明清两代史家对"大梁王侯"就是昆山县令王用章的看法显然是一致的。

　　那么，这位张伯华的吹箫技艺到底如何？张大复是否亲耳听过？在《梅花草堂笔谈》卷三"度曲"一则中，这样记载：

　　喉中转气，管中转声，其用在喉管之间，而妙出声气之表，故曰："微若系，发若括。"真有得之心应之手与口，出之手与口，而心不知其所以者。尝听张伯华吹箫、王季昭度曲，庶几。至无而供其求时，骋而要其束。

　　文章开始，专门议论度曲的奥妙和忘我的境界，接着说，他曾经听过张伯华吹箫、王季昭度曲，一个吹箫一个度曲珠联璧合，基本上接近了最高境界。因之两位生意好极，甚至到来不及演出，只好听任他们漫天要价了。对照前文"王先生召张伯华吹箫"，张大复听伯华吹箫、季昭度曲当在其成年之后，应发生在张伯华再从苏州回到昆山以后。

其四，"大梁王侯"对昆山戏曲文化的推动

一般而言，每个地方都有自己地方的习俗，不太会受外界影响，至于一个县令对地方习俗文化产生影响的事件十分鲜见，"大梁王侯"应该算是特例。因此张大复必定要大书特书了，《梅花草堂笔谈》卷一"张灯"一则：

上元张灯，莫盛于唐开元间。神龙以后，尤极严丽，士女阗塞，有浮行数十步者。自汉以来，但云："宫中祀太乙，民家祀门"而已。尝考《竺坟》云："上元日，天人围绕，步步燃灯，十二里。"又云："上元日，观菩萨放光雨花。"则知灯之盛，未有如极乐界者。

予家居片玉坊中，犹记嘉靖丙寅丁卯之间大梁王公为宰，上元行学举乡饮礼。既毕，公使吏执牌，许民家放灯，否者有罚。民竞剪彩，按故事作鸟兽人物，千门万户，星罗炬列。

自后岁岁有之，大都先君子与许先生为之倡，而里人杜谷塘、金玉涵又敛钱买灯，望门分派，一时里中颇不寂寞。自十二至十七日，烟花缭乱，金鼓喧填，子夜后犹闻箫管之声……

第一段中，张大复吊了一下书袋子，把上元张灯的历史作了个考证，还把唐开元、神龙时的盛况作了个回顾。接下来话锋一转，记述起"大梁王侯"主政昆山时，开启的昆山上元张灯习俗。文中说道，上元，即今正月半元宵节，县令王用章在主持完"乡饮礼"之后，让县衙皂隶手执令牌，准许民间百姓家放灯，谁家不张灯还要受罚。其实，老百姓早就盼着能开开心心地闹个元宵，碍于官府管制，现在县令准许民间元宵张灯，再好不过。于是，家家户户竞相剪彩纸，按照传说故事上的人物花鸟动物之类，制成千姿百态的花灯，挂在屋前门口，一时间县城里，千家万户花灯星罗棋布，如天河繁星煞是好看，这样的景象才真正是百姓欢乐祥和的节日氛围。

第三段，张氏讲述了"大梁王侯"离任后，昆山城内元宵佳节依然热闹的景象。他说，从此以后，昆山就年年举办元宵灯会，活动大都是由他父亲张维翰和许承周两位来倡导，杜谷塘、金玉涵两人负责到外地买好看的花灯，再按出资高下分派不同花灯，一时间，昆山城中颇不寂寞。他特别提到，从正月十二日到十七日的几天中，县城内到处可见燃放烟花爆竹，也随处可以听到鼓乐喧闹之声，甚至到了半夜里，还常常能听见丝竹管弦悠扬的演奏声。

全县百姓欢度元宵之际，"大梁王侯"自然也会潇洒几日，张大复是这样说的："时不废投壶雅歌，都与宫詹王定鼎、山人梁辰鱼为啸歌管弦之欢。"文中说，届时王县令便会约上昆山最会玩的人——宫詹王定鼎、山人梁辰鱼等一起嗨个够，饮酒赋诗的同时，上演的节目自然是最喜欢、最擅长的"投壶雅歌"和"啸歌管弦"，以致县城里的大户人家纷纷效仿，后来每逢元宵灯会，城中随处能听到"金皷喧填，子夜后犹闻箫管之声"了，此等景象竟然持续了近半个世纪。

晚明昆山人对昆曲可以用疯狂喜欢来形容，除了元宵节外，每逢节日喜庆或者婚丧嫁娶，家家户户都会请戏班堂名上门演出，城中越来越多的人习唱度曲、吹拉弹唱，名门大户竞相蓄奴办起家班，各地戏班则以打入昆山演出市场为目标，各省歌儿歌女以一睹梁辰鱼风采为荣幸，新的剧本往往在昆山首度上演，而魏、梁所创行"昆腔""昆曲"之美名则早已传遍大江南北，此时拥有四万人口的昆山城中一派"家家收拾起，户户不提防"的景象，成为江南一带最著名的"戏窝子"，这一切不正是滥觞于"大梁王侯"的"上元张灯"吗？

综上所述，张大复出于对"大梁王侯"昆山县令王用章的敬仰，感恩他惠泽地方百姓的初衷，同时也是对昆曲等戏曲文化的自豪，在他的代表作中，详尽记载了有关"大梁王侯"在当时曾经家喻户晓的故事、抑或是不为人知的掌故，为我们深入了解这位与昆山和昆曲有着不解之缘的昆山县令，提供了重要的史料和丰富素材，进而让我们更为明确地意识到，在昆腔昆曲产生、发展、传播的过程中，"大梁王侯"所起的重要作用和深远影响。

以诗歌抒写性情

——论唐寅的诗歌风格

王敏杰

　　明代成化、正德年间，江苏苏州活跃着四位才华横溢且性情洒脱的文化人，世称"江南四大才子"，《明史》卷286记载，"徐祯卿与祝允明、唐寅、文征明齐名，号吴中四才子。"他们的诗歌书写性情，强调人格与真情。其中唐寅、祝允明、文征明不但能诗，且擅于书法、绘画，以多才多艺见称。

　　唐寅字伯虎，后改字子畏，号六如居士、桃花庵主，有"江南第一风流才子"之美称。他自幼聪明伶俐，16岁时参加童生试，经县试、府试、院试，高中第一名。明弘治十一年（1498年）赴南京乡试，又中第一名解元。次年，唐寅进京会试，因涉嫌涉科场舞弊案，贬谪往浙江为吏。唐寅耻不就官，归家后纵酒浇愁，傲世不羁。

　　唐寅一生经历坎坷，才华横溢却仕途失意，且家中连遭不幸，父母、妻子、妹妹相继去世，家境衰败。这使他的一生充满了悲情色彩。在遭受重重打击之后，他归隐苏州桃花坞，种花、饮酒、写诗作画。

　　唐寅怀有一腔才情，他用诗歌记录下自己的所思所想、所见所闻。在天下至盛的苏州，他和自己的至交们无所顾忌地到处取乐、嘲讽权贵、感叹民生，虽然有很多行为看似荒诞不经，但他们以荒唐行径嘲弄现实，这就是明中叶江南风流才子群流芳后世的原因所在，也是唐伯虎狂士形象的不朽魅力所在。

　　唐寅的诗歌反映出他不同时期的生活状态和情感，青春年少时经历才子的辉煌，昂扬进取，其诗风豪情满怀。仕途失意后诗风发生变化，多为伤世之作，表达愿望破灭时的失意痛苦之情，感叹人情冷暖，世态炎凉。晚年时"皈心佛乘，自号六如"，思想趋向解脱颓唐，生活乐趣转向自然，诗风表现出追求淡远人生的出世精神。

一、前期诗风豪情满怀诗意盎然

唐寅前期诗歌文学色彩较为浓厚，无论是修辞还是笔力，都能让人感受到"才子风采"。他早年曾下苦功钻研过《昭明文选》，他的乐府诗《短歌行》和《相逢行》，以质朴的形式披露自己的胸襟，且转意换韵，极其自然。因此他早年作品有魏晋六朝风格，工整妍丽。

他中解元后写了一首诗，"秋月攀仙桂，春风看杏花；一朝欣得意，联步上京华"（《题画》），蟾宫折桂，春风得意，字里行间透出他的得意与狂傲之情。

唐寅的诗歌《阊门即事》描写苏州阊门的繁华景色，广为流传。

> 世间乐土是吴中，中有阊门更擅雄。翠袖三千楼上下，黄金百万水西东。
> 五更市卖何曾绝，四远方言总不同。若使画师描作画，画师应道画难工。

—— 《阊门即事》

阊门，春秋时期伍子胥象天法地始筑吴都，阊门见证了苏州城两千五百余年的沧桑变迁，在明代时期这座古老的西大门又成了唐寅这位才子的舞台。

这首《阊门即事》语言清新，诗兴盎然。首联直接点出阊门的地位举世无双，乃世间乐土之最。明代中后期，中央政府出现了统治危机，宦官当道，民不聊生。地处烟花繁柳地的苏州承担了全国最重的税务，与此同时，资本主义萌芽也开始在江南地区迅速滋长开来，外地流民进入苏州，为江南地区工商业发展提供了大量劳动力，手工业、商业的发展非常迅速。阊门酒肆林立、船舶来往、夜夜笙歌的景象，为才子们提供了最好的栖息地，他们在这里找寻灵魂的出路，用诗词排解心绪。

领联中的"上下"和"西东"，用最简单的方位词刻画出阊门交通便利，商业繁荣；"翠袖三千"，"黄金百万"，写出了阊门的极度繁荣，黄金是璀璨夺目的，而江南的流水又是纯澈白皙的，强烈的颜色对比凸显出阊门之繁华。

颈联中的"五更"和"四方"则从时间和空间上表现出诗人对姑苏繁华的深深感慨。明代中后期，在资本主义萌芽的催生下，江南文人们不再拘泥于普通的吟诗作对，游览山水，他们开始打破禁忌、世俗，在桨声灯影里寻觅倩影。推动这批才子张扬个性和人欲的是王阳明的"心学"思想，冲击了理学的禁锢，起到了巨大的解放与启迪作用。

诗歌尾联"画师言难工"，侧面描写再一次让读者遐想：这是一幅多么细腻温婉的江南山水，即使唐寅这样的才子站在山塘街、寒山寺、桃花庵内仍然要感慨眼前的景物是多么的难以描绘。

唐寅的诗歌《松陵晚泊》歌咏吴江松陵垂虹桥，也是别有情致。坐落于吴江松陵的垂虹桥始创于北宋庆历八年，曾是苏州地区非常有名的一座桥梁。从苏州城里送客到垂虹桥，距离适中，此地常为送别分手之处。作为吴会的交通要冲，自古以来，无数文人骚客从此经过，留下了不胜枚举的诗篇。

> 晚泊松陵系短蓬，埠头灯火集船丛。人行烟霭垂虹上，月出蒹葭涌水中。
> 自古三江多禹迹，长涛五夜是秋风。鲈鱼味老春醪贱，放箸金盘不觉空。
>
> ——《松陵晚泊》

袁宏道对这首诗的评价是入画。正是因为唐寅在绘画上也有着巨大的成就，所以他的诗也都如画一般形象生动，言有尽而意无穷。

首联的两句用"系"和"集"两个动词，描写出夜晚吴江垂虹桥边盛况空前的景象。颔联点出了诗人所处的地理环境，月出兼葭的完美画面，通过一个"涌"字表现了出来。江南的夜晚，烟雾蒙蒙，五更时分仍然如此动人。虽然盘缠不多，只够享用"鲈鱼味老春醪贱"，生性自由、胸襟豁达的唐寅欣赏着江南动人的市井图像，意犹未尽。

二、仕途失意诗风孤愤沉郁真切平易

人生的失意伴随着唐寅的一生，出生于经商家庭的唐寅被寄予踏上仕途的厚望，他也曾满怀期望、挑灯夜战，"名不显时心不朽，再挑灯火看文章"（《夜读》）也曾"一朝欣得意，联步上京华"。但是官场的风云变幻是难以预料的，科举舞弊案后，唐寅一生都和仕途绝缘。

他对功名失望，有感于世态炎凉，他的诗歌风格发生了变化，一改原本气度潇洒、辞藻绚烂的诗歌风格，而代之以孤愤沉郁，将满腹牢骚和真挚情感藉笔墨一泄为快。他在一幅仕女画《秋风纨扇图》题诗：

秋来纨扇合收藏，何时佳人重感伤。请把世情详细看，大都谁不逐炎凉。

秋风吹来，季节交替，纨扇夏用秋藏，佳人感伤。唐寅把季节交替的炎凉和世情联系起来，感叹人世间大都趋炎附势，世态炎凉。

唐寅在画作《菊花图》题诗：

　　黄花无主为谁容，冷落疏篱曲径中。仅把金钱买脂粉，一生颜色付西风。

　　诗人自比菊花，惨遭冷落，不知为谁而容，一生的努力都付诸西风。

　　但是唐寅在消沉了一段时间后，还是如同江南三月初的柳芽一样，复苏、回春、归来，归来的是他的兴致和以前不曾有过的肆意与纵情。

　　桃花坞里桃花庵，桃花庵里桃花仙；桃花仙人种桃树，又摘桃花换酒钱。
　　酒醒只在花前坐，酒醉还来花下眠；半醉半醒日复日，花落花开年复年。
　　但愿老死花酒间，不愿鞠躬车马前；车尘马足贵者趣，酒盏花枝贫者缘。
　　若将富贵比贫贱，一在平地一在天；若将贫贱比车马，他得驱驰我得闲。
　　世人笑我太疯癫，我笑世人看不穿；不见五陵豪杰墓，无花无酒锄作田。

——《桃花诗》

　　在我国古诗里，也有写桃花者，但很少同作者的人生追求联系起来。兰、菊、梅、莲等花儿，常常用来象征某种品行，而桃花在人们心中，是属于大众的，是情欲萌动的象征，即便它也是南方最常见的漂亮的花。

　　诗中反复强调的"酒"、"花"让读者很轻松地进入到唐寅所构建的那个无拘无束的世界。在这个世界里，追求人生价值的衡量标准变成了个人的感受而不是士大夫眼里的入朝为官、兼济天下。唐寅毫不掩饰、直抒胸臆，把自己内心对追求人生的衡量标准完全地放在了自我的享受上。

"他得驱驰我得闲"表现出唐寅的人生态度，贫贱也好，悠闲也罢，都只是每个人自己的选择，在他内心的价值观里，桃花庵的悠闲纯属个人对享受生活的选择。

"世人笑我太疯癫，我笑世人看不穿。"这句话常被后人引用，流传度很高。但因其口语化的特征饱受争议。王世贞就讽刺伯虎诗"如乞儿唱莲花落"，但朱彝尊却在所编纂的《明诗综》里列举了八首题画绝句为唐寅辩护，其实他们的审美眼光都局限于传统，而这正好从两个角度说明了唐寅诗歌的独到之处。两相比较，还是"莲花落"式的诗歌更能表现唐寅的创作个性和真性情。

三、后期诗风隐士闲情放远旷达

在经历了一系列人生坎坷和思想斗争后，唐寅晚年诗风又有一变，悲伤之情被他的豁达浇灭了，他选择真诚自由地生活，惆怅终结，便是豁达，便是率性而为的真实生活。

他的追忆里不再有悔意，"多少好花空落尽，不曾遇着赏花人。"唐寅在他的名作《落花诗》中直抒胸臆。"多少好花"表示唐寅悟透当时绝对不止他一个人遭到封杀与蔑视，"空"字生动直接体现出了唐寅心中的万事皆"空"。唐寅曾遇到过"赏花人"，文征明、祝允明这些人都是唐寅一生最宝贵的知己，所以这句的"赏花人"只是单指官场上肯为唐寅说话、真正赏识唐寅的官员。

唐寅将生活乐趣转向自然，追求隐士般的淡远人生。他在《抱琴归去图》题诗：

> 抱琴归去碧山空，一路松声雨鬓风。神识独游天地外，低眉宁肯谒王公。

我们从诗中读到那种超脱现实的意境，仿佛看到在桃花下饮酒作画赋诗的唐寅，看到寄情于山水之间的唐寅，他的笔下有江山万里，有一路松声，他开始淡泊名利、专事自由读书饮酒卖画，达到了神识独游天地外的逍遥境界，表达了诗人超然出世的人生境界。

> 怅怅莫怪少时年，百丈游丝易惹牵。
> 何岁逢春不惆怅，何处逢情不可怜。
> 杜曲梨花杯上雪，灞陵芳草梦中烟。
> 前程两袖黄金泪，公案三生白骨禅。
> 老后思量应不悔，衲衣持钵院门前。

——《怅怅词》

这是唐寅对自己一生最现实的思考和总结。唐寅的思绪回到了少年时，少年的情思如飘荡于空中的游丝，"百丈游丝"准确地体现了唐寅年少时期风流倜傥、春心萌动的形象。

"何岁"和"何处"点出了人生的某些悲哀是不可避免的，人生惆怅，逢春惆怅，逢情惆怅，宴饮惆怅，离别也是惆怅。在经历了这么多人情世故后，唐寅也明白了友谊和亲情在走下坡路的人生面前也都是如此易碎。

"杜曲"和"灞陵"是唐诗中写宴饮和离别时经常用到的地理意象。暮春时节庭院深深，凋落的梨花从头顶上坠落，有几片白皙、芬芳的花瓣滑进了手中的酒杯。春意阑珊，杨柳依依。微风拂过，道路两旁的草丛也都斜着身子，转过头去，不忍目睹离别之情。

"前程两袖黄金泪，公案三生白骨禅"，更是人生惆怅的终结。三生指的是前生、今生和来生，如果把三生当作一个禅家的公案来参悟，悟透了，到头来，都是一堆白骨。唐寅走近了禅家的世界，他开始思考人生的意义，白骨是所有人共同的结局，是人生惆怅的终结。

诗的最后写到往日身穿破衣，扮乞丐乞食于妓院门前，这种事即使到老也不会后悔。据蒋一葵《尧山堂外纪》记载，唐寅曾和同学张岭及祝允明一起，扮作乞丐，唱着《莲花落》讨钱，而后买了酒在荒郊野寺中豪饮，同本诗可以互证。

关于唐寅的绝笔诗有两种不同的版本。一种收录《唐伯虎全集》中：

> 生在阳间有散场，死归地府也何妨。阳间地府俱相似，只当漂流在异乡。

另一种版本是附录在全集的《燕中记》：

> 一日兼他两日狂，已过三万六千场。他年新识如相问，只当漂流在异乡。

第二首诗更像是唐寅本人的口吻。"一日兼他两日狂"这才是那个真正把生命里的每个时刻都真正利用起来的唐寅，他对艺术无限的创造力和对生活本身的追求旅程都是大多数人力所不能及的。最后两句唐寅还是透露出了对现实的无奈，但是他不消极，他对待生命里的磨难时，多是用宗教里或者艺术化的方式去调整自己的心态。"只当漂流在异乡"里的异乡注定是让人感到悲切的，唐寅通过他特有的方式，坚韧地活在那个苛刻的时代，绝世而独立。

纵观唐寅的诗歌创作，他的诗歌是他内心情感的真实流露，他以诗言情，表达真实的自我，因此他不同时期的诗歌风格有着比较显著的区别。他一生都在追求独立人格，当他狂傲的性情受到官僚制度的摧残时，他用诗歌直抒胸臆。傅维麟《明书》卷一百五十一称其为"始为诗，奇丽自喜，晚节稍放格，谐俚俗，冀托以风人之旨，其合者，犹能令人解颐。"他敢于坦率地追求自由真诚的生活，他已经达到了封建时代中只有极少数知识分子才能达到的精神高度，唐寅不需要世俗的理解，他的境界早已超脱人世。唐寅的诗歌有着独特的风格，他的诗歌既能展示诗人独特的个性，又富有诗歌的美感，他以诗歌书写性情，给明代诗坛带来一股清新之风。

参考文献：

1. 崔小敬.《江南游记文学史》. 上海古籍出版社，2015.

2. 王稼句.《吴门四家》. 苏州古吴轩出版社，2003.

3. 骆玉明.《纵放悲歌》. 北京中华书局，2004.

4. 陈书良.《陈书良说唐伯虎》. 中南大学出版社，2011.

5. 张萍.《论唐寅的诗歌创作艺术》.《咸阳师范学院学报》2016（1）.

苏州泰伯庙送别诗文化现象研究

张长霖

2014 年下半年，朋友邀我参加《泰伯诗咏赏析》的编撰工作，大有收获。首先是历来学术界有关泰伯的一些疑问自以为已经解决了。我把这些认识写成了一篇将近 8 千字的论文《泰伯考》，已经在《传统文化研究》上发表。另外的就是发现了泰伯庙曾经是苏州士大夫送别的场所这样一个有趣的现象，本文拟就此发表一些自己的研究心得，以期引玉。

一、中国的送别文学和送别习俗概述

古时候交通不便，人们出门，特别是出远门就成了重大的人生事件，值得用文字记载下来，这就形成了送别文学。而这些送别文学，又给我们留下了了解古人送别习俗的线索。

说起来，中国的送别文学由来已久，学术界以为最早的送别诗出现在《诗经》时代，《诗经》中的《邶风·燕燕》，《秦风·渭阳》被认为是现存最早的送别诗。引用如下：

邶风·燕燕

燕燕于飞，差池其羽。之子于归，远送于野。瞻望弗及，泣涕如雨。

燕燕于飞，颉之颃之。之子于归，远于将之。瞻望弗及，伫立以泣。

燕燕于飞，下上其音。之子于归，远送于南。瞻望弗及，实劳我心。

仲氏任只，其心塞渊。终温且惠，淑慎其身。先君
之思，以勖寡人。

　　这首诗有人以为卫庄姜送归妾陈女戴妫的。也有人认为是卫
君送妹的。我们这里先不管这些考证，只知道有一点是肯定的，
就是这是一首早期的送别诗。

《秦风·渭阳》

　　我送舅氏，曰至渭阳。何以赠之？路车乘黄。
　　我送舅氏，悠悠我思。何以赠之？琼瑰玉佩。

　　这首诗一向被认为是秦康公送舅氏晋文公重耳回国就国君之
位的送别诗。从这两首诗来看，《诗经》时代已经普遍流行送别赠
诗了。
　　此后的年代，著名的送别文学层出不穷，略举数例，如脍炙
人口的有战国时期的《易水歌》、唐代王勃的《送杜少府之任蜀
州》、王维的《送元二使安西》、李白的《送孟浩然之广陵》、《梦
游天姥吟留别》、《赠汪伦》、《菩萨蛮》、《忆秦娥》、元代王实甫
的《西厢记·长亭送别》、宋代柳永的《雨霖铃》等等，不胜枚
举。可以说，送别已经成了古代文学的热门题材。
　　那么我们从这些文学作品中看到古人送别有哪些习俗呢？看
下来，主要有两大要素，那就是诗和酒。文人雅士送别，必有诗。
留者赠行者，称为"送别"；行者赠留者，称为"留别"；途中相
逢又分别，称为"赠别"。这些区别，一般诗题上就能分清楚。这
是第一要素。第二要素就是酒，离别必喝酒。白居易的《琵琶行》
开头就是送别场面，就喝酒，"醉不成欢惨将别，别时茫茫江浸
月"。柳永的《雨霖铃》说"都门帐饮无绪"。虽说这不是开心的
酒，还是得喝。蒙学读物中规定"诗""酒"能成对，这大概是主

要原因吧。

送别的场所呢？有些就是船上，古人出远门多坐船。白居易的《琵琶行》就是在船上。更多的是长亭，于是长亭也就成了送别的代名词。李白说"何处是归程？长亭更短亭。"王实甫的《长亭送别》写来缠绵悱恻，李叔同的一曲"长亭外，古道边"，叫人柔肠百转。但是也有特殊场合的，如长安的灞桥。李白说"年年柳色，霸陵伤别。"相传还有"折柳相赠"的习俗，"柳"者，"留"也。以示留恋之意。

这就是中国古代送别文化的大概。了解这些，我们可以对比着研究苏州泰伯庙送别文化现象了。

二、苏州泰伯庙送别的文化现象

这次撰写《泰伯诗咏赏析》一书，发现"泰伯诗咏"中存在着大量的送别诗，这样就给我们呈现了曾经出现的泰伯庙送别的文化现象。先看看我们入选篇目中的泰伯庙送别诗的篇目：

五言古诗 3 首

［明］袁凯《赋得泰伯庙送倪元镇》、［明］袁华《赋得泰伯庙送郑同夫归豫章》、［明］史鉴《赋泰伯祠送李舍人》

七言古诗 1 首

［明］边贡《赋得泰伯祠送龙致仁金事》

五言律诗 3 首

［宋］司马光《送杨太祝忱知长洲县》、［宋］翁卷《送卢主簿归吴》、［清］李觊《巡抚汤公下车之日即谒泰伯庙因赋》

七言律诗 1 首

［宋］梅尧臣《送唐紫微知苏台》

如果从因为篇幅过长，内容庞杂而被选集舍弃的唐代刘景复《梦为吴泰伯作胜儿歌》算起，至少我们知道苏州泰伯庙送别的习俗由来已久。那么，苏州泰伯庙送别究竟开始于何时？为什么选择泰伯庙为送别场所？泰伯庙送别有些什么仪轨？等等问题自然凸现。我们不妨逐一论证。

　　从这些留存的诗篇看，苏州士大夫和文人雅士在苏州泰伯庙迎来送往，诗酒相酬，俨然成为一种时尚。从时间段来看，我们最早看到了中唐时期的作品，最多的是元末明初的作品，一直延续到清前期。之后这类作品就鲜见了。从人物看，有当地上任卸任的地方官，如清前期的新任巡抚汤斌；有著名的文人雅士，如元末的倪元镇（倪瓒）。显见得泰伯庙送别这一风气普及于旧时苏州士大夫阶层，这就成了一个很值得注意的文化现象。下面笔者就对这一文化现象发表一些初步研究后的思考。

三、苏州泰伯庙送别文化现象分析

　　苏州的泰伯庙始建于东汉。史料记载东汉永兴二年（154）吴郡太守麋豹创建了苏州泰伯庙。此庙在"阊门以西"，具体地址大约在今天的广济桥、上津桥南侧，近时拆掉的三乐湾一带。五代时由吴越国钱氏移庙至今址，即阊门内下塘街，以避战火。这样，就从"阊门以西"搬到了"阊门以东"。这样，苏州泰伯庙在"阊门以西"大约750年左右，在"阊门以东"大约1100年左右。我读古人诗，常常发现古人的方位感有时并不精确，这里也有发生。如诗圣杜甫的《壮游》中"嵯峨阊门北，清庙映回塘。"就是一例。唐代的泰伯庙应该在阊门西，精确讲是西偏南，无论如何也到不了"北"。

　　（一）肇起

　　我们见到的文学作品中，最早写到泰伯庙送别的是唐代刘景复《梦为吴泰伯作胜儿歌》，该诗收入《全唐诗》。刘景复其人的生平事迹和生卒年无可查考，只知道他是流寓苏州的一位进士。唐代的进士是稀罕物，不像后世，一榜录取一百多进士，唐代进士一榜只有二三十人，极难考中，所以有"四十少进士，三十老明经"的说法。四十岁考取进士还算是年轻有为的。所以，刘景复在当时也算是高级人才了。刘景复的这首诗是夹在一篇传奇小说中间的。这是唐人传奇的典型样式：醉酒——梦中遇仙——赋诗——梦回。从诗歌的内容来看，刘景复应该是中唐时期的人，具体说应该是安史之乱以后，战乱还没有平息而避乱吴中的。诗歌云："……我闻天宝十年前，梁州未作西戎窟。纤歌妙舞扬升平，不省烟尘遽蓬宾。太平之末兵戈兴，汗血奔腾恣唐突。宾宗未到万里桥，东洛西京一时没。海内臣民皆鼎沸，饮恨吞声空咽呕。时看明月望青天，怨气冲星成彗孛。国门之西八九镇，高城深垒闭闲卒。河湟咫尺不能收，挽粟推车宁复邮。……"描绘的就是安史之乱后藩镇割据的局面。这样，刘景复的生活年代就可以大致界定了。

就在刘景复的这一片传奇小说中，作者写道："有进士刘景复送客之金陵，置酒于庙东通波馆……"点明了泰伯庙送别这样一个事实。这样，苏州士大夫泰伯庙送别的文化现象最晚也是出现的唐代，也许更早。

（二）成因

那么，何以泰伯庙成了苏州士大夫送别的场所呢？有一位老朋友认为，问题很简单，就因为泰伯庙邻近河道，便于放舟远行。初以为很有道理，细想说不通。试想苏州是水城，何处不亲水，何必泰伯庙？再说唐代京杭大运河已经沟通，苏州的长亭就在城西十里的大运河之畔，不是更便于放舟远行吗？士大夫送别独选泰伯庙，必然有不可替代的原因。那么这个原因是什么呢？

我以为，其根本原因，是苏州人对泰伯这个吴地之主的认同感。泰伯实开勾吴，吴地是从泰伯开始脱离蒙昧状态的。不管王朝更迭，吴地的主人始终被认为是泰伯。这就是为什么刘景复在传奇中梦中见到的泰伯神灵是"紫衣王者"的原因，这也就是从东汉糜豹建庙以来一直延续到明清的春季隆重祭祀泰伯的原因。刘景复的传奇生动地记载了春祭泰伯的场面："吴泰伯祠在阊门之西。每春，市人相率牲醴，多图善马彩舆美女以献。饰以金银，复以轻绡。画侍婢捧胡琴以从，其貌胜于旧绘者名之为胜儿。盖他献者无以为匹也。女巫方舞，……”而这个“胜儿”的习俗，至少到元末明初还在。（元）宋无《胡琴婢胜儿》云：

吴俗祈恩泰伯祠，争图舆马献新奇。文王三让周天下，翻爱胡琴宠胜儿。（《吴郡文粹续集》卷四十六引《啽呓集》）

正因为如此，在泰伯庙送别，这是向地主告别，倪元镇辈是也；在泰伯庙接风，这是客人拜见地主，汤斌辈是也。也正因为如此，在这样的迎送场合就有了祭祀泰伯这一重要仪式了。我以为这就是泰伯庙送别这一习俗形成的根本原因。就这一原因，泰伯庙是不可替代的。

另一原因，恐怕与泰伯庙地近阊门有关。无论“阊门西”的旧泰伯庙和“阊门东”的五代至今的泰伯庙，都在阊门附近。而水运时代，阊门是苏州最重要的交通枢纽，吊桥附近有北码头、南码头和南码头河对面南濠街上苏州最大的码头万人码头。从这里出发，出渡僧桥，经枫桥顺着京杭大运河，西出无锡，由此北上；顺护城河南下，出觅渡桥，顺京杭大运河，可以南下杭州；顺护城河折向娄江，可达昆山、太仓，到浏河出海；顺护城河北上，可达常熟，可达黄泗浦入江。“五龙会阊”，气象万千。水运时代的苏州，交通之利莫过阊门。这也许是泰伯庙送别的地利优势了。

出于乡土情愫的告别泰伯，加上极其便利的交通条件，就是泰伯庙送别文化现象的成因了。

四、苏州泰伯庙送别文化现象的延续和仪轨研究

苏州泰伯庙送别诗，最多见于元末明初这一时段。从这些诗篇，我们看看，泰伯庙送别具体是怎样一个场面，或者说有何仪轨。

先看一首明代诗人边贡的送别诗。

赋得泰伯祠送龙致仁佥事

【明】边贡

　　万乘尊，如浮云，发乎可断身可文。弟有雍，孙有
札，百代清风见家法。牲牢腯，黍稷香，帛烟袅，箫吹
扬。使君祭扫庙门掩，阴风飒飒灵旗飐。

（《华泉集》卷二）

　　边贡（1476—1532）字廷实，因家居华泉附近，自号华泉，
历城（今山东济南市）人。明代著名诗人、文学家。弘治九年
（1496）丙辰科进士，官至太常丞。边贡以诗著称于弘治、正德年
间，与李梦阳、何景明、徐祯卿并称"弘治四杰"。后来又加上康
海、王九思、王廷相，合称为明代文学"前七子"。边贡在文学上
主张"文必秦汉，诗必盛唐"的复古主义。
　　边贡的《赋得泰伯祠送龙致仁金事》诗三言、七言错落有致，
很是灵动可读。这样的句式，我们可以在唐朝诗歌中找到。如李
白的《三五七言》，再如王建的《望夫石》。边贡的这首诗与王建
的《望夫石》句式几乎相同。
　　这首诗一开首直接切入泰伯庙，诗歌说，泰伯弃万乘之尊如
敝屣，文身断发奔吴。有弟弟仲雍，有后代子孙季札，流传下百
世好家风。"牲牢腯，黍稷香，帛烟袅，箫吹扬"中，"牲牢"指
祭祀用的牲畜；"腯（tú）"，肥壮。祭祀时，摆放着丰厚的祭品，
香喷喷的稻米饭，焚化祭文的纸花飞扬，箫鼓奏响。　"飐
（zhǎn）"，风吹飘动，最后说太守祭祀时庙门关闭，阴风飕飕，灵
旗飘动。
　　奇怪的是，全诗没有一句落在送别处，纯乎写泰伯庙的祭祀
活动。看来作者与这位龙致仁金事的交情不过尔尔，送别赠诗，
逢场作戏而已。而从中我们却看到了泰伯庙祭祀的仪轨：献牲

——焚化祭文——奏乐，一派肃穆。

更奇怪的是，我们见到的泰伯庙送别诗几乎都是这种内容，那就是借送别之名，行歌咏泰伯庙之实。这与我们见到的唐人送别诗完全不同，唐人的送别诗满纸都是离别情。所以，我以为，泰伯庙送别或许只是一个由头，一个文人雅集的由头。

至此，我们不妨复原一下泰伯庙送别的场面：众人聚会，一起祭拜泰伯神像。然后置酒高会，即席赋诗，主宾酬答。最后尽欢而别，行人登舟而去，送者尽兴而归。

这种雅集，需要一种氛围，吴地之主泰伯正可以带来庄严肃穆的氛围；需要施展得开的场地，泰伯庙占地广阔，有园墅之胜。当时的泰伯庙是很大的，现在的五峰园也是泰伯庙的一部分，就此可以想见泰伯庙的规模。那么说来。泰伯庙实在是苏州人送别的最好的场所了。

五、苏州泰伯庙送别文化现象的消亡

今天，泰伯庙送别似乎离开我们已经很遥远了。那么泰伯庙送别这一文化现象是什么时候消亡的呢？我们难以查考，但是至今没有发现一首清代的泰伯庙送别诗。我们只见到一首泰伯庙接官的官样文章。这就是下面这一篇：

巡抚汤公下车之日即谒泰伯庙因赋

【清】李觊

庙向金阊道，门连至德桥。一身开泽国，千载祀熙朝。
老树寒风响，灵帷细雨飘。汤公能厉俗，首谒示清标。

（《百城烟水》卷二）

清代前期著名的廉吏汤斌，身后被尊为苏州城隍，汤城隍的神像至今在东山轩辕宫还可以见得到。这位汤巡抚有一个故事众所周知，那就是在江南"毁淫祀"，各种非正统的庙宇尽被禁毁，独保护泰伯庙和季札庙。汤斌的"毁淫祀"是学的唐代名臣狄仁杰的样子，连路数也一致。这是江南历史上最著名的两次大规模"毁淫祀"的官方行为，影响极为深广。而泰伯庙、季札庙独被保护，就愈显突出。从上面的这首诗看来，至少汤斌时代泰伯庙还是热闹的。

苏州史料记载：清康熙四十四年圣祖仁皇帝（即康熙）南巡时，饮赐给苏州泰伯庙御笔亲书的"至德无名"四字。随后，乾隆皇帝在乾隆十六年二月南巡时在苏州泰伯庙御笔亲书"三让高踪"，乾隆历次下江南遣大臣祭苏州泰伯庙。现泰伯庙尚存至德桥、至德坊、大殿三间、东西两庑各三间等清代建筑。殿内立有清康熙二十四年《重建至德庙碑记》、二十五年《巡抚江南汤公长生碑》等石刻。东西两庑各三间，壁嵌泰伯及诸先世画像刻石，镌于光绪二年。

那么，从这些文化遗存可以判定，有清一代，泰伯庙屡被敕封，是鼎盛的。但是，为什么再不见送别文字了呢？是不是清代的泰伯庙官方色彩太浓了，不适宜文人雅集？还是干脆官方不让这庄严的殿堂再作为文人雅集的场所了？待考。我认为这些猜想是有道理的，康熙乾隆的褒奖把泰伯庙进一步神圣化了。而这样神圣的场所是不适合继续让文人墨客随意风骚的。

总之，泰伯庙送别这一文化现象自唐代延续到明代，到清代中断了。中断了就很难延续。

近几十年，泰伯庙荒废，曾经成为菜市场。我们这代人，从小见到的泰伯庙就是菜市场。所以泰伯庙送别这一文化现象确实离开我们已经很遥远了。

六、苏州泰伯庙送别文化现象的启迪

一个重视文化传承的地方往往都有自己的文化印记，如历史上的江南名楼滕王阁、岳阳楼、黄鹤楼的雅集。但是，很令人惊奇的是，这些文化印记在近现代都消亡了。倒是原先文化落后地区还在顽强地保存自己的文化印记，如苗族地区的"上刀山下火海"、陕北的锣鼓、新疆的达瓦孜等等。而我们发达的东南一带，竟没有自己的文化印记。莫非真的要步香港的后尘，成为文化沙漠？

我们苏州并非没有自己的文化印记，不少民间习俗我们这一代人还记忆犹新，再年轻的一代就不敢说了。如苏州的狂欢节农历四月十四"轧神仙"就是一例。但是本来远不止这些，如民俗博物馆收藏的木雕大型组件"山塘庙会"就展示了上塘街庙会的盛况，再如唐人刘景复的传奇记载的泰伯庙春日社火，都是突出的例子。我们现在已经有热闹了几十年的寒山寺听钟的盛会，不妨也有泰伯庙春祭的盛会。我们不必一定复制泰伯庙送别的习俗，但是泰伯庙春祭是可以再现的。也许这会成为苏州的新的文化印记。

说起苏州的文化印记，泰伯庙应该就是。就看我们怎样承受祖先的恩泽了。

附录：几首泰伯庙送别诗

赋得泰伯庙送倪元镇

【明】袁凯

鄨商肇基迹，传季思逮圣。兄弟逃荆蛮，谋德一何盛。千家奉来从，勾吴始开境。

遥遥至裔孙，欲大心逾骋。深宫贮妖丽，高台瞰逦迥。既拒伍胥忠，还甘太宰佞。邻邦树雠怨，上国肆争竞。社稷终变迁，轩楹独完整。

相传在闾里，洒扫致严净。岁时具牲醴，歌舞劳送迎。楚鬼久无食，越魄谁将礜？强暴有湮晦，圣哲无终竟。

于焉送将归，舟舻得依并。是时春气和，氤氲满芳径。渚花

动幽彩，汀蒲发深艳。江水去不息，烟霞日将暝。敛衣拜阶下，怀哉起孤咏。(《海叟集》卷二)

赋得泰伯庙送郑同夫归豫章

【明】袁华

巍巍三让庙，乃在古城阿。日月明衮裳，殿陛列珥戈。万世尊至德，遗风亘不磨。送君庙下路，吴江秋水波。

(《耕学斋诗集》卷三)

赋泰伯祠送李舍人

【明】史鉴

行行阊门道，清庙临通津。借问此何居，至德垂鸿名。

畴兹商周际，天命固难谌。避狄始宁居，翦商志将萌。圣孙天所启，周道方日新。夫君见其微，远审来蛮荆。

冠冕化文身，礼义开吴民。让国非求名，此意难具陈。顾惟君臣谊，况乃父子亲。向无宣尼言，谁能识其心。

李膺吴中彦，怀古意何深。行当侍帷幄，扬芳播清尘。

(《西村集》卷二)

参考文献：

《泰伯诗咏赏析》，王家伦、张长霖编选，古吴轩出版社，2015.

《论语》、《左传》、《史记》.

风雅平望诗韵长

孙中旺

平望位于苏州、湖州和嘉兴之间，正处于锦绣江南的核心位置。据文献记载，在隋唐时期，此地尚"淼然一波，居民鲜少"，自南而北，只有塘路"鼎分于葭苇之间，天光水色，一望皆平"，平望之名即因此而来。

唐代以后，由于驿站的设立，平望渐渐发展成为京杭大运河上"烟火万井，商旅千樯"的繁华巨镇。兼之风景优美，物产富饶，人杰地灵，使得历代达官贵人及文人学士纷纷驻足于此，因此留下了不少脍炙人口的诗篇。这些诗篇跨越了时空的隧道，从不同角度记载了平望的历史和社会变迁，成为我们了解往昔平望的重要桥梁。

在吟咏平望的诗歌中，相关莺脰湖的篇章占据了重要部分。莺脰湖因湖形似莺脰而得名，一名莺斗湖，又名樱桃湖。湖中风景优美，唐代以来就是颇负盛名的游览胜地，传说大历年间，著名道士张志和就是在此升仙而去，因此后人在莺脰湖边建升仙亭和玄真子祠以示纪念。明清时期的莺脰湖有"莺湖夜月"、"殊胜钟声"、"远浦归帆"、"玄真仙迹"诸胜，游客如云，佳作迭出，声名远播，以至于在清代文学巨著《儒林外史》中就特设有"名士大宴莺脰湖"的章节。书中诸名士雇了两只大船，茶酒置办齐全，并有"唱清曲打粗细十番"的一班乐队随行，在莺脰湖上箫鼓宴乐，"那食品之精洁，茶酒之清香，不消细说，饮到月上时分，两只船上点起五六十盏羊角灯，映着月色湖光，照耀如同白日，一派乐声大作，在空阔处更觉得响亮，声闻十余里。两边岸上的人，望若神仙。"可见当时游览莺脰湖的盛况。

　　不过在游览莺脰湖的人中，有的可能是因为天气情况所滞留。当时的莺湖，面积辽阔，常有风涛之险，俗有"莺铁面"之称，言其风涛之无情。清人沈学渊路经平望时就遇到大风，"孤舟忽作万斛牵，巨緪危如一线弱。外湖四面浪拍空，里湖水驶当要冲"，不得不在平望停留下来，谁知大风一连刮了三天三夜，以至于"米盐将罄但食粥"。当然，沈学渊的遭遇并非孤例，在相关平望的诗篇中，主题为"阻风"的篇章甚多，可见很多人都有相同的经历。值得注意的是，同样是阻风滞留于平望，大家处理的方式却显著不同。宋代的赵鼎有《过平望趋吴兴阻风，游殊胜寺，用益谦韵》的诗，可见他是以游殊胜寺来消磨时光。而明代的王骥德是以秉烛夜话来度过，由其《阻风莺湖》诗中"客愁难更遣，烧烛话黄昏"之句可证。还有人是和同伴以雅集赋诗来度过，如明末和尚释通凡，他留下的《阻风平望道中闻笛，同王道安诸侣赋分零字》诗，就客观地记载这次雅集的事实。最豪放的是喝酒，如明代郭谏臣，他的《阻风平望》诗中就有"驿路船争聚，江桥酒易赊"之句。另外明代程嘉燧的《平望阻风》诗中有"旁市求鱼入，邻舟得酒归"的记载，上述的沈学渊在其《阻风平望》诗中也有"白酒三升不直钱"之句。宋末元初的方回是因大雪泊船平望，其《大雪泊平望买酒戏书》诗中有句云"不恨衣绵少，但愁无酒钱。能将钱致酒，即似衣添绵。"看来以这种方式在平望消磨时光的人还真不少。

　　由于路经平望的旅客众多，当地的服务业也发展了起来。首先当然是酒家，在诗歌中也有不少反映。宋代杨万里的《夜泊平望》诗中就有句云："一色河边卖酒家，于中酒客一家多。青帘不饮能样醉，弄杀霜风舞杀他。"看来当时平望的酒家已经很多。明人史鉴的《平望送郫用明还鄞》诗中有句云"酒旗招客临官道，河水流渐过断桥"，当时平望的官道上到处可见酒楼，迎客的酒旗招展。史鉴所记，并非虚言，在明清时期的"平望八景"中，其一就是"溪桥酒店"，明人俞睦有诗云："溪桥酒店系垂杨，好鸟多情唤客尝。最爱春风初起处，一帘疏雨杏花香。"清人刘嗣绾曾在平望酒楼休憩，其《晓泊莺脰湖憩酒楼》诗一开头就是"湖舫迢迢当远游，狂吟一上酒家楼"，他还在酒楼上看到"云山隔岸吐新月，烟水极天摇古愁"，可见此酒楼确实风景如画。

不过酒楼之外，平望也有了风月场所。早在晚唐时期，江淮名妓徐月英就曾流落到平望，并有《送人诗》广为传颂："惆怅人闲万事违，两人同去一人归。生憎平望亭前水，忍照鸳鸯相背飞。"晚明时期，广陵名妓钱昭仲流寓平望，善歌曲，名士毛莹赞其"曲宴共西园，清音推北里"，可见其演唱水平之高。不过在唐代平望还未发展起来，颇为荒凉，有人对平望的印象竟然是因为此地蚊子凶悍，唐人吴融就有长诗《平望蚊子》以纪其事。据吴融记载，别处的蚊子仅仅是"候夜噆人肤"，而平望的蚊子却"白昼来相屠"，而且"不避风与雨，群飞出菰蒲。扰扰蔽天黑，雷然随舳舻。利嘴入人肉，微形红且濡。振篷亦不惧，至死贪膏腴。舟人敢停棹，陆者亦疾趋。南北百余里，畏之如虎驱。"虽然此地风景优美，诗意无边，"江南夏景好，水木多萧疏。此中震泽路，风月弥清虚。"但由于这些可怕的蚊子的存在，吴融"虽然好吟啸，其奈难踟蹰。"以致于先后经过了几次，都因蚊子坏了清兴，弄得"襟怀曾未舒"。晚明的吴江人周永年刚开始时颇因此诗为平望叫屈，"尝读吴融诗，疑其或作恶。蚊阵何处无，独云平望路。"但在平望住了一晚上后，确实领教了当地蚊子的厉害，"帷似有人开，满中皆彼趣。扇驱手已疲，烟辟火难庶。耐热引被蒙，针刺忽穿度。既饱微若醉，喧呶又复据。将飞辄乱鸣，翕集类相慕。客枕无以当，起坐不敢怒。一身为射的，众喙自奔赴。"于是忍无可忍，也写了《平望蚊子》诗，"何由共歼除，忍令作露布。"但到清代，已颇为改观，平望人翁敏慧安家于莺湖之滨，炎夏天气在门前纳凉，蚊子极少，连蚊帐也不用，因此特做《平望无蚊子》诗，认为在吴融和周永年时代，是因为"平望在前朝，有水皆蒲泽。芦苇复丛生，蚊子为巢穴。"故蚊子猖獗。而"后来居民蕃，市廛相比栉。蒲芦尽斩义，不使复萌蘖。蚊子无藏身，种类皆屏迹。"平望不但蚊子绝少，而且成为消夏胜地，"至于莺湖滨，风景殊清绝。近村景幽旷，远山青巇嶪。莺燕互飞翔，鸥凫同出没。卜筑居其旁，恍入清凉国。"三首以"平望蚊子"为主题的长诗，倒从侧面记载了平望发展的历史轨迹。

但平望享誉天下的特产当然不是蚊子，而是莺湖里的银鱼。清人陆翔麟在《东吴棹歌》中有咏银鱼诗云："莺湖银鱼天下无，黄金为眼玉为肤。"而清人王濂在《莺脰湖银鱼歌》中亦云："莺湖风味著江南，佳种争夸尾四三。"检诸史籍，可知陆翔麟和王濂所言不虚。银鱼又被称为银刀、银条、白小鱼，在吟咏平望的诗歌中，写到银鱼的数不胜数。据清人王光熊在《莺脰湖棹歌》中记载，莺湖中的银鱼长寸许，碧玉色，金眼翠尾，味道鲜美，而太湖所产银鱼长而有骨，味道不佳，被平望人贬称为银鱼婆。莺湖所产银鱼以出万家潭的最为有名，清初吴江人徐釚在《莺脰湖竹枝词》中云："万家潭口银鱼美，滑似莼丝味更鲜。堪笑江东老张瀚，只将鲈脍向人传。"女诗人吴琼仙在《莺脰湖银鱼》诗中也写道："万家池产味更殊，嗜此那忆松江鲈。"可见银鱼的鲜美已经超越了名满天下的松江鲈鱼。桃花开时，春水初涨，也是银鱼上市之时，莺湖中渔船穿梭，岸边卖鱼、晒鱼者熙熙攘攘，成为平望代表性的民俗画面。上述的吴琼仙就描绘道："欲飞不飞波上烟，渔女隐泛瓜皮船。银鱼簇簇罥丝网，晚渡夕阳喧卖鲜。"而这种画面乾隆皇帝也曾经见过，他南巡时路过莺湖，在《莺脰湖词》的御制诗中就有"绿云枝上挂银刀"的描写。除了捕鱼，平望人的主要生计还有蚕桑和纺织。乾隆皇帝在《平望》诗中就记述当地"泽满鱼虾船作市，地多桑柘树成阴"，而清人吴翌凤的《莺脰湖棹歌》中也有"处处闲田都种桑"的记载，可见当地植桑养蚕的普遍。为了祈求丰收，当地还有蚕神崇拜，在莺脰湖中的平波台上就有蚕花娘娘塑像，前述沈虹的《莺脰湖竹枝词》中就有诗云："平波台筑水中央，新塑娘娘竞进香。跪上花幡亲自祝，今年蚕茧十分强。"可见香火之胜。据王光熊《莺脰湖棹歌》记载，在殊胜寺旁的扇子坊，春日会有从南浔来的女伎，打鼓唱舞，以祝蚕花，俗称蚕花娘。与此同时，平望的丝织业也很发达，上述的王光熊《莺脰湖棹歌》记载，当时的平望，"四乡皆以纺纱织布为业"，莺湖南农家还能织出"轻匀"的濮绸。关于平望的纺织业，诸如"织素邨邨连晓鸡"、"共勤机杼女鸣窗"、"万户鸣机彻夜声"之句指不胜屈，正是因为这些织女们的彻夜辛劳，才使得吴江一带明清以来享有"丝绸之府"的美名。

端午节的莺湖龙舟竞渡，是旧时平望颇有影响的民俗活动，在诗歌中也有不少反映。据前述王光熊《莺脰湖棹歌》记载，端午节里平望人看龙舟达到了"万家空巷"的地步，女人们也"浓妆相约看龙舟"，由于西塘据莺湖之胜，为看龙舟的最佳处，所以在五月前，大家"争赁西塘近水楼"，为了能够"至期率其家人寝食其上"，甚至"屋价虽昂不惜"。清人陆得梗在《莺湖竞渡》诗中就记载了龙舟竞渡时"但闻箫鼓杂众嬉，画舫珠帘满湖浦。莺翔凤翥互腾骞，电掣风驰尽雄武"的宏大场面。清人张士元、柳树芳也都亲自观看过端午的莺湖龙舟竞渡，分别留下了《闰端午莺脰湖观竞渡歌酬钱巽斋先生见寄》及《莺湖竞渡歌》，对此进行了绘声绘色的描写。而清代费仑的《莺湖竞渡歌》中还记载了一个新婚的吴姓青年，在画眉桥上观看莺湖竞渡时，不慎落水而死，留下了一个悲伤的故事。

地灵则人杰，莺脰湖畔多才子。冯梦龙的名著《醒世恒言》中有《钱秀才错占凤凰俦》的故事，故事中的钱秀才生得唇红齿白，眼秀眉清，兼之饱读诗书，广知今古，"下笔千言立就，挥毫四坐皆惊"，这样一个才貌双全的书生，就是平望人，虽然故事可能是虚构，但从中可见冯梦龙对平望的推崇。南宋末年，名士孙锐隐居于平望的桑盘村，留下了不少动人的诗篇，尤以《四景诗》

脍炙人口。其友人赵时远的《莺脰湖》诗云："莺去湖存事渺茫，梵宫占断水云乡。四围烟树波涛阔，六月桥亭风露凉。远近征帆归别浦，高低渔网挂斜阳。翠微深处一声笛，惊起眠沙鸥鹭行。"写出了莺脰湖的美丽风光，堪称流传千古的绝唱。明代末年，毛莹之父等人结莺湖社，社中有名士，有名僧，有名妓，时时雅集，留下诗篇众多。清初名士叶继武隐居平望唐湖之滨的古风庄，"有烟水竹木之胜"，叶继武在此组织了影响深远的惊隐诗社，入社之人可考者近五十人，均为"江浙之高蹈而能文者"，顾炎武、归庄、吴宗潜、吴炎、潘柽章等均在列，该社声势浩大，为当时"吴社之冠"，惊隐诗社"五月五日祀三闾大夫，九月九日祀陶徵士，同社麇至，咸纪以诗"，十多年间，名士们在这里"乐志林泉，跌荡文酒，角巾野服，啸歌于五湖三泖之间"，风雅无边，令人神往。当然，在平望现存的古诗中，也有慷慨激昂的乐章。平望地处江浙要冲，历来为兵家必争之地，明代的倭寇之乱和清代的太平天国时期，平望均受到了很大的冲击。明代嘉靖年间，吴江县令杨芷建敌楼于平望盛墩衺腰桥之北，与名将俞大猷及戚继光等人联合，先后在莺湖和唐湖大破倭寇，盛墩由此易名"胜墩"。关于此战的诗歌不少，沈皆的《胜墩歌》有云："我侯身将水上兵，险据胜墩扼其吭。命士直冲射其首，翻身正堕马上强。三千逆徒气尽夺，乘胜斩馘盈吴艎。凯歌浩荡三吴舞，胜阁嵯峨万里扬。"生动地再现了当时的战斗场景。太平天国时期，平望受到了极大破坏，庐舍俱毁，尸骸载道，"以累代声明文物之区，一洗为寂寞荒凉之境"，当时人庄庆椿有咏《张烈女》、《徐烈妇》、《黄烈妇》之作，记述了平望女性宁死不屈的斗争。而平望人王阶升的《庚申四月廿五日，贼攻平望，皖南江总镇兵溃失守》、《廿七日贼至六里舍，纵火焚掠，予同村人避匿黎里》及《五月廿七日午饭陈稼生处，闻湖州赵竹生官军于昨日击退平望贼匪，喜而有作》诸诗，为亲身经历，可补太平天国时期平望史料之缺。

　　光阴流转，沧海桑田，旧时的平望风物很多都已经成为历史的云烟，但平望驿里的悲欢，莺脰湖上的渔歌，殊胜寺的钟声，平波台的明月，画眉桥的掌故，以及韭溪的风景、梅堰的梅花、桑盘的橘林……至今仍在平望古诗的字里行间中栩栩如生，令人无限怀想。感谢这些古诗，使我们能够穿越时空的隧道，感受到平望古镇过去的风韵。

古城小巷的文化意蕴

——论陆文夫小说的苏州书写

宋桂友

作为当代杰出作家的陆文夫，他一生的主要时光都生活在古城苏州，他对苏州充满了深情，只要一提到苏州，他的笔下就总是优美，他不厌其烦地一遍又一遍地把苏州在他心目中璀璨夺目的形象说出来："苏州城，一颗东方的明珠，一个江南的美人，娴静、高雅、有很深厚的文化教养，又是那么多才多艺，历两千五百年而不衰老，阅尽沧桑后又焕发青春，实在有点不可思议。"①"古老的苏州城……成为东方的明珠"②。因为他对于苏州的爱，在一次"陆文夫作品学术研讨会"上，艾煊说他："世界这么大，他只写苏州……陆文夫是苏州的，苏州也是陆文夫的，陆文夫是文学上的'陆苏州'。""陆苏州"这个雅号十分准确地说明了陆文夫和苏州的"人与城"关系。所以，苏州几乎成了他所有小说淡雅、古朴、小巧精致的一张底片，那些优美的故事和人物都从这个底片上被洗印出来，让读者透过他的小说把"苏州的特色，苏州的园林，苏州的刺绣、苏州的美食、苏州人的待人接物"③等等清晰地观看和欣赏。

英国语言哲学的奠基人维特根斯坦认为：文学是以语言构造的虚拟世界，是一种以人物、故事作为对现实世界表述的一种特殊方式。"描述你的语言游戏！从这些你也将能够看出被证明为正当的重要性。"④陆文夫就是这样的一个文学家，他用文学的语言构建了一个纸上苏州。"是什么使你创造出新的词汇？什么使你创造出新的修辞格？是什么使你在没有辞格提示的情况下能理解修辞现象？先于语法、修辞格的东西是什么？还存在着一个能够驱动人们创造的，作文字游戏的语言游戏规则，它是潜在的，支配着人们。"⑤在陆文夫那里，它是什么呢？是对于苏州的爱。这种到了极致的爱使陆文夫每次创作时不写古城就不能下笔，所以他的小说叙事的开端就是古城，从 1953 年他的处女作《移风》开始几十年不变。先看他的成名作，写于 1955 年 10 月的《小巷深处》：

苏州，这个古老的城市，现在是睡熟了。她安静地躺在运河的怀抱里，像银色河床中的一朵睡莲。那个不太明亮的街灯照着秋风中的白杨，把婆娑的树影投射在石子马路上，使得街道也洒上了朦胧的睡意。⑥

这样一个开端，优美而抒情。一缕清新、幽雅、恬静、古典、韵适的气息让读者在陶醉中体验着、感受着、品味着，于是，主人公出场："在城市的东北角，在深邃而铺着石板的小巷里，有一个窗子里亮着灯，灯光下，有一个姑娘坐在书桌旁……"与这种美搭配的一定是一个江南女子，柔弱的，娇嫩的，一定还是要带着忧愁的，当然也可以是撑着油纸伞——也一定是油纸伞，否则就没有味儿了——在如烟细雨中娇羞地迈着小碎步儿，于是，小说的主人公陈文霞登场。而这个登场也不能是闪亮登场，因为那是疾风骤雨，是狂风暴雨，那又破坏了固有的江南美学，所以一定要是电影蒙太奇的淡出。陆文夫正是这样安排的：这个姑娘的长相是"她的鼻梁高高的，额骨稍稍向前耸起，耸得并不过分，和她的鼻梁正显得那么匀称。她的眼睛乌泽而又闪光，睫毛长而稀疏，映着灯光似乎可以数得出来。她的两条发辫从太阳穴上垂下来，拢到后颈处又并为一条而拖到腰际，在两条辫子合并的地方随便地结着一条花手帕。"动作与表情是"双手托着下巴，在凝思，在默想。""她的眼圈儿为什么那样黯黑？不像哭过，也不像失眠，倒像痛苦与折磨所留下的标记！"⑦这样的姑娘从美学上讲就必须且只能一直在古城的巷子里了。小说紧接着就是一笔，"在这条巷子里，很少有人知道这姑娘是做什么的。"本文巷子叙事就以此关子开始，直到叙事完成，小说结尾："苏州，这古老而美丽的城市，现在又熟睡了，只有小巷深处传来一阵紧似一阵的敲门声。"这就构成了和谐一致的美。

那些古城的血脉，古城的纵横坐标轴，其实都是巷子，古老的巷子不仅结构了古城，古老的巷子还是一个社会，还是一种社会形态。

关于巷子，在道路大街通衢的当下，它很容易就成为了怀旧的主题。但是它的内涵却往往不同。比如成都。今天成为成都历史文化保护区的"宽窄巷子"，它几乎上升为成都精神的一个符号。去年有研究机构在比对了全国的城市生活后得出了结论是：成都是全国最休闲的城市。这恰是因为成都的"巷子"城市生活精神。"宽巷子的'窄'是我们逍遥人生的印记，而窄巷子的'宽'则是我们安逸生活的记忆。逍遥安逸的城市，行云流水的日子，顺其自然的生活状态，似乎在印证着成都人的精髓，是那份人居环境的独有神韵。短短的宽窄巷子，承揽了太多的历史信息和文化印记，令人遥想，让人感慨，也呈现了现代人对于远去的城市记忆的最好写照。""老人们在茶馆前安详地喝茶摆龙门阵，小猫懒散地盘在脚下打盹，梧桐树投下斑驳的影子，院落的树上挂着一对画眉……一种城市曾经生活的日子，让美妙的语汇和记忆的元素穿越并且纠结在一起。"⑧这正是古人也是现代人内心深处的一种追求，这种追求的颜色是鲜艳的，光彩是明丽的，四周是敞亮开放的。它属于成都。而陆文夫的小巷，首先从形态上就和成都不同。"君到姑苏见，人家尽枕河。"（杜荀鹤《送人游吴》）巷与水并，弯弯曲曲，亦无宽巷子之建制，人行其中，深邃幽暗，它的尽头是一口充盈寒水的井。而小巷的路径隐喻了陆文夫笔下人物的命运走向。《井》中的徐丽莎就是在经历了人生的跌宕曲折、光荣与羞辱之后，投井而去，让人唏嘘感叹，郁愤不已。死者逝者罪者皆不当遭此噩运。小巷深处常是暗流涌动，朱国魂可以悄然伸来黑手（《小巷深处》），而外人难以知之；小巷里大户人家的高墙大院当中，那些乌七八糟也就被小巷的曲折幽深遮蔽成高墙里或深夜里的遥远的喘息与狗吠（《人之窝》）。

　　通过以上例证，我们还发现，陆文夫的巷子还有一个功能：压抑。有刀子藏焉。如果命名为刀子巷，却没有这等锋利，有些时候，人被伤了，并不知道刀子的全部出处，比如《小巷深处》里的陈文霞，表面上是朱国魂在害她，但朱国魂是从哪里来的？怎么来的？为什么要伤人？这就必须从道德品质、社会环境、成长经历等多个方面去找原因，而这些原因并不是陈文霞一下子看得清的，否则就不会受到伤害了，看不清又受伤了，那么这就是暗器伤，我们就命名它为暗器巷。这名字怎么看怎么有点重，有点野，有点凸，有点血腥，破坏了苏州古城的柔美形象，那么，姑且命名为"暗巷"吧。这一点我们还可以在《井》中得到印证。女主人公徐丽莎的美符合古城苏州的要求，她人长得美，"那姑娘漂亮得像个天仙似的"⑨能生儿育女，能勤俭持家，尤其是事业有成。但她却在人们的流言蜚语中，在小巷深处的井台旁边长舌妇们的舌尖与唾液中，在家庭（丈夫）的疯狂迫害中，在暗夜无家可归的暗喻中，走向了死亡。

　　这两点又都是对于女性的。并且在陆文夫的很多小说里，都有女性受到迫害的叙事，《人之窝》里的妈妈和女佣，有人甚至说陆文夫有男权思想，指责说陆文夫小说中的女性："李曼丽、范丽珍等人缺乏强烈的主体意识，而只是作为一种工具性存在，这使得她们无从担负起更大的责任，更无从实现自我的价值。女性只有确立自身的主体意识，才能确立自己在社会关系中的地位，并由此去行动，从而获得在一定程度上驾驭自己生存条件的能力，从而在相应程度上把自己提升为主体。"⑩其实，创作早期的陆文夫更多的是阶级斗争的立场，他往往是从反封建思想出发，比如《小巷深处》里的张俊，最后勇敢地敲响了陈文霞的门，就是反对封建的贞操观的证明，当然，如果用阶级分析的观点，陈文霞在过去虽然也是受剥削受压迫的，但她的生活方式却是资产阶级的，并不能给予同情的，作者最后的处理恰恰相反，是同情的、原谅的，可以和工人打成一片或者成为工人阶级的。何况在《井》中，女主人公徐丽莎无论是道德、才华、能力以及社会认可度都远远地超过了男主人公，甚至远高出他的老公多个层次。小说也是张扬了女性叙事。尤要说的是《人之窝》里的两个寡妇费亭美和柳梅，既有大胆追求爱情，更有大胆直接地表达性爱追求。从这个意义上说，陆文夫不能说是男权的，甚至有女权主义之嫌。

陆文夫的创作时代正是提倡现实主义创作方法的时代，陆文夫小说的叙事方式在某种意义上也是遵循了这一流行方法的。苏州古城一旦进行文学，她就是典型环境。既是自然的又是社会的，是综合环境。典型环境，是舞台，是家，是根。福克纳的约克纳帕塔法县、马尔克斯的马孔多镇，它是一个由古典特色小巷构成的城。刘勰说"登山则情满于山，观海则意溢于海。"（《文心雕龙》）情动于衷，而发于言。我们再来看陆文夫1962年的小说《介绍》的开篇：

苏州有个沧浪亭，地方很是古朴，也十分安静；碧水绕着花园，绿荫掩映石门。临水处有一条弯弯曲曲的游廊，游廊的一边是白粉墙，墙上安了许多漏窗，可以窥视园中的林木竹石，台阁楼榭；眼下正是杨柳飞絮，桃树落花的季节，站在游廊上望望，真叫人心情宽畅，耳目明亮。⑪

苏州古城小巷里的园林被陆文夫写得美不胜收，情已溢于其中，他还要补上"真叫人心情宽畅，耳目明亮"来强化这种美与可爱。这是陆文夫笔下造境的功夫：

在一个艺术表现里情和景交融互渗，因而发掘出最深的情，一层比一层更深的情，同时也透入了最深的景，一层比一层更深的景；景中全是情，情具象而为景，因而涌现了一个独特的宇宙，崭新的意象，为人类增加了丰富的想象，替世界开辟了新境，……"外师造化，中得心源"。唐代画家张璪这两句训示，是这意境创现的基本条件。⑫

于是，这种可爱的古城里人的生活，那些民风民情跃然纸上时，古城则由美景之外表延伸到丰厚的内涵里边去了。为了说清楚这个问题，我们看陆文夫的苏州古城的风情画。《井》："阿婆和阿姨们到井边来集合时，总是不慌不忙，先把菜篮、木盆、搪瓷盆、塑料盆、吊桶等等放在条石上，然后抬起头来看看朱世一家的小木楼。"⑬井是古城苏州小巷里最普通最寻常而又天天离不开的东西，井台就成了苏州人天天聚首的地方。我们虽不展开论述，但必须提到的还有他笔下苏州古城特有的园林与人，那些喝茶、吃饭的讲究与学问，尤其是"美食家"这个词竟然是因为他的小说《美食家》才诞生，且一下子成为了全国流行语。

这是农业社会后期中国南方小城的生动写照。改革开放三十年社会经济的迅猛发展，已经严重冲击了苏州古城，虽然苏州实施了严格的古城保护政策，古城风貌都还在，但是人们的生活方式、对待过去诗意慢生活的态度和休闲条件都已经发生了变化，再看近年来范小青等诸多苏州作家的吴文化叙事的转型就可证明。"身处江南的写作者，江南经验，已经不再是鲁迅时代、茅盾时代的江南经验，那种恬静优美与如水的忧伤日渐减少，传统的处于农业深处的水乡正在快速消失。现在的水乡已经成旅游概念中的水乡，一种工业文明的大背景正在覆盖着如今的江南。"

苏州，这座千年古城，将在工业文明的点缀下，出落得更为优美，恬静。典雅：在工业文明的带动下，并成为江南现代化工业城市的典范，将成为一颗真正的东方明珠，而不是比喻。陆文夫笔下的两位不幸女性，也只能成为人们心目中的怀旧与咏叹。

参考文献：

①②③陆文夫.《人与城》,《陆文夫文集》第 4 卷,古吴轩出版社,2006 年版,186 页,第 189 页,第 186 页.

④维特根斯坦.《哲学研究》,三联书店,1992 年版,第 187 页.

⑤董小英.《游戏规则——维特根斯坦与语言游戏情结》,《外国文学动态》2000 年第 4 期.

⑥1956 年第 10 期《萌芽》.

⑦陆文夫.《小巷深处》,《萌芽》1956 年第 10 期.

⑧周立平.《宽巷子 窄巷子 老巷子》,《苏州日报》2013 年 5 月 17 日 C19 版.

⑨⑬陆文夫.《井》,《陆文夫文集》第 2 卷,古吴轩出版社,2006 年版,第 96 页.

⑩刘文浩.《论陆文夫小说中女性主体意识的缺失》,《安徽文学》(下半月)2008 年第 6 期,第 34 页.

⑪陆文夫.《介绍》,《人民文学》1962 年第 9 期.

⑫宗白华.《美学散步》,上海人民出版社,1981 年版,第 61 页.

毛本《三国演义》：苏州底层文人的贡献

嵇 元

　　滚滚长江东逝水，浪花淘尽英雄。是非成败转头空。
青山依旧在，几度夕阳红。
　　白发渔樵江渚上，惯看秋月春风。一壶浊酒喜相逢。
古今多少事，都付笑谈中。

　　这首词，词牌名叫《临江仙》，因为电视连续剧《三国演义》
作了片头歌，现在许多人受其影响，以为是罗贯中写《三国演义》
时的作品。

　　其实，这是明代四川新都籍状元杨慎（1488～1559）所作。
苏州府长洲县的毛伦、毛宗岗在改编罗贯中《三国志通俗演义》
时，特地将这首词放在第一回的开头，作为全书之纲。应该说，
这首词虽不是毛氏父子所创作，但也是精心挑选的一首佳作，作
为这部气势恢宏的历史文学巨作的开篇词，十分贴切和深沉。

　　说三国（或作说三分）作为一种民间曲艺，由来已久，至少
在宋代都市中，将专说三国故事作为说话（说书）题材之一。元
代出现了三国题材的杂剧，也有许多三国题材的话本，但有的本
子不仅艺术粗糙，而且差别很大，并未定型。后来元末明初有位
叫罗贯中的人，根据当时的三国说话本子特别是《全相三国志平
话》和杂剧故事，改编创作了《三国志通俗演义》。由于现在人们
普遍看到的是明嘉靖本子，所以就以《三国演义》嘉靖本名之。
嘉靖本的出现，因为有李卓吾（或说是无锡人叶昼假托）评点，
更是名声大振。

　　明代书商在出版罗贯中的作品时，会有一些改动，导致本子
文字有差异，明刻本有 20 多种。相对来说，嘉靖本《三国志演

义》影响最大一些。但这个本子还是比较粗糙，用词不太准确，情节和表述常有漏洞，有较浓郁的说书人的气息，并不是一个很完满的本子。

到了清初，有个叫毛纶的苏州人，和他的儿子毛宗岗，对《三国志演义》进行了改写和点评（今亦有人考证后认为，毛纶父子评点《三国》是从康熙甲辰三年刚刚开始，康熙五年也即1666年完成。但笔者认为评点工作会有前期工作，开始时间应该更前些，毛纶可称是明末清初人），并改名《三国演义》（意思是他们编定的这部小说与史籍《三国志》没有关系），使这部文学作品最终定型，学界称之为毛本。现在我们所说或者说普遍在阅读的《三国演义》，就是以毛本为标准本。一般说来，罗贯中的原本，已不见真实原貌；嘉靖本，也只有版本研究的价值，一般人不大会去阅读。通行本为由苏州文人改定的毛本《三国演义》。毛本一出，取代了原先所有流传的《三国志演义》，出版商一般不再出版毛本以外的《三国志演义》。换言之，影响我们兴趣、情绪、好恶、价值、审美的《三国演义》，是苏州人毛氏父子编辑的毛本《三国演义》。

不过，相当长时期里，学人对毛氏父子（或单指毛宗岗，因为过去有人认为儿子毛宗岗所起的作用大），评价甚低，学界改变对毛氏父子的看法，还是改革开放以来的事：

> 自清初以来的三百余年中，亿万民众传阅、讲说和熟悉的，并非罗贯中的原作，而是《毛宗岗评改本三国演义》（简称"毛本《三国演义》"）。奇怪的是，人们长期以来却对毛宗岗贬抑颇多。胡适称之为"平凡的陋儒"；后来的学者或夸大其封建思想较为浓重的一面而否定其积极方面，或将其贬为金圣叹的机械模仿者而忽视其独特贡献，直到最近十年，人们才开始比较全面地评价毛宗岗和毛本《三国演义》。（沈伯俊《论毛本〈三国演义〉》，载《海南大学学报（社会科学版）》1991年第3期）

　　毛纶，字德音，双目失明后号声山，大致是与苏州的金圣叹同时代但晚些年的人。他虽有文名，不过既没有做过官，也比较贫穷，是一位底层知识分子。更不幸的是，他中年以后，双目失明，但他仍奋力改编《三国志通俗演义》，付出了常人难以想像的艰苦努力。当时他的好朋友、苏州文人尤侗说："毛子以斐然之才，不得志于时，又不幸以目疾废，仅乃阖门著书，寓笔削于传奇之末，斯已穷矣。"（《第七才子书序》）

　　因金圣叹评剧本《西厢记》，毛纶也评了剧本《琵琶记》；金圣叹评《水浒传》，赢得了很高的声誉，他也学金圣叹，对《三国志通俗演义》进行评点。由于他已是盲人，对评点书的工作带来很大的不便，于是他就让他儿子毛宗岗来协助，先由他口授，再由其子毛宗岗笔录校订、加工和最后定稿。因此后来有学者经过考证研究后认为，评点《三国志通俗演义》工作中，毛纶的作用更大些，据当时人所说，他编改的书起先名叫《三国笺注》。

　　毛纶的生卒年月现在不容易考证，他的儿子毛宗岗，字序始，号子庵，生于明崇祯五年（1632），也是一介寒儒，卒年大约在清康熙四十八年（1709）以后，一般将他列为中国清初文学批评家。

　　毛氏父子作为普通文化人，经济条件拮据，社会地位低微，评点《三国志通俗演义》工作，也不是容易的事。他们更担心人家不接受他们的修改本，就学金圣叹的伎俩，也假说他们得到了一个古本。据他们自己介绍，他们做的工作是，一是整理文字，将龃龉不通、词语冗长、重复拖沓之处，进行改正；二是在情节方面，进行了一些改动，如刘备闻雷失箸、关公封汉寿亭侯、孙夫人投江而死等，他们都作了改写；三是一些故事如关公秉烛达旦、曹操分香卖履、于禁陵庙见画等，是他们补充进去的；四是补充了一些历史上曾经有过的三国著名文章，如孔融《荐祢衡表》、陈琳《讨曹操檄》；五是书中每回的标题改为对联形式；六是他认为以前的本子为俗本，评点文字谬托李卓吾所为，其实究竟不知出自何人之手，所以他这次改用新评；七是调整了诗词，主要引入唐宋名人所作；八是因为故事发生在三国，这时还没有七律这种体，所以他们对原书中的七律诗，全都删去不用；九是一些荒诞的情节，如关公斩貂蝉、张飞捉周瑜之类，全部删掉；十是正文中添夹了评点文字。

举例来看，嘉靖本《董卓议立陈留王》，其中写吕布是这样的：

> 李儒见丁原背后一人，身长一丈，腰大十围，弓马熟娴，眉目清秀。

这一段是写董卓欲杀丁原，董的谋士李儒忽然看到丁原背后站着一人，就是吕布。嘉靖本说吕布"身长一丈，腰大十围"，这简直是陈词滥调，对描写一个人物没有任何文学上的价值。后面一句"弓马熟娴"，李儒只是望了吕布一眼，怎就知道他射箭和骑马的本事很好呢？这真是不知从哪儿说起。后面又来一句"眉目清秀"，和前面的"身长一丈、腰大十围"更让人莫名其妙！显示出这段文字十分粗疏，有浓厚的山野说书人的痕迹。作为案头文本，新的《三国演义》当然必须对这样的文字进行改写。毛本第三回改成这样：

> 李儒见丁原背后一人，生得器宇轩昂，威风凛凛，手执方天画戟，怒目而视。

这段文字，将吕布的形象完全通过李儒的眼睛表达出来，没有超出李儒的眼睛所能看到的范围。而且字虽不多，却形象鲜明。从此，吕布手中所执的方天画戟，和关羽的青龙偃月刀、张飞的丈八蛇矛，成为三国故事中三件典型的兵器，为典型人物的塑造，起着画龙点睛的作用，也为后面的辕门射戟等情节埋下线索。"怒目而视"寥寥四字，就营造出了当时现场的紧张气氛，并为情节的转折作了很符合逻辑的解释。后来戏剧中吕布形象，也大体按照这一段文字来塑造。

他们这样塑造人物，其实是将《三国演义》作为文学作品，而"在毛氏父子评点《三国》之前，无论是《三国》的评点者还是小说论者，皆不看重《三国》一书的艺术价值和审美功能，而是将其当作历史的通俗小说议论事件和品评人物，直到毛氏父子评点《三国》，他们才将《三国演义》视为真正意义上的文学作品。"（何晓苇《向善向美　去芜存菁——谈毛氏父子评改〈三国演义〉的价值与意义》，载《中华文化论坛》2016年第3期）正因为他们率先将此书看作文学作品，将书中的人物，看作文学形象，毛氏父子的努力，进一步确立了《三国演义》这部长篇小说的文学地位。

虽说《三国演义》里的人物是文学形象，但毛氏父子对主要人物有政治上的寄托。比如诸葛亮是毛氏父子精心塑造的一代名臣艺术形象。一方面他们用许多笔墨写了诸葛亮的智谋，但更主要的是突出刻画了诸葛亮的品质。毛本中，刘备第二次访问卧龙岗来到诸葛亮的草堂，抬头看见中门上有一副对联："淡泊以明志；宁静而致远。"在这副对联下毛批道："观此二语，想见其为人。"在这里，读者虽然还没有见到诸葛亮，但作者借用主人草庐里的对联，透露出了诸葛亮虽生活俭朴，但有远大抱负的节操和志向。其实这副对联并不是毛氏父子的杜撰，而是出于诸葛亮的《诫子书》：

> 夫君子之行，静以修身，俭以养德，非淡泊无以明志，非宁静无以致远。夫学须静也，才须学也，非学以广才，非志无以成学。

毛氏父子巧取诸葛亮的这段话，略作剪裁，天衣无缝地化为这副对联，不仅用于塑造书中的诸葛亮形象，而且诸葛亮的这一思想，也因这本书而广泛流传，至今被千千万万人所喜欢，成为中华民族优秀精神内核之一。

毛本《三国演义》的艺术成就，非常突出，毛氏父子也很自负地将他们修改、评点的《三国演义》，定为"天下第一才子书"，当然，这一说法在当时有利于此书的发行，但几百年来事实也证明，许多读者确认为《三国演义》是最喜欢的文学作品，此书也是对中华民族影响最深的文学作品。正是由于毛氏父子的工作，才使《三国演义》成为中国传统文学的经典巨作。

但是，也有许多人对毛氏这本《三国演义》的思想持批评态度。一是毛本对东汉末年黄巾起义持否定态度。毛氏父子生在明末清初，中国北部李闯王等农民军横扫城乡，最后导致明王朝崩溃。作为那个封建时代社会底层知识分子，他看到了明末农民大起义带来的生产力和人力的大破坏，社会发展停顿甚至倒退，人民的生命财产受到极大损失，他对农民起义抱敌视态度是可以理解的，他也不可能用历史唯物主义辩证地看到这种社会大动荡当中的进步因素。二是他通过强烈的拥刘反曹，强调政权的正统。这正统观念的背后，要看到曹操政权在北方，刘备政权在西南，而毛氏父子亲身经历了明清易代，清朝政权崛起于北方，南明政权残部等反清势力曾在广西、贵州、云南、四川一带坚持，他们父子俩的正统观念中，是不是会影响今人以三国的历史来影射当今的时事呢？这值得进一步研究。三是忠奸问题。毛本中，对割据的军阀所带来的破坏，持批判态度，对忠于汉朝的地方官员的割据集团，则持肯定的态度。特别是，他通过刘备等，提出了向人民行仁政的要求，强烈抨击董卓、曹操等对人民残暴的行径。董卓是以残暴著名的军阀，这容易为人接受，而史书记载曹操曾多次屠城，所过城池残破，手段十分血腥。但历史上的曹操又因政治、军事才能杰出，许多学者从他所起的历史作用来看，多有正面评价，而对他的厚黑手段，往往不提或只作轻描淡写。

但作为民间叙述，视角不同，评价也自然不一样，考虑一个历史人物对百姓的态度，往往成为后人的主要评价标准，三国故事里曹操被亦真亦假的故事塑造成"奸雄"。毛本修改之际，正是中国大规模内战走向结束的时期，毛氏父子提出的仁政思想，反映了人民的要求。他对历史作用正面对人民生命财产造成重大损失的人物，予以斥责，这不仅反映了一种进步的历史观，而且这种民间写作的力量，也是人民的力量、文学的力量。毛氏以《三国演义》为例，对小说的看法是"虽曰演义，直可继麟经而无愧耳"（《读〈三国志〉法》），也就是今天改定的《三国演义》小说可以无愧于《春秋》等圣人经典。这是毛氏父子对小说这一新文学样式的高度评价。

从文学批评理论来说，毛氏父子可说是中国优秀的文学理论批评家，他在《读〈三国志〉法》中，通过分析《三国演义》的结果，提出长篇小说的创作和美学。如提出《三国演义》有巧收幻结之妙；有以宾衬主之妙；有同树异树、同枝异叶、同叶异花、同花异果之妙；有星移斗转、雨覆风翻之妙；有横云断岭、横桥锁溪之妙；有将雪见霰、将雪闻雷之妙；有寒冰破热、凉风扫尘之妙；有笙箫夹鼓、琴瑟间钟之妙；有隔年下种、先时伏着之妙；有添丝补锦、移针匀绣之妙；有近山浓抹、远树轻描之妙；有奇峰对插、锦屏对峙之妙；有首尾大照应、中间大关锁。他更是高度评价说，"《三国》叙事之佳，直与《史记》仿佛……读《三国》胜读（《左传》、《国语》等《列国志》）"。毛氏父子的这些文学批评理论，是中国传统文学批评的瑰宝，值得我们珍惜。

毛纶、毛宗岗都是苏州底层知识分子，经济条件并不富裕，自费刻书所费巨大，对于他们来说，几乎是沉重的负担，所以毛纶在《第七才子书总论》中说，"家无余资，未能便刻"，还受到不肖门生背叛的波折，因此毛纶生前始终没能看到此书的开刻，直到康熙十八年（1679）才刻印，对于一个为整理《三国演义》耗费了大量心血的知识分子来说，至死未能看到出书，是十分遗憾的一件。但是，对于苏州人毛氏父子，以民间文化人的努力，对让《三国演义》成为中国文学巨著所作的贡献，今人有较为客观的评价：

> 毛本《三国演义》是毛氏父子携手合作的灿烂结晶，以新锐的小说观和美学思想对明本《三国演义》作了精细的修改，其旨趣在于艺术整体的修订与完善，而不止

于字句的推敲和润饰；且从历史小说的创作实际出发进行了独具个性特色的评点。毛氏父子评改《三国演义》的价值意义不在于文本创造性上的重大突破与小说理论的大胆革新，而在于继承中的吐故纳新、审美评析与艺术求索，从而使我国古代长篇小说的优良传统得以延续和发展。（何晓苇语）

《临江仙》可能是毛宗岗喜欢的词牌。毛氏父子的朋友、苏州文人褚人获在其《坚瓠补集》卷五中记载了毛宗岗在康熙庚辰也即1700年遭遇的一件不幸事："为邻人不戒于火，室庐被焚，其平时所藏书籍俱成煨烬。因作《临江仙》词自叹云：'数本藏书何足忌？祝融忽学秦皇，一朝一炬尽消亡。岂能重购索？空自费思量。焚砚虽然常发愤，并书焚去堪伤。从今遣闷更无方，将何来下酒？一斗竟荒唐。'"毛宗岗六十二岁时因邻家失火殃及，房屋尽毁，藏书为烬，想来他以后生活可能陷入更加贫困状态，他填词总结遇灾后的状况，用的词牌竟也是《临江仙》。这是他们父子留给世人的最后信息。

虽然毛氏父子作为苏州底层普通文化人，可能一生经历平淡，并无突出活动，甚至困顿终身，今天对他们的生平了解甚少，相信家乡人还是会为他们感到骄傲的吧。

苏州评弹哲学的最高素质：气

张　进

听评弹，若要听得到艺术内涵，很需要某一种神形之间的合契，不然怎么都达不到入骨的那一种心领神会。这样的心领神会，应该叫它做"气"，也可以说它是：灵感。

听"蒋调"，蒋月泉的《小宇宙》乾坤朗朗，正气阵阵，圈得住包罗万象，捺得下天地人寰，不客气地讲，这当然还停留在表面观照。"蒋调"的深层仙风道骨，因为表面的广大气息，尚不足以涵盖"蒋调"入骨的气质。如果真是听得来他的《剑阁闻铃》，表面上，阴森逼人，寒毛凛凛，然而，即便死亡的邪气无穷大地大过了事主当下的气态总和，但是，在哭哭啼啼，昏昏沉沉的惨白丧布下，唐明皇已经迟暮了的仙气、还在挣扎着的道骨，却是有着相当审美知觉力的听众，怎么也否定不掉艺术的存在。"蒋调"物质形式的声音，通过中国古人哲学所说的"气"，产生出震撼人之灵魂与肺腑的"灵魂感"，这才是精神意义上的艺术共鸣，是最高级的。

听"杨调"，杨振雄唱的武松，替兄报仇时，嘴里咬住钢刀，手里捏紧拳头，脸上咧开怒容，心中充满仇恨，杨振雄演唱时好像天地中唯其一人氤化在此成了个"气"，只是靠着他的这"气"一把才将武松推到了仇人西门庆的跟前，也还是由了他的这"气"一把要将武松拉回了杨振雄艺术的境界。这"气"一体两翼便不即不离——这"气"为了正义撞住南墙也必不回头，这"气"为了抒怀冲上云霄也必不下落，这"气"为了赴誓拼出性命也必不食言。艺术家的主体能动和被他表现的对象客体，通过这"气"来层层贴紧团团包围，天文地理人道，从而传达给受众启迪。英雄与崇高，生动可感的形象和宽广的胸臆，多变构织的精神，经由"杨调"特有这"气"的浑然相抱，凝聚在听众的灵魂深处、形成了一股雄浑的力量。

听"张调"，张鉴庭唱的钟老太，革命的气概多么激扬，抗日的气节多么高昂，她可真是个顶天立地的大人物，多不平常，够英雄的。可是，我们平时在小菜场、在公交车、在小区大院里、在对门楼道里，不是天天都在跟"她"——"钟老太"碰头见面吗？"吃过了。溜达着呢。哈哈，哈哈……"——应当还少不了会与"她"——"钟老太"有过如此熟悉而又亲切的交流呢。这是心理错觉吗？——不是。这是穿凿附会吗？——也非。要我说，这就是艺术审美中"气"的一种普遍泛化现实的延伸，产生出了我所说的"灵魂感"。

在抗日时期，千千万万个钟老太，理所当然必须英勇挺身"威武不能屈""舍得一身剐"，这是由挽救危险的民族命运升华而结晶出了的牺牲高尚之"气"之灵魂感。

在和平年代，千千万万个"钟老太"，理所当然应该享受市井挎着菜篮子"一道奔小康"，这是由习以为常的民族性格稳定而积淀出来的平凡生活之"气"的灵魂感。

我们今天之所以仍然十分喜爱着不会放弃钟老太的"气"，不就是因为"张调"中的这种"气"，经由评弹艺术审美化了的形象设造，产生出经久不衰的引起强烈共鸣的心灵伟力，且以此，连贯着中华民族妇女既高尚有牺牲精神又平凡能默默无闻的美好共性，也就是——那种让我们在灵魂深处和精神家园都能一下子即可找到的与钟老太一样不二的在我们的母亲姐妹身体血脉里生活命运中所共有着的——"气"。

按此再进一步推理下去，我们评弹爱好者"没得命一般"喜欢着的"中国最美的声音"——苏州评弹，确确实实，它一方面根植于中华民间文化，而被广大听众喜闻乐见，另一方面，要透过表面切入肌理去观照解读它，那么，毋庸置疑，它一定有着几百年以来甚至于上千年长盛不衰，更为深刻的思想根源，移用古人所习惯的哲学概括，那就是——"中国最美的声音"，苏州评弹与生俱来携带着"中国最古老文化的基因"——气。

《请增烧造工价疏》价值论

——简析张问之两篇遗作的多元价值

何大明

2006 年 5 月 20 日，国务院将"苏州御窑金砖制作技艺"，列入第一批国家级非物质文化遗产保护名录。"陆墓御窑址"，也被列入江苏省文物保护单位名录。苏州相城区的陆墓（现在属于元和街道），为著名的"砖窑之乡"。陆墓地区特有的"湖砂土"，属于"粘而不散，粉而不沙"的"极品粘土"。用这种土源烧造的细料方砖，"断之无孔，敲之有声"，有幸成为皇家宫廷铺地的金砖。明代永乐十一年（1413 年），陆墓砖窑就被"皇家定制"，专门为宫廷烧制建筑用的各类"金砖"。永乐皇帝朱棣对此情有独钟，敕封陆墓砖窑为"御窑"。其御窑烧制的各类砖瓦和金砖，闻名遐迩蜚声海外。

金砖命名和制作技艺

金砖作为一种特殊的铺地方砖，其命名方法颇具传奇色彩，有三种说法流传比较普遍。其一，是专门运往京城的"京砖"，后来谐音为"金砖"。蒋博光《金砖墁地》："这种砖只能运到北京的京仓，供皇家专用，所以叫京砖，而逐步演化为金砖。"其二，敲击时会发出清脆的金属声音，故得名"金砖"。《金砖墁地》："颗粒细腻、质地密实，敲起来有金石之声，所以叫金砖。"其三，当时作为"钦工物料"的金砖，价格昂贵，一块金砖竟然值一两黄金，所以叫"金砖"。其实鲜为人知，金砖的命名还有一种更重要的原因。五行之中，"金"代表坚硬、牢固、长远和恒久。皇家不少建筑物中，多以"金"命名。比如，金銮殿、金柱等。这里的

"金",都不含"金"这种元素。它是社会稳定、国家强盛,永葆江山万万年的象征。

随着清王朝的结束,御窑金砖不再烧制,其制作技艺也开始式微。"文化大革命"十年,金砖烧制技艺失传。1984年,《参考消息》转载香港《明镜快报》的报道。文中称:海外侨胞目睹故宫坑坑洼洼的铺地,以为国内的金砖制作工艺已经失传。消息传到苏州,有关方面呼吁大力抢救金砖制作技艺。1990年,御窑砖瓦厂为故宫提供新金砖样品,得到了对方的充分肯定。从此,御窑金砖成为北京修复皇家宫殿的唯一指定用砖。如今,御窑金砖厂的掌门人金瑾,已成为御窑金砖制作的第六代传承人。

但鲜为人知的是:张问之的《请增烧造工价疏》,以及附属的《造砖图说》内容提要,如果没有保存至今,我们现在是否还能恢复金砖制作技艺?答案显然是"不能"。其实,二篇遗作的价值,并不仅仅反映在制作技艺上。它的政治、经济、文化等多元化价值,"含金量"很高决不能低估,值得我们后人好好挖掘并大力弘扬。

张问之其人其事

张问之是山东德州庆云人。咸丰《庆云县志》卷二,人物志第七《宦迹》,收录张问之小传。原文如下:张问之,字子审,嘉靖癸未进士。初授行人,转司副,尝上疏议章圣皇太后。历工部员外,迁郎中。奉命督造苏州府花砖工料,廉以律己,严以御下。工竣历陈烧造艰辛,绘图以进。上嘉之,增定砖价,窑民获安。为立德政碑(见昆山《卢楄记》)后督造九庙,皆有懋绩。蒙恩赍赏,擢湖广参议。阅三载,转四川按察司副使,整饬威茂等州,简练士马,支缭堠墩,斩龙洞诸羌数百级,扶按移檄,燕凯疏奏,赐金帛以旌其功。告归,年四十八。所著烧砖奏议存入《四库全书》。

张问之督造金砖之事,保留在他的二篇遗作中。嘉靖十年(1531年),张问之奉旨前往苏州府督造金砖五万块,一住就是三年。他在现场深入了解金砖制作工艺后,有感而发,撰写了一部关于制作金砖的专著——《造砖图说》。遗憾的是，该书未能流传下来，仅在《四库全书总目》的"卷八四"中，记载着有关内容提要。但在咸丰《庆云县志》中，还保留着他的一篇《请增烧造工价疏》。该文详细叙述陆墓窑户造砖之艰辛，工艺之繁复，成本之高昂，请求朝廷开恩为窑户提高烧制金砖的工价。

遗作留住了"金砖制作"的乡愁记忆

留存至今的《造砖图说》，是《请增烧造工价疏》的重要补充。该书尽管仅仅是内容提要，却弥足珍贵，对金砖制作技艺过程有比较详细的说明。如此，避免了口头传承容易"以讹传讹"的弊端。

与传统粘土砖制作技艺相比，烧制金砖的要求特别高。《造砖图说》对此有详细说明："其土必取城东北陆墓所产干黄作金银色者。掘而运，运而晒，晒而椎，椎而舂，舂而磨，磨而筛，凡七转而后得土。复澄以三级之池，滤以三重之箩。筑地以晾之，布瓦以晞之，勒以铁弦，踏以人足，凡六转而后成泥。揉以手，承以托版，斫以石轮，椎以木掌，避风避日，置之阴室，而日日轻筑之。阅八月而后成坯。其入窑也，防骤火激烈，先以穰草熏一月，乃以片柴烧一月，又以松枝柴烧四十日，凡百三十日而后窨水出窑。或三五而选一，或数十而选一。必面背四旁，色尽纯白，无燥纹、无坠角，叩之声震而清者，乃为入格。其费不赀。"

根据书中的记载，金砖制作技艺可细分为二十九道，俗称"七转得土，六转成泥，八月成坯，五月焙烧"。七转得土，基本工序分为"掘、运、晒、椎、浆、磨、筛"七道。六转成泥，基本工序分为"滤、晾、晞、勒、踏、揉"六道。八月成坯，基本工序分为"托、装、擦、碾、槌、翻、筑、遮、晾"九道。五月焙烧，基本工序分为"装窑、糠草熏、片柴烧、棵柴烧、松枝烧、窨水、出窑"七道。如今的陆墓御窑金砖厂，正是严格按照该书的记载，通过多次反复试验，才成功烧制出完全符合要求的金砖，得到北京故宫博物院专家的肯定。留住金砖制作技艺的乡愁遗产，张问之的《造砖图说》概要，功不可没。

遗作彰显了张问之的廉吏形象

清代道光年间，江苏巡抚陶澍、布政使梁章钜等在沧浪亭内，创建五百名贤祠。祠内墙壁上，嵌有125方书条石，镌刻与吴地有关的历代名贤共594人半身画像。每幅画像，都刻有姓名、朝代、职衔，以及十六字赞语。可惜，张问之虽然也在苏州工作多年，并且是一位难能可贵的廉吏清官，却在"名贤榜"上无名，实在令人遗憾。

当时负责督造金砖的张问之，在工部（相当于建设部）的"屯田清吏司"，担任"郎中"（正五品），负责皇家宫殿的修缮事宜。作为朝廷派遣的督造官，人称"小钦差大臣"，手中握有相当的特权，从中可捞的"油水"不少。本来，他即使不贪污受贿，也完全可以高高在上发号施令，享受令人羡慕的安逸生活。高兴时，走马观花检查一下金砖烧制质量；不高兴时，让手下人陪伴逛逛苏州的园林和名山胜水。但是，张问之却转变角色，深入各座砖窑访贫问苦，仔细了解金砖制作的全部过程和制作成本。

对于广大窑户来说，金砖制作其实是一种劳役，一种无法逃避的沉重负担。原因有三：其一，烧制工艺特别繁复。整个烧制过程有八道大工序，小工序更多达二十九道，烧制周期前后竟然长达一年，这在砖窑史上绝无仅有。其二，验收标准特别苛刻。合格的金砖，对尺寸、色泽、内质、声响等，都有严格的规定。如此苛刻的验收标准，致使金砖入选率非常低。成品率高者，"三五而选一"，低者居然"数十而选一"。这种标准从明嘉靖延续至清代各朝。因为朝廷明文规定金砖不能流向民间，致使窑户手中积压的"次品金砖"成为不能出售的废品。其三，成本高昂无利可图。金砖的定价尽管高于普通砖，但由于金砖合格率低，所得收入扣去人力物力等费用，窑户往往收不回成本。更有甚者，导致家破人亡的悲剧发生。

　　有感于窑工的痛苦，两袖清风的张问之决定效法宋人郑侠，挺身而出冒险为民请命。那就是："乃以采炼烧造之艰，每事绘图贴说，进之于朝，冀以感悟，亦郑侠绘流民意也。"他在《请增烧造工价疏》说："一切烧造事宜，积弊相承，良法尽废。其所以伤财劳民而患地方者，请为陛下陈之。"在文章的结尾，张问之又冒昧向朝廷大声疾呼："故臣不揣愚昧，将一应烧造事宜，逐一画图贴说，总叙于后，具本进呈，奉渎睿览。伏望皇上特敕该部从长计处，具拟上请，定为钦价，使永为遵守，官民两便，缓急可凭，国家幸甚，生民幸甚。臣不胜恐惧，属望之至。"

　　张问之敢于为民请命，为后世的地方官做出了可贵的榜样。例如，清代顺治年间的江宁巡抚张中元，乾隆年间的江苏巡抚许容、张渠等人，都能站在窑户的立场上，或者行文于工部，或者上疏于朝廷，力争为窑户增加烧造金砖的工价。

　　遗作揭示了嘉靖皇帝的另一面，在两千多年的中国封建社会史上，对于历代皇帝的评价，褒者少，贬者多。即使以正面形象加以歌颂的"秦皇汉武"，尤其是秦始皇，往往也是"暴君"的代名词。明代由于吏治严格，皇帝多以"暴君"的形象出现。但是一分为二，即使是"暴君"，身上也有不少值得称颂的闪光点。明代嘉靖皇帝作为"暴君"的典型，留给后人的印象实在太差。这里举一个众所周知的例子：和张问之同时代的海瑞，是著名的清官。时任户部主事的海瑞，关心百姓疾苦，撰写《直言天下第一事疏》，向嘉靖皇帝直言上疏。他不顾亲朋好友的劝阻，毁家买棺，冒死上殿陈情。嘉靖勃然大怒，将海瑞关入监狱。直到嘉靖死去，海瑞才出狱平反。京剧《海瑞上疏》就根据此事创作排演。

　　但是，张问之的《请增烧造工价疏》，却记载了嘉靖皇帝"亲民"的一面。文中称："伏观敕谕，一则曰'尔宜持廉秉公，着实干办，不许虚应故事，劳民伤财'；二则曰'仍须禁革奸弊，约束下人。勿得科扰，贻患地方'。臣受命以来，夙夜警惕，惟恐事不称职，有负圣谕，于今三年余矣。"这段话充分表明：嘉靖皇帝执政时期，严格吏治推行廉政建设。他不但自己身体力行廉洁奉公，也要求部下官员秉公执法，不得以权谋私。正因为如此，嘉靖才能正确对待张问之的"上疏"一事。他看了《请增烧造工价疏》，以及所附的《造砖图说》后，内心有所触动感到惭愧。于是，在国库不充裕的情况下，欣然同意提高金砖的收购价钱。《庆云县志》中对此明确记载："上（皇上）嘉之，增定砖价。"如果嘉靖是一个肆意搜刮民脂民膏的暴君，那么，他显然不可能采纳张问之提出的建议。张问之的下场无疑和海瑞一样，被免职关进监狱。

《请增烧造工价疏》和《造砖图说》概要，尽管篇幅不长，却具有重大的历史、政治、经济和文化价值，值得后人深入研究。在苏州的历代名人资料册和陈列馆中，也应该及时补上"张问之"这个不可或缺的名贤。

评佘依爽先生对苏州园林的偏见

张橙华

此文初稿为作者 2010 年所撰，近日作者认为，佘依爽否定苏州园林的文章虽已近 10 年，但由于其文屡经转载、影响甚广，故有必要给予指正。

《城市环境设计》2007 年第 3 期在"景观历史与理论"栏目发表了北京大学景观设计研究院研究生佘依爽的《虚假的本质—从苏州园林看中国传统园林的隐逸观与自然观》一文[①]，她自称从"两方面出发分别论述了苏州园林的隐逸观和自然观"，把已经列入全国重点文物保护单位和世界文化遗产、受到国内外权威机构和专家肯定、并受到广大人民喜爱的苏州古典园林（以下省略"古典"）说成是"虚假而空洞的桃花源"，目的是"以揭露中国传统园林的本质缺陷"，断言继承我国古典造园艺术就"只会将软弱自私的生活态度根深蒂固地遗传下去，贻害无穷"。"文革"中红卫兵曾这样否定古典园林，"文革"后否定了红卫兵对待文化遗产的极"左"思潮。20 年前也有青年学者（王毅）否定过苏州园林和园主，受到作者的批评和经过反思后，他在随后的著作中先是减少一些否定性语言后来就改弦更张，转为热心介绍中国古典园林[②]。现在佘依爽又讲出王毅在 1990 年的话。

苏州园林和皇家园林是中国古典园林的代表，是千百年文化积淀和能工巧匠辛勤劳动的结晶，承载着中国传统美学观念，在现代条件下可以为造园者借鉴，已为众所周知，并被国际公认（参见下文中转述的世界遗产委员会对苏州园林的评价）。当然，由于古人的局限性以及历史的演变和重修中的人为因素，现存苏州园林中亦有瑕疵，留下了一些遗憾，列代赏园之人难免留下消极意识。而对待历史遗产的正确态度，应该是在批判中继承，而不应用以偏概全的手法，加以全面否定。认真的批评者都应先调查研究，然后实事求是地分析。佘依爽的文章只是歪曲事实，其骇人听闻的结论虽然很夺人眼球，但她既缺乏苏州园林的基本知识，又没有用辩证唯物主义和历史唯物主义的方法进行分析研究，从而得到了不符实际的结论。对她的结论，或许不少专家因为不过只是青年狂言不必理会，因而至今尚未见驳斥文章。鉴于该文在网上转载颇多，她现在担任《景观中国》杂志的编辑部主任了，她这篇文章还在网上，也未见其有任何自我批评之意，笔者觉得就有必要就苏州园林来介绍一些被她所不提的事实，并分析她论述方法的错误所在。目的不是针对其人，而是针对其言，还苏州园林这一优秀文化遗产本来面目。

一 、苏州园林的历史文化

佘依爽说，在苏州园林赞扬者在"沾沾自喜地吹嘘国粹或是生硬地照抄符号时，应该首先探寻蕴藏在其中的历史文化根源和生活美学观念"，"苏州园林多盛于明清"，她断言"在褪去了开放自信的社会风气之后，剩下的只有孤单者的孤单游戏，躲进蜗居的小筑，休问外物琐事"，只是"从人生战场上败退下来以后精神上得以慰藉的避难所"。

不知道她在苏州探寻过什么。这里先明确一下，苏州无高山大川，历来游人最多的"姑苏十二景"以灵岩山、天平山、虎丘山和太湖等郊区的湖光山色为主。地方志和文人诗文集中的记载可谓车载斗量，如拙政园主王献臣和文征明共游虎邱（《文征明全集》）、艺圃园主袁祖庚常自带干粮徜徉山水，怡老园主王鏊致仕在家乡十四年中，竟有九年居于太湖中西山岛徐缙家。翁婿两人日夕荡漾于山水间，切磋文学。说苏州园主只躲进蜗居小筑的依据何在？

另外，苏州园林不止私家园林，其思想内涵不限于隐逸，苏州还有书院园林、寺庙园林、会馆园林和衙署园林等，其精神内涵侧重不仅在老庄，亦有释家、儒家。三国时苏州人陆绩在广西任太守，还乡时因行李太轻，船吃水过浅无法航行，只好搬岸上巨石压船返家。他的压船石留存至明清，被刻上"廉石"二字并移至苏州府学这座典型的书院园林里，至今对青少年有教育作用；西园是寺庙园林，放生池体现佛教放生护生的理念，稀有物种斑鳖在此保存过几百年；林则徐在江苏巡抚衙门的"丰圃"里试种双季稻，这个衙署园林就是他的试验田；沧浪亭在清代是公共园林，其中500名贤祠体现儒者的爱国精神。绝非仅为"孤单者的孤单游戏"。

苏州园林多为私家所有。余依爽从中只见"一种悲观颓废的隐逸观被世人不加分辨地大力宣扬。向往山林野趣，逃避现实，园主不堪一击的虚弱、苍白的病态和絮絮叨叨的虚伪鬼魅"。

事实上，苏州私家园林及其园主的文化内涵也是丰富而深刻的，国内外已有很多论著，[③]在此简介而不展开论述。除了朱勔等少数例外，现存名园的原主不乏爱国爱民的正直志士。以已列入世界文化遗产的几个园林为例：

——沧浪亭：宋代园主苏舜钦因支持范仲淹的庆历革新，为守旧派所恨，反映了改革派被守旧派的打击（《宋史·苏舜钦传》）。欧阳修评他的诗"笔力豪隽"、"超迈横绝"（《六一诗话》）。

——拙政园：始建园主、御史王献臣因揭发边将张天祥受迫害，正德年得到平反（《明史·王献臣传》），后人评为弘治年东厂特务打击朝臣的两大案件之一。

——网师园：始建园主宋宗元虽以网师为园名，表示退隐抓鱼了，但他也据历年阅读所得和为官经历，编了《正经》介绍治理政事的正道，到现代有多家出版社出版。后来的网师园主李鸿裔为曾国藩幕僚，写字卖钱，募捐棉衣送到灾区（曾纪泽为撰

《墓志铭》)。20 世纪 30 年代，张大千寓居网师园，他应徐悲鸿之邀讲学南京，也赴北京办画展，又去名山游览，如去华山、罗浮山（1933 年）、莫干山（1935 年）和黄山（1936 年），他或于现场作画，或回苏州后追忆创作，如《华山苍龙岭》等，他在题跋中写上"作于网师园"，或盖上"网师园客"的印章。这些山水画体现了他宏大的胸怀和对祖国的热爱。

——退思园：始建园主任兰生任职安徽，他兴水利、修学校，募银赈济灾民，广得赞誉，建退思园后他又赴任凤颖六泗兵备道，殉职于治洪途中（《同里志》），至今安徽还有人写文章纪念他。[④]

——留园：始建园主徐泰时作为工部营缮司郎中主持建定陵时节约经费，照顾病号，却被太监诬陷（范允临《明太仆寺少卿屿浦徐公暨元配董宜人行状》)。

——艺圃：始建园主明袁祖庚任职浙江按察使时亲率士兵火攻倭寇，接应戚继光，获胜后反遭小人污蔑（徐学谟《明浙江按察副使袁公墓志铭》），继任园主文震孟为五人墓捐钱、痛斥魏忠贤（《明史·文震孟传》、《五人墓义助疏》），其刚正的品格为后世敬仰。其弟文震亨总结了《长物志》。

苏州园林建于封建社会，佘依爽就想当然地认为园主都"躲进蜗居的小筑，休问外物琐事"而不作具体的历史分析，主观地把这些高风亮节的历史优秀人物都列进"虚伪鬼魅"。我们回顾园主悲壮的抗争时，难道不该鞭挞北宋的守旧派、明代的东厂特务吗？今天的游客在苏州游览时不仅感到园林赏心悦目而且在这里可以吸取前人的高尚情操，例如沧浪亭的五百名贤祠就是一个有力的论据。而佘依爽实际上并没有认真探寻和深入研究苏州园林的历史文化，怎能如此下结论？

虽然她也说了一句"将责任悉数推向古人，是唯心、不科学的"，但她马上指责"这懦弱、酗景的毛病像毒瘾一样感染了一批又一批郁郁不得志转而自甘低落的后人，依靠着园林美景的集体

幻象饮醉了整整数代，后世对他们却是洋洋得意地推崇而不加以
批判和质疑，这样只会将软弱自私的生活态度根深蒂固地遗传下
去，贻害无穷"。

　　程世抚（程德全之子，1932 年获美国康奈尔大学风景建筑及
观赏园艺硕士学位）在《苏州古典园林艺术古为今用的探讨》
（《建筑学报》1980/03）里指出，苏州园林"是为少数人服务的，
在尺度上不合今日公众化的要求，所以重要的典型的园林只能当
作文物来保护和欣赏"，但他同时肯定"苏州古典园林艺术传统确
是我国宝贵的文化遗产，值得借鉴的内容十分丰富"。绝大多数园
林工作者也是这样做的，请问佘依爽先生，现代中国有多少人在
"沾沾自喜地吹嘘"、"不加以批判和质疑"，又遗传了什么"软弱
自私的生活态度"？佘文设立一个不存在的情景，对着这个靶子乱
箭一通，就自以为得胜了。

二、苏州园林中的山水

　　苏州园林"虽由人作，宛自天开"，体现师法自然的造园原
则。佘依爽说，"苏州园林只能是二维中国古代山水画的三维实
现，缺少真实可信的人与土地关系"。

　　事实上，苏州园林里的山水有不少是模仿自然的，如网师园
里彩霞池仿虎丘白莲池，怡园石峰"屏风三迭"模仿三山岛板壁
峰，惠荫花园里的水假山"小林屋"仿西山岛林屋洞，环秀山庄
假山仿阳山的大石山格局。难道不真实可信吗？上述几处景点是
形似，多数情形下是自由发挥的写意山水，神似自然，如拙政园，
远香堂以北两座小岛上有土山，岸上有杨柳，浅滩里有芦苇，就
活似江南水乡风光。苏州园林不大，造园家在其中模拟自然，创
作写意山水园林，营造出步移景换的美景，艺圃博雅堂楹联里有
"三万顷湖裁一角，七十二峰剪片山"之句，太湖面积三万六千
顷，湖中及湖边有七十二峰，此楹联指出了苏州园林和太湖山水
的真实关系，也就是大自然的分形。

去年，杭州"江南布衣"公司要建设总部楼群，其中的园林小品（或用他们的语言说是景观）到日本请来枯山水专家枡野俊明设计。佘依爽从北京专门到杭州采访枡野俊明，他的庭院设计方案还未出炉，就被她冠以"真实的自然，自然的点睛"（见佘主编的"景观网"http://www. landscape. cn/news/interview/2015/0506/174150. html ——作者注）。日本的枯山水用沙、砾石等造型为河流海洋，岛屿高山；植物只有苔藓、少量矮小的树，相当于特大型的盆景，禅宗修行者在此静坐观看冥想，达到自我修行的目的，那才是真正的"静态的坐石品泉，缩微的山水想象"！枯山水比中国园林更为抽象，反而是真实的自然，自然的点睛；而中国园林有实体山水（哪怕是小型的，写意的），倒是"虚假而空洞"的，这样的逻辑错乱真让人怀疑佘依爽的思维是否正常。

她指责苏州园林"对古代山水画顶礼膜拜般的景仰"，我倒要反问，凭什么对中国山水画不尊重？山水画在中国绘画史上占重要地位，它包含中华民族丰富的智慧和感情，也体现东方艺术的审美理想。讲起园林和图画的关系，中国的园林和山水画都是在欣赏山水风景之后的艺术作品，因而创作原理、主要内容是相通的，原则都是"外师造化，中得心源"，内容都是艺术地表现山水花木。叶圣陶在《苏州园林》里说，苏州园林的"设计者和匠师们一致追求的是：务必使游览者无论站在哪个点上，眼前总是一幅完美的图画。他们讲究亭台轩榭的布局，讲究假山池沼的配合，讲究花草树木的映衬，讲究近景远景的层次。唯愿游览者得到'如在画图中'的美感，游览者来到园里，没有一个不心里想着口头说着'如在画图中'的。"这段话概括得非常精彩，这篇文章是每位中学生在语文课上都学习过的。

因此园林自然也成为作画的对象，明代文征明在拙政园、当代吴冠中在狮子林、网师园画了多幅杰作，传为佳话。也有人进一步说中国的园林是四维的图画，因为花木季相能体现出时间。

苏州没有哪个园林是根据一幅山水画造出来的，现代倒有人照着《清明上河图》建成清明上河园。现代园林工程师先画平面设计图，设计图是二维的，脑中想象为立体的。造好以后，画家看到的是立体的，但用二维的绘画把它表现出来，而且他的图可表达立体效果。记者、游客也把园林拍成照片，又是二维的，读者可从中看出三维；二维和三维可互相转化，这常识还有什么好奇怪的？

英国也有如画园林（picturesque garden, ④），英国的造园家希望园林如画。这和中国造园有相通之处，所以西欧诸国里英国容易受中国的影响，造出了被法国人称为英中式的园林（Jardins Anglo – Chinois）。

佘还歪说"一勺则江湖万里，（《李渔·长物志》）的网师园或是一峰则太华千寻，（《李渔·长物志》）的环秀山庄，静态的坐石品泉代替了动态的游山玩水"。（佘依爽文中两次把文震亨的著作《长物志》写成是李渔的——作者注），佘认定，造园者规定湖石假山只能"静态"观赏。其实，环秀山庄假山的峡谷、蹬道和洞穴是要走进去体会的，游网师园也要沿园路才能观赏到迂回不尽之景。谁要你在其中只坐着不动的？哪儿还可得移步换景之趣？

连苏州园林及建构尺度较小也要被她奚落，说什么"假山丛中，小亭和楼永远不可登临，台阶也总是狭小崎岖易滑。"这其实也是武断，园林中的小亭起点景作用，均可登临。苏州假山上的沧浪亭、留园的可亭、拙政园的雪香云蔚亭，退思园的坐春望月楼，去过的人、看过照片的人都知道是可以登临的。苏州园林小，假山体量小，山道狭窄，属于正常的比例关系，难道苏州园林里还能设置中山陵那样的宽台阶？

她此类谬论甚多，为节约读者时间，也不再去一一批驳了。

三、苏州园林中的花木

进入苏州园林，首先看到的主要花木是苍松翠柏、红梅青竹、黄菊粉荷，美化环境、季相鲜明，还可赋予高尚的人格。她视而不见，直接蹦到园林边缘的盆景园，认定是"病态"的，她说：进入拙政园"往往会看见许多精修齐剪、造型奇优的盆景小品和遒劲古朴的残枝老树，长在天井里的是'小、奇、静、瘦、雅'为美的盆景，以'枯、老、病、曲'为上的植物景观。"

拙政园在始建时有 31 景，以花木为主景的有 25 处之多，文征明为之绘画作诗，有玫瑰砦、蔷薇径、听松风处、槐幄等等④，在画中可以看到远比野草丰富的景色，桃花沂，"夹岸植桃，花时望若红霞"；竹涧，"夹涧美竹千挺"，瑶圃有江梅百本，"花时灿若瑶华"，岸边植垂柳，池中有芦苇。在历代变迁中，拙政园一直以普通花木为主，直到现代，池中仍植大片荷花，主要景点"远香堂""留听阁""芙蓉榭"题名均基于荷花。"雪香云蔚亭"周围植梅，亭匾为"山花野鸟之闲"。

现在，游人一进拙政园就满目普通花木，如杨柳、梧桐、松柏、荷花、竹子等等，触目皆是。它们起光合作用，制造氧气、调节气温，夏季可遮蔽烈日；同时也供人观赏，正如计成在《园冶》中描述的"梧阴匝地，槐荫当庭；插柳沿堤，栽梅绕屋；结茅竹里……夜雨芭蕉……晓风杨柳"的那样。还可从花木而获启发，见荷花思出淤泥而不染，看梅花顶寒风而绽放，就会想到《爱莲说》和各种梅花诗。有些园林栽有名贵花木，如苏州不常见的孩儿莲、红豆，保存珍稀植物，同时又有教育和观赏价值，有何不好？

她所说的盆景是在拙政园西南角的盆景园里的，其实主要是园林工人在山里挖来在此培养，再供厅堂摆放。退一万步讲，拙政园的盆景都是恶劣的，面积也不过 3 千平方米，不到全园 5.2 万平方米的 6%，设在边缘，也不在主景区。她就只看到边缘的二十分之一，而无视全园的花木。

何况谈到盆景，也不容如此否定。盆景也是大自然景物的缩影，苏式盆景是我国盆景优秀流派之一。我国创造的盆景艺术已经传播到世界各国，世界盆景大会在中国举行过。历代都有大量著名人物喜欢盆景，现代的著名人物宋庆龄、周瘦鹃等都喜欢盆景。

余依爽很崇尚日本和美国的造园，多次招募中国青年园林工作者到日本，带领他们去考察，在她的报道中说"满载而归"。她也作为《景观设计学》杂志编辑部主任受邀出席美国园林师学会的会议，这本杂志得到了美国园林师学会的交流传媒类荣誉奖。同时组织了由 40 余名中国园林师组成的游学考察团，考察过华盛顿等地。她应该知道盆景传到日本，改称为盆栽，日本人很重视，如盆栽协会（在东京，网站 http://www.bonsai‒kyokai.or.jp/）成立时，前总理吉田茂担任首任会长。华盛顿的美国国家植物园（US Botanical Garden,Washington,DC,网站 https://www.usbg.gov/）中有国际盆栽和盆景博物馆。去国际交流是好事，就是想不通中日美三国都有人喜欢盆景，她不批日本和美国的盆景，单批苏州的盆景。难道苏州盆景是恶劣的，日美的盆景就是好的？为何要对盆景做选择性批评？

四、苏州园林的现代意义

即使园主是封建文人，苏州园林艺术仍然是中国古代文化的瑰宝，是值得现代人保护和继承的。建筑专家童寯于 20 世纪 30 年代在苏州等地调查、测绘古典园林，摄影并收集资料文献，总结成《江南园林志》。新中国成立后，市人民政府修复园林，供人民观赏。在 1961 年，拙政园、留园和颐和园、避暑山庄一起列入全国重点文物保护单位。庆祝新中国成立 60 周年时，为了深入进行爱国主义教育，中共党史出版社出版了《爱国主义教育知识竞赛 500 题》，书中第二部分"悠久历史、灿烂文明、壮丽山河"，把我国古代园林也作为灿烂文明的内容来设问，有两道题目：第 67 题关于颐和园，第 68 题问"苏州园林的整体特征主要体现在哪几方面？列举几个著名园林"。答案是"苏州园林的整体特征主要体现在以下四个方面：讲究亭台轩榭的布局；讲究假山池沼的配合；

讲究花草树木的映衬；讲究近景远景的层次"和"沧浪亭、狮子林、拙政园、留园"。

苏州园林高超的造园艺术影响广泛，受到各地和各国人民喜爱。苏州园林对于现代造园的意义，批判地继承已经成为共识，如著名建筑学家刘敦桢，50年代起率师生精心调研、测绘苏州古典园林，巨著《苏州古典园林》在"文革"后得以出版，1981年获国家科技进步一等奖。童寯为其写的序言中指出："中国古典园林精华萃于江南，重点则在苏州，大小园墅数量之多，艺术造诣之精，乃今天世界上任何地区所少见。（此书）对今后造园当有参考借鉴意义。"中国风景园林学会名誉理事长孟兆祯院士十分重视苏州园林，他在《中国园林》上发表了《认识苏州古代园林》（2010年7月号），希望深入剖析苏州古典园林的造园手法，能够给现代风景园林设计师更多的启示。他还经常带学生到苏州，帮助他们增加感性认识。2015年又亲自为学生做讲座，带他们"见识苏州古代园林"，听讲学生热情盛况空前，提前半小时过去已经没有空座位，于是各网站纷纷转载视频供大家学习。

不仅在古代中国的皇家园林和各地私家园林里可看到苏州园林的影子，现代国内各地也造苏式园林，或借鉴苏州园林。苏州园林还走出国门。1978年美国纽约大都会艺术博物馆要建展示中国明代家具的陈列室。他们派出专家到中国考察，最后确定以网师园的"殿春簃"作为蓝本。由苏州园林工程师设计，苏州园林技师去建造，取名"明轩"（Astor Court，因是 Astor 夫人捐建的）。它赢得美方广泛赞誉，作家丁玲写散文《纽约的中国庭院》也赞不绝口。这是中国园林首次出口。此后，苏州园林相继来到世界各地：加拿大温哥华中山公园的"逸园"，新加坡的"蕴秀园"，美国纽约的"寄兴园"、波特兰市的"兰苏园"等。2007年，洛杉矶亨廷顿图书馆迎来苏州技术人员，来建筑以拙政园为蓝本的"流芳园"。2013年，苏式园林又应邀落户日内瓦世贸组织总部。当地人还常在这些苏式园林里展示武术、书法、中国音乐等非物质遗产，起到"文化使者"作用。与此同时中国其他城市也在国外造了许多园林如德国慕尼黑"芳华园"，英国利物浦"燕秀园"，澳大利亚悉尼"谊园"。它们也都是中国古典式园林，也都很受所在地人民的欢迎。⑥

国际古迹遗址理事会（ICOMOS）与国际风景园林师联合会（IFLA）的国际历史园林委员会于 1981 年 5 月在佛罗伦萨召开会议，通过了《历史园林保护宪章》（即《佛罗伦萨宪章》，见 http://culture. people. com. cn/GB/22226/58917/61080/4269392. html）。宪章的第五条："这种园林作为文明与自然直接关系的表现，作为适合于思考和休息的娱乐场所，因而具有理想世界的巨大意义，用词源学的术语来表达就是'天堂'，并且也是一种文化、一种风格、一个时代的见证，而且常常还是具有创造力的艺术家的独创性的见证。"第二十五条，提倡"通过各种活动激发对历史园林的兴趣。这种活动能够强调历史园林作为遗产一部分的真正价值，并且能够有助于提高对它们的了解和欣赏，即促进科学研究、信息资料的国际交流和传播，鼓励民众对自然和历史遗产给予应有的尊重之意识。应建议将最杰出的历史园林列入世界遗产名录"。现在，各国已有 30 多处古典园林被联合国教科文组织列入世界遗产，它们受到全世界的尊重、珍爱和保护。

苏州园林在 1996 年申报世界遗产，联合国教科文组织（unesco）世界遗产委员会派哈利默博士到苏州考察拙政园、留园等四座申报园林，这位专家说："我一生中到过许多地方，却从来没有见过这样美好的、诗一般的境界，"该组织世界文化遗产委员会认为苏州提名的四处园林"是中国园林的典范之作，将艺术、自然和人的理念完美地结合在一起，创造出完美与和谐的总体效果。"1997 年在世界遗产委员会讨论拙政园等四处苏州园林是否列入世界遗产时，各国代表不是提负面意见，而是认为四处园林太少，建议增补，这样到 2000 年又增补沧浪亭等五座园林列入世界遗产。

世界遗产委员会对苏州园林的评价是：没有哪些园林比历史

名城苏州的九大园林更能体现出中国古典园林设计的理想品质，咫尺之内再造乾坤。苏州园林被公认是实现这一设计思想的典范。这些建造于 11－18 世纪的园林，以其精雕细琢的设计，折射出中国文化中取法自然而又超越自然的深邃意境。（见 unesco 世界遗产网页 http：//whc. unesco. org/en/list/813）佘依爽敢如此不尊重世界遗产苏州古典园林，敢和这么多中外权威的结论、专家的意见大唱反调，是够"勇敢"的。

园林风格是多元的，这体现了文化多样性。北大已故蔡元培校长兼收并蓄的原则也可用于园林，我们也欢迎生态园林⑦，也不会去否定枯山水，但更喜欢颐和园、苏州园林，恐怕和我们有同样爱好的是多数，从古典园林里如织的游客就看出这一点。佘依爽先生可以喜欢生态园林，可以喜欢枯山水，但她不肯兼收并蓄，非否定苏州园林不可。我是 1963 年考进北大物理系的，入校后从哲学系同学借到介绍苏州园林的油印讲义，第一次学到古典园林美学知识。研究苏州园林成果卓著的曹林娣教授也是北大毕业的。现在母校研究生写出立论如此轻率，用词、推理如此欠妥的文章，这在学术期刊上很罕见。北大哲学系已故美学教授宗白华倡导研究中国绘画和园林的美学，还有阴法鲁教授主编的中国古代文化史是教育部推荐的文科教材⑧，希望佘依爽先生批览一下！以便更好地为中国的风景园林事业作出贡献。

注释：

① 佘依爽. 虚假的本质. 从苏州园林看中国传统园林的隐逸观与自然观 [J]，城市环境设计，2007（03）：106－108.

② 王毅. 园林与中国文化 [M]，上海人民出版社，1990.
中国园林文化史 [M]，上海人民出版社，2004.
翳然林水. 栖心中国园林之境 [M]，北京大学出版社，2004.

③ 曹林娣. 中国园林文化 [M]，中国建筑工业出版社，2005 年.
周苏宁. 苏州园林与名人 [M]，旅游教育出版社，1997 年。这是

中国名胜与名人丛书中的一本。该丛书由周干峙任顾问，编委为汪
菊渊、周维权、谢凝高等.

④　陈立松. 任兰生与寿州，见淮南网 http://www.hnbynews.com/content.asp? id =78664.

⑤　John Dixon Hunt, *Picturesque Garden in Europe* ［M］, Thames & Hudson, 2002.

⑥　苏州市园林和绿化管理局，苏州风景园林志 ［M］，文汇出版社，2014.

⑦　生态园林并非佘依爽的导师首创的，国家建设部早在 1992 年发起在全国范围内创建"国家生态园林城市"，苏州列入首批试点的 10座城市；随后苏州积极发挥传统造园优势，围绕提升生态环境的要求，把绿化当作景观、当作文化、当作艺术来建设，逐渐形成了"人工山水城中园，自然山水园中城"的特色。2016 年，苏州等 7座城市列为第一批"国家生态园林城市"。《人民日报》2016 年 1月 29 日报道《首批国家生态园林城市公布七城市入选》，见新华网http://news.xinhuanet.com/politics/2016 - 01/30/c_128685484.htm.

⑧　宗白华. 美学散步 ［M］，上海人民出版社，1981.

　　中国园林艺术概论 ［M］，江苏人民出版社，1987.

　　阴法鲁. 中国古代文化史 ［M］，北京大学出版社，1991 年.

【作者简介】 苏州大学副教授，退休前在苏大多年讲授公选课"世界遗产和苏州古典园林概论"，unesco 亚太地区世界遗产培训与研究中心（苏州）聘为世界遗产教育研究员。著有《狮子林》和论文《盛唐以后的中国园林与传统文化岂能全盘否定 与王毅先生商榷》，载《中国园林》1998 年第 5 期；*Application of Fractal to analyze Landscape Architecture* （《用分形几何分析风景园林》）发表于国际风景园林师联合会第 47 届世界大会（苏州，2010 年）；*World Heritage Education at Suzhou and the International Year of Astronomy* （《苏州的世界遗产教育和国际天文年》）*World Heritage* Nr. 54, 2009 Autumn, UNESCO（世界遗产季刊 2009）。

蒯祥、北京故宫与苏州香山帮

施晓平

　　600年前，一名出生苏州香山的青年木工应召来到北京，投身故宫（当时叫紫禁城）建设的滚滚洪流。也许连他自己也没有料到，他后来竟会被皇帝呼为"蒯鲁班"，官拜三品侍郎，享受一品俸禄……这位颇具传奇色彩的木工，就是明代建筑泰斗蒯祥（1398—1481）。

　　有关蒯祥与北京故宫、与苏州香山帮的情况，各种书籍、报刊、网络文章谈得很多，但内容大同小异，不外乎蒯祥出身木匠世家，木工技艺高超，是香山帮工匠的鼻祖，是天安门、北京故宫的总设计师、总工程师之类，但不少表述存在明显错误，还有不少情况语焉不详。

蒯祥塑像

　　今据鲜为人知的蒯祥祖父蒯明思（有文章称"蒯思明"，误）墓表，明代文学家王穉登《王百穀集八種·金昌集·先母蒯夫人行状》等文献，结合蒯氏后裔口碑、考古资料，对蒯祥的家世、香山帮工匠的起源、蒯祥在北京故宫建设中的作用等说法更正、补缺如下。

蒯父不叫"蒯福"而叫"蒯福能"

蒯明思墓表全称是《明嘉议大夫工部右侍郎蒯公合葬墓表》（以下简称"墓表"），碑石现安放于苏州市吴中区香山街道蒯祥园一座亭子内，碑文朝北，上面找不到落款年份，撰写人员的名字也因碑文风化而无法看清。但从碑文中提到明代年号和"国朝"两字看，显然是块明代碑刻。碑石另一面（朝南面）所刻的朝廷追赠蒯明思为嘉议大夫、工部右侍郎，其妻顾氏为淑人的诰命，落款时间则为"天顺二年（1458）五月二十五日"。

蒯祥祖父蒯明思夫妇诰命碑

据蒯祥后裔蒯岐生介绍，此碑原先立于蒯祥墓南侧，证明蒯明思也埋在那个坟包里。太平天国战争时期，因太平军和地方团练在蒯祥墓园交战，战死的太平军被就地堆土掩埋，此碑遂大半埋没于地下，直到20世纪90年代蒯祥墓园维修时才清理出来，移放到墓地北侧，并建碑亭保护。

目前，碑石诰命部分字迹基本清晰；墓表也有约80%的文字可以看清，漫漶的文字主要集中在右侧和上部、下部。由于这块碑石位置较为偏僻，因此关注者、知情者不多。为帮助辨认文字，苏州碑刻博物馆工作人员近期趁蒯祥园整修之机，为碑石制作了拓片。

作为第一手资料，这一碑石所述内容的可信度无疑是极高的。根据墓表，蒯明思的祖先中有一个叫蒯道恩（按，即蒯恩）的人，南北朝刘宋时期（420～479）被封为都乡侯，后来又出了个蒯鳌，南唐时期（937—975）为殿中丞，家于□□（字看不清，用"□"代替，一字一"□"，下同），为当地著姓。蒯氏迁居苏州吴县香山是明朝洪武（1368—1398）初年的事，这个时间点，离蒯祥出生也就二三十年工夫，所以始迁祖很可能就是蒯明思本人，至多是再上一代。

蒯家从此成了吴县（今苏州）人。对于蒯氏的原籍，见过《蒯氏家谱》（已毁于"文革"）的蒯祥后裔蒯岐生、蒯元林都回忆是湖北襄阳。中华古籍资源库所收明代中后期文学家王穉登的《王百穀集八種·金昌集·先母蒯夫人行状》提到，王穉登的母亲是蒯祥的五世孙女，王曾看过《蒯氏家谱》，得知蒯氏"家襄阳，今吴中之蒯，犹襄阳枝叶也"。可见口碑和王穉登的记述是一致的，墓表中所述的家于"□□"，指的应该就是襄阳。

墓表称蒯明思"生有美质，服仁蹈义，事亲敬长，克尽孝友之道"，从道德层面对蒯明思给予了充分肯定。蒯明思"优游畎亩间"，从事的职业当为农耕。他和妻子去世的时间在洪武年间，很可能没有看到蒯祥出生，葬在"（苏州）城西吴凡"。按今天的行政区划看，属于吴中区香山街道渔帆村。"吴凡"、"渔帆"在传统吴语中读音相同，是不同时期、不同记录者对同一个地方的不同写法而已。

蒯祥父亲的名字，墓表中三次提到叫"福能"："福能有奇艺"；"福能在举首"；"考（按，指父亲）福能亦赠以己官"。而绝大多数书籍、文章提到的蒯祥父亲的名字都是"福"（还有少数写作"富")。

明代中期《双槐岁钞》的点校本，也提到蒯祥父亲叫"福能"。此书作者黄瑜是景泰七年（1456）举人，担任广东长乐县（今五华县）知县时蒯祥还在世，《双槐岁钞》成书时间离蒯祥去世也不远，而且该书文风严谨，注重考证，因此值得相信。该书卷第八中的《木工食一品俸》称："蒯祥者，苏州人。永乐中，父福能主大营缮，为木工首，以老告退，祥代之⋯⋯"，其中在"蒯祥""苏州""永乐""福能"左侧都加了一条竖线，表明认定它们是人名、地名、年号。此书点校者魏连科毕业于北京大学中文系，后为河北省社会科学院历史所研究员，主要从事古籍整理和明史研究，发表、出版的古籍整理成果及明史研究论著达近千万字，在国内外产生了广泛影响。他认定蒯祥父亲叫"福能"，这是非常有道理的。

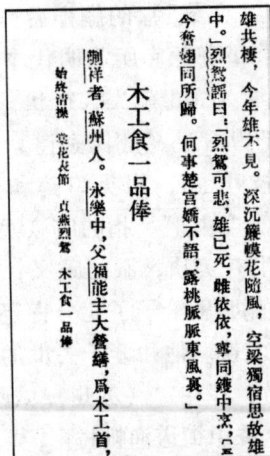

木工食一品俸

雄共棲，今年雄不見。深沉簾幙花隘風，空梁獨宿思故雄中。」烈鶩謠曰：「烈鶩可悲，雄已死，雌依依，寧同鑊中烹，今奮翅同所歸。何事楚宮嬌不語，露桃脈脈東風裏。」

蒯祥者，蘇州人。永樂中，父福能主大營繕，爲木工首，

帕絲清搖　棠花艮餙　貞燕烈鶩　木工食一品俸

《双槐岁钞》卷第八关于蒯祥父亲叫蒯福能的记载

推测之前绝大多数书籍、文章之所以将蒯祥父亲姓名误作"蒯福"，一方面是资料少，另一方面也许是看了《双槐岁钞》等的记载，认为"能"字是"能够"的意思（古文无标点符号），

结果"父福能，主大营缮（大营缮是做大构件建筑工程的意思）"被理解成了"父福，能主大营缮"。其实，古文中的"能"往往指一般性的能够，蒯福能则是善于主持大构建工程，应用"善主大营缮"之类的话来表述才对。

也正是《双槐岁钞》中的《木工食一品俸》一文，为后人提供了蒯祥的生卒年月："成化辛丑三月卒，年八十四"。按成化辛丑三月为1481年，古人用虚岁，扣掉83年，生年应为1398年。当然，如果蒯祥是农历年尾出生的话，按公历计算就到了1399年。但目前暂未发现蒯祥的具体生日记载，因此一般就认为其出生年份为1398年了。至于有些文章将其生年算作1397年，是忽略了虚岁这一因素。

蒯氏家族哪代开始会木工？

墓表称蒯福能"有奇艺"。永乐乙酉（1405）朝廷启动大营建，凡擅长营造技艺的人都被征集到京师，"福能在举首"，也就是被作为第一号人选。根据《明史》，洪武十一年（1378）称南京为"京师"，到永乐十九年（1421）改北京为京师，此后一度反复，正统六年（1441）正式称北京为"京师"。由于永乐时期的大营建是针对北京故宫而言的，墓表又写于将北京正式称为"京师"之后，所以此处的"京师"显然指北京。

有文章称蒯祥父亲参加过南京故宫的营建，但从墓表上找不到任何依据。而且南京故宫明洪武廿五年（1392）就已基本完工，墓表中蒯福能是之后13年才被征集去的，哪还会去参建这处即将"靠边站"的宫殿建筑群？

墓表称蒯福能"夙夜经营，茂著贤劳"，盛赞他认真负责的精神和为北京故宫建设立下的功劳。

从墓表中说蒯明思"优游畎亩间"、以及直接说蒯福能"有奇艺"等的记载可以判断，蒯家是从蒯福能这一代才会做木工的，这也许是因为，蒯家搬到苏州香山时蒯明思已经成年，而学手艺适宜从少年时学起。一般来说，称"世家"需要满三代。因此，某些书籍、文章所谓蒯祥出身"木工世家"的说法依据不足，确切地说，他只是出身"木工家庭"而已。

由于蒯福能"有奇艺"，又肯"夙夜经营"，因此从众多工匠中脱颖而出。到蒯祥这一代，有了蒯福能的言传身教和打下的基础，再加上蒯祥聪明能干、技艺高超，蒯家开始攀上顶峰。

根据墓表，蒯福能年纪上去后，"乃命其子祥继焉"。丁酉岁（1417），蒯祥来到北京，参与营建宫殿以及有司官衙。他"深于巧思，比公输子"，于是由工部营缮所丞一路升迁到工部主事、太仆寺卿、工部右侍郎，变成一个正三品的高级官员，并且享受从一品俸禄，创下了历代木工待遇的最高纪录。

墓表记载，天顺戊寅（1458），蒯福能跟他的父亲蒯明思一起被赠为嘉议大夫、工部右侍郎，其妻陆氏（也就是蒯祥的母亲）累赠为淑人。蒯祥娶甄氏为妻，继娶顾氏、□氏。

在墓表中，蒯明思曾孙共8人，分别叫蒯顺、蒯真、蒯刚、蒯能、蒯德、蒯俊、蒯英、蒯琳，其中蒯真是个武官；玄孙辈有蒯懋、蒯志、蒯吉、蒯聪、蒯玉、蒯全、蒯恕等十来人。由于墓表部分文字看不清，因此，无法断定蒯明思是否只有蒯福能一个儿子，蒯福能是否也只有蒯祥一个儿子。如果都只有一个儿子，那么，蒯明思的八个曾孙、十来个玄孙，就都是蒯祥的儿子、孙子了。

至于蒯明思曾孙辈中为何有人名字叫"能"，犯了"蒯福能"的讳，还要进一步研究。

墓表同时记载，蒯刚（史书中又被写作"蒯钢""蒯纲"）任营缮所丞。从蒯福能到蒯祥再到蒯刚，蒯氏连续三代从事营造工作，所以，到蒯刚时蒯家就可以被称为"木工世家"了。

蒯氏落户苏州后，先定居在香山渔帆村，后逐渐散居周边村镇如蒋墩等地，并有迁徙到苏州城区和其他地区如吴江黎里的，子孙中有人继续从事木工、营造，但也有转事其他行当的。

香山帮工匠中蒯祥啥地位？

关于香山帮工匠的起源，许多文章称蒯祥是"鼻祖"。按"鼻祖"是始祖、创始人的意思，蒯祥虽然技艺高超，但从他父亲蒯福能就擅长木工技艺看，蒯祥显然不能算香山帮工匠的鼻祖。

当然，蒯福能也不能被称为"香山帮鼻祖"。因为香山帮技艺的历史比明朝初期早得多，不是蒯家这个"外来户"从老家襄阳带到香山的，相反，蒯福能倒是受了香山这个地方的影响，才学到了香山帮技艺。

苏州市吴中区近年组织出版的"吴中文库"中有一本《香山构驾》，作者、研究人员孟琳在参考了大量文献和进行田野调查后指出，香山帮滥觞肇迹于先秦至两晋，气象初成于六朝至两宋，绚丽辉煌于元明至盛清……

这种观点值得赞同。不过，从考古角度看，香山帮擅长建造的半干阑式建筑，其前身干阑式建筑的历史更可追溯到史前。

半干阑式建筑的立柱、梁架等均为木构，之间的衔接方式是榫卯结构，只是柱子底下为鼓磴、磉石，不像干阑式建筑那样下层完全挑空。苏州市考古研究所所长张照根透露，吴江梅堰龙南遗址的考古标明，早约在4200年前的良渚文化晚期，苏州先民已能建造干阑式建筑。

随着经济社会的发展，人们无须再挑空居住以躲避野兽、洪水，工匠建造的房屋就从干阑式逐渐转向了用料较省的半干阑式了。

春秋战国时期，吴地干阑式或半干阑式建筑营造出现了第一个高峰，吴国王宫、姑苏台、馆娃宫等大体量建筑都属于这种构造，否则，在没有钢筋混凝土的当时，那些建筑是很难造出来的。

姑苏台、馆娃宫离香山都很近，从方便出工考虑，营造这些工程的工匠必然住在香山一带，他们的技艺就这样逐渐传承、发展，最后成为如今的香山帮技艺。

根据这样的分析，香山帮工匠的历史至少已有 2 千多年，甚至可能有 4000 多年，只是已无法弄清鼻祖到底是哪个人；"半路杀出"的蒯祥，应该定性为香山帮工匠最杰出的代表。

蒯祥是北京故宫的"阶段性总工"

在蒯祥与北京故宫的关系上，许多文章称他是故宫的总设计师、总工程师，但严格一点说，应该是"阶段性总工"。

根据《明史·职官》，工部营缮所负责皇家工程（包括北京故宫、皇陵等）的建设，技术方面的总负责人是"所正"（正七品，一人），分管负责人为"所副"（正八品，二人），设计师兼施工员称"所丞"（正九品，二人）。"丞"是辅佐的意思，所以至少要做到"所副"，才可以算作北京故宫的总工程师、总设计师，"所丞"只是他们的助理。

墓表记载，"丁酉岁（1417），祥扈跸来北京，营建宫殿以及有司庶府，悉预其事"，可见蒯祥是 20 虚岁时投身故宫等工程的营建的。可惜墓表和其他原始资料中均找不到他担任工部营缮所丞的时间。

有人认为，按照当时的世袭制度，蒯祥一参加北京故宫建设就接父亲班当了营缮所丞。但蒯福能是否当过营缮所丞，目前并无原始资料可证。同时，明史专著《皇明通纪》卷二十提到，明代的官员世袭制度只适用于一品到七品官，也就是说，作为九品芝麻官的"营缮所丞"，是没有资格把"乌纱帽"直接传给儿子的。研究蒯祥史料数十年的吴地文化学者李洲芳考证后认为，蒯祥 1417 年参加营建北京故宫时的身份只是营缮匠，也就是普通建筑工人，到 1420 年才升为营缮所丞。根据上述分析，以及永乐初北京故宫"总其事"者朱文铭（？—1437）直到 1420 年宫殿建成才被授予营缮所丞职务的情况看，李洲芳的观点应该是靠谱的。

　　蒯祥升为分管规划、建设的营缮所副，时间必定更晚一些，因此，蒯祥不可能是整个北京故宫工程的"总工"和"总设计师"。

　　也有人提出，蒯祥在担任相应职务前，就是实际上的北京故宫"总工"和"总设计师"，这种说法也值得商榷。

　　先看实际"总设计师"的说法。北京故宫营建工程启动于1405 年，当时蒯祥虚岁才 8 岁，当然不可能做实际上的总规划师。北京故宫的总体设计也不可能等上 12 年，到蒯祥到岗后才做。所以有专家学者认为，北京故宫的实际总设计师是年纪较长、也曾任工部右侍郎的蔡信等人，这是值得进一步研究的。从蒯祥投身北京故宫建设的时间看，他已经错过了成为实际"总设计师"的档期，只能日后做名义上的"阶段性总设计师"了。

　　再看实际"总工程师"的说法。当时全国能工巧匠齐聚北京，有本事的人比比皆是，蒯祥虽然技艺精湛，又有老爹这块牌子，但要得到大家的认可是需要时间的，很难 20 岁一参加建设就当实际上的总工。

　　查诸《大明太宗文皇帝实录》，明永乐十九年（1421）四月，"奉天、华盖、谨身三殿灾"。"奉天"即今太和殿，"华盖"即今中和殿，"谨身"即今保和殿，为北京故宫三大殿。对照《明史》，所谓的"灾"是指因雷击失火而被烧。《大明英宗睿皇帝实录》记载，正统五年（1440）三月戊申，"建奉天、华盖、谨身三殿；乾清、坤宁二宫，是日兴工"，也就是启动三大殿的重建。《皇明通纪》卷二十三记载，这些工程才是由蒯祥主持的。也只有从这时起，蒯祥才是北京故宫工程的实际总工程师。

　　就承天门（即后来的天安门）工程而言，至于有文章说蒯祥1417 年就设计、营建了该建筑，这也缺乏可以作为证据的原始记载。承天门是皇城的正门，始建于 1417—1420 年，蒯祥参与这次营建、出出点子之类是可能的，但他当时才 20—23 虚岁，又是北京故宫建设工程的"新兵"，"老兵"们又不差劲，在这样的情况下，让蒯祥独力负责这样的工程，其现实性又有多少？

明天顺元年（1456 年），承天门遭雷击起火被焚毁，明成化元年（1465 年）由工部尚书白圭主持重建，这次设计、建造才是由蒯祥负责的。重建后的承天门由原来的东西宽 5 间、南北进深 3 间，扩大为宽 9 间、进深 5 间，形制上由原来的牌坊式改为了宫殿式，由城台和城楼两部分组成，是当时北京城最大、最高的门楼，也奠定了今日天安门的形制。

说蒯祥只是故宫建设工程的"阶段性总工"和名义上的"阶段性总设计师"，这丝毫不影响蒯祥的历史地位。因为许多大型工程都是经过几代人甚至更多代人的努力才完成的，是成千上万工人的智慧和汗水的结晶，更不用说像故宫这样的明代全国第一号工程了。在漫长的建设时间里，蒯祥能成为其中一段时间的总工、总设计师，已经是对他木匠技艺和生产组织能力的最大认可、对香山帮技艺的最大认可了，是蒯祥和香山帮工匠的莫大荣耀。

附录一
奉天诰命（蒯明思夫妇诰命碑）

奉/天承运，/皇帝制曰：人臣能修其职业，而朝廷推恩必荣其先世者，此国家之令（?）/典，所以励忠孝也。尔蒯明思乃工部右侍郎祥之祖，潜德弗耀，委/祉后昆，致有令孙为国之用，推原所自，宜涣（帝王发布号令）纶音（lún yīn，皇帝之言），今特赠尔为嘉/议大夫、工部右侍郎，灵爽如存，服此休命。

制曰：朝廷简阅才能，任以国事，褒崇之典，必及其先，盖推其□□之/源也。尔顾氏乃工部右侍郎蒯祥之祖母，淑德允蹈，垂裕厥（?）家，有/孙显融，累官部佐，推厥原本，宜锡（同"赐"）隆恩，特赠尔为淑人，服此□□，/昭于永世。

天顺二年（1458）五月二十五日

附录二

明嘉议大夫工部右侍郎蒯公合葬墓表

　　　　□□士行人同行人翰林院庶吉士仁和……
　　　　……仕郎光禄寺署□前乡贡进士……
　　　　……进士吏科给事中前翰林院庶吉士河□（东？）……

　　公讳明思，字某，姓蒯氏，其先有讳道恩者，刘宋时封都乡侯，讳鳌者仕南唐为殿中丞，家……□/著姓，实自/国朝洪武初始迁也。祖某、父某，俱有隐德。母某氏。公生有美质，服仁蹈义，事亲敬长，克尽孝友之……□□（力事？）/□□（和乐？）□之谣歌耕□（艺？）之诗，其乐嚣嚣然而忘其老之将至，用是乡党（这个字写法为左尚右耳，同"党"）中无少长贱贵，靡不以有□□□（君子？）□□配顾氏之/名家女，幼而聪慧，凡诸女事不待教而自能，善事舅姑如事父母，供岁祀，待宾客，敬老恤贫……/心而□（得？）优游以畎亩间，以终其年者，皆其助也。□胤（？）福能有奇艺，永乐乙酉（1405），/朝廷大营建，特命有司凡长于艺者征至京师，福能在举首，夙夜经营，茂著贤劳，时□工者咸……/□揄之□□而倦勒□□事也，乃命其子祥□（继？）焉。丁酉岁（1417），祥扈/跸来北京，营建宫殿以及有司庶府，悉预其事，深于巧思，比公输子，金以为庭训所致。由工部营缮所丞……/□太仆寺卿，升工部右侍郎。天顺戊寅（1458）/赐制诰，推恩以其官赠公，顾为淑人，考福能亦赠以己官，姚陆累赠淑人。祥配甄氏，继顾氏、□（陈？）氏……/□□□□，孙女一，适陆某，曾孙男八，曰顺，曰真，曰刚，曰能，曰德，曰俊，曰英，曰琳。真以武功进秩……/朱氏封宜人。刚任营缮所丞，娶曲氏。曾孙女二，长适金吾右卫指挥使孙敬，次适户部郎中……/曰懋，曰志，曰□，曰吉，曰聪，曰□（敬？），曰玉，曰□（仝？），曰恕。祥痛惟祖考、姚洪武下世，合葬邑之城西吴凡……/□□□

有德□以庇（下有土字底）佑我后人，故得至于今日，幸蒙／褒赠，□（进？）阶三□（品？），可谓千古之荣矣。顾其德善，非文无以信，今而传后，乃状其实，征予□（表？）其墓石，庶……／□□□□及其子孙，则天必报之以福，虽不及其生前，而必显其身后，此理之一□（也？），而不可……／而有□□，公之贤如此，侍郎公有子千户侯，所丞之贤又如此，其未显者尤多，与后之……／于公□□不□，则子何□之不□之辞不……乎。故序次其说，用勒贞石，以示后人□□□。

（注："／"表示转行；"□"表示缺字；"□"后括号内加"？"的字系猜测、未最终确定；"……"表示不知道缺了几个字。由作者根据碑文和拓片整理、点校，括号内年份等内容为作者所加。）

江南文化

晚清民初江南地区士绅的分层与转型

——以青浦朱家角镇为例

康东惠

晚清民初，虽然国家动荡，但位于上海西部青浦县朱家角地区及时将发展方向转为米市，成功摆脱了松江府布市日渐衰退的大趋势，形成镇上"长街三里，店铺千家"的盛况。清末地方自治以前，朱家角同其他县镇一样，都是由士绅担任社会事务的指导工作，随着国家相关政令的颁布和实施，朱家角镇的地方士绅也开始面临角色的转型。本文选取朱家角镇世家大族陆氏以及中下层士绅徐氏兄弟和高荫嘉为研究对象，通过研究发现，该地区士绅转型经历了从被动到主动，从失败到成功，从单一到多元化的转变过程，地方士绅的转型同国家环境以及地方社会三者之间存在着密切的互动关系。

官绅世家的转型——陆氏

据《云间珠溪陆氏世系考》载，朱家角陆氏属于华亭侯陆逊一脉，最早定居在珠里陆家港（又称陆家弄）的一支就是陆逊之孙陆云的后代，时间最早可以追溯到明朝初年。陆氏本是松江望族，而珠里陆氏亦是人才辈出，难以胜数。明嘉靖年间，名臣陆树声官至礼部尚书，赠太子太保；其弟陆树德为嘉靖四十四年（1565年）进士，累官山东巡抚、右佥都御史。陆树声之子陆彦章为明万历年间进士，官至刑部侍郎，彦章之弟彦桢为明万历二十三年（1595年）进士，官任南京吏部考功司主事。彦章之孙庆衍，明崇祯十六年（1643年）进士，官至刑部郎中，与其兄庆臻、庆曾三兄弟以才识名重当世。庆臻曾孙陆伯煜，为清乾隆四十五年

（1780年）进士，于乾隆五十六年（1791年）经大考后，被任命为吏部员外郎，官至浙江按察使。据陆氏后人陆士谔所编《陆氏谱牒》载，明清之际珠里陆氏共出了六位进士，十多位举人，是名副其实的"珠溪望族，诗礼传家"。

朱家角陆氏不仅为书香门第，官宦之家，在对待地方公共事务的处理上也表现出很高的积极性。成立于乾隆初年的珠溪同仁堂"所用的房屋即为陆氏捐赠"。清道光二十九年，朱家角地区多次发生严重雨涝灾害，"四月，大雨历旬，水骤涨丈余，农田浸没水中，七八两月浮雨五十天，泖河水位暴涨，秋冬发生疫病，是年大饥荒。"泥沙淤积河道，河水冲毁房屋，农田受损严重，随后引发大规模的疫病，当地受灾民众数以千计，陆氏家族曾多次参与这次救灾活动，进行河道的疏通，以及灾民的救助、安顿工作等。由陆氏倡导设立的珠溪同仁堂成立之初以施药、施医、施棺以及掩埋无主尸体作为主要职责，后期又增加了收容流民和救助孤儿的功能，这在一定程度上是为了更好地适应地方社会需要而适时进行的调整。在传统社会中，陆氏家族凭借其雄厚的经济实力和家族声望促成珠溪同仁堂的建立，同时珠溪同仁堂的建立与发展，不管对于陆氏家族社会声望的提升，还是与当地巨贾、僧人等人际关系网络的拓展，都大有裨益。这一时期由于朝廷放松对地方的直接控制，也促成了地方士绅对地方社会事务的积极参与，为镇上的公共事业的发展做出了卓越的贡献。

十九世纪中期爆发的太平天国运动，朱家角地区亦受到战事波及，同治元年（1862年），"忠王李秀成抵江苏青浦朱家角，渡泖湖，……五月间，以嘉定青浦失守，复出京东返"。据民初编纂的朱家角镇《陆氏家谱》记载："洪洋乱起，遍地兵氛兮，相挈仓皇避乱。乱事定而故居半成瓦砾，于是艰苦经营，省衣节食，以维持家业，及今已逾二代尤未复归"。从这些只言片语中我们可以感受到，昔日鼎盛的世家大族此时深受战乱困扰，祖产受到破坏，家业难以维持，族人只能靠节衣缩食来实现家族的延续，而这段修复期竟长达两代之久。至清末民初，随着朝廷各项新政的实施，陆氏族人积极寻求新的出路，从而在身份与思想观念上都与时俱进地发生转型。根据相关史料的记载，他们的转型大致为两个方向：

其一，新型知识分子。随着资本主义的不断入侵，西方文化开始逐渐渗入到地方社会，新式文化的出现引起了社会各个阶层的关注，而对于新式文化与新式教育，尽管他们的出现在一定程度上下削弱了从小习读儒家经典的士绅阶层的文化优越性，但士绅阶层还是表现出包容和融入的态度，陆氏家族也不例外地选择向新型知识分子转型。此外，传统教育的儒化也是推动陆氏向此方向转型的又一推力。正是基于读书应举的传统观念，即使在陆氏家族面临生计无法维持的情况下，陆士谔的父亲依然认为读书最为重要。但与以往不同，清末民初的陆氏大多数接受了新式教育，除了长子陆士谔很小就被父亲送去学医之外，陆士谔的几个弟弟妹妹都是就读于新式学堂，有的后期甚至出国深造。陆士谔之大弟叔达（名守经），曾先后远赴日本、美国留学，回国后曾担任厦门公审会堂堂长；其二弟保权（名守坚）毕业于南洋公学铁路专科，毕业后远赴美国旧金山大学留学，专攻土木系，回国后曾担任张学良秘书，后在沪杭铁路沪嘉所任所长，后为上校参谋，任监务稽核处书记官。回朱家角后，担任青浦参议员；陆士谔之妹灵素（1883—1957），名守民，为著名团体南社著名女诗人，是朱家角当地著名的才女，曾与陈独秀、苏曼殊等共同执教于芜湖晚间女校，南社社长柳亚子先生誉其为"颇娴文采，吟南北曲的佼佼者"。综上可知，在清末民初的变革时期，陆氏部分族人主要通过新式学校以及自由结社（或学会）等媒介，转型为新式知识分子。这些转向新型知识分子的士绅后代，在知识构成方面也往往表现出中西混杂、新旧杂糅的特征，这些在他们的文学作品均有所表现。

其二，从医。根据陆士谔所编的《陆氏家谱》，陆士谔的高伯祖陆伯馄，是清乾隆四十五年（1780 年）进士，也是镇上的名医，皇帝曾多次请他入宫作御医，陆伯馄不愿为皇室少数人看病，坚持要为广大民众解除病痛，因此故意从高处坠地，以此为由推脱，受到当地百姓的敬重。或许是受此影响，陆士谔的父亲很早就将年幼的陆士谔送去学医，师从名医唐承斋。作为家中长子的陆士谔也一定程度上承担起负担家计的重任，此后更是成为清末民初享誉沪上的十大名医之一，出版医著十余本。陆士谔其长子清洁，同为上海名医，毕业于持志大学，受其父教导，自幼攻读中医经典著作，并通晓各家学说，历任浙江省疗养院院长、世界书局医书部主编，全国中医师公会联合会上海办事处、神州国际医学会上海分会会长等职，发表著述十余册，约三百余万字。或许是因为行医可以保持稳定的经济来源，而且可以一定程度上获取不小的社会威望以及拓展本族的交际网络的原因，抑或是仍受到传统的"不成良将便为良医"观念的影响，不管是陆氏还是下文即将提到的徐氏，医生这一职业成为这些士绅的首选。从医俨然已经成为了一种风气，这一时期的朱家角地区可以说是医馆林立，名医众多。

上文提到，在明清之际，陆氏家族中有不少在朝为官，而留在当地的也大多数是以读书举业或是教书授业为生，所以他们是很典型的士绅家族。除了太平天国战争这一直接原因之外，随着国家形势的变化以及各项政策的实施，所谓传统世家大族的陆氏家族也相应地发生一系列的变化，这些变化都在或多或少地加快其转型的到来。其一，与明清之际陆氏家族曾出六名进士、十余名举人的数据相比，清朝中后期，该族中的科举考试的成功率越来越低，一定程度上也就失去了入朝为官一个很重要的渠道，较之于族中的前辈，清后期陆氏家族中的成员鲜有成为朝中权贵，有的也不过捐纳一个道台。这一情况的出现使得陆氏原本的权力来源断裂，失去了同中央层面连接的可能，其家族的权威性在一定程度上被削弱，因而他们不得不开始寻求新的出路来实现家族权威性的延续。其二，陆氏主办的珠溪同仁堂，在清中后期就已经处在难以维持的窘境。一则受到太平天国运动的影响，族内的生计问题成为头等大事，家族经济方面的困难已使族人自顾不暇，对于珠溪同仁堂的维系更是有心无力了；二则，受镇上另一慈善组织井亭从善堂的影响。井亭从善堂由井亭当地著名富商马氏的第九代马格堂建立，马氏家底殷实，所以井亭从善堂一直以来都有着稳定的资金支持，并得以迅速发展。相比之下，丧失经济支撑的珠溪同仁堂已是日薄西山。所以，珠溪同仁堂的逐渐消亡也切断了陆氏家族获取社会声望和社会权威的来源。种种现实因素都迫使这一传统世家大族转型的到来。

　　总之，作为传统士绅大族的陆氏家族，在面临战争、废科举等各方面因素的共同作用下，不得不开始思考如何走出困境，实现家族的延续与复兴。而长期以来所接受的传统儒家教育，致使陆氏家族的转型更倾向于选择与自身书香世家相符的新型知识分子角色和可以获取一定社会威望的医生一职，而不是选择可以使家族尽快摆脱经济困难的商人角色。所以，以上种种选择都表明这一家族在转型的选择上会受到更多传统观念上的束缚，因而在未来方向的选择上就存在一定的局限性，相比于其他士绅的转型，陆氏家族的转型就显得既局限又缓慢。

绅商家族的转型：徐氏兄弟

　　相比较于陆氏家族，徐氏家族并不属于家大业大的类型，其族人曾在清朝初年考取过举人，并在朝中谋取了一官半职，后期便举家从农村搬到朱家角镇上居住，家底殷实，属于城居地主的类型。但其家族科举考试的成功率较低，所以可以获取官职的机会则更少，因而徐氏是典型的中层士绅。晚清民初这一时期，徐家比较突出的人物就是徐少山和徐福如兄弟二人。徐少山后来成为朱家角著名的米商，曾解决过当地的米市危机；徐福如则曾在清光绪年间考取过举人。这种兼具"绅"和"商"多重身份所组成的家族，其转型也必然有着其特有的方式。

晚清随着西方资本主义的侵入，传统的地主经济受到冲击，因此处于中层的徐家生活越来越困难，也不得不开始面对环境的变化与自身的角色进行转变。同转型相对缓慢的传统世家大族相比，处于中层的徐家在面临这一情况就显得更加灵活和得心应手。在传统社会时期，徐家城居地主的身份，也曾面临过家道中落甚至家计难以维持的情况，他们比传统世家大族更早地感受过生活的困苦，也因而更早地开始思考如何走出困境。因此，徐少山选择从事商业以维持家计。由于朱家角得天独厚的地理位置和自然条件，为米市的发展提供了非常便利的条件，因而在米市发展之初，徐少山就凭借敏锐的商业嗅觉，开始从事米行生意。光绪初年，徐少山本是依靠经营小米生意起家，后盘下了经营不善的咸茂米行，改名正余米行。但随后政府禁止大米外销，本地大米市场出现前所未有的经营危机，徐少山获得政府批文，带领朱家角镇的米商将朱家角的青角薄稻提前运往上海，深受上海市民的喜爱，因这次抓住商机而在上海市场迅速发展起来，正余米行一举成名，后成为朱家角"四大米行"之一。也正是因在这一竞争的过程中，徐少山并没有将所得批文作为私用，而是通过同业拆借等方法和镇上其他的米行积极合作，带动镇上诸多米行将青角薄稻运往上海，成功地在上海米市获得了一席之地，所以镇上的米行得以形成联合，朱家角米业公会也就顺应形势地形成了，这也就是朱家角人所俗称的米行厅。由于徐少山对于朱家角米市的发展有着特殊的功劳，多次解决了朱家角米市销路的危机问题，镇上的居民对他十分敬重，他也因此担任了米行厅的第一任主席。但与他的弟弟徐福如相比，徐少山与镇上的商人或是商人团体除了正常的生意往来之外再无其他过多的交集。由此可以看出，在徐少山的观念里，相对于"商"而言，士绅仍然是居于社会的顶层，不到万不得已绝不轻易经商。正因为如此，他坚持让弟弟徐福如读书应举，让最小的兄弟学医，这实际上也是传统所谓"不为良相就为良医"观念的反映。

徐福如生于清咸丰三年（1853 年），字国士，清光绪十五年（1889 年）武举，习岐黄之术，曾在徐氏祠堂创办存古堂私塾，亲授生徒。清末废科之后，他改存古堂私塾为存古堂私立小学。但随着镇上一隅小学和其他新式学堂的创办，新式文化在朱家角镇迅速发展，存古堂私立小学不久宣布停办。可以看出，这一时期的徐福如是有意识地随着朝廷新政的步伐，积极追随社会的变革，努力朝着新型知识分子的方向转变，但由于受到种种现实因素的影响，他所创办的学堂的教育内容仍然是局限于传统的四书五经，导致其身份转型未能成功，随后徐福如将目光转向了社会团体上去。

长久以来士绅都是地方社会的管理者，所以徐福如在地方自治后便加入到镇上的各种社团中去，并积极地开展活动。其一，朱家角的救火联合会是由民捐民办，其领导人也是由民众选出，鉴于徐少山雄厚的经济实力和徐氏创办存古堂私塾所形成的社会威望，徐福如成功当选为珠街阁救火联合会第一任会长。在他的领导下，这一时期救火队的工作有条不紊地展开，并将业务拓展至周边地区，接收到了社会各界的不少捐款。其二，民国时期，由井亭马氏的第九代孙马格堂建立的井亭从善堂和由陆氏创办的珠溪同仁堂是朱家角镇主要的地方慈善组织，后来随着地方自治的开展，这两个组织进行了合并和改组，并更名为珠街阁同仁堂。改组之后的珠街阁同仁堂开始进行管理人员的选举，徐福如则担任经济保管的职务。

从清末朱家角镇徐氏家族的发展模式看，虽然身处朝廷新政与社会剧变时期，但徐氏兄弟基本上还是秉承着明清时期士绅家族"儒贾迭相为用"的模式。哥哥徐少山通过经商为家族带来坚实的经济基础，并帮助弟弟徐福如完成学业，而弟弟学成归来之后，凭借所积累的政府人脉帮助哥哥徐少山顺利地拿到上海政府的公文，以实现朱家角米粮的向外运输，化解这次米市危机，从而也使自家的产业迅速发展，家族的威望不断提升，徐少山和徐福如兄弟二人通过自身角色的不断转换帮助家族也帮助自己度过了危机。与官宦世家陆氏相比，绅商家族徐氏兄弟的转型相对更加主动一些。

下层士人的转型：高荫嘉

如果将陆氏和徐氏的转型归结为保守派的话，那么，下层士人高荫嘉的转型可以归入到积极派中。

高荫嘉（1872－1943），字蕴玉。幼习儒经，未获功名，田产卖尽。为了维持生计，高荫嘉在镇上开设一所私塾，亲授生徒。1905年，科举制度废除，私塾难以维持。实业救国所带来的商品经济的发展改变着中国的社会结构，原本属于四民末位的商人地位不断提高。高荫嘉主动关闭私塾，与人共同创办高义源绸布号，凭借能言善辩和左右逢源的交际能力，不久挤掉合作伙伴，独资经营。此时朱家角镇凭借大量的米粮出口外销，形成第一个市场高峰期，镇上商业蒸蒸日上，高义源绸布号随之快速发展，高荫嘉借此积累不少资本。

高荫嘉不仅在商界中崭露头角，在公共舆论方面同样表现突出。民国初年，朱家角的地方精英纷纷在镇上创办新式学校、兴办报纸。高荫嘉也不再满足于仅仅获得经济上的富足和商人这一身份所带给他的权威，他开始渴望传统时期士绅通过掌握文字和信息传播渠道而获得的获得文化权威；其次，频繁的商业往来也使得高荫嘉有更多的机会往返于上海与朱家角之间，对于新式的教育和思想这些新鲜事物更加易于接受。

清光绪三十一年（1905年），"诏废科举，停书院，于是四乡小学接踵兴办"，创建于清朝咸丰元年（1851年）的"珠溪书院"在青浦县政府要求下改名为公立珠溪二等学堂，"经费以旧有书院田荡及茶捐地租等拨充。"高荫嘉以开明士绅的身份被任命为珠二等小学堂的校长，并在他的主持下将原来珠溪书院的基础上创办了珠溪二等学堂。当然，地方政府任命高荫嘉为校长，一定程度上是看重其雄厚的经济实力，但作为传统士绅出身的高荫嘉来说，书院校长的身份还是让他在这份工作中表现得尽心尽力。他不仅自筹经费改善教学环境，为学生提供学费和生活费，同时他还规定学堂以国文为三育重心，并亲自教授课程。高荫嘉在兴办学堂的过程中其身份已经从商人转换为士绅，这两种身份的相互重合，使得高荫嘉在地方社会上享有更高的社会地位与权力，政府也会乐意与其进行合作。纵观高荫嘉从传统儒生向商人、新型知识分子的转型过程，他通过经商获得财富，继而在地方社会中得到一定的权威性。

高荫嘉凭借在商界和教育界的突出表现，以及积极帮助朱家角镇商会会长陈挹飞处理商会工作所形成的良好互动，于1917年接替陈挹飞成为朱家角镇商会的第三任会长。在任期间，高荫嘉凭借自己的人际网络，疏通各界关系，提升朱家角镇商会的影响力，同时接管救火会的工作，并全权负责慈善同仁堂的经费问题。每当镇上遭遇到重大灾患或是紧急情况，高荫嘉都会积极筹款，并慷慨解囊以帮助大家渡过难关，受到镇上百姓的一致好评。所以自1917年到1937年抗战前夕的21年中，高荫嘉共5次出任商会会长一职，甚至在连任二届后，按国民政府《商会法》不可继续连任的规定，商会成员为了确保在商会中的工作得以延续，甚至商议选举了他的儿子高焕常为会长，期满后又再次选举高荫嘉为会长。这一现象显示高荫嘉在后期商会中所具有的重要作用，和在朱家角当地百姓中所具备的极高声望。

相比较于之前的陆氏和徐氏的转型，高荫嘉的转型就显得更加地得心应手和成功。他通过商人和士绅双重身份的自由切换而进入到公众视野，表现出突出的经济和文化的双重优越地位，再通过积极参与地方社会的公益事业而掌握社会话语权，成为地方精英阶层。

结　语

　　综观陆氏、徐氏兄弟以及高荫嘉三者的转型，我们不难发现，他们的心态从无奈、矛盾、小心翼翼向坦然应对逐渐发生着改变，而他们的选择也从被动逐渐变为主动。作为传统世家大族的陆氏，长期以来接受科举制度所赋予他们的文化权力，并掌行地方社会事务。然而科举制度的废除，却切断了陆氏家族和国家层面的直接交流，其作为连接国家与社会沟通的作用也一并消失，旧有的权力和声望日趋瓦解，家族一直以来所依靠的权力来源突然中断。而且，长期以来所接受的传统儒家文化，又在无形中限制陆氏不会选择位于四民社会中末位的"商"这一角色作为转型的首选，所以陆氏在转型的选择和进行上就会顾虑更多，并表现出保守、缓慢的特点。

　　随着商品经济的不断发展，朱家角地区的米市贸易因其优越的地理环境得到迅速发展，商人的社会地位得以提升并逐渐成为能够表达自身观点的一个独立群体。因而，这一地区的中层士绅和下层士人的转型也主要表现为绅—商和绅—学之间的一个来回流动与转换。同传统官绅世家出身的士绅相比，帝制消亡、时局变迁等诸多现实因素并没有成为他们转型的主要原因，反而成为了他们实现转型的一个契机。亦儒亦商的双重角色使得高氏和徐氏可以更加容易接触并接受新的文化和新的市场经济体系，因而不管是商会的建立还是米行的成立都可以看出他们力图转变，具有了一定的自觉性和独立性。他们凭借着自己一定的经济实力接手和成立了许多地方公益慈善组织，如在救火联合会中担任要职，在文物管理委员会中担任重要角色。不管是商会、米行、文物管理委员会这种社团，还是救火委员会这些具有特定职能的社会公共组织，这些中下层士绅通过另一种渠道表达自己的想法，提高自身的影响力，借以重新获得社会声望以及足够的社会地位与权力。显而易见，这种转型无疑是成功的。

　　晚清民初朱家角镇的传统士绅群体，受战争、西学传入、废科举等诸多因素的影响，致使其原有的上升渠道出现断裂，所具备的文化优越性和社会话语权也在不断丧失，这些传统士绅不得不开始面临角色转型问题。处于不同阶层的士绅群体，在面对风云变幻的时代变革时，采取了不同的应对措施，并表现出不同的特点，实现了由被动到主动，由保守到积极的过渡。他们通过角色的转变，将自身的理念渗透到地方公益和地方舆论中去，以另外一种方式重新获得社会话语权，恢复家族的社会声望。而这种较为平和的转型方式也一定程度上缓解了地方矛盾的激化，避免了社会秩序混乱的情况的发生。

霜欺雪虐菊犹香

——清代农民女词人贺双卿及其词心生态论略

李金坤

　　江南富庶之地金坛，历史悠久，人才辈出，就以诗文而论，例如储光羲，是与王维、孟浩然成三鼎足的盛唐山水田园诗派之重要诗人；"循吏"、"诗伯"戴叔伦，其歌吟农村疾苦的诗篇，开启了中唐新乐府运动之先声；爱国忧民的"百代伟人"刘宰，结交于辛弃疾，肝胆相照是知音；再如乾嘉学派之重镇段玉裁，一生铭记"不耕砚田无乐事，不撑铁骨莫支贫"的祖训，积四十年之功力，撰成皇皇巨著《说文解字注》，王念孙推许其"自许慎之后千七百年来无此作矣"，具有划时代的里程碑意义。

　　在金坛历史夜空下的星空中，还有一颗熠熠闪光、别具异彩的星星，她就是康乾年间的农民女词人贺双卿。胡适曾有"清朝第一女词人"之美誉。[1]她的短暂人生，悲惨遭遇，凄苦婚姻，疟疾病痛，悲悯不已，催人泪下；而她那天然本真、情深意切而如泣如诉的诗词微吟，却又是那样的冷冷清清、凄凄惨惨切切，动人心魄，难以卒读。这就是中国千年词园里一株空前绝后的奇葩。尽管在新旧版本《金坛县志》中皆立有贺双卿的一席之地，但由于发行面有限，除了少数喜爱诗词文学者知晓外，绝大多数金坛人是不胜了了的。可怜的贺双卿，她的生前是何等的寂寞冷落，在她死后的近三百年之后，作为金坛人，我们已经不能在让她再如此寂寞冷落下去了。其实，无论都从社会史、妇女史、思想史、风俗史，还是文学史等方面考量，加强对贺双卿的研究和普及，是一件非常有意义的好事。

作为在外地工作多年的金坛人，十余年前我就着手收集、整理与研究乡贤贺双卿的生平、籍贯与诗词的有关内容，发表了系列研究成果，颇为学界所关注。为了使读者尤其是家乡父老乡亲更加全面、深入地认识、理解并重视贺双卿，遂拟从生平经历、词学成就等方面对贺双卿作一总体简介，权作引玉之砖，以祈方家教正。

一、贺双卿作品之整理与结集述略

贺双卿，初名卿卿，或庆青，字秋碧。清康乾五十四年（1715）出生于金坛游仙乡丹阳里的一个世代业农之家。她生性慧敏，姿容秀丽，笃心向学，然家贫无以就读。适逢其舅父在她家邻室开馆授徒，她便趁机常于窗外偷听，暗中诵习，悉心揣摩，所学日进。她还常做些精巧玲珑的女红，偷偷拿到街上换些诗词之类的书来读。因此，在她十几岁的时候，便能写出清新秀婉的小词。她亦工小楷，点画端妍，能于一桂叶写《多心经》。乡里皆以"才女"视之。大约18岁时，双卿经"媒妁之言"嫁给了金坛绡山的周姓樵子为妻。其夫不仅比她大十多数，其貌丑陋，而且嗜赌性暴，其舅姑又极蛮横顽恶。即便如此，双卿屈于"三纲五常"、"三从四德"封建礼教的压力，不得不对"暴夫恶姑""事之善，意虽弗欢，见夫未尝无愉色，饥倦忧悴，言笑犹晏晏也。"在如此悲惨的境况中，双卿愈是积极表现自己的"德"，愈是让人感到"撕心裂肺"的痛苦。

繁重的劳动与郁闷心情的双重煎熬，使得双卿原本纤弱的身子变得益加虚弱不堪。进入周家不久，便患上了疟疾病。不但无钱治疗，而且还要带病劳作（这在她的许多词作中多有记载），在霜刀雪剑严相逼的恶劣环境中，双卿最终"劳瘁以死"。至于卒年，限于资料，现尚难以确知。不过，据《散记》载，是书记双卿事迄于乾隆初年史震林赴京之时，而其时双卿22岁左右。就其严重之病情及其所处恶劣环境来看，双卿离世当是较早的。总之，双卿的一生，是短暂的一生，悲惨的一生，是中国妇女文学史上罕见的悲剧之一。

贺双卿的诗文，主要辑自于康乾年间与贺双卿同时的金坛人史震林的纪实体笔记《散记》。《散记》初刻于乾隆三年（1738），迄今已270余年矣。其实，在刊行之前，贺双卿的诗词即在社会上颇为流传了。据《散记》载，雍正乙卯年片（1735）年二月，"毗陵（笔者按：即今常州市）女子，熟谙双卿词者十余人，争使人索其词，寄赠双卿词者亦颇众。"（卷四）这就告诉我们，贺双卿的诗词，通过与她接触往来的文人雅士之传播，在民间影响是很大的。而史震林《散记》所载，不过是双卿诗词的一部分而已。从这个角度讲，《散记》当是第一部收录双卿作品的最为原始而权威的专著。借此，遂将史震林生平、事迹略述如下：史震林（1693－1779），字公度，初号梧冈，晚号瓠冈，又作悟冈、岵冈、自署白云教授、弄月仙郎、悟冈退士、瓠冈野老、华冈翁、华阳外史等，江苏金坛（即今金坛市）人，乾隆丁巳（1737）进士。留京师2年，归耕5年。曾任广东高要知县，为奉养老母之便，后改任淮安教授等职。最后弃官作近游，以家乡茅山一带之"西青"为活动中心，往来于淮扬间20余年。其间广记四邻文朋诗友往来酬唱之雅事，遂成《散记》十二卷，乾隆三年（1738）由好友吴震生之刻印行世，这是《散记》的最早刻本。从此，一个普通农家妇女贺双卿的事迹及诗词创作便赖《散记》得以保存和流传，而作为政绩不彰的地方官吏、边缘文人史震林，则因贺双卿的感人事迹与别具魅力的诗词创作而广为人知，并永远铭刻在人们的记忆里。

在《散记》刊行十余年后，乾隆十八年（1753），董潮的《东皋杂钞》（该书收入吴省兰辑《艺海珠尘》卷四）载录了贺双卿的《孤鸿》（笔者：当为《孤雁》）和《残灯》二词，还说双卿"七言诗颇学长吉、飞卿，惜不能全记。"从董潮将双卿词题《孤雁》误为《孤鸿》和"惜不能全记"双卿七言诗的情况来看，正可知双卿诗词在民间流传的真实情况。

董潮《东皋杂钞》刊行二十年后，汪启淑编成《撷芳集》（1773），其中收录了《散记》中贺双卿的诗词。此书未见，但据郭麟《灵芬仙馆诗话》所云，在这部八十卷的妇女作品选中，当时闺秀诗词甚备，而"双卿所作，尤为哀艳动人"。（见王韬本《重刻西青散记》附录）

道光年间黄韵珊所辑《国朝词综续编》（1873），乃最早将双卿词整理刊行的专著，其中选入双卿词 10 首，其目次为：1.《凤凰台上忆吹箫·残灯》；2.《凤凰台上忆吹箫》；3.《望江南》；4.《湿罗衣》；5.《二郎神·菊花》；6.《孤鸾·病中》；7.《惜黄花慢·孤雁》；8.《摸鱼儿·谢邻女韩西馈食》；9.《春从天上来·饷耕》；10.《春从天上来·梅花》。

光绪年间丹徒人陈廷焯在《词则·别调集》中选录双卿词 12 首；又在其经典词话著作《白雨斋词话》中选评贺双卿词 6 首，可见他对贺双卿词是多么的厚爱和推崇。

光绪年间徐乃昌刻《小檀栾室汇刻闺秀词》（1896），其中卷十为贺双卿《雪压轩词》，共录 16 首，其目次为：1.《浣溪沙》；2.《望江南》（2 首）；3.《玉京秋》；4.《二郎神·菊花》；5.《孤鸾》；6.《惜黄花慢·孤雁》；7.《凤凰台上忆吹箫·残灯》；8.《薄倖》；9.《湿罗衣》；10.《太常引》；11.《一剪梅》；12.《摸鱼儿》；13.《凤凰台上忆吹箫》；14.《春从天上来》（2 首）。其实，贺双卿《望江南》2 首，语意相当，当为一首，而《太常引》词，是史震林偕胞弟史卓人访姬山赵阇叔所作，误为双卿。对此，张寿林校辑贺双卿《雪压轩集》（1927）时有详细考订。因此，张氏重新考订的词目为：1.《浣溪沙》（暖雨无晴）；2.《望江南》（喜不见）；3.《湿罗衣》（世间难吐）；4.《玉京秋·自题种瓜小影》；5.《二郎神·菊花》；6.《孤鸾》（午寒偏准）；7.《惜黄花慢·孤雁》；8.《凤凰台上忆吹箫·残灯》；9.《薄倖·咏疟》；10.《一剪梅》（寒热初潮）；11.《摸鱼儿》（喜初晴）；12.《凤凰台上忆吹箫》（寸寸微云）；13.《春从天上来·梅花》；14.《春从天上来·饷耕》。张寿林据《散记》所辑《雪压轩集》，其中录双卿诗24首，其《校后记》说："其诗则抄自《散记》，而零章断句，未足成篇者，俱所不录，都凡二十四首。惟世无刻本，难以校雠，鲁鱼之误，恐或弗免。"其所录诗之目次为：1.《淡写》；2.《更晒》；3.《和白罗诗》9首；4.《步宁溪韵》；5.《和梦砚》；6.《柳絮》；7.《秋荷》10首。

在整理贺双卿作品方面用力较多者，还有张永鑫、耿元瑞。他们在《贺双卿及其著作》一文中以史震林《散记》乾隆间瓜渚草堂刊本、嘉庆乙丑（1805）醉墨楼刊本、雪蛆编次《天上人间》、徐乃昌《小檀栾室汇刻闺秀词·贺双卿雪压轩集》等参校，辑得贺双卿诗词40首，摘句2，书信4，题跋1。具体篇目为：（一）诗词：1. 浣溪沙；2. 望江南；3. 湿罗衣；4.《放蛙诗》；5. 玉京秋词；6. 七言绝句2首；7. 七言律诗1首；8. 二郎神·菊花词；9. 孤鸾；10. 惜黄花慢·孤雁词；11. 步韵和"白罗天女"七绝9首；12. 张梦砚七绝；13. 凤凰台上忆吹箫·残灯词；14. 恽宁溪咏《浣衣图》诗；15. 薄倖·咏疟词；16. 恽宁溪《浣衣图》诗（节录）；17. 一剪梅；18. 摸鱼儿；19. 凤凰台上忆吹箫；20. 秋荷10首；21. 春从天上来·梅花词；22. 春从天上来·饷耕词。（二）摘句：《秋吟》摘句"饥蝉冷抱枯桑叶"等4句，《讥阉叔〈七绝〉》摘句"狂风八月舞杨花"。（三）书信：与舅书；与段玉函书；与史震林书；与赵阉叔书。（四）题跋：题陈希古诗后。

进入90年代，整理贺双卿作品用力最勤者，当推杜芳琴先生，其代表作为《贺双卿集》。[2]其考订《散记》所载双卿词为14首，诗为 39 首，文为 5 篇。并依照《散记》所载时间顺序列表示之，颇为明晰。其 14 首词为：1.《浣溪沙》；2.《望江南》；3.《湿罗衣》；4.《玉京秋·自题种瓜小影》；5.《二郎神·菊花》；6.《孤鸾·病中》；7.《惜黄花慢·孤雁》；8.《凤凰台上忆吹箫·残灯》；9.《薄倖·咏疟》；10.《一剪梅》；11.《摸鱼儿·谢邻家女韩西馈食》；12.《凤凰台上忆吹箫·赠韩西》；13.《春从天上来·梅化》；14.《春从天上来·饷耕》。其 39 首诗为：1.《咏蛙》2 首；2.《七绝·答赵闇叔》；3.《七律·答段玉函》；4.《和白罗诗》9 首；5.《武宁溪韵赋七言古诗》7 首；6.《步宁溪前韵应三人题为七言古诗》3 首；7.《岁旱——和梦觇》；8.《遗赵闇叔诗》4 首；9.《柳絮·赠赵闇叔》；10.《秋荷十首——和郑痴庵咏荷十绝》。其 5 篇文为：1.《题陈希古诗后》；2.《与舅氏书》；3.《与段玉函书》；4.《与史震林书》；5.《与赵闇叔书》。此外，杜先生还从《散记》中检出双卿 13 首有题无作（或无全作）的篇目及创作时间，如词：《浣溪沙——赠怀芳子》2 首，雍正十一年四月；《太常引——赠怀芳子》，雍正十一年十一月。诗：《七绝——讥赵闇叔》，雍正十一年八月；《秋吟》9 律，雍正十二年秋。《贺双卿集》堪称是第一部收录双卿作品最多、最完整的集子。该著对收录的双卿诗词逐首进行了校注和解题，同时附以集评。另外，还有著名学者舒芜所撰之序文；自序（《贺双卿和〈雪压轩集〉》代自序），贺双卿研究（3 篇）。附录：双卿传。《西青散记》序、跋。毋庸置疑，《贺双卿集》是迄今为止体例最完备、考证最精审、评析最中肯的一部研究贺双卿的力作，具有填补空白的意义。

　　以上，就贺双卿所作诗词等作品流传结集之情况作了初步梳理，眉目已基本清楚。其实，就贺双卿诗词创作之全部情况而言，当远远不止我们今日所见之数量。这从《散记》中好多有题无作的情况更是可想而知。再说，《散记》原有八卷（或为十二卷），现仅存四卷，其中半数经史震林删削或毁于火者，无疑有双卿作品在焉。史震林同乡好友段玉函曾对他说："双卿潇洒，古今未见其女郎也，但当稍为之讳耳"（《散记》）。史震林也曾想自焚《散记》，原因是"拘于理者，或病其言"。而贺双卿对其所作诗词，亦曾抱有"妾亦悔之矣"的态度。可知，封建礼教的禁锢，当是贺双卿那些含有个性解放和追求自由幸福爱情诗词难以传世的主要原因。再加之她作诗填词不以纸墨，而以叶、粉，也是作品难以保存与流传的原因之一。因此，对于贺双卿作品的辑佚整理工作，还优待进一步加强。

二、贺双卿词心原生态世界之魅力

在18世纪封建礼教的严重约束、暴夫恶姑不近人情的摧残、强度苦力劳作的压迫与心情压抑、病痛缠身的双重折磨下，一个体弱多病的年仅20余岁的江南农民女子便带着她无限的愁情与怨绪极其无奈而凄惨地离开了人世，从此为后人留下了一段"只恐双溪舴艋舟，载不动许多愁"（李清照《武陵春》）的摧肝裂胆、令人断肠的悲剧故事。在她存世的10余首词中，她没有卿卿我我的花前月下之恋情，没有温馨和谐的家庭气氛之融洽，没有通情达理的知心丈夫之呵护，没有视同亲人的和蔼婆婆之体贴，唯有的是劳苦、虐待、病痛与忧伤。我们一一可见可闻可感词人对自己种种苦难人生如泣如诉的叙述，悲苦如此，难以卒读。谨就其词作略加阐释，以见其词心原生态世界魅力之一斑。

《浣溪沙》词云：

暖雨无晴漏几丝，牧童斜插嫩花枝。小田新麦上场时。汲水种瓜偏怒旱，忍烟炊黍又嗔迟。日长酸透软腰肢。

　　词的上片意象很美，初夏的阵雨飘飞在山谷田野，已上场的新麦散发着阵阵清香，头上插花的牧童悠然自得地骑在牛背上。好一幅夏收的农村景象。可是，在这样一个丰收的季节里，词人却没有丝毫的喜悦。她干完了农活，又要回家做饭，忙得腰酸背疼，仍不免受到挑剔与责骂。"怒早"、"嗔迟"，真是横挑鼻子竖挑眼，左右为难。寥寥四字，则活画出夫悍姑恶不可理喻的绝情形象。双卿是那么的无助，身体、精神上备受煎熬，心中的苦闷、忧愤、伤痛无以排遣，无处表达，唯有借助手中的笔，将满腔的幽怨倾诉于"纸"（则树叶也）上，形成一首首含泪泣血的辞章。

《望江南》云：

　　　　春不见，寻过野桥西。染梦淡红欺粉蝶，锁愁浓绿骗黄鹂，幽恨莫重提。
　　　　人不见，相见是还非？拜月有香空惹袖，惜花无泪可沾衣，山远夕阳低。

　　这是女词人伤春怀旧之作。全词笼罩在凄冷欲绝的感情基调中，透露出满腔的幽恨。词人也有过美好的过去，有过情窦初开的青春年华，她还似乎曾有过美好而甜蜜的爱情，有过自己的心上人，然而吃人的封建婚姻制度，无情地拆散了有情人。上片"春不见"，暗指自己美好的青春韶华在自然的周而复始中一去不返，感叹往事不堪回首。下片"人不见"，所爱的人再难相见，即使相见，恐怕也因时过境迁而今非昔比了。正如苏东坡所云"纵使相逢应未识，尘满面，鬓如霜"（《江城子》）啊。当日焚香拜月温馨的一幕浮现眼前，却已成过眼云烟。看着曾娇艳的花朵也已渐渐凋落，感叹逝者如斯，美好事物的不常在，却无泪沾衣，泪流尽了，心也碎了。往事已随花逝去，只留下淡淡的影子，眼前漂泊尽前事，恍若梦中。不幸的命运，正像眼前远山残照一样，令人黯然销魂。全词表情细腻婉转，凄恻动人，不雕饰，不做作，任凭一腔真情心底流。

《湿罗衣》云：

　　世间难吐只幽情，泪珠咽尽还生。手捻残花，无言倚屏。镜里相看自惊，瘦亭亭。春容不是，秋容不是，可是双卿！

　　这是一首自卑形销骨立、幽情难吐之哀词。上片直抒胸臆，以残花自喻，幽曲情怀无人可诉，唯有哽咽泪任流。下片顾影自怜，惊叹花容憔悴，面目全非，似乎认不出自己了。与上片"残花"意象相呼应，大有李清照"人比黄花瘦"（《醉花阴》）之悲切情怀。其中两个"不是"的描写，直把词人消瘦羸弱难以自持的病态表达得形象逼真、使人顿生恻隐之心。

《玉京秋·自题"种瓜小影"》云：

　　眉半敛，春红已全褪，旧愁还欠。画中瘦影，羞人难闪。新病三分未醒，淡胭脂，空费轻染。凉生夜，月华如水，素娥无玷。
　　翠袖啼痕堪验。海棠边，曾沾万点。怪近来，寻常梳裹，酸咸都厌。粉汗凝香蘸碧水，罗帕时揩冰簟。有谁念。原是花神暂贬？

　　这首《玉京秋》是应段玉函之请而作。段玉函找画家张石林为双卿画了画像，是双卿种瓜图，请双卿自题一首词于其上，便成此首题画词。此词伤己病痛的情怀与上首词相同，只不过多了一层孤芳自赏、无人疼爱的寂寞意绪，读来更具艺术的感染力。

《二郎神·菊花》云：

丝丝脆柳，袅破淡烟依旧。向落日秋山影里，还喜花枝未瘦。苦雨重阳挨过了，亏耐到小春时候。知今夜，蘸微霜，蝶去自垂首。

生受，新寒浸骨，病来还又。可是我双卿薄幸，撇你黄昏静后。月冷阑干人不寐，镇几夜，未松金扣。枉辜却、开向贫家，愁处欲浇无酒。

这是一首借景抒情、意境幽美的杰作。上片写烟柳与花枝历经"苦雨"与"微霜"摧残之后的孤寂冷落情景，然却一笔双写，不然想象出那"烟柳"与"花枝"即是词人自己，而"苦雨"与"微霜"则是其"暴夫恶姑"，别具象征意义。下片转写词人月下病痛、无酒解愁的万般无奈的焦灼心态，将愁情描写推向了极致。清人陈廷焯《白雨斋词话》评曰："此类皆忠厚缠绵，幽冷欲绝。而措语则既非温、韦，亦不类周、秦、姜、史，是仙是鬼，莫能名其境矣。"的是中肯之论。

《惜黄花慢·孤雁》云：

碧尽遥天，但暮霞散绮，碎剪红鲜。听时愁近，望时怕远，孤鸿一个，去向谁边？素霜已冷芦花渚，更休倩、鸥鹭相怜。暗自眠，凤凰纵好，宁是姻缘！

凄凉劝你无言。趁一沙半水，且度流年。稻粱初尽，
网罗正苦，梦魂易警，几处寒烟。断肠可似婵娟意，寸
心里，多少缠绵！夜未闲，倦飞误宿平田。

由词题《孤雁》可知，这是一首借物言情的咏物词，意蕴甚
远，回味无穷。词中孤雁漂泊无依，分明是女词人自己一生孤苦
凄凉的形象概括。作者以怜悯之心关怀着孤雁，似乎可以体会到
它的孤独、它的无助，"暮霞散绮"，一只大雁孤独地飞翔于广袤
的天际之中，"听时愁近，望时怕远；孤鸿一个，去向谁边？"作
者以一颗细腻敏感而善良多情的心设想着孤雁的感受，对孤雁关
怀备至，一往情深。作者怕听愁声，又同情孤雁飞得太远。而这
孤雁离开最喜欢芦芦花渚，原来是素霜已冷，又不愿成双成对的
鸥鹭相怜，虽然凤凰这同伴还不错，却也不可能结成姻缘，此地
多留无益。尤其下片殷勤寄语，无一不是发自肺腑，仿佛与一位
"同是天涯沦落人"（白居易《琵琶行》）的知己共诉衷肠。篇中
句句写孤雁，句句不离人。落墨虽在雁，意旨却在人，人雁相通，
浑然一体。结句"夜未闲，倦飞误宿平田"，正是词人明珠暗投、
误落田家不幸命运的真实写照。哀哉孤雁，悲哉双卿！诚如陈廷焯
所言："此词悲怨而忠厚，读竟令人泣数行下。"

《凤凰台上忆吹箫·残灯》云：

已暗忘吹，欲明谁剔？向侬无焰如萤。听土阶寒雨，
滴破三更。独自恹恹耿耿，难断处、也忒多情。香膏尽，
芳心未冷，且伴双卿。

星星。渐微不动，还望你淹煎，有个花生！胜野塘
风乱，摇曳渔灯。辛苦秋蛾散后，人已病、病减何曾？相
看久，朦胧成睡，睡去空惊。

　　与前词相类，这也是一首借"残灯"自喻命运多舛的咏物词。词的创作背景是这样的：有一次，因劝谏丈夫，反给丈夫禁闭在厨房里，只有一盏半明不灭的残灯伴着她。明灭无定的残灯情景，引起了她的强烈共鸣，同病相怜，幽怨不已。于是，词人谱下了这曲撼人心弦的绝世哀音。词中的灯是凄凉的，景是凄凉的，事是凄凉的，境是凄凉的，颇有"一川烟草，满城风絮，梅子黄时雨"（贺铸《青玉案》）的凄美意境。

　　作者通过对残灯的观察、描绘，创造出凄凉的氛围。夜晚，万籁寂无声，暮色中一盏残灯摇曳闪烁微弱的灯光，孤独凄冷，"独自恹恹耿耿"的残灯，如同灯下柔弱孤寂的作者，"香膏尽，芳心未冷，且伴双卿"，无人陪伴的夜晚，有了残灯的相随，亦可聊以自慰。只是，他们的命运是那么的相似，一个是即将熄灭的残灯，一个是被折磨、被伤害的双卿。看灯，也是在看自己，哀悼残灯的命运，也是在感叹自身的不幸，词中虽没有直言控诉压迫她的恶势力，然而字里行间，都浸透着一个封建社会中受尽侮辱、欺凌的女子的血和泪。双卿是善良的，她的感情是细腻的，常常借咏物来抒发自己的感慨。善于运用孤独、衰残、暗淡、凄冷的词汇，来抒写绝望的情怀，字字悲戚，句句血泪，摇人心旌，动人魂魄。

《薄幸·咏疟》云：

　　　　依依孤影，浑似梦、凭谁唤醒！受多少、蝶嗔蜂怒，
　　有药难医花症。最忙时，那得功夫，凄凉自整红炉等。
　　总诉尽浓愁，滴干清泪，冤煞娥眉不省。

　　　　去过酉、来先午，偏放却、更深宵永。正千回万转，
　　欲眠仍起，断鸿叫破残阳冷。晚山如镜，小柴扉烟锁，

佳人翠袖恹恹病。春归望早，只恐东风未肯。

　　由词题可知，这是一首描写此人自己身患疟疾的词。据史震林《西青散记》载，一天，贺双卿清扫了屋里屋外，洗完一大盆衣服，又喂完鸡猪，刚想坐下来稍事歇息，婆婆又在院子里催她舂谷了，双卿从不敢违抗婆婆的指令，赶紧走到院子里开始舂谷。舂谷的石杵又大又重，她舂了一会儿，已累得汗流浃背，气喘吁吁，只好抱着杵休息片刻。正在这时，双卿丈夫周大旺从地里回来，见妻子无力地站在石臼边，抱着石杵一动也不动，便以为是她偷懒怠工，问也不问，就一把把她推倒在石臼旁。石杵正压在了她的腰上，双卿痛得好半天都爬不起来，痛苦屈辱的眼泪还不敢当着丈夫的面流出来。好不容易挣扎着舂完谷，又到了做午饭的时间，双卿来不及喘口气，又去厨房煮粥。粥锅坐在灶上，她则坐在灶坑前添柴烧火。浓烟一熏，加上过度的疲劳，头晕的老毛病又犯了，她只好闭上眼靠在灶台上。就在这工夫，锅里煮着的粥开了，溢出锅沿，弄得灶台上一片狼藉，还有几点热粥溅到贺双卿的脖子上，把她烫醒，睁眼一看，不由得低低地惊叫了一声。婆婆闻声探进头来一看，不禁火冒三丈，又是一顿吼骂。贺双卿早已听惯了她的呵斥，只是埋头清理灶台。杨氏一见媳妇那种对她要理不理的样子，更加气不打一处来。冲上前一把抓住双卿的耳环，用力一扯，把她的耳垂撕裂开来，鲜血流满了肩头。双卿仍然不敢反抗，却默默地咬牙忍住疼痛，擦干鲜血后，照常乖乖地把饭食送给婆婆和丈夫，这母子俩连看都不看她一眼，坐下就大吃大嚼起来。此时此刻，双卿再也忍受不住，泪水如泉涌，但又不敢哭出声，只是任泪默默流淌。于是写下这首哀伤欲绝的《薄幸·咏疟》。作者把自己比作花，把压制她的人比作蝶和蜂。"有药难医花症"，是因为"受多少、蝶嗔蜂怒"。终日无端的"嗔"和"怒"，即使有药可以医治好她的身体上的疾病，也难以医治她心灵上的伤痛。这首词写得很巧妙，借写自己的病，来写封建势力对自己的压迫，含蓄地表达了自己对封建势力的憎恨与控诉。这在中国词史上具有开创之功，独具神韵与风采。

《一剪梅》词云：

> 寒热如潮势未平，病起无言，自扫前庭。琼花魂断
> 碧天愁，推下凄凉，一个双卿。
> 夜冷荒鸡懒不鸣，拟雪猜霜，怕雨贪晴。最闲时候
> 妾偏忙，才喜双卿，又怒双卿。

这是一首描写带病劳作的悲伤之词。上片叙述在"寒热如潮势未平"的严重疟疾的情况下，依然要起早劳作。如此这般"一个双卿"，简直是"凄凉"极顶，无以复加。下片直写疟疾"怕雨贪晴"的尴尬心情。天气变化无常，词人甚感苦恼，此情此景，与李清照所述"乍暖还寒时候，最难将息"（《声声慢》）具有异曲同工之妙。

《摸鱼儿·谢邻女韩西馈食》云：

> 喜初晴，晚霞西现，寒山烟外青浅。苔纹干处容香
> 履，尖印紫泥犹软。人语乱，忙去倚、柴扉空负深深愿。
> 相思一线，向新月搓圆；穿愁贯恨，珠泪总成串。
> 黄昏后，残热犹怜细喘。小窗风射如箭。春红秋白
> 无情艳，一朵似侬难选。重见远，听说道，伤心已受殷
> 勤饯。斜阳刺眼，休更望天涯，天涯只是，几片冷云展。

史震林《西青散记》云："邻女韩西，新嫁而归，性颇慧，见

双卿独春汲，恒助之。疟时，坐于床为双卿泣。不识字，然爱双卿书。乞双卿写心经，且教之诵。是时将返其夫家，父母得钱之。召双卿，疟弗能往，韩西亦诸食。乃分其所食自裹之遗双卿。双卿泣为此词，以淡墨细书芦叶。"双卿的邻居韩西是她最好的女伴，韩西虽不识字，却爱双卿的作品，这样的女伴，已成为双卿婚后生活的唯一精神寄托。可是不久，韩西就嫁人了。一次，韩西回娘家小住后即将返回婆家，父母为之送行，韩西邀请双卿参加，可双卿疟疾犯了，不能前往，韩西就前去探望，并送去食物。饥寒交迫的双卿非常感动，于是和泪写下了这首《摸鱼儿·谢邻女韩西馈食》。此词以夕阳西下之晚景为背景，以感谢好友韩西馈食为情感线索，写出了好友离去的惆怅与孤凄的意绪，读之令人动容。

《凤凰台上忆吹箫·赠邻女韩西》云：

　　　寸寸微云，丝丝残照，有无明灭难消。正断魂魂断，闪闪摇摇。望望山山水水，人去去，隐隐迢迢。从今后，酸酸楚楚，只似今宵。
　　　青遥，问天不应，看小小双卿，袅袅无聊。更见谁谁见，谁痛花娇？谁望欢欢喜喜，偷素粉，写写描描？谁还管，生生世世，夜夜朝朝？

　　这首词是为别女友韩西而作，细腻地表现了她内心抑郁的情绪，再现与女友分别而使她堕入孤寂冷漠情感深渊的愁苦情景。此词最大的艺术魅力，则在于巧用叠字抒情写意，堪与词作大家李清照的"寻寻觅觅，冷冷清清，凄凄惨惨戚戚"（《声声慢》）之句相媲美，将双卿后半生的酸楚尽相倾诉，一览无余。"偷素粉、写写描描。谁还管，生生世世，夜夜朝朝。"词中连用双字二十余叠，如诉如泣，如怨如哀，情境哀凄，词义悲苦，却丝毫不露牵强痕迹，自然圆畅。末尾"谁还管，生生世世，夜夜朝朝"三句，更是一唱三叹，哀怨无尽，扣人心弦，油然动容。清人陈廷焯《白雨斋词话》评曰："其情哀，其词苦。用双字至二十余叠，亦可谓广大神通矣。易安见之，亦当避席。"非为虚言溢美之词也。

《春从天上来·梅花》云：

> 自笑恹恹，费半晌春忙，去省花尖。玉容憔悴，知为谁添？病来分与花嫌。正腊衣催洗，春波冷，素腕愁沾。硬东风、枉寒香一度，新月纤纤。
>
> 多情满天坠粉，偏只累双卿，梦里空拈。与蝶招魂，替莺拭泪，夜深偷诵《楞严》。有伤春佳句，酸和苦，生死俱甜。祝花年，向观音稽首，掣遍灵签。

词人芳龄 20 挂零，可谓花季芬芳，然却是一副"玉容憔悴"、"病来分与花嫌"的病态模样，这全是遇人不淑、处境恶劣之因素所致。双卿悲花悯己，同病相怜，在无人问津、万般无奈的身体与精神双重煎熬的状况下，她唯一的精神抚慰就是寻求菩萨的保佑了，祈求通过诵读佛经、参拜观音以求脱离苦海。此词旨意，正在于此。

《春从天上来·饷耕》云：

> 紫陌春情，漫额裹春纱，自饷春耕。小梅春瘦，细草春明。春田步步春生。记那年春好，向春燕、说破春情。到于今，想春笺春泪，都化春冰。
>
> 怜春痛春春几？被一片春烟，锁住春莺。赠予春侬，

递将春你，是侬是你春灵。算春头春尾，也难算、春梦
春醒。甚春魔，做一场春梦，春误双卿！

　　由词题可知，这是一首写春天里为耕作者送饭的词。此词句
句含"春"，共有 28 个"春"字，极为奇特，极有意蕴，极其感
人。词人走在乡间的田野上，满眼春光春色，春意盎然，然而，
此刻在她的心里，却满是"春泪"与"春冰"，她所感觉到的只
不过是"春烟"、"春魔"、"春梦"而已。词人以"春景"之美
来反衬自己"春怀"之悲，其艺术感染力更为感人。林清玄
《时间之旅》散文中曾这样写道："夏夜里风檐展书读，读到清
朝诗人贺双卿的《凤凰台上忆吹箫》（林清玄此处所指，当为
《饷耕》），对于情爱有如此的注脚：这一阕充满了春天的词，读
起来竟是娥眉婉转，千肠百结。贺双卿用春天做了两个层次的象
征，第一个层次是用春天来象征爱情的瑰丽与爱情的不可把捉。
第二个层次是象征爱情的时序，纵使记得那年春好，一转眼便已
化成春冰，消失无踪。"春天是美好的，然而，在悲情词人的眼
里，美好的春光不但不能带来欢娱，反而勾起她对往昔美好时光
的回忆和所思，物是人非，春光依旧，青春不再，给词人平添无
尽的忧思。人生如梦，一场春梦醒来查看，是春风春情耽误了双
卿啊。春风无语，春雨不言，独有双卿在春的田野惆怅春天。正
如清人王夫子《姜斋诗话》所说的那样："以乐景写哀，以哀景
写乐，一倍增其哀乐"。如此反衬手法的运用，自可收到事半功
倍的艺术效果。
　　作为身处最底层的农民女词人，其传世有限的十余首词，除
了抒发对暴夫恶姑的怨愤、劳累难忍的煎熬、邻里友善的怀念、
孤苦无依的诉说、青春流逝的苦闷等情感外，比较多的是集中对
自己病痛折磨的描写，这类词描写逼真细腻、如泣如诉，独有一
种悲凉凄惨之美，极易动人心魄。其《孤鸾·病中》吟咏疟疾病

痛及带病劳动的悲苦之词，堪称此类"以病入词"的代表作。谨此作一较为全面的阐论，窥斑见豹，以彰显其摇人心旌之艺术魅力。词云：

> 午寒偏准，早疟意初来，碧衫添衬。宿髻慵梳，乱裹帕罗齐鬓。忙中素裙未浣，褶痕边、断丝双损。玉腕近看如茧，可香腮还嫩。

> 算一生凄楚也拼忍，便化粉成灰，嫁时先忖。锦思花情，敢被爨烟熏尽！东菑却嫌饷缓，冷潮回、热潮谁问？归去将棉晒取，又晚炊相近。

关于此词的创作背景，《散记》卷二记载较详：雍正十一年（1733）农历九月末，"天晴甚和，农者刈稻方急。……妇女空室登场，昏旦操作。双卿疟益苦，寒热沉眩，面杀然而黄。其姑愈益督勒，应稍迟，辄大诟。午后，寒甚而颤，忍之强起，袭重缊。手持禾秉，茎穗皆颤。热至，著单襦，面赤大喘。渴，无所得沸水，则下场，掬河水饮之。其姑侧目，冷言相诋。双卿含笑，不敢有言"。又云："一日饷黍，迟，夫怒，挥锄拟之。双卿归，为词一首，调寄《孤鸾》"。可见，双卿此词是在她忍受"暴夫恶姑"的毒骂与怒斥乃至其夫要"挥锄拟之"的残暴情况下含怨写下的血泪之篇。

上片"午寒偏准"三句，直接叙述疟疾发病的时间，以及自己添加衣服的防冷方法。因为双卿疟疾的发作，已不止一次两次，已经是好多次了，她知道在什么时候来势凶猛。一般来说，她已掌握了疟疾在午间准时发作的规律，而在这此前的初始阶段，只是浑身发冷。这时，她就有意识地在绿衫外面再添加衣服。这种情形，只有患过疟疾的人，才会有如此真实的感受。而那些无病呻吟之作是绝不能与此同日而语的。这正体现了双卿词作描写疟疾病情的真实性与可信性。"宿髻慵梳"二句，是写自己疟疾病中劳作而懒得梳洗打扮自己，只是将隔夜零乱不整的发髻胡乱地用罗帕将其从鬓发处包裹起来。一个"乱"字，正惟妙惟肖地刻画出双卿疟疾发作时百无聊赖的烦躁情绪，写出了一般患病者所共有的焦虑与痛苦之心态。"忙中素裙未浣"二句，包含了很深的内涵，它至少向读者提供了四个重要的信息：一是双卿所穿之裙是一条没有任何花纹的素朴之裙；二是这条"素裙"上的"褶痕边、断丝双损"，它表明破损程度已经较深，而双卿依然当宝贝一样地穿着，意味着她是一个非常节俭持家的人；三是表明双卿在患疟疾时依然"忙"着繁重的农务的；四是由"忙中素裙未浣"可知，倘若不是双卿患上疟疾并忙着农务，她一定会常常浣洗这条"素裙"的。这又暗示了双卿爱清洁、喜美丽的良好卫生习惯。倘若我们再往深一层推想，双卿为何如此珍爱这条已经破损较为严重的"素裙"，这很可能就在于这条"素裙"乃是双卿当初出嫁时娘家的所陪之嫁妆吧。这是因为，双卿的"暴夫恶姑"平日里对她总是横挑鼻子竖挑眼，动辄打骂饿饭，在这样的情况下，"暴夫恶姑"是不大可能给她添制"素裙"的。"玉腕近看如茧，可香腮还嫩"二句，写收稻治场等农事繁重，致使双卿白嫩的手臂上竟然磨起了许多老茧，此处双卿虽不言一"苦"字，而苦况却已洋溢满纸矣。上片围绕双卿疟疾发作这个中心，逼真地反映其无意打扮、无力浣裙的痛苦现实以及带病劳作的悲惨遭遇。它犹如一副特写镜头，初步展示了双卿这位田间场头劳作不息的病妇形象，给人以很深的印象。

下片便直接转入对词人内心世界的细腻刻画。"算一生凄楚也拼忍，便化粉成灰，嫁时先忖"。三句词却包含着两个世界，即：今生今世与来生来世。双卿回想起自己嫁到周家后所受到的非人的身体摧残与精神折磨，想到自己虽患上了严重的疟疾病却仍然要在田间场头劳作的凄苦酸楚之残酷现实，不禁悲从中来。但在那个"嫁鸡随鸡，嫁狗随狗"的极不公正的封建婚姻制度的统治下，她又有什么办法呢？她只能忍气吞声，苦泪下咽，只能强忍今生今世的所有的凄楚与苦难。这正是以双卿为代表的封建礼教制度笼罩下的千千万万不幸妇女的悲惨命运之所在。双卿的"凄楚"是多方面的，除了带病劳动、"暴夫恶姑"交错折磨的双重痛苦之外，还有她那对无休止的繁重农活、家务阻碍与消磨自己诗思灵性的哀怨。这就是她所悲叹的"锦思花情，敢被爨烟熏尽！"她虽为农家女，由于她天智聪慧，刻苦自学，长成后颇具如花似锦的美妙诗思与情愫，多有与雅集绡山书院的文人雅士酬答唱和之作。然而令双卿极为叹惋的是，这好不容易培育起来的"锦思花情"，敢情都被这烟熏火燎的灶烟熏除殆尽了。在她看来，这是较之病痛、劳作及其"暴夫恶姑"的精神折磨更深一层的悲怨与哀叹。这是因为，尽管她"凄楚"无涯，但她毕竟能依凭自己的"锦思花情"来抒发这些无涯之"凄楚"啊。现在既然这"锦思花情"被烟熏殆尽了，那么，她连倾诉自己"凄楚"之怀的途径自然也就断绝了。这怎能不使她倍感哀怨悲切呢！接着，"东菑却嫌饷缓"二句，极写"暴夫"的蛮横凶残，并再次写到自己疟疾"冷潮"与"热潮"交错侵袭的发作过程。一个反问句，凸现了她孤苦寂寞之艰辛处境，与上片"午寒偏准"三句写疟疾起始症状相呼应。至此，双卿已向读者逼真地描述了她于中午时分疟疾寒起、午后冷潮回退以及快近傍晚时分热潮又生的疟疾发作之全过程，非亲历此病者，焉能描述得如此准确真实邪？像这样的疟疾发作情形，双卿还有多处记述。如《薄倖·咏疟》："去过酉，来先午，偏放却更深宵永"。酉，即相当于下午 5－7 时；午，相当于 11 时至下午 1 时。《摸鱼儿》："黄昏后，残热谁怜细喘？小窗射风如箭"。又《一剪梅》："寒热如潮热未平，病起无言，自扫前庭。"这是说，疟疾发作时，冷一阵，热一阵，其势如潮，此起彼伏。到了傍晚，病势减退，双卿又从病床爬起，独自打扫庭院。这情景，与《孤鸾·病中》煞尾"归去将棉晒取，又晚炊相近"是一样的。尽管双卿要经受疟疾冷潮、热潮的交替煎熬，但只要病势稍退，她却又不得不投入繁重的家务劳动了。你看她，在"东菑"因送饭稍迟而遭丈夫"挥锄拟之"的残暴及其忍受疟疾冷热侵袭的病痛之后，还要急忙赶回家"将棉晒取"，然后，紧接着又要准备"晚炊"了。全词紧紧扣住"病中"之题，以平白朴素之语言，着重表现词人疟疾发病之苦、带病劳作之苦、暴夫欺凌之苦，以及穿着破损之苦、容颜憔悴之苦，还有诗情灵性"爨烟熏尽"之苦。真可谓"树梢挂猪胆—苦到顶"了。

贺双卿是一位普通的农家女子，又是一位杰出的诗人，她遭受了如此不幸的命运，却没有完全向命运低头，在艰难中拿起纸笔抒发自己的真实感受，她的诗情在艰难困厄中越磨越显出色，透出一种别样的艳丽，闪烁着震撼人心的凄美，为中华词坛增添了一份夺目的光彩。

贺双卿的文学成就主要体现在词作上。她的词虽只有十余首，但她都是中国文学史上出现的第一个农民女词人的典型形象。她生于农村，长于农村，嫁于农村，劳作病痛、受苦受难于农村，最终病卒于农村。短短的一生尽在田间场头度过。她身为田家妇，填词全用田家语，直抒胸臆，一泻为快。为避免"暴夫恶姑"的谩骂与迫害，她多以粉作墨，以叶当纸，易写易消，只图一时尽兴。贺双卿词的思想意义与艺术价值在中国词史尤其是女性词史上，堪称别有洞天、风光独好。其思想意义主要表现在：

贺双卿以封建社会中最底层的劳动妇女的身份，第一次在词中全面而真切地反映了她亲身经受的艰苦繁重的劳动生活，这与苏轼、辛弃疾等词家以旁观者的身份描绘农村生活情景的内容，具有本质的区别，更给人以身临其境之感。

贺双卿第一次在词中以大量的篇幅抒写自身备受煎熬的病痛，以及忍痛劳作而无人问津的孤寂凄惨之苦，由此而深刻揭露批判了"暴夫恶姑"式封建家庭的残忍行径。这与深处闺房的女词人们所屡屡倾诉的伤感悲秋、离情别绪的孤寂闲愁之思想情感，自然有着鲜明的本质之异。

贺双卿的词第一次以较多的笔墨强烈表达了对封建婚姻制度的不满情绪，体现了她对自由幸福爱情生活的向往与追求的美的愿望。

贺双卿的词第一次真切地反映了受害遭难之才女与边缘文人酬唱往来的真诚之友谊，同时也反映了村社邻里间的人际关系，具有浓郁的人情风土之气息。

贺双卿的词第一次向人们展示了压抑的声音、扭曲了心态和矛盾的情感：她对现实生活既有不满不平、哀怨缠绵的一面，又有一以贯之的温柔敦厚、怨而不怒的一面；既有对自由幸福生活渴望的一面，又有阿Q精神自欺欺人而安于现状的一面；既有在与外界男士交往中所表现出来的严守贞操、富有人格骨气的一面，又有在"暴夫恶姑"式家庭中委曲求全的一面。她在精神深处往往沉溺于一种自抑自贬的宗教幻想与情绪之中，恪守着传统女教的道德规范，体现了儒、释、道三教精神的人生哲学。总之，贺双卿的词，比较全面地反映了十八世纪江南农村妇女的生活情状与精神世界，对于中国词学史、妇女史、思想史、文化史、风俗史的研究，都具有不可或缺的重要意义。

贺双卿词的艺术价值主要表现在：

贺双卿的词最鲜明的艺术特征就是"语朴情真"，直抒胸臆，如山野清泉，不择地而出，一任真情实感的汩汩流淌。爱恨怨愁，一吐为快，爽如哀梨，快如并剪。

她的词多以身边的自然实景如"孤雁""秋荷"、"微云"、"残照"、"野菊"、"鸣蝉"、"春梅"、"春燕"、"残灯"等作比兴材料，顺手拈来，以次反映自身的劳苦、病痛、孤愁和哀怨之情，别具触景生情、凄幽哀婉的艺术美境。

在艺术手法上，双卿词全用白描，不参典故，纯朴可爱，是典型的"田家词"的风味，与历代闺秀词相比，绝无半点"掉书袋"的书卷气，唯有泥土气和自然美。

其词的风格属于婉约正宗之一路，娓娓叙事，款款抒情，感情细腻委婉。多用第一人称，随见随感随写，犹如用词的形式写成的日记，姑称其为"日记词"亦未尝不可。

贺双卿的词善用叠字和叠词，既有渲染情感加深印象的作用，又不失沉着蕴藉的婉约风格，此真乃双卿词的艺术独创、"天才"词家的本能表现。如陈廷焯《白雨斋词话》卷七评《凤凰台上忆吹箫》（寸寸微云）云："其情哀，其词苦，用双字至二十余叠。亦可谓广大神通矣。易安见之，亦当避席。"[3]尽管这首词用了二十余对叠字，但并无重复拖沓之嫌，情哀词苦，所有的叠字仿佛模拟了诗人的啜泣声。李清照《声声慢》中曾作9叠词，用于开头和结尾，十分准确生动而深刻地表达了词人国破家亡夫死之后孤苦凄凉的情怀，颇受后人称道。而双卿此词则运用20余叠词，且均布全篇，恰似夜空中颗颗闪烁明灭的星星，又如山林中股股鲜活清澈的流泉，各表其情，各呈其美，十分自然而真切地表达了词人难忍的别情和孤苦的处境，达到了叠词写景言情的优美境界。这无疑是对李清照叠词创作手法的一大拓展，具有胜蓝寒水之妙。总之，双卿词别具语扑、情真、象明、境哀的审美特征和"田家本色"与"当行本色"交融浑成的幽渺神韵。在题材之拓展、艺术之创新上，双卿词对中国词学都做出了难能可贵而不可磨灭的突出贡献。她的确当享"清朝第一女词人"之美誉，不失为中国词苑中一株含露绽放的散发着山野泥土气息与清幽婉妙芳香而独领风骚的艺术奇葩。贺双卿在中国词史上的重要地位，黄燮清《国朝词综续编》卷二十二评价贺双卿

词说："双卿词如小儿女哝哝絮叨，诉说家常。见见闻闻，思思
想想，曲曲写来，头头是道。作者不自以为词，阅者亦忘其为
词，而情真语质，直接《三百篇》之旨，岂非天籁，岂非奇才，
乃其所遇之穷，为古才媛所未有。每诵一过，不知涕之何从也"。
这是对双卿词总的评价，而对于《孤鸾·病中》这首吟咏疟疾
之病以及带病劳作等悲苦的词作而言，黄燮清所评则更是其中肯
綮。在中国妇女文学史上，像双卿这般悲惨遭遇的女诗人委实是
罕见的。李清照的后半生是凄凉的，朱淑真的爱情是不幸的，但
她们都没有双卿这样的"暴夫恶姑"对她横加摧残与折磨的悲
惨身世，更没有病痛的煎熬与带病劳作的辛酸。李清照、朱淑真
在词中所描写的多半是闲愁、别愁与孤愁。"她们的情调代表了
古代闺秀诗词的普遍倾向，这种'诗化的痛苦'与普通的劳动
妇女在贫困而粗野的生活中经历的人生惨剧尚有很大的距离。在
整个中国诗歌史上，也许只有清代女诗人贺双卿一人在她的作品
中反映了下层妇女的悲惨世界。"更令人耳目一新的是，双卿在
词中屡屡细写自己疟疾发作的病情以及带病劳作的悲辛境遇，以
"病"入词，细述病情，这是双卿于词苑别开生面的独创。她不
仅因此而为传统的词作题材增添了新的内容，而且也拓展了词作
表现的新境界，孕育了词作"田家风味"、"当行本色"的审美
新风格，这是双卿对中国词学所作出的新贡献，在中国词史上应
占有重要的一席之地。从这个意义上讲，贺双卿却又是不幸中之
大幸也。

　　在 20 世纪 90 年代前后出现的诗词鉴赏热中，贺双卿的诗词颇
受各种鉴赏类著作的青睐，它们几乎都收有贺双卿的诗词作品。
随着时间的推移，双卿诗词必将越来越受到人们的欢迎。"墨点无
多泪痕多"，大凡读过贺双卿的诗词者，无有不为其苦难悲凄的身
世洒一掬同情之泪的。这就是双卿诗词的魅力。

　　那么，对于这样一位具有如此超乎寻常的生世遭遇、如此词

朴蕴厚的诗词才华的农民女词人贺双卿，我们应该在已有研究成果的基础上，进一步花大气力，用深功夫，多角度、多侧面、多形式、全面性、立体化地研究、宣传、推介贺双卿。

"奇文共欣赏，疑义相与析"（陶渊明《移居二首》其一）。为使贺双卿这颗珠玉重光，古为今用，提升素质，促进文明，愿与同仁好友共勉之。

［1］胡适. 贺双卿考［A］. 胡适文存三集：卷八［C］合肥：黄山书社，1996.

［2］杜芳琴. 贺双卿集［M］. 郑州：中州古籍出版社，1993.

［3］［清］陈廷焯. 词则［M］. 上海：上海古籍出版社，1984.

著名剧作家姚克

祝兆平

姚克，一个曾经消失了几十年的名字；一个曾经活跃于上海和香港影剧界、文化界和教育界的名字；一个似乎故意被人遗忘的名字，终于随着陈子善先生主编的"海豚书馆"红色系列之姚克著《坐忘斋新旧录》（海豚出版社 2011 年出版）的问世而被重现于天下。几乎可以这样说，一个国家的一段历史也随着这个人的重现而得以重现。

一、姚克和鲁迅的交往和友谊

姚克，鲁迅先生的年轻朋友。曾在二十世纪八十年代初参加《鲁迅全集》书信卷的注释工作的陈子善先生，发现鲁迅晚年通信的文学青年中，姚克的名字赫然在目。现存鲁迅致姚克的信竟有三十三通之多，最早的一通写于一九三三年三月五日，最晚一通写于一九三六年四月二十日。而姚克与鲁迅先生最后一次见面是在同年九月二十二日。

二十世纪七十年代，姚克曾写《〈鲁迅日记〉的两条诠注》，专门讲了《鲁迅日记》中两条提到姚克文字：一条是一九三三年五月二十六日曾记"……同姚克往大马路照相。"日记只说了姚克陪他去照相，却并没有说为什么要去照相。

其实事情是这样的：他曾协助斯诺编译《活的中国——现代中国短篇小说选》，把鲁迅的作品翻译出去，斯诺称他是"一位有才能的青年评论家、剧作家和散文家，并且是鲁迅的挚友。"一九三三年秋，姚克和《西行漫记》作者斯诺计划将鲁迅先生的短篇小说译成英文。第二年春，征得了鲁迅的同意，他们就和美国出版界接洽，先在《亚细亚》杂志刊登《风筝》、《药》和一篇鲁迅的小传。可是鲁迅先生给他们的几张照都不够满意，杂志编辑要求再找好一点的，而最简单的办法就是陪他再去照一张。所以姚克就约定了陪鲁迅在那天去南京路先施公司后边的雪怀照相馆去——并不在大马路。姚克与该照相馆老板林雪怀相识，预先跟他说定一定拍摄到满意为止。林老板非但替鲁迅先生拍了几个样子，还拍了一张姚克和鲁迅的合影。洗印出来后，姚克从中选了一张最好的寄到美国去，后来登在了《亚细亚》杂志上。鲁迅逝世后，挂在万国殡仪馆灵堂上的那张大照片，就是从这张照片放大的。

另一条是在鲁迅逝世前二十七天（九月二十二日）的日记云"下午姚克来并赠特印本《魔鬼的门徒》一本，为五十本中之第一本。"这二十几个字，也隐含了一些不很重要的事，但也有一叙的价值。

鲁迅先生一向对翻译文艺作品和理论非常重视，从青年时就和胞弟周作人合译过《域外小说集》，一直到临终前，还在翻译果戈理的巨著《死魂灵》的第二部分。当时，非常有影响的《译文》月刊就是鲁迅创办的。他还鼓励别人翻译，有一次鲁迅和姚克闲谈时，就劝他多做一点翻译工作。姚克接受了他的建议，不久就开始翻译萧伯纳的《魔鬼的门徒》，不过他由于又要办杂志，又要创作剧本，还要不断写文章，杂事太多，进度相当慢，直到一九三五年夏末秋初，方才脱稿。鲁迅先生知道后马上就向文化生活出版社推荐。鲁迅在当时文坛上可谓一言九鼎，出版社就托鲁迅向他催稿。所以，鲁迅在那年十月二十日给他的信中有"……先生所译萧氏剧本及序文，乞从速付下，以便转交付印。"之语。姚克翻译此书原是听了鲁迅先生的一席话而起意进行的，现在老人家又是如此热心的推荐出版，可以说，此书的翻译出版完全是由鲁迅先生所促成，故姚克内心对鲁迅先生充满了感激和惭愧。惭愧的是薄薄一本萧氏戏剧，年富力强的自己翻译竟花了差不多近两年的时间。

《魔鬼的门徒》付印时，姚克特地到一家进口洋纸的公司，买了一些上等书纸，托文化生活出版社代他另外专门加印了五十册精本，每本书上都有编号，并将第一号谨献给鲁迅先生以致感激之情。

一九三六年九月二十二日，鲁迅先生从六月的一度病危逐渐脱离险境，有所好转，但体重已消瘦到不足九十磅，姚克带上一号精装本的《魔鬼的门徒》走到施高塔路大陆新村，踏上了鲁迅先生二楼卧室的楼梯。先生躺在藤椅上，见小姚进去，忙要起身，姚克赶紧上前扶他坐下。鲁迅对他笑着说："不要看我娇嫩，我早已复原了。"姚克打开纸包，将那本书双手奉赠先生。鲁迅放下手指上的烟卷，接过书去看，那神情似乎很欣赏那中国锦的封面，还称赞了这本书的装订和铜版之精，说在中国出版的新书中鲜有其匹。姚克告诉他，每一本的费用差不多要四元。他觉得价钱是贵了一点，但书是精美的。接着又关切地询问了他近来的工作情况，过程是极其愉快和轻松的。不料，就在那次和鲁迅先生的晤面后，仅二十几天之后的一九三六年十月十九日，一代文坛巨人就与世长辞了。

后来姚克在一篇悼念鲁迅的文章《最初和最后一面》中，曾写到他初见鲁迅时的心里有点顾虑，因为鲁迅"最讨厌的是浮滑的'洋场恶少'而我那天恰穿着一套崭新的洋服，头发也梳得光光的，只怕被训辱一顿。"但结果却出乎意料，鲁迅对这位好修饰的洋场少年却颇具好感并倾心相谈。之后，鲁迅有一次与朋友谈起这次会见姚克时说："别看他西装革履，倒有真才实学，是个切实做事的人。"足证鲁迅阅人的眼光是锐利而深刻的，绝不可能为衣帽冠冕之类的外表现象所迷惑。

鲁迅辞世后，姚克和后来以《西行漫记》闻名世界的美国记者埃德加·斯诺共同署名敬献挽联：

译著尚未成书，惊闻陨星，中国何人领呐喊；

先生已经作古，痛忆旧雨，文坛从此感彷徨。

鲁迅丧礼出殡时，他又担任司仪主持公祭，并与巴金、胡风、萧军、黎烈文、黄源、靳以、张天翼等为鲁迅的抬棺人，可见与鲁迅的关系之密切。

在1936年11月鲁迅逝世不久和1967年7月，姚克先后撰写发表了《痛悼鲁迅先生》和《从憧憬到初见——为鲁迅先生逝世三十一周年作》两篇深情痛悼大师的纪念文章。在前文中，姚克讲到一件令他感动的事，他当时才认识了鲁迅不过一个月，因为知道小姚很想见见上海文坛上的人物，鲁迅就特地专门到一家饭店做东请了一次客，邀请了许多一流作家，并给他一一介绍。记得那天到的有茅盾、黎烈文、田汉、丁玲、郁达夫、楼适夷等十几位。不久就发生了丁玲失踪事件，一时风声很紧张，有许多作家都避到别处去了，但他却仍然和姚克通信来往，有时还到姚克的寓所来，或一同出去。

另外，文中有这样两段话我读后特别感动："我既不是左翼作家，又没有什么政治的信仰或色彩，但他却坦然不疑""或说我没出息。他只说过：'其实只要写出实情，即于中国有益，是非曲直，昭然具在，揭其障蔽，便是公道耳。'"这是一种多么高尚而深刻的情怀呵。

而《从憧憬到初见——为鲁迅先生逝世三十一周年作》一文是他一九六七年发表在台北《纯文学》第七期上的，意义更是非同一般。因为当时台湾的"戒严令"尚未解除，鲁迅的书还是禁书，也不可能全面谈论鲁迅。《纯文学》敢于冲破这个禁忌，刊发鲁迅油画像和姚克此文，虽然出于主编林海音的胆识，但姚克撰文让广大台湾读者认识"鲁迅这个'人'"，更是功不可没。

这是一个二十多岁的文学小青年和一个已是五十出头的大文豪之间的交往，真正的忘年之交。

二、《清宫秘史》前后

　　姚克在三十年代，曾担任温源宁主编的上海英文刊物《天下》月刊编辑。那家创刊于 1935 年 8 月，由中山文化教育印行的《天下》月刊被誉为"民国以来水准最高的英文学术刊物。"在当时蛰居亭子间写作者的眼中，他们都是西装革履"崇洋媚外"的"高等华人"。编辑部布置得像个文艺沙龙，温源宁为主编，编辑有林语堂、全增嘏等著名学者教授，姚克是最年轻的编辑。他在那里先后把曹禺话剧《雷雨》、昆剧《贩马记》和京剧《打渔杀家》等译成英文，又翻译出版了萧伯纳剧本《魔鬼的门徒》的中译本。同时还担任明星电影公司的电影《清明时节》的编剧。抗战爆发，姚克参加"中华全国戏剧界抗敌协会"，赴莫斯科参加苏联戏剧节，又到美国耶鲁大学钻研戏剧，从而成为中国戏剧界名副其实的新锐。

　　1940 年姚克从美国耶鲁大学进行戏剧深造回到上海后，一面在圣约翰大学执教，一面与费穆、黄佐临等合作创建了"若干剧团"，大力推进"孤岛"话剧运动。先后创作了历史剧《清宫怨》、《楚霸王》和《美人计》，还创作了现代剧《银海沧桑》。《清宫怨》1941 年 7 月由大导演费穆（亦苏州人）执导上演，大受沪上"孤岛"观众欢迎，连演三个多月之久。

　　在后来出版的《清宫怨》单行本代序《独白》中，他写道"把史实改编为戏剧，并不是把历史搬上舞台；因为写剧本和编历史教科书是截然不同的。历史家所讲究的是往事的实录，而戏剧家所感兴趣的只是故事的戏剧性和人生味。"1948 年，姚克将话剧《清宫怨》改编成电影文学剧本《清宫秘史》，并由著名导演朱石麟修改后拍成影片搬上银幕，舒适饰演光绪皇帝，周璇饰珍妃，唐若青饰西太后，洪波饰李莲英，在香港上映后引起轰动。

　　1950 年 3 月，《清宫秘史》在北京、上海等大城市上演，颇受好评，誉为爱国影片。可 5 月 3 日，突然一律停映，原因未经公布。一时之间《清宫秘史》被扣上"卖国主义影片"的罪名，姚克也被视为罪大恶极的"卖国主义者"。

根据姚克写于 1967 年 11 月 27 日的《〈清宫秘史〉电影摄制本自序》中所记，此电影被当时的"文革"红人戚本禹批判："《清宫秘史》为有人说是爱国主义的，我看是卖国主义的，彻底的卖国主义。""《清宫秘史》为什么是'卖国主义的'，甚至于是'彻底的卖国主义'的呢？戚本禹在他的文章里举出了下列三个论证：（一）'大肆宣扬崇帝、亲帝（按：此处'帝'字均代表'帝国主义'）思想，极力散播对帝国主义的幻想、公开贩卖帝国主义的理论。'（二）'把义和团反对帝国主义的革命运动，描写成一种野蛮的骚扰，并且尽量丑化义和团，'说他们是'专搞邪术妖法的无知愚民'，'诽谤为封建统治者的工具'。（三）'歌颂的是戊戌变法运动'，'把资产阶级改良主义的代表人物，尤其是光绪皇帝，捧到了九天之上。'"

这样的观点如今看来是荒谬混乱到不值一驳的，但从此以后，直到如今，国内所有的关于电影文学的出版物中几乎再也没有见提到姚克其人其作品，包括一些所谓《中国电影百年》《中国电影史》或《民国影坛纪实》《上海影坛话旧》等等之类的出版物中，皆不见其踪影。

许多和他同时代同城的作家文人，甚至在几个专门撰写文坛人文轶事的著名作家的，汗牛充栋的文字作品中也找不到关于姚克其人其作其事的一点痕迹，岂不怪哉。

内地只有在鲁迅的另外一个朋友孔另境的女儿孔海珠编辑的 2004 年由上海社会科学出版社出版的《痛别鲁迅》一书中，不仅将姚克作为鲁迅出殡时的十几个抬棺人之一记入书中，且还附有姚克抬棺时的照片。也算为姚克为历史留下了一点真实痕迹。

我在读这本《坐忘斋新旧录》书和撰写此文时，老是想到一个问题，尽管姚克非党非派，非左非右，没有拿枪上过前线，或做过地下工作，不过从他的每一篇充满了正义、善良和诚实的文章中，从鲁迅和他的友好关系中，不难感到姚克至少是一个始终反对侵略，热爱国家和人民，坚持正义的正直善良，有原则的文化人，直到"文革"结束，姚克才得以恢复名誉？

1980年春，姚克问题经中共中央组织部多方调查，作出结论："姚克在三十年代有进步倾向，在中外进步文化交流方面出过力，没有反动表现。新中国成立后，我们对他的评价有失公允。文化大革命又进一步升级。虽然姚克现在国外，也需要给他平反。"中共为了恢复姚克的名誉，在全国各大报刊发表了公正评价姚克的文章，并出版了姚克的一些剧作和译著。

三、三生花草梦苏州

故乡，永远是漂泊海外游子心中的最后一块心灵寄托之地。

姚克（1905—1991），原名姚志伊，学名姚莘农。他祖籍安徽歙县，姚家本来是安徽的一个大族，但到太平天国之前，祖父这一房已定居杭州，祖父和父亲都在清朝为官。但他出生在既非安徽也非杭州，母亲为苏州人。因从小在苏州长大，讲一口苏州话，自称苏州人。晚年撰文明确表示"苏州是我故乡"。二十年代末，姚克在苏州东吴大学读书，先读法科，出去工作两年后，再回东吴大学毕业于文学系。嗜戏剧，课余主持"东吴剧社"，为戏剧曲学家吴梅教授的学生，会唱崑曲，熟悉中国戏曲历史理论，兼精英语，并终身与文学和戏剧结缘，是电影《清宫秘史》的编剧，也是原作话剧《清宫怨》的作者。

关于自称"苏州人"的话题，他专门写过一篇《籍贯与故乡》的文章。虽然他原籍安徽歙县，但祖父早已定居杭州，而他的母亲是苏州人，所以他们在苏州买了一处房子作为久居之计，这所房子就是他的老宅，苏州就是他的老家所在地。他从七岁起一直在苏州生活成长，直到在东吴大学毕业，除了有几年在上海念书外，绝大部分时间生活在苏州。非常重要的一点是，苏州的"吴侬软语"是他唯一讲得纯粹的方言。虽然他的沪语、粤语、普通话他都能讲，但苏州话、常熟北门外的乡谈说得相当地道，所以论口音，他只能是苏州人。另外，他认为根据男女平权之理，从母籍也应该是可以的。而且，"中国人能以苏州或杭州为籍贯，应该是很值得自豪的事。"还有，无论他在哪里，"我在寂寞无聊的时候，心里怀念的不是歙县和它雄奇的黄山，不是杭州的西湖或厦门的鼓浪屿，也不是我曾经久住的上海和它不夜的繁华。我念念不忘的只是消磨了我的童年和少年的苏州。当年我对苏州一点不稀罕：想不到在羁旅之中会这样萦回在我的心头。我曾经居留过的地方——如上海和北京——有时候固然也会浮现在我的梦忆中，但总不像苏州那么亲切，那么可爱，那么温暖。"

姚克在文中写到，"譬如说，苏州的塔要数北寺塔最巍峨，保存也最好，我非但登临过多次，而且还在第九层的壁上题过诗。可是最使我怀念的倒是定慧寺巷的双塔，因为它离我家很近，一出大门就望得见它一对笔似的塔尖矗立在不远的天空……上海、杭州、北京、香港，和其他我曾经到过的地方都有塔，但对我个人可没有一个比得上双塔那么亲切；那些塔是人人所得而有之，唯有双塔是我的。教我怎么能不怀念它？"

他还写到了苏州老家的花园和花园中绿萼梅的清香，杏花、桃花、石榴、芍药、牡丹，挨一排二的开花，和兄弟爬树采桑葚、取鸟卵，贪吃还没有成熟的生果，特别是咬柿子的难忘经验，还深情写到苏州土产的鸡头——亦称芡实的故事：专门乘船去葑门外的南塘，看乡下小姑娘坐在木桶里在水中采鸡头、剥鸡头，在红泥小炭炉上用白色的瓦罐煮鸡头的情景。并感叹道："这种口福大概这一辈子不会再有了。"

如此的乡思乡愁之情，教人读了如何不感动！

他说，一个人如果能有一个籍贯又有一个故乡的话，我可以说歙县是我的籍贯，苏州是我的故乡。

1969年春夏，姚克到美国夏威夷大学执教"现代中国文学"和"中国哲学史"，后来又到旧金山，任教于太平洋大学卡利逊学院及旧金山州立大学，专门教授东方文化，从文化艺术到戏剧，从东方哲学到中国历史，他以渊博的学识和独到的见解，得到了无数师生的敬仰和爱戴。他曾以庄子的哲学思想，创作编写了话剧《蝴蝶梦》，自任导演，由学生演出。通过戏剧形式，让师生们了解和深刻领会中国古代哲学思想的精深博大。同时，他还把美国著名话剧《推销员之死》译成中文，由学生用中文演出，让东西方文化进行比较和通融。

　　值得一书的是他乡遇故知，让海外飘荡了几十年的游子姚克一时充满了温馨。

　　1974 的春天，在耶鲁大学任教的"合肥四姐妹"或"姑苏张氏四姐妹"中的小妹张充和第二次到哈佛参加曲会。这次曲会是在哈佛赵如兰教授（即赵元任的女儿）的家中进行的。姚克就在那里遇到了几十年前就在苏州相识的张充和。会上由姚莘农先生唱曲，充和吹笛伴奏，表演的是《金雀记》里的《乔醋》一出中的《太师引》一曲，内容描述的是晋代才子新官上任，十分得意，正派人接那分别多年的原配夫人井文鸾，却同时接到了从前情人巫彩凤托人送来的一封信函。《太师引》一曲唱的正是那封情书：

　　　　　　　　顿心惊，蓦地如悬磬，
　　　　　　　　止不住盈盈泪零。
　　　　　　　　记当日在长亭分袂，
　　　　　　　　问归期细嘱叮咛。
　　　　　　　　却原何身罹陷阱，
　　　　　　　　犹幸得保全躯命。
　　　　　　　　劈鸳鸯是猖狂寇兵，
　　　　　　　　最堪怜蓬踪浪迹似浮萍。

　　曲会四天后，姚先生特地到耶鲁拜访充和与她的先生傅汉思，得到热情款待，并应充和之请，用毛笔将此曲抄录在充和的《曲人鸿爪》画册中，题上款识，自称数十年未唱《乔醋》的《太师引》一曲，当天在哈佛曲会中，幸得充和用"自制银管"吹笛伴奏，并得她不断提示，"方能毕曲，庶免曳白之讥焉"。款识中还提到充和与他的胞妹姚志民是苏州的崑曲同期（老曲友），同时，对充和与汉思的热心招待很是感念，他乡遇故知，觉得友谊之情至为温暖。

不过，姚克离开大陆后，特别是到了大西洋彼岸的美国，与家乡长期音讯不通，他甚至不知道自己已经沉冤得雪。尽管思乡之心日切，还终日忧心忡忡，担心当局是否可以让我回来？

其实改革开放后，人民文学出版社写了封信给姚克，承认以前"内容失实，使先生蒙不白之冤"，认定"先生与鲁迅有较深的交往，并在传播鲁迅的作品方面做过相当有益的工作，我国人民是不会忘记的，并希望看到你写的有关这方面的回忆文字。这样的文字国内由我们发，也可以起到为先生挽回影响、替我们改正错误的作用"，云云。

可惜这封信姚克没有能够见到。因出版社无姚克的地址，就寄给了在香港做统战工作的罗孚。罗孚也无姚克地址，后来又幽居北京十年，此信就压了下来。

直到1991年6月，姚克才和国内的六弟姚志曾接上联系，知道了这些事。在他给六弟的一封信中说："长吉诗最晦涩难解，自来注家都不能识其庐山面目，十余年来，长吉最难解之'诗谜'（钱钟书语），兄居然能通解百分之九十九，可使读者称快。"而且已经将此整理出了一部约二十五万字的书稿，并"思于上海排印。"准备带回国至上海印行，这对于一位八十多岁的老人而言，无疑是一件了不起的学术成果。同时，集十数年之力，潜心于唐代诗人李贺的诗词研究，形成了如此厚重的学术成果，也充分显示了姚克深厚的传统文化功力。

从他最后的两封来信中，字里行间，充满了对家乡的眷念，并计划于第二年春返回中国，在苏州居住一段时间，完成他的

《李长吉诗歌集校注》初稿的结尾工作，同时筹划在内地出版。然而，就在他准备将要回国前夕，竟因偶染小疾而致不起，于当年（1991 年）12 月 19 日病逝于旧金山，享年 87 岁。这一生漂泊的游子，终究未能回到自己魂牵梦绕的家乡！

就这样阴差阳错，铸成了一代文学才子的千古遗恨。

姚克一生有过三次婚姻过程：第一位是他当年滞留英伦时所认识的英国女子，后带了一个孩子离开姚克回了英国；第二位是著名的演员苏州籍美女上官云珠，1943 年，离婚的上官云珠与姚克在北京结婚，翌年生下女儿姚姚，但 1946 年他们就结束了这段不长的婚姻；1947 年，姚克和他的第三任太太吴雯在南京举行盛大婚礼，曹禺等到场参加观礼，婚后他们共育有五名子女。吴雯于 2010 年逝世，晚于姚克 19 年，并合葬于旧金山一个面向太平洋的山坡的墓园内，面对故国，永守彼岸。

1967 年 11 月，香港正文出版社出版了姚克的评论集《坐忘集》，1971 年和 2004 年国内两家出版社先后出版了由姚克翻译的美国阿瑟·密勒的名剧《推销员之死》。

2011 年 10 月，中国国际出版集团海豚出版社在 1980 年内地重印《清宫怨》三十年后，终于由现代文学史专家陈子善教授编辑出版了姚克的随笔集《坐忘斋新旧录》。我认为这是陈教授对中国现当代文学史又一个非常重要的贡献。

吴湖帆的沪上生活与社会交往

汪颖奇

　　皋庑吴氏是苏州有名的科举世家、文化世族，明成化年间由徽州迁至苏州，到清中期涌现出数位举人、进士，门庭日盛，文化渐昌。吴氏家学底蕴深厚，代有闻人，其家族文化成就涵盖文学、史学、收藏、鉴赏等诸方面，尤其在金石、绘画艺术方面展现出较高的水准。

　　严迪昌指出，文化世族在特定文化氛围熏陶下的积累，包含着文化素质、精神以至各门类技艺能力的积累，且随着时间的推移而渐积丰厚，愈显优势。可见，家族在某一领域的成就不仅绵延长久，而且会因量变积累而产生质的飞跃。

　　吴氏家族数代人的科场努力及文化才能，积累至第16代吴大澂（1835－1902）时，逐渐绽放异彩，他不仅政绩斐然，还"笃嗜古文，童而习之，积三十年，搜罗不倦，丰歧京洛之野，足迹所经，地不爱宝。又获交当代博物君子，扩我见闻，相与折衷，以求其是。师友所遗，拓墨片纸，珍若球图，辨及瘢肘。"其著作《说文古籀补》被誉为古文字学术史上的开山之作，为古文字字书的编纂立下了范本。因吴大澂独子早夭，遂过继其兄吴大根之孙吴湖帆（1894－1968）承嗣，而后者成为了民国时期海上画坛中传统派的代表人物，拥有画家、书法家、鉴定家、收藏家、词人等多重身份，达到了家族艺术成就的巅峰。

　　吴湖帆幼承家学，在绘画中表现出过人的天分。其嗣祖吴大澂、外祖沈韵初，乃至妻子潘静淑家族都赠与其大量字画作品。这些前人累积的收藏、资源与人脉，都为他在书法、绘画、收藏等领域的发展奠定了坚实的基础。

19 世纪中后期，上海已成为中国的航运中心、金融重镇和西学传播中心，逐步超越苏杭等传统江南中心城市。20 世纪 30 年代，上海享有"东方的巴黎，西方的纽约"之誉，以其繁荣经济、多元文化的国际化城市面貌吸引了大量国内外移民，成为各路文人的竞逐之地。作为沟通中西文明的枢纽，"一切新的思想，新的文化，新的习尚，新的潮流，从世界各方面传播过来，上海总是最先最敏捷的接受，再向全国各地转布开去"，这里有着包罗万象的新事物、新思想、新发展，上海成为了人们心中的梦想之地、希望之邦，选择上海就如同选择了新的人生，选择了美好的前途与未来。"到上海去"的雄心壮志推动形成了"橐笔而游，闻风而趋者，必于上海"之景象。

光绪末年，沪宁铁路建成，公路交通也大幅度发展，交通的便利使得选择去往上海寻求发展机遇的苏州人越来越多。苏州桃花坞吴家不满足于"产业只限于苏州本地"，因"上海日趋繁盛，商业发达，获利容易……近来也渐渐有发展到上海之势"。著名的洞庭东山席家子弟更是"群趋沪江"，活跃于十里洋场。

曾任上海龙门山长的吴大澂对上海颇有了解，他"曾多次言及上海近数十年来人文荟萃，概揽江左风流，意属他日当使湖帆游学其地"。在吴大澂故人介绍下，吴湖帆小学毕业后，进入上海中国公学读书，初步认识了上海。后该校停办，1907 – 1911 年，吴湖帆就读于苏州草桥中学。在著名画家胡石予、罗树敏等师长的引导下，学习中国画的传统技法。这一时期，他还结识了许多吴中大姓子弟，如顾颉刚、范烟桥、叶圣陶等，共同写作、绘画，相互切磋砥砺。吴湖帆也开始频繁出入怡园画社，与顾鹤逸等名流俊彦习画论艺、诗文唱和，初涉"四王"，得窥山水门径，遍临家中藏画，着力于山水画。1915 年，吴湖帆迎娶苏州另一文化世族的大家闺秀潘静淑为妻，夫妻伉俪情深，时有诗文唱和。

晚清苏州屡遭战火，无可挽回地走向衰落。1924 年，江浙战争爆发，动荡不安的局势、寻求新发展的希望推动着吴湖帆携家带口迁往上海，定居于上海法租界葛罗路（今嵩山路）88 号，此处后来成为上海书画界无人不知的"梅景书屋"，其住宅对面就是后来与其并称为"三吴一冯"的著名画家冯超然的嵩山草堂。住宅共分三层，楼上用作画室和卧室，楼下则是吴湖帆与表兄陈子清合办的书画事务所。

以往学术界对吴湖帆研究，大多从艺术史的角度出发，偏重分析画家的风格与笔墨，集中于其书法、绘画、鉴定、收藏、交游等方面。而从社会生活史的角度探讨吴湖帆的日常生活、社会交往等方面研究，则较为薄弱。本文着力于观察吴湖帆在上海的社会生活状况，包括日常生活中的衣食住行与娱乐，兼及画家的心理和艺术创作，并试论其社会交往与艺术创作的关系。

调适都市生活

"上海这个地方，是江南繁盛之区，又是为外国租界地，凡事得风气之先。"这里西方建筑林立，新式娱乐风行，市民文化发达，人们趋新求异，追逐潮流时尚，而从传统城市来到上海的人，或多或少都会对这里的新鲜事物产生好奇感。

在文化市场日臻成熟的上海，海派画家已经逐渐成为现代社会分工意义上的自由职业者，他们以绘画为社会职业，按劳取酬。据 1934 年《申报》登载的《名画立轴》一文中所载，吴湖帆三尺山水就值 38 元。从消费水平看，1931 年 4 月 20 日，吴湖帆花费 100 元购买《颜家庙碑》。24 日，又以 200 金购买山水册。在 20 世纪 30 年代，一般工人家庭每年生活费用只有三四百元。可见他的经济实力还是可观的。优越的社会地位与丰厚的润笔收入，使得吴湖帆在满足基本需求之外，能够迅速融入上海的城市文化，在传统经验之外的城市空间里尝试新鲜事物。

在饮食方面，吴家以江南人多食用的米饭、火腿、蔬菜、瓜果为主，秋季吃蟹，冬天吃涮羊肉，也有牛肉汤、面包为点心。

每逢时令，家中人还会从苏州带来鲜蒓等特产。上海虽不是各种物品的出产地，但却集合了各地乃至各国的新鲜新奇食物，朋友间也常常互相赠送食品，如沈湘之夫人馈赠红烧河豚一大碗，家中人多不敢食。吴湖帆还有烟霞癖，平日时常抽烟土。穆藕初曾赠他十支雪茄，因较为名贵，所以他藏了三年，才吸掉四支。

对上海的社会上流而言，"聚餐成为同乡、同业之间的联谊方式"。上海开埠后，附近宁波、苏州、无锡的等地商贾涌入，在沪开设菜馆，粤、京、川、湘、闽、清真等菜系也先后进入上海，各具特色。只要稍有经济条件，即可享受到各地乃至各国美食。据时人言，"住在上海的人，要算'口福'最佳的了。只要你有钱，要吃外国菜，就到西菜馆，要吃中国菜，更其容易……并且，预备大吃，可以到大的菜馆里去，预备小吃，可以到小的菜馆里去，预备最低限度的吃，可以到小饭店里去吃。"

宴饮活动，是吴湖帆结交新朋、联络故友的重要方式，宴饮应酬有时在家中，有时在餐馆、茶楼等场所。如其1933年日记所载：

2月27日，与吴闻天晚饭于梅园；

3月1日，与小蝶、小鹅饭于一枝香，与潘子义、子起、吴诗初夫妇同至陶乐春夜饭；

4月1日，晚谷孙约至会宾楼饭；

4月16日，晚大千招饭于陶乐春；

5月2日，叶遐庵词社宴集于功德林，又暇庵宴马叔平于觉林；

6月6日，恭甫来，同至春华楼午饭；

7月1日，徐少峰招饮于杏花楼……

在以中国餐馆为主要选择之外，吴湖帆偶尔也会去外国餐厅尝鲜，如1937年7月1日，约冒鹤丈吃俄国菜馆。不同于上海买办、富商等频繁出入高级餐厅，吴湖帆选择的餐馆还是相对平价的。从 1937 年 3 月 13 日，吴湖帆与蒋谷孙合请杜博思于都城饭店，三人共消费 26 元，就心生"夜饭菜之贵骇人听闻……都市生活之奢，真有未料也"的感慨，可见一斑。

日用方面，电话、照相等技术的发达也装饰了他的生活。20 世纪 30 年代，吴湖帆家已安装了电话，可以联络友人。当时摄影的普及则帮助画家之间更为方便地交流书画名作，或者写生临摹，如 1933 年 8 月，叶遐庵拍摄了昆山玉山花园东亭的荷花，还携来五蒂莲花照相供吴湖帆欣赏临摹。

娱乐活动是日常生活的另一重要方面。上海开埠以来，各类奇技淫巧、声光化电的西洋物品不断引入，为传统的娱乐注入了新鲜元素，拓展了上海的都市休闲空间。

"城市文化本身就是生产和消费过程的产物。在上海，这个过程同时还包括社会经济制度，以及因新的公共构造所产生的文化活动和表达方式的扩展，还有城市文化生产和消费空间的增长。"二十世纪三四十年代，上海的"电影院、戏院、咖啡馆、舞厅以及百货公司，都在新的都市空间中成了休闲和消费的主要场所"。虽然吴湖帆"既不属于上层买办，也不属于广大的城市贫民"，应列为中产阶级的范畴，但是与李欧梵笔下的那些在上海霓虹生活中游刃有余的商人、作家，乃至城市的"流浪者"相比，后者充满了浪漫的异域想象，追求新奇的感官刺激，吴湖帆的娱乐生活则无疑少了几分摩登、猎奇，他并不狂热趋新，而是在尝试现代娱乐的同时，保留了较多的质素与文雅的爱好。

听评弹、看戏是吴湖帆的两大爱好。上海重消遣、享乐的消费文化，以及各地移民的思乡情结为各类地方戏曲如昆曲、评弹构建了包含无限潜力的消费市场，"评弹作为苏州和江南都市文化记忆符号的场景开始在租界大量复制"。评弹是苏州人的精神寄托，吴侬软语熟悉的乡音极具安抚性，平复了异乡的苏州人心中的愁肠，刚柔相济的特色恰到好处地映衬了苏州人的性格。吴湖帆也不例外，听评弹是他人生一大乐事，他曾为光裕社手书"光前裕后"门匾，为沧州书场书写印在书票上的书场名。此外，他还常与弹词艺人来往，并免费收艺人黄秋甸为"梅景书屋"弟子，教其绘画。

除评弹之外，看戏是吴湖帆及家人的另一大爱好，他们在沪上观看了京剧、大鼓戏、昆曲等各曲种，吴湖帆十分喜爱京剧。他曾与庞京周一起观看《霸王别姬》，还留下墨宝赠与演员。他十分欣赏杨月楼之子、京剧武生杨小楼，仅 1933 年 2 月，吴湖帆就数次与妻儿、张大千、叶誉虎、陈巨来等共同前往天蟾舞台观看杨小楼演出，包括《落马湖》、《鲁智深大闹野猪林》、《挑滑车》、《连环套》等剧，还大赞其"甚卖力，究有真味，断非寻常之武生可望及"。1937 年 5 月 8 日，"静淑等侍慈亲往天蟾舞台观《大红袍》，大姊甚赞成此戏。"1937 年 5 月 16 日、25 日，吴湖帆分别与蒋谷孙、潘静淑至黄金大戏院听马连良唱全本《三娘教子》等剧。

自电影流入中国以后，深受中国知识阶级的欢迎，并成为普通民众所喜爱的消遣方式之一。1933 年 1 月 21 日，潘静淑带儿子去看电影《东北义勇军大战记》；1937 年 2 月 5 日、6 日，吴湖帆与王伯元分别在巴黎戏院、南京大戏院观看电影《空中之王》、《荒岛怪人》。

此外，1933 年 6 月 1 日，吴湖帆观看上海号飞机空中表演翻覆，称"其技可谓绝矣"，为先进科技感到惊叹。1937 年 5 月 12 日，吴湖帆还与家眷友朋一起观看了跑马厅英皇加冕操演典礼，虽然场面热闹，却觉得"太无意味"。

上海那时的风气，以吃花酒为交际之方，有许多寓公名流，多流连于此。有别于文人骚客喜好流连青楼，而吴湖帆并不中意此种场合，1938 年 4 月 3 日，"逊公约宴于仙乐舞厅，余盖初次履其地也。虽有抑扬顿挫之乐声、花团锦簇之舞女，颇觉无味，筵毕即归。"同时，他对朋友游戏欢场持否定态度，并有所劝解。"近年小鹣于国画颇孟晋，究竟关于种气，不致弄僵，情性亦极和。余所不甚满意者，只其对封夫人无调度，反拥一荡妇为活宝，百劝不解，此其大病，好友中否之者亦甚多。"

可见，虽然吴湖帆偶尔也趋新逐奇，但与那些全面追求西化，追逐新鲜刺激的群体（如买办）相比，他在新旧结合、中西交融的生活与消闲中，还是更加适应和偏向传统的物质和精神世界。

在消费方面，吴湖帆不太追求物质享受，他的精力与金钱大多花费在他所钟爱的书画上。1931 年，他以三百元购元马文璧《秋林招隐图》，五百元购买董文恪袖珍册，遇见心中与《梅花喜神谱》同郑所南画兰卷，更是"倾囊而得，费数千金"。1933 年，哪怕手头拮据，他也宁愿将有限的金钱花费在自己的爱好上，1933 年 1 月 24 日，他购买了一幅书联、一张扇面后，在日记中记到："二物费八十四元，不为贵，然岁暮涩囊，亦可为癖好之深矣。囊中仅余百番度岁，此去其八十四，仅余十余羊而已，可笑可笑，可怜可怜。忆赌徒嗜樗蒲，登徒好女色，或亦若是耳。"将自己调侃为赌徒、登徒子，足可见他对书画的钟爱与痴迷。

作为自由职业者，吴湖帆没有固定的薪金，他的收入受到沪上市场经济的影响。1933 年，由于受到时局影响，年收特歉而支出特强，他不由发出"今年度岁最窘"的感慨。由于无法应付收支不平衡，他还不得不将自己嗜爱的物品拿去作抵押。1937 年，因抗日战争波及书画市场，吴湖帆又只能通过出卖书画作品赖以度食，感到"心绪之恶，实四十余年来所未有者也"。

值得注意的是，吴湖帆虽于 1924 年即迁居上海，但仔细翻阅其日记，就能发现他还常常回在苏州居住，他主要的交际圈也依然在苏州。直到 1933 年后，吴湖帆在苏州居住的时间才逐渐缩短，在苏州的活动也渐趋单一化。返回苏州的原因，不外乎拜祭祖先、为母亲贺年，参加重大节日的家族聚会、料理家族事务，以及访问友人等事。出现这种变化的原因，一是在于吴湖帆生活、交际的圈子逐渐扩大和固定。随着他的工作重心转移到沪上，在上海生活着实便利于苏州；另一方面，也因为苏沪两地的交通便利，一日内就可以轻松往返，走亲访友都很便捷。但他的心中，依然饱含着对故乡的牵挂与关怀，从他不遗余力推动苏州文化事业的发展，支持苏州旅沪同乡会的活动，保持和苏州友人的密切交往，都展现了吴湖帆内心对地缘关系的重视，对故乡文化的认同和怀念。

拓展交游网络

上海都市文化异彩纷呈，呈现出多元化的倾向，既有高雅的成分，也有通俗的影子。这里为各类人提供了生存发展的空间，有悠游自在的清朝遗老，有追求新异的商人，有秉持传统发展的人，也有这样一群追求雅致情调，有着独特性灵渴求的文人：他们自古崇尚高雅的品位，以期区别于其他在上海谋生的人群。而在上海这样一个由各类异质人群组成的移民城市，联络同道、寻觅知音、排遣孤独、重建文人网络更显迫切。因此，在衣食住行的基本需求之外，吴湖帆以苏州、上海两地书画界群体为中心，与各类友人衍生、发展出一张吟诗作画、品茗赏戏、结社清谈、游览园林的交游网。

在吴湖帆日记中，频繁出现的友人，主要有潘子义、潘博山、潘景郑、彭恭甫、吴梅、陈子清、刘定之、孙伯渊、朱静波、邹百耐、王同愈、曹友卿、穆藕初、冯超然、赵叔孺、陈巨来、庞蘅裳、蒋谷荪、何亚农、庞京周、叶恭绰、张大千等。

其中潘、彭、吴都出自苏州名门望族，陈子清为吴湖帆表兄，除张大千、叶恭绰分别来自四川、广东，其余基本都以苏州、上海、常州、浙江等地为籍贯，并大多居住在苏州和上海。他们的身份，有书画家、收藏家、金石家、篆刻家、词曲家，还有书商、裱画店、古玩店老板。

由此可见，吴湖帆居住两城，既承接了祖父辈结识的人际圈，与苏州大族彭氏、潘氏、洞泾吴氏乃至翁氏后人都关系密切，又基于上海的广阔舞台充分延伸了自己的交往半径。作为画家，其往来密切的朋友，自然也多是志同道合者，这是他在一个剧变的时代里，寻找精神"同乡"和个体归属的心理企求。而吴湖帆以江南文人为主的交往圈，体现了他骨子里对江南文化传统的依恋。

吴湖帆的交游圈犹如水中涟漪，由一圈圈由小及大的波纹组合而成，如果将他本人看作圆心，那么离他最近、交往时间长、对其影响较深的，主要有彭恭甫、叶恭绰、吴梅、张大千等人。

彭恭甫（1897－1963），字维梓，"系吴门望族，富收藏，善鉴别，酷丹青，深入宋元堂奥。"主要作品有《赤壁夜游》《看瀑图》《黄山鲞鱼石》《天平秋色》《工地运石》等。彭氏与吴氏早有姻亲关系，祖辈的交游一直延续下来，并逐渐加深，在吴湖帆日记中，屡见其与彭恭甫的来往，二人情同手足，每次吴湖帆返苏，都会去彭处聊天、品画。1933 年，彭恭甫与吴湖帆一起倡议创立"正社书画会"，组织正社活动，振兴苏州文物。抗战爆发后，彭恭甫携家迁往上海，二人更是时相过从，讨论时政。

叶恭绰（1881－1968），字裕甫，又字誉虎，号遐庵，广州番禺人，早年毕业于京师大学堂，后留学日本，在交通、财政方面饶有建树。家学底蕴深厚，在诗词、考古、书画、鉴赏方面靡不精究，与李盛铎、傅增湘、罗振玉并称"民国四大家"，并有"民国第二导师"之誉。所著有《遐庵清秘录》《遐庵谈艺录》《遐庵汇稿》《矩园馀墨》《叶恭绰书画选集》等，并编纂有《全清词钞》《五代十国文》《广东丛书》等。1928 年，吴湖帆结识叶恭绰，二人自此结下深厚情谊。据何闻统计，叶恭绰致吴湖帆尺牍（附诗笺）就有一百五十通，涉及绘画、收藏、词学、举办展览以及日常生活的各个方面。叶恭绰博取百家之长，峭拔刚劲、跌宕丰韵的书法对吴湖帆启发很大，在他的影响和帮助下，吴湖帆始而研读诗词，并继而向朱孝臧、吴梅等学习，后叶恭绰还为吴湖帆词集《佞宋词痕》作序，称赞他锲而不舍的精神。

推动吴湖帆在词学上继续钻研，造诣日深的，还有近代著名词曲学家吴梅。吴梅（1884－1939），字瞿安，晚号霜崖，属苏州洞泾吴氏，该家族有着吴廷琛、吴钟骏叔侄状元的佳话，还有官至军机大臣的吴郁生（1854－1940）。吴郁生与吴湖帆叔祖吴大衡为同榜进士，两家素有来往，1937 年 4 月，吴湖帆还画了《双松叠翠图》，托人送往青岛为吴郁生祝寿。吴湖帆和夫人潘静淑雅好填词，曾问学于吴梅，潘静淑的词作《千秋岁·清明》中一句"绿遍池塘草"就是得到了他的肯定，并获得广泛好评。

中国传统文人画与诗词的关系向来密切，"诗中有画、画中有诗"是何其美好的意境，词学的修养同样能够丰富绘画的内涵，赋予画作更生动的表现力，在吴梅的指点下，吴湖帆得以将文学与绘画融会贯通。吴湖帆喜爱婉约派词人周邦彦、吴文英，将他们的典雅含蓄、富丽精工描摹入画，他的《风娇雨秀》《清真词意》《雾障青罗》等作品就是以词句为画题的作品。吴湖帆将艺术语言的锤炼融入青绿山水的雕琢，使其艺术语言本身也具有了独立了审美特征，又丰富了画面婉约流转的文人气息。

与吴湖帆并称"南吴北张"的张大千（1899－1983），原名张正权，又名爰，字季爰，号大千，别号大千居士，四川内江人。据时人言，吴湖帆择友很严，最怕麻烦，不是知交不肯接见，社会应酬，也不肯随便参加。而张大千性情好爽，生活浪漫，没有一些拘束，好挥霍，好旅行，好饮食，好购藏名迹，好协助戚友，惟不善积蓄，冯若飞说他："富可敌国，贫无立锥"。二人师承、画风乃至个性都有不同，但一见如故，相逢恨晚。张大千对吴湖帆评价极高，在上海方面，张大千最推重吴湖帆与谢玉岑两人的画，而谢玉岑又最佩服张大千与吴湖帆的画。张大千曾言"吾昔日游京师，见溥心畲，作画出入古今，以为生平所见一人。及至上海，识湖帆先生，其人渊博宏肆，作画熔铸宋元而自成一家，甚服我心，乃知天下画人未易量也"。数十年后，张大千成为举世闻名的画坛巨擘，而吴湖帆因政治、历史原因渐趋杳然，他仍毫不讳言："山水竹石，清逸绝尘，吾仰吴湖帆"。

吴氏日记中多见与张善孖、张大千兄弟二人的交往，1933 年张大千在沪时间较长，二人几乎无日不见，他们彼此互赠画作、题词共勉，还时有合作。如1932年5月6日，张大千寿辰自作画像，吴湖帆为其自画像题跋；1933年，二人为黄般若合写《黄石斋图》；1934年，一同参加苏州正社书画社，共赴北京举办正社书画展；1935年，张大千赠吴湖帆《仕女图》……

二人还多次促膝长谈，上至古今画艺，下至今日画坛，彼此的信任和默契使他们无所不言，如其日记载：

张大千来，谈论观古画海上几无可谈之人，收藏家之眼光以名之大小为标准，一画以题跋之多寡、著录之家数为断，往往重纸轻绢，画之好坏不论也。古董商之眼光以纸本之洁白、名字之时否为标准，画之有意义无意义不懂也，书画家之眼光以合己意为标准，附和买画者以耳熟习闻为标准，此画之有无价值不识也。

可见，虽然上海丰富的艺术资源为吴湖帆研习绘画、转变画风提供了便利，实现了他攀上艺术高峰的理想，但他对上海绘画艺术水平与鉴赏水平，并非一味欣赏、崇拜。他对当时文化界名人的欣赏眼光、绘画水平，也时时不以为然，如评价"孙伯绳来观画，此君实一些不懂也"。这并非他性格苛刻，一旦遇见欣赏之作，他也不吝夸赞，如称汪亚农能"衔破古之藩篱，而得古人之神髓"。他一直坚守着自己的原则与标准，不因亲近而放低要求，不因同行而妄加贬低，展示出吴湖帆内心文人的孤傲和强烈的自信心。

彼时文人的交往活动，有结伴游历名胜古迹、山水园林，也常见于互访、宴集以及结社。

吴湖帆几乎每日与友人互相登门拜访，多为讨论书画，或观摩双方藏品，也有生活的分享与共同娱乐。就连春节等重要节日都不放过。如1933年1月25日除夕，"午张大千携杨龙友《水村图》卷来，喜形于色，曰此卷属其旧物，昔年已渡海至日本矣，今忽购归，且岁底穷于应付，东拉西扯而来，故更喜也。

噫，余与大千，真可谓同病者矣。午后大千往嘉善去，此卷留余处，借为度岁娱乐品。"随后，吴湖帆又去对门冯超然处拜访。次日即26日，吴湖帆午饭后访冯超然，未几叶遐庵、程云岑来，夜饭后又于冯超然处唔穆藕初、张亚庸。1933年1月28日，在谢绳祖处夜饭，与穆藕初、冯超然骰子戏，胜6元，归已夜半三时矣。有时还一日与数位友人见面，如1937年3月14日，就有庞京周、潘博山、王季迁、刘定之、曹友庆、孙伯渊、张葱玉、陆一飞等人陆续到吴家，或谈事，或从老家携带食物来，或索书对联，或约吴湖帆共访友人。除登门拜访外，共同宴饮也是文人交往的重要方式之一，吴湖帆亦常常与友人在外聚餐。

此外，结社论画，互相切磋，也是吴湖帆与书画界友人的主要交往活动。清末民初居沪文人的交往与结社，乃传统士人脱离乡土中国的血缘、地缘、政缘关系，进入一个由异质人群组成的移民城市时，寻求群体认同和个体归属的一种重要方式。

1927年，江小鹣、张石泳、张伯展等人发起成立"上海艺苑研究所"，吴湖帆、张大千、王一亭等人为会员。1928年，吴湖帆参加王济远等发起组织的"艺苑绘画研究所"，终日与友人讨论金石书画，交流感想。1929年，"上海文艺界诸同人以近世潮流正宜提倡艺术，又观于全国美展会之盛况，乃谋所以继之者……藉集群彦，俾艺术前途得以增进。"在朱古微、叶誉虎、狄平子、徐志摩、吴湖帆、曹靖陶、赵安之等人发起征集下，1930年，观海艺社成立于上海，以研究国画、西画、书法、篆刻、诗文、辞章为宗旨，参加活动的均为上海知名书画家和诗人，还出版有《观海艺刊》。1931年，冯超然举办嵩山草堂画集第一次雅集。1933年，在友人潘博山、彭恭甫、陈子清等人的共同帮助下，吴湖帆在苏州发起举办正社画会，集合苏州文人圈"切实研究艺术"，他还数次邀约叶誉虎、张大千等友人前往苏州参加正社集会。1939年，吴湖帆和冒鹤亭、夏映庵、林忍光、林铁铮等人共同组织词社；1948年，与冯超然、黄宾虹等发起组织"艺舟社"，"阐扬中国固有艺术，间介西土菁华"；又与丰子恺等人组织"乐天诗社"，参加者多为画家。

除此之外，吴湖帆还常与友人共同举办各种非正式的画会、词会，地点或在各自家中，或在饭店、茶楼，城市中的各类空间，都成了文人关系建构的一个个连接点。如1933年1月6日，在恭甫处，做正社画会，与者博山、恭甫、子晴、诗初、乐卿、梅邨及吴湖帆七人；1937年2月28日晚，与友人在陶乐春作消寒画会第七次；3月19日晚，同陈巨来至陶乐春消寒第九集；5月2日叶遐庵词社宴集于功德林……

传承是使文化永葆活力、长盛不衰的必要方式。吴湖帆与陈小蝶还在上海合作讲授诗文书画，招收学生，每人月费十元。梅景书屋培养出数位书画俊才，桃李天下，如徐邦达、王季迁精山水，陆抑非、张守成擅花鸟，陆沁范、朱梅邨工人物，都十分出众，其子吴孟欧亦工山水，吴湖帆还与儿子、门生一起，于1941年4月16日-22日，借上海宁波同乡会举行联合画展。1944年7月14日，梅景书屋同门共同举行书画展览会，展出了三十四人全体花卉屏四大幅，并将此作品售卖所得全部捐充助学金。

除了前述友人外，吴湖帆与电影家、作家、艺人、政治界等各领域人物都有交往，如电影家但杜宇，小说家范烟桥、包天笑，京剧大师梅兰芳。吴湖帆喜读沪上名笔的小说，尤喜爱倚虹，还曾托友人范烟桥求得其一诗以题其得意之画，可惜倚虹已先归道山，未能如愿。吴湖帆与梅兰芳交谊也很深，对京剧与绘画的共同爱好将他们紧密联系在一起，吴湖帆为梅兰芳填词《蕙兰芳引》，并与他数度合作挥毫洒墨。1943年，二人还与周信芳、汪亚农、孙伯绳、江十圻、范烟桥等二十个同龄人举行雅集，结成甲午同庚千龄会，并于夏历中秋节举行公宴。

此外，吴湖帆还结交了不少外国友人，1931年，日本美术学校校长正木直彦与画家渡边晨亩来华接洽元明清及现代绘画展览会，吴湖帆与顾公雄、吴东迈等人陪同正木一行参观游览，正木等人对吴湖帆等十分钦佩，临行亦恋恋不舍。此外，吴湖帆还与大使馆秘书，法国人杜博思有往来，1937 年 3 月 3 日，"得北平杜博思来函，约来观书画。外国人观画，多讲皮貌，大半从古董商人处学来；杜则不然，确究笔墨，其最爱王麓台，其一证也。麓台画在中国人中已非真在行者不知其秒，况外国人乎！"还有德国女士孔达，对中国绘画颇为喜爱，常向吴湖帆借书或探讨绘画事，1937 年 4 月 3 日，孔达携《故宫书画集》拜访吴湖帆，请他为之圈点。1938 年 1 月 26 日，孔达向吴湖帆借《习苦斋画絮》。吴湖帆称"现在外国女子能研究中国古画者，当以孔女士为最，即中国女生亦未必有如此能耐也。孔女士绝无外国脾气，颇得中国化也。""外国人之好读书者，余未见过如孔达者也，以一德国女子能如此，真可佩服"。

由此可见，他的交往半径大大突破了业缘、地缘、血缘，甚至国界的传统框架，画家的交友圈在都市化背景中实现了更加立体、丰满的构建。

结　语

据时人载："沪上近当南北要冲，为人文渊薮。书画名家，多星聚于此间。"不同风格与流派在这里碰撞、交融、竞争、创新，成立各种组织，举办各式各样的活动、展会，并孕育出繁荣的书画市场，这一切，都为吴湖帆的艺术职业生涯提供了独特的机遇与可能。他在上海频繁参加各类的活动、展会，极大提高了自己的声名，更得以"终日耳闻目睹于金石书画之中，遍览历代名家真迹，从古人书画中撷取精华"。从而逐渐摆脱"吴门"、"南宗"、宋元诸家的藩篱，逐渐融汇南北、包容各家之长，形成自己清逸明丽、雅腴灵秀的风格。1934 年，吴湖帆自出新意创作了《云表奇峰》，在画坛引起极大震动，并成为见证他摆脱流派束缚的代表作。之后，他又相继创作了《晓云碧障》《海野云冈》《秋岭横云》等名作，在中国山水画创作上开启了新的道路。

　　吴湖帆对收藏、绘画、结社、宴饮的喜好，让他在异质都市空间中超越政治、年龄、籍贯、城乡、阶层、贵贱的差异，建立起广泛的交游网络，而这个以绘画、收藏为中心，以江南文人为主体的交游网络，又透露出吴湖帆努力在都市中寻找身份认同的社会心态，这种潜在的精神力量，影响和支配着他的社会活动和交游选择。这些社交活动，对吴湖帆的成功，起到了重大作用。通过与艺术界同好的品鉴交往、切磋砥砺、探讨风尚、互换藏品，分享渠道，使得吴湖帆收藏渐丰，眼光日趋独到，不仅成为收藏大家，还在三四十年代的鉴定界享誉"一只眼"的美称。这个由心性相投志同道合者组成的朋友圈，亦是他所寄情的精神家园，如冯超然所言："值此扰攘之秋，吾侪犹能日夕证艺，以古物自娱，至足乐也"。1839 年，在爱妻潘静淑故世后，朋友的探望与慰问，为潘氏《绿边池塘草》做题咏、图画，也成了吴湖帆内心最大的安慰，"是亦余生平交谊所感也"。

　　此外，身处城市空间结构、社会功能和城市生活由传统向近代变迁的上海，吴湖帆的艺术创作，日常生活、娱乐，心态感受，都无一不体现出中西、新旧、传统与现代的交融与碰撞。

　　在艺术创作上，吴湖帆在沪上融合多元文化、创新画法，但不因市场需求、市民文化而妥协、改变，始终坚持着传统的青绿山水绘画主题，秉持自己的原则与作风，而这种作风又不同于清高、自命不凡的名士做派，而是本着对作品、对美术负责，及珍惜艺术、发扬国粹的使命感。如范烟桥所说："他们有一种宏愿，要把中国的好山水，和好画，黏成一片，普及到民众去，这种思想，可算新透了吧。"

　　在都市生活中，吴湖帆与"全盘西化"者不同，与"墨守传统"者也有差异，他一方面享受着衣食住行的便利，领略各类时尚新奇的上海风物，另一方面，他喜爱传统文化与戏剧，亦不排斥电影等新奇事物，但又反感跳舞、吃花酒等娱乐活动，可见其身上依然保留了较多传统风雅的文人特质。

　　诚然，吴湖帆的日常生活与交往状况无法概括当时所有画家、收藏家的个性与生活，但是以为了解那个时代艺术家的生活形态和文化风貌提供例证。通过他生活的细节，有助于我们探究海上画坛的社会生态与文化风尚，从而进一步思考民国时期文人的"文化"。

街区文脉

苏州国家历史文化名城保护条例解读

夏晓娟

编者按：2017 年 10 月 23 日，苏州市第十六届人大常委会第七次会议审议通过《苏州国家历史文化名城保护条例》和《苏州市古城墙保护条例》，经江苏省第十二届人大常委会第三十三次会议于 2017 年 12 月 2 日批准，于 2018 年 3 月 1 日起施行。为弘扬法治精神，增强全社会古城保护的法律意识，确保法规各项内容全面施行，现就条例作解读，以飨读者。

《苏州国家历史文化名城保护条例》（以下简称《条例》）是在《苏州园林保护条例》《苏州市古树名木保护管理条例》《苏州市古建筑保护条例》《苏州市昆曲保护条例》《苏州市非物质文化遗产保护条例》等一系列传统文化保护单项法规的基础上制定出台的，将对我市构建完整的古城保护法规体系起到统领作用，对更好地保护苏州古城历史格局、传统风貌以及优秀传统文化、进一步提高古城保护水平有着重要意义，为建成古今辉映的历史文化名城提供有力的法治保障。

《条例》共四十九条，主要规定了以下十二个方面的内容：

重点保护历史城区

依据 2013 年 10 月省政府批复的《苏州历史文化名城保护规划（2013—2030）》，《条例》第二条第二款规定苏州国家历史文化名城保护的重点是历史城区，具体范围为苏州历史文化名城保护规划确定的一城（护城河以内的古城）、二线（山塘线、上塘线）、三片（虎丘片、西园留园片、寒山寺片）。同时，《条例》第二条第三款明确苏州国家历史文化名城保护的对象包括历史城区的整体格局与风貌、历史文化街区、历史地段、河道水系、文物保护单位、地下文物埋藏区、苏州园林、古建筑、古城墙、传统民居、古树名木、吴文化地名、工业遗产、传统产业，以及非物质文化遗产和法律、法规规定的其他保护对象。

建立齐抓共管的管理机制

为确保各项保护工作落到实处，《条例》第四条至第八条以及第四十八条按照政府职责、议事协调机构及其办事机构职责、市有关部门职责、市和区管理体制改革创新以及相关区人民政府工作要求的顺序，对苏州国家历史文化名城保护相关的各个主体的管理职责作了规范。第四条在明确市人民政府负责苏州国家历史文化名城的保护工作的同时，明确历史城区的保护工作由姑苏区人民政府具体组织开展，历史城区以外的其他区域的保护工作由所在区域的区人民政府具体负责。这样规定，既重点规范了历史城区的保护内容，又对其他相关区政府的工作职责作出明确。同时，第四十八条明确相关区按照属地管理原则，参照本条例规定的姑苏区人民政府具体保护职责，做好本行政区域的保护工作。另外，为强化市级层面对保护工作的统筹推进与高位协调，及时研究解决保护中的重大问题，《条例》第五条明确市人民政府设立"苏州国家历史文化名城保护议事协调机构"。

推动社会各界共同参与保护

为鼓励社会各界人士参与到苏州国家历史文化名城保护工作中，《条例》明确多个方面举措，增强公众保护意识，引导、支持全民参与保护。一是第九条第二款明确对属于保护规划、确定历史地段和传统民居等方面的重大事项，应当邀请专家和公众参与听证。二是第十一条第一款明确市、姑苏区人民政府应当加强宣传教育，增强社会公众的保护意识，通过发展公益性组织、开展志愿服务活动等方式，引导全民参与保护。三是为增强全民保护意识，第十一条第二款明确市人民政府可以提出设立苏州国家历史文化名城保护纪念日。四是第十二条明确任何单位和个人都有保护苏州国家历史文化名城的义务，有权对破坏苏州国家历史文化名城保护的各类违法行为进行劝阻、举报和控告。对在保护工作中做出突出贡献的单位和个人，市、姑苏区人民政府应当予以表彰、奖励。

发挥保护规划的引领作用

为发挥规划在历史文化名城保护中的引领作用，《条例》单列保护规划一章，从第十三条至十七条，明确了历史文化名城、历史文化街区、历史地段等三个层次规划的编制、征求意见、审议、报批、公布和修改的要求，进一步强化了保护规划的法定性和严肃性。同时，考虑到我市是住建部确定的第一批城市设计试点城市，且城市设计的重点区域就在历史城区，做好城市设计有利于延续城市文脉、塑造城市特色。因此，《条例》第十八条规定了城市设计的内容，要求编制历史城区和苏州国家历史文化名城其他重点地区的城市设计。

规定保护内容和要求

依据《苏州历史文化名城保护规划（2013—2030）》，结合多年来古城保护实践经验和做法，《条例》第三章分别对历史城区、历史文化街区、历史地段、河道水系、河道及其设施等方面保护内容和要求作出原则规定。同时，第二十条对历史城区内的建设行为提出七个方面的要求，第二十五条对历史城区与外围区域的协调作了总体规定。

实行保护名录制度和信息管理

为加强对各类保护对象的系统保护，《条例》第二十六条明确市人民政府按照保护对象分类建立苏州国家历史文化名城保护名录制度，要求姑苏区人民政府会同有关部门定期开展保护对象的普查，同时，对保护名录编制、调整的程序提出了要求。第二十七条还对保护标志和保护档案进行了规范。另外，为提高保护工作的智能化管理水平，《条例》第四十一条规定姑苏区人民政府应当组织建立包含地理、历史文化、规划、地名等信息在内的苏州国家历史文化名城保护信息管理系统。

明确公有住房保护责任

公有住房特别是直管公房管理是立法调研中的热点讨论问题。有的建议，禁止房卡买卖，禁止转租；有的提出，要对直管公房转租行为进行规范；有的法学专家认为，房屋买卖、出租属于基本民事行为，地方性法规不宜作出规定。综合各方面意见，《条例》第二十九条第一款规定公有住房承租人应当按照租赁协议承担相应的保护责任，并不得有六个方面的违法行为。同时，第二款明确了住房和城乡建设、文化（文物）等主管部门的监督责任。

更新建设技术规范和方案

由于受古城空间条件局限，有的城市安全和相关基础设施建设、管理和保障方面技术规范对历史城区保护工作的规范性、指导性不强，为更好地保护古城、延续传统文化，又能满足现代城市功能需求、适应现代生活需要，《条例》第三十条第一款规定姑苏区人民政府应当制定适应历史城区保护要求的城市安全和相关基础设施建设、管理和保障的特殊技术规范，报市人民政府批准后公布实施。同时，参照扬州古城保护立法和实践做法，明确在特殊技术规范实施前，历史城区内的市政基础设施或者消防设施、消防通道，以及古建筑、传统民居的修缮、迁移和重建无法满足现行技术规范要求的，由市人民政府组织研究确定适应保护需要的建设、管理和保障方案。

明确传统民居保护措施

结合《苏州历史文化名城保护规划（2013—2030）》的有关规定，《条例》第三十一条对传统民居规定了四个方面的保护措施。第一，要求组织制定传统民居形制导则和图集，明确传统民居的建筑高度、体量、外观形象、色彩、材料、细部特征、工艺手法等要求。第二，要求传统民居保护责任人对传统民居日常保养维护、修缮和翻建、改建、扩建的，应当按照传统民居形制导则和图集要求进行，从而保持传统风貌。第三，要求不得损毁、破坏传统民居；有损毁危险的，应当及时维护和修缮；如保护责任人不具备维护和修缮能力的，姑苏区人民政府应当采取措施进行保护。第四，要求市人民政府制定扶持政策，鼓励国内外组织和个人购买或者租赁传统民居。

建立保护补偿、补助制度

为鼓励公民、法人和其他组织支持古城保护工作，《条例》第三十二条第一款规定市人民政府建立历史城区保护补偿制度，通过资金补贴或者其他政策措施，对单位和个人因政府进行历史城区保护而受到的损失，给予适当补偿。第三十二条第二款规定，传统民居保护责任人按照保护规划、技术标准和规范要求进行修缮、改建的，或者房屋所有权人和公有住房使用人积极配合政府征收活动或者协议搬迁的，姑苏区人民政府应当给予资金补助。

明确产业业态布局的指引性规定

为处理好经济社会发展与历史文化保护的关系，《条例》第三十六条规定历史城区的产业业态应当符合保护规划的要求，姑苏区人民政府应当依法制定产业引导、控制和禁止目录，支持发展科技创意、文化旅游、特色商贸等现代服务业和总部经济，提升文化传承、旅游休闲和传统产业发展、苏式居住等功能。同时，为了把原住民留在古城，把高素质人才引进古城，改变"穷、老、外"现象，第三十六条第三款规定"合理保留、优化提升教育、科学、文化、卫生、体育等公共服务事业，满足辖区居民需求。"

优化道路、停车设施建设和交通管理

为有效解决历史城区交通拥堵、停车等方面问题，充分考虑居民、游客、就业人群的不同需求，体现历史文化名城传统风貌，《条例》第三十七条、第三十八条从道路路网建设、路权划分、停车设施建设、交通组织、公共交通发展等方面对交通管理作出规定。如，为规范路权设置和划分，第三十七条第二款明确："历史城区倡导慢行交通，保障慢行交通路权，合理增加慢行区和慢行道，构建适合非机动车和行人通行的街巷环境。历史文化街区交通结构以非机动车、步行为主。"为体现苏州小桥流水的街巷环境特点，第三十八条第三款规定："合理布局、适度发展水上交通，开发特色水上游线路。"

悟已往之不谏，知来者之可追

——编撰《姑苏名宅》的一点感受

王家伦

2012 年至 2015 年，应东南大学出版社之约，我们着手编撰《姑苏名宅》一书，尝尽酸甜苦辣。如今，书已出版两年，在自我欣赏之中作不断反思，特将撰稿期间的一些感受述说如下。

一、姑苏·园林·名人·名宅

"姑苏"，曾是苏州的别称，此命名亦缘于姑苏山、姑苏台。然而，"姑苏"在历朝历代中，从未作为一个行政区划的名称出现。明正德间，退休大学士王鏊编撰了一本《姑苏志》，记述苏州一府的方志文化，当即被另一个苏州名人杨循吉揶揄为"不通"，因为方志必须以正式的行政区划名称来题名。2012 年 10 月 26 日，苏州市政府合并了原平江、沧浪、金阊三个行政区，新成立了"姑苏区"，基本涵盖了苏州国家历史文化名城的全部范围。从此，"姑苏"正式成为行政区域的名字，这对区内历史遗存、文物古迹、文化遗产的全面保护颇为有益。

谈起苏州，最引人关注的自然是"园林"，到目前为止，苏州古典园林已有 9 个单位被列入了"世界文化遗产名录"。很多学者已对苏州古典园林进行了广泛深入的研究，在此过程中，有识之士发现私家园林与住宅是一个整体，对于人类生活而言，住宅是必需的，而"园"只是高级住宅的功能延伸部分。对"古典园林"的研究不遗余力，但对宅院的主体部分缺乏全面的调查和研究，未免有失偏颇。为此，我们力图将姑苏区内的一批"名宅"介绍给读者。

"名宅"之"名"，主要在于它们的主人大多是名人。

其中，有驰骋政界的风云人物。如：有既具文人才学，又具商人机敏的申时行；有正气追屈原的状元文震孟；有面对皇帝时闹出了"南""北"颠倒笑话的状元潘世恩；有沉浮于外交漩涡的状元洪钧；有任期最短的国务总理李经羲；有酿畜树蔬难夺英雄之志的李根源；有从木渎首富到国民党政要的严家淦……

其中，还有寄情山水，不问世事的隐者。如：有钟情四时读书乐，尽得浮生趣的沈复；有隐于市的大隐袁学澜；有"耦耕"为趣，筑诗城于城曲的沈秉成；有无意于仕途，渔樵于山水的李鸿裔……

其中，又有情趣典雅的收藏专家。如：有书香润华堂的黄丕烈；有收藏甲天下的顾文彬；有号称"海内三宝，潘有其二"的潘祖荫；有由借钱买书到卖书还债的邓邦述……

其中，另有涵盖文学、艺术、教育各种门类的大家，如：有以"花落春仍在"蜚声文坛，一生著书不休的俞樾；有画坛领袖吴大澂、吴湖帆祖孙；有著、度、演、藏各色俱全的曲学大师吴梅；有以"茧庐"自称的程小青；有兼具文学家、教育家的泰斗式人物叶圣陶；有被"四人帮"迫害死于非命的作家周瘦鹃……

这些人曾在姑苏风起云涌的历史上声名显赫。

此外，一些宅院虽然主人名气不大，但规模宏大、建筑恢宏、装帧精美、陈设大气。因此，都将之定为"名宅"。

二、传统姑苏宅院的格局

传统姑苏宅院的规模，一般用几"路（落）"几"进"来概括。下文以坐北朝南宅院为例介绍说明。

所谓的"路"，指的是从最南面的前门直至最北面的后门连续的几座厅堂。豪宅东西平行数"路"，其中最重要的是"正路"。如"路"为奇数，"正路"居中，称"中路"。若"路"为偶数，"正路"偏西侧者居多。离"正路"最近的东面第一"路"称为"东一路"，第二"路"称为"东二路"……同理，离正路最近的西面第一"路"称为"西一路"……"路"与"路"之间隔有

"陪弄"，也称备弄、避弄，陪弄上有屋顶，如果不点灯，黑乎乎的。奴婢不能从"正路"穿堂入室，前后进出只能走陪弄。而每进厅堂都有通陪弄的侧门，以利通行。

每一"路"从南至北依次排列着厅、楼、上下房，这些纵向排列的厅、楼的幢数称为"进"。"进"与"进"之间的空间称为"天井"，那些特别狭小的"天井"被称为"蟹眼天井"；讲究的"进"与"进"之间还有砖雕门楼。在空间有余的条件下，往北还可以建多"进"楼厅，但最后一"进"下房是平房。据我们所知，目前苏州古城区内最深的古宅为九"进"。

有些豪宅，"进"与"进"之间有厢房连接，有些厢房还有楼，称为"厢楼"，如果前后两"进"的楼房可以通过"厢楼"直接来往，这两栋楼便称之为"走马楼"。所谓的"走马楼"，就是两座或多座楼厅上下各自形成连通的空间，这样能省去从甲楼到乙楼下楼上楼的麻烦。最常见的是前后两楼构成"回"字形；也有多路、多进楼层相通的走马楼，今日的参观者，都为当年那些建造者独运的匠心惊叹不已。

豪宅"正路"第一"进"为"门厅"，官宦富室之家，门厅前隔着小巷还建有影壁，也称照壁；第二"进"是"轿厅"，乃贵宾进门下轿之所，主人出行之轿常放此厅；第三"进"为"大厅"，即"正厅"，是整个宅院最重要的建筑，正间挂匾额称"XX堂"，有宽敞明亮、气势宏伟、用材讲究的特点，此是主人会客、议事的场所。最大的厅，有"百桌厅"之谓。这个"百桌"，并不是指可放一百张圆桌上千人同时吃饭。古人用的是正方形的桌子，号称"八仙桌"，每张桌子的边长在90到100厘米之间，也就是说，每张桌子约占地0.9平方米，加上四周的座椅，每桌占地约3平方米。据我们所知，有些大厅，确实大到两三百平方，称之为"百桌厅"，该不夸张吧。

以上前三进属"外宅"，大厅北置雕花门楼，门里便是"内宅"，男仆不得入内。第四"进"楼厅也称"内厅"或"女厅"，是女主人接待女客之地，第五"进"楼厅称"堂楼"，也有称"小姐楼"者，是主人家庭住房。

　　"正路"东西两侧的偏"路"不一定像"正路"一样规范，布局也有一定自由。往往设有花园，而花园后面的厅堂就称为"花厅"。

　　详见示意图：

　　传统五路七进宅院布局示意图

		最后进平房		
天井	天井	天井	天井	花　园
		第六进楼厅		
天井	天井	走马楼	天井	
陪	陪	第五进楼厅　陪	陪	
天井	天井	天井	天井	天井
		第四进楼厅		
天井	天井	天井	天井	天井
花　厅		第三进正厅		
	天井	天井	天井	天井
	弄	第二进轿厅　弄		
花　园	天井	天井	天井	天井
弄		第一进门厅		弄
西二路	西一路	正　路	东一路	东二路

巷　　　　　　　　　　子

照壁

三、对名宅主人的考证

考证一些名宅的主人，也费了我们一番心血。现以大儒巷 8 号德邻堂吴宅为例说明。

"大儒巷"，古称为"大木巷"，转为"大树巷"，后因为吴方言"树""儒"同音，更因为明代大儒王敬臣居此，而转称为"大儒巷"。大儒巷东起平江河，西至临顿路观前街东口，全长 403 米。这条巷子原来是"北巷南河"的格局，巷子很窄；那条小河，一头连接原临顿河，另一头连接平江河。20 世纪中叶，河被填掉，大儒巷也就被拓宽成现在的模样。

德邻堂吴宅位于大儒巷 8 号，7 号为其西路。实际上就是在大儒巷的西头，原来紧邻的是大儒巷 6 号丁春之故居，现在丁春之故居移建到大儒巷东头，原 6 号、7 号房屋均已拆除，原址正在修建长发商厦的新楼。也就是说，如今的德邻堂紧靠着长发商厦，其对门就是苏州市平江区市民科技文化活动中心。

德邻堂坐北朝南，应是三"路"七"进"。门厅前原来有照壁，照壁南是河，后来照壁被拆了，河也被填了。如此气势宏伟的大宅，看来，这里的主人定是显宦。现在这座宅子住着多户居民，甚是杂乱。

既然被称为"德邻堂吴宅"，那么，这个"吴"宅之主究竟是何许人也？一般认为是"吴状元"，这里是状元府。

清代住在苏州城内的吴姓状元共有三位，分别是嘉庆七年（1802）高中的吴廷琛（1773—1844）、嘉庆十三年（1808）高中的吴信中（1772—1827）以及道光十二年（1832）高中的吴钟骏（1798—1853）。但德邻堂"正路"大厅后的砖雕门楼为徐葆光 1727 年所题，其时三人中最长者尚未出生。更何况吴廷琛有故居在白塔西路 80 号；被有些人认为的吴信中故居在中张家巷的新建里；吴钟骏故居在潘儒巷 79 号、81 号。——都与此宅无关。

笔者查阅了大量资料，认为这座宅子曾经的主人应该是康熙四十五年（1706）的进士吴士玉。

苏州吴氏素称"吴中第一世家"，以泰伯为始祖，其后裔分支较多。其中泰伯五十九世孙吴良在唐代任歙县县令，以后定居徽州，成为该地吴姓始祖。其后裔泰伯九十二世孙吴敏学于明成化十一年（1475）中进士，授宜兴教谕，后迁苏州府学教授，成为徽吴迁苏的始祖。这一支到苏后起初定居于至德庙（苏州阊门内下塘）东边的"皋桥里"，故称"皋庑吴氏"。吴士玉为吴敏学第十世孙。

吴士玉（1665—1733）清代大臣。字荆山，号臞庵。吴县人。14岁中秀才，江苏巡抚宋荦延聘他教子弟。康熙四十四年（1705），宋荦向皇帝呈上徐葆光等15名青年才俊的诗文，其中重点推荐了吴士玉。同为宋荦看中推荐的同乡人才，徐、吴两人定甚为熟稔。吴士玉为康熙四十五年（1706）进士，徐葆光为康熙五十一年（1712）探花，同为苏州人，往来应该较多。所以说，吴士玉请徐葆光题写砖雕门楼顺理成章。

吴士玉历官翰林院庶吉士、武英殿纂修、总裁；任内阁学士兼礼部侍郎、资政大夫；入直南书房；任左都御史，特旨许紫禁城骑马；进礼部尚书……作为二品大员，完全有能力修建（或从别人手中购入重修）这种规格的豪宅。

更为重要的是，这座宅子的正厅名为"德邻堂"。"德邻"的含义似乎难解，但如果联想到他们"皋庑吴氏"当年曾与至德庙为邻，号称"德邻"，一方面表示当年的居住状况，一方面表示不忘先祖泰伯，就很明白了。

四、对目前名宅管理模式的思考

当我们奔波于姑苏城的大街小巷，沉迷于考察那些古老的名宅的时候，却发现了一些原先未曾估计到的问题。

目前的姑苏名宅呈多重管理模式，有的属国家所有，有的属某个单位所有，有的已变为高档会所，更多的是散为民居。所以，进入这些名宅，甚为费劲。当我们来到申时行故居时，其状况令我们大吃一惊。

关于申时行故居，现在能找到踪迹的只有景德路 314 号汤家巷口的一处"春晖堂杨宅"。这座宅院的东邻，就是原来的苏州市中医院，随着中医院的拆迁，东路已不见踪影。目前，只能看到"春晖堂杨宅"的两路宅子。2001 年，中医院对这座宅子中路的南面第二"进"（大厅）、第四"进"（楼厅）建筑进行维修，辟为中医药博物馆，现为苏州市文物保护单位；中路北面的后几"进"如今为公房和杨氏后裔私宅，虽为控保单位，但"控"而不"保"，如今残破不堪。

中路的前部，门厅和轿厅早已拆除，现建成一座门诊楼。基本保持原貌的，实际上只剩下改建为中医药博物馆展厅的两"进"，即大厅和后面的一座楼厅。

大厅"春晖堂"现为"苏州中医药博物馆"的主展馆，面阔三间，通宽 25 米，进深 13 米。民间称之为"百桌厅"。厅中巨柱石础，扁作梁架，有山雾云和抱梁云雕饰。前设双船棚轩、后设单船棚轩，檁枋间有"一斗六升"牌科五组，牌科间有福寿木纹图饰，显示出明末清初的建筑风格。如今功能主要为吴门医派的历史展示。

大厅后为砖雕门楼，额曰"维德之基"，两侧浮雕甚为精致。《诗》曰"温温恭人，惟德之基"，大意为成为宽厚柔顺的好人，这是道德的基础。联想到申时行的为人，觉得很是匹配。

砖雕门楼后为一进五开间的楼厅，两侧带厢楼。也为苏州中医药博物馆的一部分，上悬匾额"养生苑药铺"。如今呈中药铺形式，同时介绍多种名贵药材。我们去时正在油漆，味儿很浓，紧急施工的现场气氛甚是热烈。

总之，修旧如旧的"春晖堂"显示出不凡的气度。

从西部的汤家巷可进入中路的后两"进"楼厅。后两"进"楼均为五开间两厢楼。住户甚多，房屋破旧不堪，到处是乱七八槽的电线和晾晒的衣物。有些房间空无一人，蛛网积尘。

一位久住此处的大妈告诉我们，前两年这里就因下雨而倒塌了一部分，现在有钱的都搬走了，而他们只能留守。当问及这些房屋是否漏雨时，答曰："不管怎样，毕竟不漏的时间多，漏雨的时间少，所以就继续住下去了。"言语中，有无奈，也有自慰，笔者的心头却是五味杂陈：凝聚历史气息的名宅，曾经几多辉煌几多荣耀，如今落得如此颓圮，岂一声叹息能平息胸中的那份郁闷。不禁仰首观望，檐前下垂的精致的花篮状的雕饰物仍在显示着高贵的气质，仿佛岁月老人站在姑苏的历史里，无言以对眼前的变故。思忖间，那位大妈骄傲地说，她的一个亲戚去故宫参观的时候，发出这样的感叹：故宫是美，但苏州的古建筑丝毫不逊色，是另一种风格的端庄大气！

这座古宅的前后差别，竟是如此的冰火两重天，令人感慨万千。这两者之间，为什么就不能"调和"一下呢？对于申时行，有人称之为"圆滑""左右逢源"，有人称之为"调和矛盾祈求现行体制发挥最大作用的和事佬"。然而，这个"圆滑"是否也该理解为"润滑"与"协调"呢？就拿这座"春晖堂杨宅"而言，是否有人能"润滑""协调"一下前后之间的天壤之别呢？

"悟以往之不谏，知来者之可追"，目前尚存的古宅、古建筑不能再遭受人为地破坏了，保护好我们祖祖辈辈薪火相传的老宅，让一代又一代苏州人走进老苏州的记忆，才能让更多的人了解苏州古城的历史，才能擦亮苏州文化这张重要的名片。姑苏好，风景旧曾谙，我们相信，穿越太湖烟雨，岁月山河，那些融汇历史、散发文化气息的名宅，会更加可亲而厚重。

瑞光寺、瑞光塔新考

谢勤国

　　苏州姑苏苑是上世纪末兴建的规模较大的风景区，其中盘门三景—古盘门水陆城门、瑞光塔、吴门桥为景区中最主要景点。列全国重点级、省级文物保护单位。而瑞光塔所在的原瑞光禅寺虽早已毁废于民国初，但寺基大部分已纳入风景区。现风景区也着力宣传瑞光寺及瑞光塔的历史文化，入口处牌楼额题"赤乌胜迹"，便是有力的佐证。将寺、塔的历史上溯至三国东吴赤乌年间，又因为宋代曾有"四瑞"呈现，还有白牛助役的奇迹，故在景区中再建"四瑞堂"及"白牛雕像"。

一、瑞光寺、瑞光塔建于赤乌年间说

　　修于明正德（1505 – 1521）年间的明王鏊《姑苏志》曰："瑞光禅寺在开元寺南，吴赤乌（238 – 251）间僧性康建，名普济院。宋宣和（1119 – 1125）间，朱勔建浮屠十三级，五色光现、诏赐今额。并赐塔名天宁万寿宝塔。靖康（1126 – 1127）兵毁。淳熙（1174 – 1189）间重建，并复塔七级。元季复毁。洪武（1368 – 1398）中，僧昙芳重修，僧大祐记。寺有四瑞堂，以塔光、法雷、合欢竹、白龟池名，释弘道记。归併庵一。顺心庵，在吴山下。"其中"吴赤乌间，僧性康建普济院。""五色光现，诏赐今额。并赐塔名……""寺有四瑞堂"等甚是引人注目。

　　到了明代后期，又有了新的说法。修于明崇祯年间（1628—1644）的《吴县志》如是说："瑞光禅寺在盘门内。赤乌四年，孙主为报母恩建舍利塔十三级，敕性康居之，赐名普济禅院。唐天福二年僧智明、琼远重修宝塔。宋元丰二年（1079），神宗名漕使李复圭延圆照宗本禅师说法，时有白龟听讲、法鼓自鸣、翠竹合欢、宝塔放光，故堂名四瑞。崇宁四年（1105），奉敕修塔，塔放五色毫光，赐名天宁万年宝塔。宣和（1119－1125）间，朱勔捐资并建宝塔七级，复赐额'瑞光禅寺'，淳熙十三年（1186）法林禅师重葺，朝列大夫陈棆卿施资，有白牛来助役，工毕乃毙，今白牛塚尚存寺中。元至元三年（1337），敕住持智能修寺。本朝洪武二十四年（1391），僧昙芳重葺。……"同时，附有嘉靖二十九年（1550）马承学的《瑞光寺重修记》、文徵明《瑞光寺兴修记》，万历乙未（1595）刘凤《瑞光寺藏经院记》、崇祯戊辰（1628）姚希孟《修瑞光塔疏》、己巳（1629）王志坚《瑞光寺募僧田疏》、壬申（1632）钱谦益《瑞光寺兴造记》等六篇文章。这些文章将《姑苏志》所新增内容加以细化，且又增加了"白牛助役"的新奇内容。

　　以上说法是耶？非耶？如果从"普济禅院"与和尚"性康"入手，就能证实这些内容是否经得起推敲。

二、当时有可能存在"普济禅院"吗？

　　汉传佛教的教义有一个自小乘向大乘发展的过程，大乘的"普度众生"内容在隋唐时期才出现。《西游记》中唐太宗命玄奘超度地府冤魂，被观音棒喝"小乘只能自了，大乘才能普度"。玄奘惊问大乘佛法所在，才引出西天取经故事。虽是小说，但也反映了唐初尚不懂大乘教义。故三国时期院名"普济"，岂非特别超前。又"禅院"是禅宗寺院，初祖达摩于梁武帝时方至中土，三国时又何来"禅院"？

　　塔原来只用于存放舍利，佛教传入中土时，最早的塔都很小，以木构为主，以后在唐代才出现大体量的砖塔，随着建筑技术的发展才出现砖木结构的楼阁式佛塔。塔几乎全建于佛寺之内。三国时期的"普济禅院"既是虚构，"皮之不存，毛将焉附"，又怎会有十三级的宝塔？

至于唐天福二年修塔更为无稽。唐代没有"天福"的年号，只有昭宗有"天复"年号（901—904），当时唐帝国即将灭亡，各地藩镇混战，真是国无宁日，那会有修塔的环境和财力。

而"天福"是五代后期后晋高祖石敬瑭的年号，普济院是为祠奉广陵王钱元璙而建，钱元璙卒于天福七年（942），建普济院应在其后。怎么会在"天福二年"修塔呢？

另外，前义崇祯《吴县志》中已有三国建十三级塔，又有崇宁四年（1105）赐予天宁万年宝塔之名，却又记朱勔建宝塔七级，不免自相矛盾。同治《苏州府志》中改成"朱勔出资重修，以浮图十三级太峻，改为七级。"以圆其说。不料此说更站不住脚，一座十三级宝塔，没有天灾人祸，凭空改为七级，总得有个能说服人的理由，从来没有一座高层建筑因为太高了，在大修时将它改低的。比如苏州北寺塔如果在大修时将它改为五层，不知苏州市民是否能赞同。

此外尚有一个重要节点，明清方志里"瑞光寺"条中均未提及，那就是"会昌灭佛"！史载唐武宗会昌五年（845）诏下："国土上州以上可留寺一所，其中、下州并废。"苏州这里仅保存开元寺一处，其余各佛寺均废，上方山楞伽寺还毁塔，直到咸通九（868）才重建。可是这一事件中的瑞光寺是否被废？若保存出于何因？若被废又是何人何时重兴？在明清以后方志中是找不到答案的。而其他寺院在废后重兴都是有记录的。而事实真相正如宋代方志所记载，瑞光寺是五代后期始创的，会昌间尚未有寺！否则这座三国始创的寺院，为什么三国至宋的六七百年历史是空白的呢？

另外，"报母恩"之说也站不住脚，佛教小乘教义只求解脱、"涅槃"，自禅宗在汉传佛教中盛行后，才纳入汉学中儒家三纲五常的内容，佛教中才有忠君孝亲的说教，而三国时期佛寺为报母恩所建，纯属无稽。

三、和尚"性康"何许人也？

《中国佛教史》、唐《建康实录》、宋《高僧传》等均记载：吴赤乌十年（247），康居国僧人康僧会至建业，向孙权宣扬佛法。其时孙权对佛教一无所知，康僧会以三七廿一日求来天降舍利，孙权大为惊叹，遂命在建业兴造"建初寺"和"舍利塔"，以康僧会居之。康僧会在东吴居留到孙皓归晋之时，其间以佛法劝阻了孙皓的一些暴政。宋《太平御览》中也收录了这些记载，现在的《中国通史》也采用这个史实。

东汉永平十一年（68）洛阳建白马寺，是汉传佛教的第一个寺院，其教义在中原传播了一百八十年后（公元248年），才有江南第一个佛寺"建初寺"。而《吴县志》中的赤乌四年（241），首先时间上早于"建初寺"，是个大漏洞。性康其人《高僧传》、苏州方志人物门中均无传，其人只能是"乌有先生"。这个法名又像是康僧会以国为姓，故性康也许是"姓康"的谐音。

关于性康这个"高僧"，还有诸多可疑之处：自东汉佛教初传东土，僧人都由西域而来，大多以国为姓，如竺法兰、安世高、支娄迦谶、竺法护等。也有以"佛""释"为姓，如释摩腾、佛图澄等，无一例是有名无姓的。三国时期第一个西去求法的中国僧人也是有名有姓的朱士行。佛徒主张弃姓的是道安（314—385），生活年代是北魏与东晋，他有一个重要主张是："大师之本，莫尊释迦，乃以释名氏。"故后人多称其为释道安。他的主张是僧人一律有名无姓，如有姓则都以"释"氏为姓。可是他的主张被汉传佛教所接受，还有一个不短的过程。如在他以后几百年中的高僧支道林、竺道生、昙无谶、菩提达摩等。而早在赤乌年间（239—251）履足东土的性康，有名无姓，岂非特别超前。而且在同一时代，中国佛教史中找不到一个类似的例子。

推测：瑞光寺与开无寺近在咫尺，为了与之竞争，不惜抄袭康僧会的故事，可惜瑞光寺僧人学识不足，抄也抄不像，留下诸多破绽。而当时的士子知识也有盲区，只听了一面之词，为之大肆鼓吹，为后人留下疑案，也为有识之士不齿。

四、关于瑞光寺、瑞光塔奇迹故事的不可考

宋志《吴地记后集》《吴郡图经续记》《吴郡志》中各种奇迹故事均无记载，只有"嘉祐中，李复圭请本禅师住持，致力营葺。""淳熙十三年（1186），寺僧重葺，稍复旧观。"的叙述。明初《苏州府志》尚沿用其说，但到明代中后期，嘉祐中改成元丰二年（1079），本禅师名叫圆照宗本，说法出现"四瑞"，奇怪的是找不到这个僧人的传记，法力无边却志书无传，不能不说是很大的漏洞。关于四瑞之说，《吴郡志》卷四十四中有记："姑苏四瑞，谓白龟、甘露、合欢芍药、双竹也。吏部员外郎陈省华守郡，四瑞并出。省华之子尧咨与张君房各赋诗，推官崔端为诗序。"在诗序中有"嘉瑞荐臻，休禅杂沓。花芳连萼，竹耸双茎。白龟见乎昆丘，甘露零乎佛庙。（原注甘露降瑞光院）。"其下署丁酉孟夏，其时应是太宗至道三年（997）。其后一条介绍白龟是发现于昆山县，县令李维上书告于知州陈省华，为上条提供佐证。而明志中先记瑞光寺有"四瑞堂"，以后又描述高僧圆照说法现四瑞，将时间后移至元丰二年（1079）。两者一相对照，其穿凿作伪岂非昭然若揭！

"白牛助役，义冢今存"之说志书中记是淳熙十三年（1186），而马承学的《记》中说是宣和年间（1119—1125），又没有在时间上取得一致。

五、瑞光寺、瑞光塔究竟建于何时？

上文作者认为瑞光寺、瑞光塔建于赤乌年间是从明代中叶开始的，但从明以前的史志资料来看，瑞光寺应是五代后期普济院演变而来。而瑞光塔在1987年至1990年大修时找到实物证据，基础石刻有"景德元年"字样，证明此塔始建于北宋景德元年

（1004），竣工约在天圣八年（1030）前后。

瑞光寺的记载最早见诸北宋初的《吴地记后集》，其中有条曰："瑞光寺在县西南四里，开宝九年（976）置，旧名普济院。"

稍后的《吴郡图经续记》载："瑞光禅院在盘门内，故传钱氏建之，以奉广陵王祠庙，今有广陵像及平生袍笏之类在焉。嘉祐（1056—1063）中，转运使李公复圭请本禅师住持，吴民竞致力营葺，栋宇完新。相国富公有书颂刻石院中。"此段文字证实在北宋元丰间（1078—1085），瑞光禅院中还保存着祀奉钱元璙的实物。

南宋《吴郡志》记："瑞光禅院，在县西南，旧普济院。宣政间，朱勔建浮屠十三级。靖康焚毁。淳熙十三年，寺僧重葺，稍复旧观。"

从上述三段宋志所述，可知普济院是吴越中吴军节度使钱元璙身故后，其后人所建祠庙，内供奉钱元璙像和生前衣物。至开宝九年（976），平江军节度使孙承祐将其改为"瑞光禅院"。仁宗嘉祐年间（1056—1063），有法名某本的禅师来院住持，大力兴修，富弼刻石记其事。徽宗时，朱勔曾修建宝塔。南宋初因金兵入平江府，寺院焚毁。至孝宗淳熙十三年（1186）才由寺僧募化修复。当时的瑞光禅院是"院"，不是"寺"，可知规模不大。

叶梦得（1077—1148）《石林诗话》云：'姑苏州学之南，积水数顷，旁有小山，钱氏广陵王所作。今瑞光寺即其宅，而此其别圃也。'则朱氏之说信而有徵矣！"这段文字对朱长文《吴郡图经续记》的记载作了诠释。

元代由于苏州没有方志，资料几乎没有。

明洪武《苏州府志》的叙述："瑞光寺在今县西南。旧名普济院，宋宣政（1111—1125）间，朱勔建浮图十三级，五色光现、经夕不散，故号瑞光。靖康焚毁。淳熙十三年（1186），寺僧重葺，稍復旧观。"同《吴郡志》所记完全相同，只是对"瑞光"一词作了诠释。

实际上，清代已经有人对瑞光寺、瑞光塔建于赤乌年间有所怀疑。乾隆《苏州府志》在瑞光禅寺条中加了按语："按《图经续记》：'瑞光禅院，故传钱氏建之，以奉广陵王祠庙，今有广陵像及生平袍笏之类在焉。'不言创自赤乌，其说与诸志不同。"说明当时的编志者已经注意到明后期志书所述内容将瑞光寺起源推至三国时期，而宋代出现的事情又十分离奇，且又找不到文献佐证。而宋代志书却有同时代的作品为证，故编者认为宋志记录接近真实，特加按语以存此说。后来的同治《苏州府志》与民国的《吴县志》也都保存了这一说。而上世纪末建设姑苏苑时却抛弃了此说而采用明、清《苏州府志》中始自崇祯《吴县志》的说法，且在目前的宣传材料中当作正史来介绍，其影响有日渐扩大之势。作为旅游景点之"戏说"尚属可行，但若将其载入史志未免欠妥。而有些有名声的方志学者也在推波助澜，不免令人产生疑问。

六、进一步的思考

总之令人不解的是宋代的事，宋志上无记，明志中却突然出现，然而不提供文献或实物来佐证，却又越往后描述越具体，越详细，不能不说是十分可疑的。从编志者的角度看，越早的记录离事件的发生越近，可信度越高，以后除非有重大证据证实，凭空出现的早期记录往往是编造的。寺庙在兴修时，住持僧为传名后世，往往请文人写记刻碑勒石。而执笔者只是听住持僧口述为依据，加以想象发挥，作出淋漓尽致的文章，极少有人去寻找资料，以防讹传的。而瑞光寺、塔的记录就在不断写《兴造记》的过程中被扭曲、放大了。

明、清以后瑞光寺内的历次兴建，在清代方志和民国《吴县志》中的记录应该是可信的。

至于瑞光寺的结局同治《苏州府志》中这样说："咸丰十年（1860）毁，惟塔存。同治十一年（1872），寺僧西语重修。"民国《吴县志》沿用此说，且未将瑞光寺列入"已废寺观"，可知民国初年，瑞光寺尚存，但已没有咸丰以前的盛况。抗战时期，僧人四散，寺也颓废无存。解放时已找不到寺庙的痕迹，只有宝塔孤零零地竖立在荒地中。

瑞光寺内宝塔在三本宋志中仅《吴郡志》有记录。析其因，首先《吴地记后集》只记寺院。不记宝塔。况且该书记事止于大中祥符。瑞光塔尚未竣工。故无记属正常。而《吴郡图经续记》中仅报恩寺塔、楞伽寺塔和普明禅院塔有记载，而当时的云岩寺塔、双塔、灵岩山多宝塔等均无记，应是作者不重视佛塔记载之故。《吴郡志》云："宣政间，朱勔建浮屠十三级。"显得很奇怪，作者作如下推理：由于前志《吴郡图经续记》的失记，到范成大撰书时，瑞光塔始建资料无处可寻，只有口碑相传。宝塔自仁宗天圣间建成至徽宗宣和时将近百年，朱勔家离盘门不远，出资修塔应有可能，但仅是大修，而不是建塔，口碑误传为"朱勔所建"。然而为什么七级宝塔会记成十三级？从 20 世纪修塔实证表明，此塔应是北宋初年的原塔，只有七层。而范成大肯定看见过瑞光塔，当时应该是十三级，否则他不会如此记录。这个矛盾的解释可以用杭州六和塔的模式来分析，六和塔实为七层，但外用重檐，外观便是十三层。因此朱勔大修时，塔除顶层为单檐，其余各层皆为重檐，外观为十三级。（可能此塔始建时就是如此）。南宋以后至明、清此塔经多次大修，在某次大修中将重檐改作单檐，外观就成了七级。这样范成大写瑞光塔为十三级就有了合理的解释。

三本宋志均以瑞光禅院（寺）为条目名称，《吴地记后集》明明写道"开宝九年置"。说明寺院早以"瑞光"为名，又何必到徽宗时才"诏赐今额"，或者有人会说其前是"院"，其后为"寺"，那么为什么南宋《吴郡志》仍称"瑞光禅院"呢？作者认为由院改寺应在南宋后期至元代这一段时间。

对苏州古城保护问题的思考

——以姑苏区甲辰巷砖塔保护区为调研对象

苏　研

自 1982 年苏州成为我国首批国家历史文化名城以来，始终坚持"全面保护古城风貌"的总体原则，保持了古城的历史格局以及传统建筑风貌。特别是苏州国家历史文化名城保护区成立以后，苏州古城保护和利用中存在的一些问题越来越受到社会各界的广泛关注。2017 年姑苏区人民政府将古城保护作为 5 年工作计划中的首要任务。为此，本次项目调研选择了苏州古城双塔街道唐家巷社区的甲辰巷砖塔保护区（以下简称"保护区"）为调查对象，针对保护区内所暴露出的一系列问题，提出专业性的研究和建议。

一、甲辰巷砖塔保护区现状调查

1.1　项目概况

本次调研的对象甲辰巷砖塔保护区，是以甲辰巷砖塔为核心，包括了甲辰巷、唐家巷、市桥头、定慧寺巷等历史街巷及周边建筑。保护区范围东至苏州大学西侧围墙，南至苏州大学学生宿舍新五栋北侧围墙，西至卷门里 14 号院 2、4 栋西侧围墙、唐家巷 41 号 3、5、7 幢东侧围墙、顾亭酒家西侧边界，北至干将东路沿街建筑南侧边界。保护区土地面积约 2.33 公顷（35 亩），总建筑面积约 35000 平方米。目前区域人口约 1100 人，其中常住人口约 760 人，外来流动人口约 340 人；楼房居民约 300 人，低层住宅居民约 800 人。保护区内部主要以居住功能为主，兼具少量商业；建筑除唐家巷 21、22、23 号，市桥南 18、25、26 号为多层住宅楼，其余均为平房或二层的低层住宅。

1.2 甲辰巷砖塔简介

甲辰巷砖塔是全国重点文物保护单位，始建年代不晚于宋，砖塔位于唐家巷与甲辰交叉口，从干将东路唐家巷入口可直接看到。甲辰巷砖塔为五级八面楼阁式砖结构仿木塔，高 6.82 米，基座每边底宽 0.51 米，对径 1.2 米。腰檐、平座以菱角牙子和叠涩砖相间挑出，并有转角铺作及阑额、柱头枋自檐下壁面隐出。八面间隔辟壶门和隐出直棂窗，各层门窗方位交错设置，内部方室逐层转换 45 度。砖塔小巧精致，形式简洁，全塔以清水砖砌成，不施粉彩，朴实无华。

该塔民国初年即被围入民宅，围着塔身搭建了房屋，仅上半截露出屋面。由于长年失修，加上 1966 年的人为破坏，原仅存四层，腰檐亦已残缺不全。1982 年被列为苏州市文物保护单位。1991 年列入文物维修项目，经一年半动迁、测绘、设计等准备，于 1993 年 5 月动工维修，加固了底层，修复了各层塔檐、翼角、平座，补齐了斗拱等构件，重建了第五层和塔顶，制作安装了塔刹，并在拆除民房的地基上开辟了塔院。2006 年被列为江苏省文物保护单位，2013 年被升级为全国重点文物保护单位。甲辰巷塔小巧精致，构造规范简洁，是苏州"城中七塔"仅存的一座，具有较高的文物研究价值。

调研显示，除甲辰巷砖塔为宋代遗物外，保护区内低层建筑多建于 1980 年以前，部分建筑最早可追溯到清末和民国时期，年代较为悠久的房子也多集中在甲辰巷砖塔附近。改革开放前后建设了一些多层公寓楼，保护区内 6 栋多层公寓楼均为此时期建设。随着社会经济的发展，2000 年左右又兴建了一批别墅，位于场地东西两侧。

调研显示，唐家巷西侧建筑风貌一般，但整体协调，甲辰巷砖塔的东西向街巷两侧房屋的风貌均较为优良。甲辰巷南端，市桥南 25、26 号附近，建筑风貌杂乱，个别建筑极不协调，严重破坏了苏州古城内的建筑风貌。

1.3 保护区建筑层数

保护区中建筑层数调研结果，场地北侧唐家巷 21、22、23 号三栋房屋为三层住宅楼，场地南侧市桥南 18、25、26 号三栋房屋为 5 层住宅楼。除去这 6 栋多层住宅外，大部分建筑均为 1 – 2 层，部分建筑根据坡屋顶设置三层阁楼或老虎窗等。

1.4 保护区建筑质量

大部分的传统砖木结构建筑经过近百年的风霜雨雪，都存在着或多或少的建筑质量问题。随着社会经济的发展，部分沿街民居进行翻建，建筑质量得到明显提升。大部分 20 世纪 80 年代之后建设的房屋质量较好，只有部分加建的非临时建筑和场地南侧的三栋 5 层住宅楼存在比较严重的建筑质量问题。

1.5 保护区建筑现状功能分析

整个保护区以居住功能为主，大型商业只有顾亭苑酒店，位于整个保护区的北侧，其余商业以小零售为主，另存在机电维修和废品回收等业态，零星分布于唐家巷和甲辰巷两侧。紧邻保护区东北角是苏州地铁一号线，相门地铁站 1 号口。集中公共服务设施一处，包括垃圾回收、盥洗室和公共厕所；便民服务设施主要以垃圾回收点为主，每个点都严格区分了垃圾类型和倾倒指示。

1.6 保护区交通与环境分析

基地北侧为城市主干路——干将东路。干将东路道路宽度 32 米，双向 6 车道，车行路 24 米，中间有绿化带，两侧有自行车道和人行道，为两路夹一河形式。保护区内唐家巷、甲辰巷和定慧寺巷宽度均小于 6 米，可通车，部分宽阔处可停放机动车。但保护区内部分道路过窄，如甲辰巷砖塔东侧道路最窄处不足 2 米，不可通车。

二、甲辰巷砖塔保护区存在的问题与原因分析

2.1　存在的问题

2.1.1　文物古塔保护堪忧

早些年，甲辰巷砖塔作为江苏省文物保护单位的时候就曾淹没于民房中，甚至一度部分被包括在房屋内部，对文物本体造成了很大的影响。后来周围民房被拆除清退，经过整体修复后，恢复了完整的历史风貌，现在为全国重点文物保护单位。但经过调查走访发现，随着周围民宅的加建，保护区的空间又开始被蚕食。管理问题较严重，砖塔周围的围栏常年上锁，杂草丛生，且正面门前长期停放小轿车，使得文物不能被很好地保护和展示。

2.1.2　建筑质量安全威胁生命财产安全

市桥南三栋多层住宅楼由于年久失修，存在建筑结构安全问题，近两年就曾数次发生过阳台部分构件坠落，墙皮整块脱落等严重威胁居民生命财产安全的事故。平房的房屋结构老旧，约40%的平房已经破旧不堪，危房比例高，部分墙体上树木杂草繁茂，严重威胁结构安全，甚至有些承重结构部分腐烂，存在倒塌的危险。而且由于私搭乱建严重，电线随意拉扯而且老化，在2017年年初的时候甲辰巷内一处平房就出现火灾。重要的疏散通道被杂物占据或加建房屋阻塞，造成严重的安全隐患。

2.1.3　居住条件和生活水平较低

由于建设时期对于污水排放的考虑不够周全，几处多层住宅楼的污水与雨水落水管混杂且外挂，无集中的污水排放系统。调查发现街区内基础设施不够完善，共有公共厕所和盥洗室各1个，为2016年新建，能够基本满足居民日常需求，但其条件较简陋，仍有提升空间。大部分的平房住户家中缺乏盥洗室和厨房等生活必须设施，部分居民仍使用尿壶和老式马桶。保护区内居民密集，平房的人均居住面积小于20平方米，低于苏州市人均居住面积，人口疏散迫在眉睫。

2.1.4　道路交通和车辆停放混乱

由于保护区为开放式社区，车辆管理混乱，机动车乱停乱放。有些车辆长期占道，影响居民日常生活；部分车辆违规停放于公共空间，破坏风貌环境，阻碍交通。保护区内几条重要街道于2010年前后整修，整体状况较好，但由于街道路面抬高，致使房屋内部区域地势较为低洼处雨水回流，部分影响居民日常生活。

2.1.5　房屋产权与居住人员复杂

保护区中有部分公租房，但分布杂乱，不便集中利用。还有部分房屋由于历史遗留问题产权不清。私人产权也是错综复杂，整个保护区范围内房屋产权情况复杂。部分沿街平房存在侵占公共空间和破墙开店，私自改变用途，也产生一定的噪音和环境污染等。

保护区内高于60岁以上的老年人口比例达到35%，居民老龄化率日益提升。部分房屋存在合租和多次转租问题，成了外来低收入人群的聚居地，加剧了治安压力。

2.2　甲辰巷砖塔保护区调查问卷

为了进一步研究古城历史街区的保护问题，本次调研以唐家巷社区部分居民作为调查对象，面对保护区内部不同年龄阶段的居民，项目组随机进行了38份抽样调查，结果如下：

受访人群年龄约在36－64岁之间，其中：

1）调查者中产权人占56.5%，公租房租户占28.8%，普通房屋租赁者占14.7%，其中长租人员（大于等于一年）约占12.5%。

2）低层住户房屋最初建造年代多集中于清末民初，户均人口约2.5人，户均居住面积约22平方米。

3）58.2%调查者表示保护区内的住宅不是家庭唯一的住宅，78.8%调查者认为房屋存在质量安全问题。

4）95.4%调查者认为基础设施不够便利。87.5%调查者在适当的条件下愿意接受政府主导的修复。

5）12.5%调查者在近 5 年内受到过房屋买卖的咨询。67.2%
的产权所有人愿意考虑卖房。68.89%的公房租户愿意考虑搬出。
但其中一半以上的人认为不相信民间市场交易，愿意接受政府部
门或国资企业的收购。

综上所述，保护区范围内的居民无论是产权人还是租户在本
区域长期居住（超过 3 年以上），认为保护区内房屋安全与基础设
施存在问题。大多数受访者认为可以在适当价位下考虑房屋出售
或长租，但表示不太相信外来购房者，比较信任政府部门或国资
单位。部分居民可以通过征收方式离开本区域。

2.3 问题的分析

1）根据实地调研了解，甲辰巷砖塔作为国家重点文物保护单
位，名义上虽然归苏州市文物保护所主管，然而实际责任人不明
确，资金到位情况不明，多由志愿者自愿清扫，由于志愿者不定
期不定人，导致这座具有优秀历史文化价值的全国重点文物保护
单位长期无人管理。对于砖塔周边的违规搭建，破坏地基和风貌
的情况，缺乏固定的管理人员定时巡查，保证问题及时发现并制
止。甲辰巷砖塔宣传不够，导示标识不明确，铁门长期落锁，门
前经常停放车辆。虽然与苏州平江路历史文化街区仅仅一路之隔，
但其知名度和游客量都严重不足。究其原因，在于甲辰巷砖塔保
护规划落实不到位，区域的利用规划与宣传方案缺位。

2）市桥南 18、25、26 号的三栋建筑外立面破旧，缺乏物业管
理。低层平房民居有一部分为非法搭建，产权不清晰，近年来几
乎没有产权交易，缺乏改造动力。外来租客占比越来越大，本身
对于社区没有感情，而且存在多轮转手现象，权责不明确。其原
因在于产权制度不够明确，历史遗留问题没有及时得到解决。

3）室外公共空间和基础设施匮乏是由于缺乏整体区域保护规
划，社区和居民没有清晰合理的一致预期。区域未来保护、发展
利用规划的信息不透明，居民了解少，参与度低，不能形成改造

合力。

4）由于房屋的产权问题复杂，内部配套设施如厕所和厨房的缺乏，致使坐落于苏州古城，交通便利而且周围人文环境丰富的优秀古建筑处于有价无市的尴尬境地。近年来成交价格均高于20000元/平方米，但成交量每年仅个位数。形成了"没人动，没人来"的局面。

经过实地调研发现的问题综合以上的分析，本报告认为：

1）由于当地缺乏保护与利用规划，发展政策不明，基础设施更新缓慢，社区和居民对于该地区未来发展方向没有思路，社区生活参与度低，认同感差。

2）由于产权混乱复杂，导致大部分愿意购买保护区内房屋的购买者担心产权问题无法解决，望而却步，导致交易困难，居民内部的基础设施改造和修复没有动力。

3）由于"古井古塔"文物单位甲辰巷砖塔的保护与宣传不够，原本可以充当助推剂的优质资源却没有被利用起来，使得保护区空有文物基础、环境优势，却是死水一潭，区域改造更新缓慢，形成恶性循环。

三、提出的基本建议和意见

3.1　强调全国重点保护单位甲辰巷砖塔的保护与宣传

甲辰巷砖塔最早的记录见于明王鏊《姑苏志》的记载："妙湛寺在长洲县东（今十梓街东段），宋初开宝年间建造七塔，至建炎年间，毁于兵火。"据清道光年间顾震涛撰《吴门表隐》记载，"七塔，第一在临顿路白塔子桥东堍，名白塔。第二在孟子堂东。第三在朱长巷（今名邾长巷）东口塔弄，名虹塔。第四在司狱司署内。第五在宫巷南口，名雄塔。第六在濂溪坊上，有仰盂，名雌塔。第七在望汛桥（今名望星桥）西"。苏州城中曾有七座小型砖塔，多为宋代所建。其中两座早毁，两座毁于清乾隆间，白塔于1928年拓宽临顿路时拆除，濂溪坊的一座也于50年代加阔路面时拆去。仅存的这一座，《吴门表隐》谓为"城中七塔"之第二，"在孟子堂东"，即今所称甲辰巷砖塔。然而在漫长的历史岁月中，苏州七塔的版本却不尽相同：《苏州杂志》1999年第5期作者南田在《苏州请带的澡堂》里说："旧时，苏州城内外有七塔八幢九馒头的说法。城中的双塔、白塔、石塔、瑞光塔、北寺塔和城外的虎丘塔，总称七塔"。2006年12月出刊的《苏州楼市》刊载七塔为：北寺塔，瑞光塔，双塔，石塔和白塔，还有一座大同塔。社会上还有人认为这是民国二十年（1931）以来的通常罗列。还有一说是把七塔列为虎丘塔、北寺塔，瑞光塔，双塔、上方山塔、灵岩塔。以上交错罗列，苏州城内外共有十多座宝塔，但大多都把甲辰巷砖塔列入其中。现在甲辰巷砖塔是苏州"城中七塔"仅存的一座，具有较高的文物研究价值。

本次项目应重视保护甲辰巷砖塔本体的现状，现存位置与街巷关系以及周边环境。保持甲辰巷入口至砖塔的视线可达性，清除周边杂草，增加可达性并将其所蕴含的丰富历史信息进行宣传展示，充分反映其格局特色和文化辐射力。以甲辰巷砖塔的保护和利用为契机，做好保护和利用规划。建议扩大文物保护单位的保护范围，纳入保护区内仅存的优秀历史建筑，争取资金，加快基础设施更新，改善环境、整修建筑，加强管理。

3.2 制定与完善保护区的保护规划与利用规划

扩大甲辰巷砖塔保护区范围，尽量覆盖周边低层建筑与主要巷道。保护区内低层建筑与巷道格局多建于清末民初至新中国成立前，有一定的历史文化意义。保护区所在地作为居住功能已经存在了上百年，有地方文化认同的情感价值。保护区内现存建筑风格也涵盖传统中式院宅、新中式院宅、民国洋房以及折中式别墅以及集体公寓楼等，整体保存状况较好，有一定的建筑技术、艺术价值和使用价值以及经济价值。在保护区保护规划的基础上，结合甲辰巷砖塔塔、苏州大学、平江路历史文化街区和便利的地铁交通设施等优势条件，做好利用规划，明确保护区域发展方向，增加居住者与潜在投资者的信心，在第四节具体阐述。

3.3　鼓励房屋产权置换，引入规范化物业管理

在利用规划的前提下，保护区可引入产权置换新思路，推动保护区内的产权移转，提升老建筑修复与改造的原始动力，此在第五节具体阐述。同时，在保护区范围内适时引入规范化、市场化的商业物业管理公司，进行封闭或半封闭式管理，以提升保护区内环境和治安水平，或尝试社区管理和物业管理合一。

3.4　加强建筑风貌与文化氛围的保护与建设

对于甲辰巷砖塔保护区内尚保留部分苏式风貌建筑，借助保护区保护规划与利用规划充分发挥保护区地理位置优势，扩大宣传，引入平江路历史文化街区的文创团队或苏州大学的教师工作室以及学生社团，深入保护区进行古城小巷文化氛围的深度发掘，社区积极配合建设并提供优惠条件，为区域内部注入新的文化活力。

四、明确保护区的利用规划与功能定位

理论上，利用就是延续原功能或调整为新功能。但在实际工作中，古城历史街区项目利用方式包括规划研究、市场调查与分析、功能分区、功能定位和用地布局等。

历史街区的利用一般可分为继续保持其原有的用途和功能以及调整现有功能两大类。保持现有功能的建筑一般保存完整，结构无重大破坏，利用情况较好。调整优化使用功能的历史街区再利用会根据其区位、现状、遗产价值发展为文化创意产业园、特色居住区、商业办公类、旅游景点或展览展示类。

从历史街区利用的层次来说，可以分为遗产项目自身及其所蕴含的文化价值，以及由这一价值所带来的社会效用以及经济效益。在历史街区的利用中，除关注本身实体的保护及其非物质价

值的合理利用之外，还应关注历史街区空间范围内所包含的经济、生活系统，通过市场化运作和现代生活系统的构造，以便在保护与利用历史街区的同时满足居民的现代生活需要，从而既能够使历史街区具有新的活力和生命力，实现可持续发展，又能鼓励居民自觉地参与保护与利用工作，进而使历史街区能够真正融入到现代城市中，成为人们居住生活所不可缺少的有机组成部分。

在利用方式方面，大多数学者通过实地调研的方式，对历史街区的构成、现状等进行研究，从使用功能、外部形式、内部空间、工作方法等方面着手，对历史街区的利用方式进行分析。必须要注意，即便项目具有待挖掘的价值潜力，并不意味着一定具有利用的可行性甚至可能性。需要我们对历史街区项目进行科学、全面而准确的项目分析、功能划分、定位与策划。

五、引入产权置换（资产担保）模式

5.1　目前产权交易实际问题的原因分析

近年来，苏州房地产市场火爆，交易数量屡创新高，房价攀升居高不下。然而苏州古城街坊内老式民居的交易量较少，购房者望而却步、无人问津，呈现古城空心化现象。究其原因，主要存在以下一些情况：

1）产权复杂。古城老宅产权（所有权）主要分为私有产权、公有产权（公租房）以及混合产权。私有产权涉及的产权人多，而公租房租户复杂，甚至转租现象严重。古城内老宅的产权碎片化和不确定性较为普遍，古城区内老宅小楼被十几个甚至几十个家庭所占有的现象比比皆是，这不仅影响正常居住与生活，还造成无法进行适当的维修与保护，更不要说引入购房者。

2）未来的不确定性。由于缺乏明确的区域保护规划、利用发展规划，古城内的老宅面临着改造与更新，随时可能被拆迁。产权的不稳定使得现有的住户缺乏维护的动力，外来的主体也存在如此担心，大大降低购买意愿，使得交易流转不顺畅。

3）基础市政设施不够完善。古城内巷道狭小，车辆交通不便捷，基本没有合适的停车场地。煤气管道布线安全性存在隐患，下水设施改造成本较大，供电系统、有线网络需要明线铺置，有一定的防火安全。

本报告根据问卷调查与市场调查分析表明，认为房屋产权的主要利益方各自诉求为：

1）产权人诉求：67.1%的产权所有人愿意考虑卖房，重新到古城外住宅小区置业；问题是目前仅有少数人询价，而且老宅产权人对纯市场行为、对于购买者的付款能力持怀疑态度。认为如果国资公司或街道单位提出整体收购或长期租赁，只要价格合理，愿意出售或长期租赁。

2）公房租户诉求：68.9%的公房租户愿意考虑搬出，重新到古城内小区置业；问题也是没有人提出交易需求（房卡）。也承认产权复杂，租户众多，众口难调。愿意接受国资公司或街道单位提出整体收购或长期租赁，只要价格或租金合理。

3）国资公司或街道单位（国资单位）：愿意进行适当的旧房改造，清理租户甚至回购老宅；如双塔街道对十梓街顾廷龙故居的收购。而最大顾虑是老宅收购或长期租赁后，没有购房者或租赁者接手，导致资金沉淀，得不到合理流转。

4）潜在购房者或租赁人诉求：比较重视未来的区域规划，明确的发展规划会增加购房信心；对于基础市政设施，购房者认为只要允许建筑内部进行改造，上述问题都可以解决。但潜在购房者最大的顾虑在于产权复杂，交易过程中所涉及的人员过多，时间成本无法控制；甚至提出只要产权清晰、交易简化，哪怕多付一些费用也能接受。长期租赁也是一种选择，但居住不考虑长期租赁，如果是工作室或小会所，也可以考虑长期租赁，但希望在周边能形成相似文化氛围的集聚区。

5.2　引入产权置换（资产担保）的思路

产权置换不同于产权调换，产权调换适用于城市征收过程中，根据《城市房屋拆迁管理条例》规定，产权调换指拆迁人用自己建造或购买的产权房屋与被拆迁房屋进行调换产权，并按拆迁房屋的评估价和调换房屋的市场价进行结算调换差价的行为。不动产的产权置换常用于土地交易市场，在城市发展过程中，利用级差地价置换土地改造老城区，加快城市发展的一种方法。包括不同区地块的置换和同区内地块的置换两种情况。河北省还专门制定相关置换管理办法。房屋产权置换就是将不同房屋根据估值或市场价格进行调换。但由于性价比原因，在苏州古城内房屋置换并不常见。

本报告认为，对于古城老宅可以建议采取如下程序进行置换：

1）国资单位可以先行调查区域范围内愿意出售或长期租赁的房源，然后通过适当渠道对外出售或招租，引入民间资本，缓解资金压力。

2）购房者基本确定意向老宅房源后，与国资单位签订预购（收购）合同，并向国资单位提供本人自有的对价资产（房产）用于置换担保（冻结）。冻结后的资产不得交易、租赁及作其他担保等，保证其交易的可行性。

购房者不用立即支付购房款项，等国资单位收购成功后，则履行合同，通过价值差进行房屋置换办理过户手续，也可用资金来解冻资产。

如果出现国资单位未收购成功，则合同解除，资产担保自动解冻。

如果出现收购成功，而购房者违约的话，按合同，国资单位可处置担保资产，这个行为需事先签署双方协议，国资单位可保留司法处置渠道。

担保或冻结形式可参照目前房产抵押模式，也可以通过公证，甚至可以创新置换担保形式。这种行为属于民间经济行为，并不会违反相关法律规定。

长期租赁可参照上述行为，可用资金作为担保。

3）国资单位获得资产或资金担保后，进行老宅的收购或租赁实际运作。一旦收购或租赁成功后，按照收购或租赁合同进行操作，购房者可以将担保的房产置换给国资单位，并通过补差价来取得老宅的产权；可以通过支付资金来解冻资产。当然，国资单位收购后也可以不进行转售，而只用于长期租赁。

综上所述，整个程序实际上就是通过国资单位（良好信誉）的介入，资源整合，提高老宅交易的成功率。购房者则不需要考虑产权风险，国资单位也不用担心没有下家造成资金沉淀，而原产权人也能顺利实现资金的及时到位。在一定程度上规避了原本交易模式各利益方存在的顾虑。由于篇幅有限和时间仓促，本次的调研报告在此方面的探索尚不深入，将在今后工作研究中继续细化。

5.3　具体操作时可能遇到的新问题

上述产权置换制度有一定可行性，但肯定也有一些新的问题：

1）由于租户或产权人众多，可能出现一部分人愿意、一部分人不愿意出售或租赁，这种情况国资单位经常遇到，有一定的处理经验。

2）原产权人原本愿意出售，国资单位也找到了购房者或租赁者，但原产权人改变主意不愿意出售的，国资单位应考虑到这种情况，在预售合同中予以注明。

3）如果是资金，留存第三方不存在转移风险。然而资产在担保期间，虽然要求不得资产出售、出租或抵押等，毕竟资产使用权没有移转，可能会出现担保资产的违约现象。考虑这种产权置换情况出现不会太多，建议到政府管理部门进行备案，有效防止产权转移以及办理抵押他项权利证。

4）国资单位与购房者就老宅与担保资产的成交价应以签署正式交易时点的房价作为参考进行置换或补差价，这是考虑到老宅收购的难度以及老宅产权瑕疵解扣后的价值增值，也要考虑到双方资产的市场价格变化。

5）区域保护规划与发展规划是购房者或租赁者较为关注，因此及时制定相关规划细则，也是吸引外来投资者的重要前提。

最后值得注意，古城的所有老宅不可能都参照上述方式交易，但不妨可以作为一种突破性的交易方式。

六、结论

本次调研报告以甲辰巷砖塔保护区为研究对象，分析其苏州古城历史街区普遍存在的问题以及特殊性，得出如下结论：

6.1　认真分析与调查唐家巷社区甲辰巷砖塔保护区的房屋、人群等现状问题情况，通过分析其存在的优势、劣势、机遇与挑战，提出明确利用规划与引入关系的产权置换模式，促进古城街区保护与利用的发展。

6.2　针对于甲辰巷砖塔保护区，建议适当扩大保护区范围，科学制定保护规划与利用规划，进一步明确区域的功能定位与发展方向，让现有居民以及外来投资者具有信心。通过分析，提出甲辰巷砖塔保护区可充分利用毗邻苏州大学的地理优势，定位于教授工作室集聚区的功能发展方向。

6.3　要实现功能定位与利用规划的发展方向，一定要有合理的创新方式来促进古城老建筑的产权转移。本报告建议引入房屋产权置换模式，来实现传统房屋交易方式的突破。报告分析相关利益人的诉求，通过国资单位全程介入，购房者的资产前期担保等方式，充分考虑原产权人的利益要求，逐步实现居住人员或使用人员的"腾笼换鸟"，经济消费改善、实体产业回流以及传统文化复兴。

资料集萃

春秋吴大城　姑苏繁华地（续前 24 辑）

徐刚毅

　　苏州是古城，自伍子胥在此筑城，便再也没有移动，它以小桥、流水、人家的水城风貌，矗立原址已有 2500 多年。《史纪正义》云："使子胥筑阖闾城都之，今苏州也"。顾颉刚说："苏州城之古为全国第一，尚是春秋之物。"

　　苏州是古都，自吴王寿梦从无锡梅里移至苏州平门西北二里"别筑城为宫"，至夫差失国存在了 110 年。越国灭吴后，其早期和后期也曾两度迁都于吴，达 50 余年。东汉末孙吴则在此开创基业 12 年。元末张士诚据苏州建立大周政权也有 12 年。苏州作为诸侯国或者割据王朝的都城，前后将近 200 年。

　　苏州是一座传奇的城市。尚武之时好用剑，轻生死，骁勇善战，能将天下搅动，春秋吴国一度称霸江东而威动中原。然而南北朝后它便由尚武转向崇文，变得风情万种，吴侬软语，儒雅倜傥，美不胜收。一千多年来，儒商经济、文教科考、建筑园艺、吴门书画、吴门医派、通俗文学、藏书刻书、昆曲戏剧、手工工艺等诸多领域，都曾在中华文化中呈现出独具一格的精美境界！

　　苏州还是一座富庶而又负重的城市。税赋历来苛重，唐时白居易任苏州刺史后，给朝廷上奏道：当今国用"多出江南，江南诸州，苏最为大"。宋代则出现了"苏湖熟，天下足"的局面。到了明代，据《明会典》载，洪武二十六年（1393）苏州府以全国 1% 的土地，实征税粮米麦占全国的 9.6%。苏州一府七县所纳粮税，竟比浙江省十一府六十六县之总和还要多。

　　然而作为国之粮仓、朝廷钱袋的苏州，两千多年的历史，又决非如外界所想象的那般歌舞升平，安居江南。相反它所遭受到的战争劫难，却是格外的惨烈！越灭吴残其国，楚灭越城又摧，秦统一后拆城墙挖剑池，六朝军阀反叛赤地千里，唐末骄兵割据前朝遗迹都被摧毁，南宋初金兵南下屠戮烧掠，元初蒙古兵又毁城杀人，元末朱元璋围城十个月日夜炮轰，清初兵灾半城被屠，咸丰年间太平天国战争又将古城全面摧残⋯⋯

许多时候，战争悲惨到了白骨相撑、一城殆空的地步。然而每每战乱之后，苏州便又在原地开始了艰难的重建，直到风光如昔，重新昌盛。如此兴亡盛衰周而复始，其频率居然平均每两百多年就是一个轮回！久历劫难而刚强不屈，构成了苏州另一面重要的文化个性。

江南岁月　　吴地悠远

自然山水物产

苏州山温水软，绿野锦绣。太湖襟带西南，运河贯穿南北，长江蜿蜒西来，大海波撼东方。尤其是三万六千顷碧波太湖，四分之三在苏州；太湖七十二峰，五十六座在吴中。江河湖海之间，近郊诸山逶迤耸峙，洞庭东西两山、渔洋、邓尉、穹窿、阳山、支硎、寒山、上方、天平等皆为吴中名胜。更有灵岩、狮子、虎丘、金山四座山岗，经大自然鬼斧神工，居然演化成为象、狮、虎、豹四座神兽栩栩如生，终年守护着苏州这座天下名城。

苏州位于长江三角洲太湖平原，东邻上海，南连浙江，西傍无锡，北枕长江。亿万年的沧海桑田和北亚热带湿润季风气候，造就和滋润了这片江南沃土。境内河流纵横，湖泊棋布，植被茂盛，经人工千百年养殖和精耕细作，鱼米之乡美名早已名闻遐迩。池塘淡水养殖历史悠久，青鱼、草鱼、鲈鱼、鳜鱼、鲫鱼、鲢鱼等品种繁多；长江时鲜刀鱼、鲥鱼味道鲜美；还有太湖野生"三白"，即白鱼、白虾、银鱼，以及阳澄湖大闸蟹更是名声远扬。农业以水稻、麦子、棉花、油菜为主，兼以蚕桑、畜禽、茶叶、瓜果、蔬菜。四时八鲜，特产丰富，花果中的桂花、杨梅、枇杷、桔子、梅子、白果（银杏）、栗子、桃子等自古以来都是著名的产地，而水生植物茭白、莲藕、芡实、茨菇、荸荠、水芹、莼菜、菱角，号称"水八仙"，品种齐全。

人文历史溯源

1985 年 12 月，考古工作者在太湖东山镇三山岛西北端的清风岭下，发现了距今一万多年前旧石器时代人类使用过的石器，以"三山文化"命名的这一考古成果表明，至少在晚更新世晚期，太湖流域就是人类活动的重要区域。"吴地文化一万年"似乎已成为约定成俗的一种说法，然而苏州人认为，更清晰地展现在人们眼前的苏州史前历史，还是应该从距今 6000 年前的那个时间段上说起。

从 20 世纪 70 年代起，考古工作者在苏州草鞋山遗址发现了马家浜和良渚文化时期的建筑遗构、生产工具、玉琮、玉璧、碳化稻和纺织品等，尤为重要的是发现了距今 6000 年的水稻田 74 块，说明长江三角洲是世界稻作农业与栽培稻的起源地之一，这是中国迄今为止发现最早的有灌溉系统的古稻田。此外在苏州越城，吴县张陵山、澄湖；昆山少卿山、赵陵山、绰墩，张家港鹿苑徐家湾等地都发现了这一时期的遗址，并在吴江梅堰龙南村发现了距今 5000 年前的村落遗址。2010 年 1 月张家港金港镇南沙街道东山村遗址，首次在长江下游地区发现了距今 6000 多年前崧泽文化早中期高等级大墓群。这也是迄今为止发现的崧泽文化墓葬中随葬品最多的一次，有谓之"崧泽王"。

然而大约 4000 年前，灿烂的江南史前文明却因一场大洪水而中断，先民四散迁徙，便也将文明的影响带到了四面八方。太湖流域则又沉入到漫漫长夜之中，以至于泰伯、仲雍自陕西岐山千里南奔来到太湖畔建立勾吴部落的时候，这里似乎还是一片荆蛮之地。勾吴部落形成吴国，在无锡梅里存在了五百年，至十九世寿梦开始转移苏州，最后由二十四世吴王阖闾建立吴国都城，苏州城池从此源远流长。

行政建置沿革

秦始皇统一中国，秦王政二十五年（前 222），秦在原属楚国的江南之地设会稽郡，辖 26 县，并于吴国故都设吴县，为会稽郡治。

东汉永建四年（129），顺帝因会稽郡区域广大，一分为二，浙东为会稽郡，治所山阴（今绍兴）；浙西为吴郡，治所仍在吴县。

隋开皇九年（589）废吴郡，改称苏州，苏州自此得名。

宋太祖开宝七年（974），改苏州为平江军。宋太平兴国三年（978），吴越国钱弘俶向宋纳土称臣，吴地入宋，平江军恢复苏州名称。北宋末徽宗政和三年（1113），升苏州为平江府。

元至元十三年（1276），平江府改称平江路。

朱元璋攻下苏州，改平江路为苏州府。

清康熙六年（1667），在原江南省基础上分置江苏、安徽两省，苏州为江苏省会驻所。江苏抚署和苏州府衙以及吴县、长洲、元和三县治同城而设。咸丰十年（1860），太平天国忠王李秀成占领苏州，建立苏福省，三年后失败。

民国元年（1912），撤裁苏州府，苏州改称吴县，省府迁移南京。1928 年划吴县城区为苏州市，1930 年撤市复归吴县。

1949 年 4 月 30 日成立苏州市，划苏州市及吴县、吴江、常熟、昆山、太仓五县为苏州行政区（地区），行政区驻苏州。1953 年 1 月 26 日苏州市为省辖市。1983 年实行市管县体制，撤销苏州地区，吴县、吴江、昆山、常熟、太仓、沙洲六县归苏州市管辖。

吴国崛起　　诸侯争霸

造筑阖闾大城

吴王阖闾登基后，伍子胥提出"立城郭、设守备、实仓廪、治兵库”的强国之术，得到阖闾赏识。周敬王六年（前514），伍子胥受命筑城，他参照楚国郢都的规模形制，“相土尝水，象天法地”，建造了阖闾大城，又称吴大城。阖闾大城为不规则长方形，《吴地记》称为“亞字形，周回四十七里，陆门八，以象天八风。水门八，以法地八聪”。八门即闾、胥、盘、蛇、匠、娄、齐和平门。相传当年孔子登泰山，东望吴门，见城头白马如练彩云飘逸，也对这座都城充满了神往。

阖闾大城至今已历2500余年，城址一直未变，如今航空拍摄，仍可清晰地看到被护城河包围着的、略带长方形的亞字形城址，实乃世所罕见。

吴国显名诸侯

阖闾治国，重用伍子胥。伍子胥曾在一天之内七荐孙武，孙子兵法十三篇遂得以问世。阖闾为了“兴霸成业”，开始对外扩张。先出兵灭徐国（今安徽泗县），又进攻楚国潜、安（今安徽六安、霍山一带）等地。阖闾九年（前506）吴王亲自率军，以伍子胥为谋，孙武为将军，大举进攻楚国。经过水路陆路长途奔袭，以3万之兵击楚国20万军队，在柏举（今湖北麻城东）之战中五战五胜，最后攻入楚国首都郢都（今湖北江陵西北），楚昭王仓皇出逃，后因越国攻吴，阖闾只得退兵。

阖闾时代的吴国“西破强楚，北威齐鲁，南伐越”，一跃而成为春秋后期的强国。阖闾死后，子夫差即位，继续北进中原，威逼宋鲁，挟鲁伐齐，与诸国争夺霸权。夫差十四年（前482），吴王与周王室的代表单平公以及晋国国君晋定公、鲁国国君鲁哀公会盟于黄池（今河南封丘西南）。盟誓时吴国和晋国争着以盟主身份先歃血，并各摆理由。夫差说，我是泰伯后裔，周的长房，应该先歃。晋定公说，在姬姓国家中，我是最大的。最终夫差以武力相威胁，迫使晋定公让步。

黄池盟会使吴国霸业达到了顶峰，然而由于夫差错杀了老臣伍子胥，又连年穷兵黩武，好大喜功，掏空了国力，吴国在争得盟主地位的同时，也迅速走上了衰亡的道路。

吴国崛起的时间虽然不长，但却给后世留下了许多彪炳千秋的人物和业绩。吴地先贤初有泰伯、仲雍三让天下，继有季札尊礼修德，还有被后世尊为"南方夫子"、开启了东南文化先河的孔子弟子言偃，他们都成为历代称颂的楷模。干将、莫邪铸剑，吴戈、吴钩从此成为精良武器的替代名词。为伐楚，伍子胥开胥溪，经太湖宜兴、溧阳、高淳，然后在安徽南部注入长江，全长225公里；为伐齐，吴国凿邗沟，从邗江至淮安，将长江和淮河贯通，全长150公里，这两条河道也是我国乃至世界上最早有确切穿凿纪年的大型运河。此外我国七大方言之一的吴语，也正渊源于春秋那个时代。在汉语各大方言中，使用吴方言的人口仅次于北方方言，苏州方言向来被视为是吴方言的代表。

吴越金戈铁马

吴人与越人同属我国古老的百越民族，但由于吴楚已成世仇，而越依然与楚结盟，故吴越之间征战不断。阖闾五年（前510），阖闾因越国不肯跟随去攻打楚国而讨伐越国，攻破了越国的檇李（今嘉兴西南）。吴国伐楚，在柏举之战中击败楚军并攻入郢都，越王允长却趁吴国空虚兴兵伐吴，阖闾被迫撤兵回国。阖闾十九年（前469）越王允长去世，阖闾趁勾践刚即位，即对越发动战争。勾践在檇李出奇招，派遣三排罪人走到阵前，一起持剑割颈自杀，吴军见状目瞪口呆，越军乘机掩杀过来，大败吴军。阖闾被刺伤脚趾，因伤痛发作死在路上。

夫差继位后不忘国耻家仇，第二年便亲率大军伐越。勾践率兵三万迎敌，双方在夫椒展开决战，吴军大败越军，勾践率残部逃入会稽山，又被吴军包围。勾践派大夫文种下山求和，伍子胥坚决反对，但夫差却听信已接受文种厚贿的伯嚭的意见，同意媾和，并将勾践、范蠡带回吴国当人质。勾践入吴，为吴王驾车养马，为博得吴王欢心，还尝其粪便以辨识病情，两年后勾践即被特赦。

勾践回国后卧薪尝胆，"十年生聚，十年教训"，重新积蓄力量。正当吴、晋、鲁三国在黄池会盟，吴国争得盟主之际，勾践却大举攻吴。夫差匆匆回国，吴都已被洗劫一空。此时的吴国已无力再战，靠赔款换得了越国退兵。周元王元年（前475），越军又围攻吴都，两年后吴军战败，夫差被俘自杀。吴王金戈越王剑，悲凉壮烈的吴越春秋故事，终于在吴都西郊秦余杭山（今阳山）山麓，降下了帷幕。

六朝吴郡　　文采初现

孙吴吴郡奠基

秦汉之际，司马迁描述江南是"地广人稀"，"无积聚而多贫"。吴（郡）会（稽）之地民风依旧轻悍，骁勇善战。公元前209年，项梁、项羽叔侄在吴中起兵反秦，率江东子弟兵八千渡江西去，并于公元前207年经过"破釜沉舟"，在巨鹿之战中一举消灭了秦军主力，秦王朝覆灭。西汉吴王刘濞发动"七国之乱"，失败被杀。

东汉末，浙江富阳人孙坚被曹操命为破虏将军，封吴侯，治于吴。孙坚娶迁于钱塘的吴县人吴夫人为妻，生子孙策、孙权。时富阳地属吴郡，吴县又为吴郡首邑，故吴被孙氏视为桑梓之地。孙吴之初，即以吴为中心创建基业。孙坚死后，孙策继承，因善于用人，得兵民拥戴，至建安四年（199），孙策已平定吴郡、会稽、丹杨、豫章、庐陵等江东大部分地区，惜其英年早逝，26岁即被人射伤致死，弟孙权（182－252）继立。

曹操命孙权为讨虏将军，领会稽太守，但他并不去任职，而命吴郡士族顾雍为会稽郡丞，行太守事，自己依旧屯居吴郡城内，直到建安十四年（209）移治于京口（今镇江）。在这12年间，吴郡一直是孙吴政权的政治中心，在此期间孙吴整合地方势力，镇压反叛，均得胜而归。尤其是在建安十三年（208）的赤壁之战中联合刘备击败曹操，奠定了三国鼎立的格局。孙坚、孙策去世后葬盘门东南二里青旸地，东吴名将周瑜宅则在景德路雍熙寺西。

士族顾陆朱张

秦汉以后，各地世族大姓的兴起成为社会发展的重要趋势。六朝时代吴郡大族以顾、陆、朱、张最为知名，且每个家族都有其特点，民间有顾厚、陆忠、张文、朱武的说法。这些家族相互提携，相互通婚，往来密切，形成了共荣辱、同进退的士族集团，并称"吴郡四姓"。仅孙吴一朝，四大家族为官者就达一千余人，可谓群星灿烂。

顾氏定居吴郡最早，其祖先为"越王勾践之支庶"，后来封于顾邑，子孙遂以顾为氏。孙吴时顾雍（168－243）任丞相达19年之久，为稳定和发展起到了重要作用。顾雍在朝处事公允，心胸宽广，气量之大让人敬佩，故有了"宰相肚里能撑船"的赞誉。

顾雍长子顾邵娶孙策之女，并任豫章郡守，政绩卓著。曾孙顾荣（？－312）在西晋时入洛阳任职，南归后以江东大族首望身份平息叛乱，接引司马睿南渡，奠定了东晋中兴的基业。

陆氏堪称江东世族第一盛门，为汉初名臣陆贾伯父陆万之后，陆曾任吴县令，子孙遂为吴人。吴郡陆氏孙吴时家族势力最盛，历经西晋、南朝数百年间十数代人仕宦不绝，陆逊（183－245）掌孙吴兵权，夷陵之战中用火攻连营七百里，一举击破刘备，自此威名远扬。顾雍死，取代为丞相，其子陆抗也是名将，陆逊死，孙权将军队交他统领。孙皓即位，陆抗镇守荆州，为东吴保住了半壁江山。陆氏一宗在孙吴朝有"二相、五侯、将军十余人"。孙吴灭亡后，陆机、陆云兄弟成为江东士族的领袖人物。此外二十四孝中的"怀桔遗亲"故事中的陆绩（187－219），他在任郁林太守时两袖清风，退休回乡时因没多少行李，便以巨石压舱，此石被后世誉为"廉石"。这个陆绩，便是陆逊的堂叔。

吴郡四姓中朱氏于西汉末自下邳迁居，于孙吴时勃然崛起，其中以朱桓、朱据两支最为显赫。朱桓为名将，在镇压山越、抗击曹魏的战争中多有立功，官至前将军。子朱异在朱桓死后代父领兵，战功卓著。朱据为朱桓同族兄弟，"才兼文武"，深受孙权赏识，曾让其领丞相。

张氏于两汉之际迁吴，始祖为张良七世孙。南朝时张敞一族崛起，曾任侍中、尚书、吴国内史等要职。其子张裕、张邵兄第对刘宋建国立下功劳，成为肇宋功臣。张氏在刘宋时仕宦达三品以上者就有 14 人之多。吴郡张氏以张翰最为知名，西晋时张翰入洛，被齐王司马冏重用，但他发现司马冏骄横专权，迟早出事，便借口秋风起，思念家乡的莼菜和鲈鱼，得以辞官隐居吴中。不久齐王兵败，他幸免于难，自此"莼鲈之思"成为知机归隐的出典。

文士崭露头角

先秦时期，吴地风俗尚武，秦汉以来亦多战将斗士。然六朝之际随着北方人士大量南迁，文化学术渐趋发达，知名学者开始涌现。

早期来吴的是东汉著名诗人梁鸿，流寓吴地阊门，替名士皋伯通家打工舂米，期间虽贫，但妻孟光对其仍相敬如宾，这段故事便成了成语"举案齐眉"的出典。梁鸿在吴潜心著作，死后亦留葬于吴。西晋时期吴郡文学家以陆机（261－303）、陆云（262－303）兄弟和张翰最为著名。陆机诗歌"才高辞赡，举体华美"，其文风对当时影响深刻。陆云与兄陆机齐名，并称"二陆"，擅长诗文，开六朝文学的先声。张翰文章"有清才美望"，现存诗中以《杂诗》"黄华如散金"句最为人称赏，李白有"张翰黄花句，风流五百年"之语。

在艺术领域，吴郡绘画艺术已举足轻重，在六朝三大家中，除了顾恺之，陆探微和张僧繇均出自吴郡。刘宋时的陆探微善画肖像，又能作山水画，轻勾慢勒，笔迹周密。梁代张僧繇的绘画形象逼真，尤擅绘制宗教人物和飞禽走兽，成语"画龙点睛"即因他而来。书法方面，陆机的《平复帖》是我国现存最早的古代名人书法真迹。此外张融、张永也是著名的书法家。在经学方面成果最大的应数梁陈之间的顾野王（519-581），他曾受梁武帝之托编纂字书，搜罗考证古今文字的形体和训诂，著成《玉篇》30卷，比《说文解字》多收7500字，这也是我国现存最早的一部楷书字典，顾野王也由此被称为我国楷书的始祖。

空濛烟雨楼台

　　魏晋南北朝时期，中国南北都处于分裂动荡年代，除了东汉末三国鼎立连年征战之外，江南先后发生了王敦、孙恩、卢循、侯景之乱，"百姓饥馑，死亡涂地"，三吴地区甚至一度"千里绝烟，人迹罕见，白骨成聚"。生于乱世，人们渴望安宁而不得，只能转而乞求神灵和来世，这就为宗教的传播提供了土壤。孙权治吴期间，为迎接西域僧人性康，在盘门内建普济禅院和塔，即今瑞光塔。孙权母亲吴夫人舍宅建通玄寺，即今报恩寺和北寺塔。两塔均为我国始建年代最早的宝塔之一。性康、竺道生、支通等高僧先后南来讲经说法，虎丘千人石至今仍遗有"生公说法，顽石点头"的典故。

　　梁武帝时更是大倡佛教，在境内广兴佛寺。清同治《苏州府志》及民国《吴县志》载，始建于六朝的寺观宫庵有107处，其中建于梁代的即有73处，故自古以来，苏州便有东南佛国之称。留存至今的古刹名观就有观前玄妙观、虎丘云岩寺、木渎灵岩山寺、枫桥寒山寺和支硎寺、唯亭重元寺、洞庭包山寺、甪直保圣寺、常熟兴福寺、张家港永庆寺等等。"千里莺啼绿映红，水村山郭酒旗风。南朝四百八十寺，多少楼台烟雨中"，杜牧的那首《江南春绝句》，正是那个多难岁月里江南人的现实世界。凄美空灵的生活场景背后，是无数百姓家破人亡之后虚无缥缈的精神家园。

隋唐水城　　诗意无限

运河滋养古都

隋炀帝即位，役民工百万开凿大运河，从洛阳通淮河，又开挖湮塞的邗沟，从淮河接通长江，以方便到江都来赏琼花。接着他又想学秦始皇去会稽祭大禹陵，于大业六年（611）开江南运河，从京口（今镇江）经苏州至余杭（今杭州）。苏州段运河北从望亭入境，南到吴江盛泽出境，全长 82 公里，由太守李显征集民工完成。

江南运河是利用自然河流和原有人工运河开挖、整修连接而成，大运河最古老的河段即是当年阖闾大城的护城河。由于苏州段地势较低，唐时在望亭置堰闸以节制河水。元和五年（810）苏州刺史王仲舒修筑王江泾至长洲县数十里的石塘与土塘来控制太湖水势，又疏浚平望淤塞河段，并对八坼段运河削弯取直。苏州运河上最著名的宝带桥便是王仲舒变卖束腰玉带所建。此桥位于大运河与澹台湖交界处，五十三孔纤桥长虹伏波，恰似天宫玉带降落人间，飘逸在风光旖旎的江南原野之上。

自运河开挖，苏州成为江南交通枢纽，经胥江可直至太湖，沿吴淞江可达东南沿海，溯长江又可通达内地州县。唐时苏州运河上即已"帆樯林立，商贾云集"，杜甫诗曰："窗含西岭千秋雪，门泊东吴万里船"，可见苏州的商船，经过运河，万里山川之遥，也都成为坦途。天宝年间张继路过枫桥，正是在运河侧畔有感而发，作《枫桥夜泊》诗，遂使寒山寺穿越古今，名动中外。大运河不仅赐于苏州城市不尽的财富，也给苏州文化带来了永远的滋养。

江南雄州瑰丽

中唐以后，尤其在安史之乱时，北方人民大量迁移江南，苏州人口为此大量增加。以唐元和年间为例，苏州已有 100880 户，同比杭州 51276 户，湖州 43467 户，常州 54767 户，以上三州在中唐时期人口都要比苏州多，然而至唐代后期则都已比苏州少一半左右了，由此可见唐代苏州地位迅速上升的趋势。因北方及中原重遭兵灾，人民离乱，生产破坏，此时朝廷每岁所收粮食赋税，大部分已出自淮南和江南。白居易（772 - 846）任苏州刺史时曾上表道：当今国用"多出江南，江南诸州，苏最为大。"唐时按照人口规模和经济水平，将州县地位分为"辅（京畿重镇）、雄、望、紧、上、中、下"七等。大历十三年（778）苏州升为"雄"州，为当时江南唯一。

白居易在《登阊门闲望》诗中曾描述道："阊门四望郁苍苍，始觉州雄土俗强。十万夫家供课税，五千子弟守封疆"。除了户口众多之外，谈到苏州的富庶和繁雄时，他也评介道："雪溪殊冷僻，茂苑（今苏州）大繁雄。唯此钱塘郡（今杭州），闲忙恰得中"。由于人口增长迅速，刺史王仲舒到苏州后首先做的一件事，便是把民居的茅屋草顶改为瓦顶。因为从前人口稀少，民居大多不相邻，起火不会延烧。然唐时坊市已鳞次栉比，为防止炊烟缭绕迸出火星，便作此预防。

唐代苏州城市风景到底有多精彩？诗人是这样描述的，杜荀鹤云："君到姑苏见，人家尽枕河。古宫闲地少，水巷小桥多"，苏州小桥流水人家的水城风貌已跃然纸上。李商隐道："茂苑城如画，阊门瓦欲流。还依水光殿，更起月华楼"，这分明是在说苏州繁华富丽的建筑景观，恰似琼楼玉宇，美不胜收。刘禹锡云："二八城门开道路，五千兵马迎旌旗"，伍子胥建城时的八座水陆城门此时统统开启，河道街衢畅通无阻，五千兵马立队旌旗高展，这又是一幅何等壮观热烈的场面啊。记叙苏州城市最传神的还应数白居易的一系列诗文了，"绿浪东西南北水，红栏三百九十桥"，城内有桥三百九十座，数量与今日相差无几，且唐时木桥居多，故桥栏都要用朱漆涂上，水城、桥城风光盎然。"处处楼前飘吹管，家家门外泊舟航"，这又是一幅多么优雅祥和的水巷生活场景。白公还登上子城齐云楼遥望，"半酣凭槛起四望，七堰八门六十坊。远近高低寺间出，东西南北桥相望。水道脉分棹鳞次，里闾棋布城册方。人烟树色无隙罅，十里一片青茫茫"。从中可以解读出，苏州有八座水陆城门和六十个里坊，水城门外建有七道挡水的堤堰，佛寺宝塔高低错落远近辉映，东西南北桥梁遥相呼应，水巷河道里舟船来往如织，里坊街市纵横交错，就如同棋盘一样规整严密。放眼望去，但见十里人烟繁闹，一片树色苍茫。这就是一千两百多年前被称之为"人稠过扬府，坊闹半长安"的江南名城苏州！

诗人魂牵苏州

面对如此一座诗意无限，摄人心魄的城市，无数人都魂牵梦绕为之倾倒。白居易在送刘禹锡赴任苏州时说："何似姑苏诗太守？吟诗相继有三人"。诗人韦应物、白居易、刘禹锡先后任过苏州刺史，他们都将这段经历视为人生幸事，经常作诗怀念，并各以"苏州"作为自己的别名，这已成为诗坛的一段佳话。无独有偶，在唐代到苏州作过刺史的一般都喜欢称之为"某苏州"，其中有记载的就有四个李苏州，他们是长庆二年的李义，长庆四年的李谅，太和年间的李绅和开成二年的李道枢。

韦应物离任后即寓居城内永定寺，并终老于苏州。白居易离职后也一直牵挂苏州，作诗云："扬州驿里梦苏州，梦到花桥水阁头"，并将自己一生所录《白氏文集》珍藏于苏州南禅院千佛堂。多年后他回到洛阳，在《忆旧游》中再次回忆江南胜事，"江南旧游凡几处，就中最忆吴江隈。长洲苑绿柳万树，齐云楼春酒一杯。阊门晓严旗鼓出，皋桥夕闹船舫回。六七年前狂烂漫，三千里外思徘徊"。白公对苏州一往情深，诗文读来，至今仍催人泪下。

此外还有李白，对苏州也情意绵绵，他的那首《苏台览古》，"旧苑荒台杨柳新，菱歌清唱不胜春。只今惟有西江月，曾照吴王宫里人"，借助于苏州的历史典故和人文景观，抒发了对于朝代盛衰兴亡的无限感叹，也正是因为这首诗的出现，为中华词坛创造出了一个新的词牌名称，那就叫《西江月》。

宋元平江　天上人间

州学源远流长

宋仁宗景祐元年（1034），范仲淹（989－1052）出任苏州知州。范仲淹为唐朝宰相范履冰之后，唐末四世祖范隋在江南做官，中原战乱，子孙遂为"中吴"（苏州）人。范仲淹来苏后在南园买下一块空地，准备建宅居住。风水先生说此地居卧龙街（今苏州人民路）之首，在龙首之地建宅，将来子孙定会科甲不断，世代将连出公卿。范却说，与其我一家出贵人，还不如让天下之士都来这里接受教育，当出更多公卿。于是献地兴造学舍，奏请建立州学，并聘泰州名儒胡瑗前来讲学。各地英才闻之纷纷来学。胡瑗讲学不仅重视经学理论，而且讲究治事能力，授以治兵、水利、算数等实用知识与技能。他主张学以致用，培养具有实际才干兼识并收的通才。这种主张全面发展的教学理论得到了范仲淹的推崇，在后来的"庆历新政"中，范仲淹不仅将州县办学作为新政重要内容，由朝廷颁布兴学诏书推向各地，而且还奏请将胡瑗的教法著为太学令，全面推广。由于胡瑗曾在苏州、湖州两地教学，因此又称苏湖教法。范仲淹的苏州办学与胡瑗的苏湖教法在中国教育史上均具有开创意义，吴地崇文重教也由此蔚然成风，故自宋以后的一千多年里，苏州人才涌流不绝。

城乡物阜民丰

吴越国时钱氏十分重视水利建设，"五里七里为一纵浦，七里十里为一横塘"，用开挖沟渠的泥土修筑塘堤，并设置堰闸斗门，形成圩田相连，水网密布，区域协调的庞大排灌系统，为农业发展奠定了基础。北宋雍熙年间，诗人王禹偁（954－1001）出任长洲知县，为减轻当地田赋重税，奏请朝廷改吴越国亩税三斗的旧规，减免至亩税一斗，为苏州农业发展与百姓富裕做了铺垫。宋时江南农业生产采取了二熟制，即早稻和麦子，粮食产量得到了很大提高，亩产可达五六石。北宋时"国家根本，仰给东南"，"苏湖熟，天下足"已成为当时的谚语。

　　北宋一朝，苏州上承吴越国七十年安宁，又连绵一百六十余年太平盛世，城市之富，甚于唐代。在城市建设方面，在城区不仅将唐时草棚瓦顶的民居换成了砖墙房屋，而且连近郊窄巷里的建筑也都用砖砌就，显得整洁雅致。水巷河道上的桥梁也都弃用木质而采用石料构建。登高俯瞰，但见寺庙新建，宝塔重修，园亭林立，城郭填溢，楼阁相望，飞桥如虹，蔚为壮观。从遗存至今的瑞光塔、双塔和上方山楞伽寺塔等古迹上，人们似乎仍能寻觅到那个繁盛年代里苏州瑰丽多彩的影子。南宋范成大（1126－1193）编纂的《吴郡志》中已出现了"天上天堂，地下苏杭"的谚语，这应该就是"上有天堂，下有苏杭"的出典。

重建平江城坊

　　然而正所谓福兮祸所伏，太平日久之后，北宋开始衰亡。在导致北宋灭亡的过程中，有一个苏州人起到了推波助澜的作用，他就是朱勔（1075－1126）。宋徽宗朝政腐败，穷奢极侈，大兴土木建造园林，在苏州设苏杭应奉局，命"花园子"朱勔专门为朝廷挑选运载"花石纲"。朱勔在太湖诸岛大量开采湖石，并在江南大肆搜刮民间花木奇石，激起民怨沸腾，爆发了宋江起义和方腊起义。北方金兵趁机挥师南下，后来钦宗即位，尽管将祸国殃民的蔡京、童贯、朱勔等六贼贬谪，并将童贯、朱勔杀掉，但北宋王朝还是灭亡了。

　　靖康之变后宋高宗赵构即位，南宋建炎四年（1130）二月金兀术率军在攻掠临安（今杭州）回师途中进犯苏州，从盘门直入城中，劫掠官府民居，子女金帛，仓库积聚，纵火延烧，凡五昼夜，二百里外犹见烟焰。士民躲避不及，惨遭屠戮者十之六七，事后收尸，死难者近三十万之众。建炎浩劫，令"风物雄丽，为东南之冠"的苏州城旦夕之间一城殆空，凡地面上几无一碑一刻之遗，尽成废墟。毁灭之惨烈，古今所无！

建炎之后历任知府相继重建城池，大兴土木，整修府署，重建子城楼亭，并在古胥门构姑苏馆，筑姑苏台，辟百花洲，以作接待宾客的馆阁。时宋高宗有意将都城从临安迁至苏州，故曾按照都城要求进行重建，街巷布局已具雏形，一改唐时城市住宅区和商业区分割的坊市格局和里坊制度，取而代之的是街巷制，即巷内建宅，巷外街道则沿街设店，以作商市，跨街再建牌坊。街巷路面则以石板铺就，下设泄水沟渠。"天下最美苏州街，雨后著绣鞋"，人们就是这样来称赞当时苏州洁净雅致的街巷的。

这是中国古代城市市容的一次新变化，对以后的元大都和明清北京城的城市布局都产生了重大影响。除此之外，苏州还以商店、作坊和民居均为前街后河，拥有水陆两套交通网络而更具特色。经过将近一个世纪的重建，苏州终于以繁华宏丽的面目再度矗立于世。宋绍定二年（1229）知府李寿鹏镂刻《平江图》，这块罕见的城市实测图碑，将宋代苏州城市的形态永远定格在了历史之中。将近八百年过去了，人们发现，今天的苏州城市格局，竟然与当年的《平江图》如出一辙，惊人的相似！

平江海运空前

连年战乱导致大运河山东段淤塞，元朝立国后，为此开辟了海运。首先通过海道运输漕粮，其中有朱清和张瑄，被朝廷委以重任，侨居太仓负责漕运事务。起初每年运粮至京都4万吨，后增至300万吨。元初，海舟巨舰可经吴淞江、青龙江（今上海青浦附近）取道直抵苏州城东葑门湾停泊，葑门外墅里泾一带还建有海船修造场坞。海运的发展也带动了海外贸易，使得苏州沿江沿海的常熟白茆港和太仓刘家港迅速兴起，尤其是刘家港，自至元二十四年（1287）朱、张两人疏浚至和塘（今娄江）直通苏州后，从元以前"居民不满百"的荒村一跃而成为"番汉杂处，闽广混居"的"六国码头"，琉球、日本、高丽诸国海船都齐集于此，太仓人口也猛增至 40000 多户。至正二年（1342）朝廷设市舶分司于太仓城厢镇武陵桥北，专掌番货、海舶、征榷、贸易。海上贸易的活跃推动了江浙地区手工业和商业的发展，苏州物产丰富，船户众多，出海方便，故元代经商者多巨富，著名者便是靠海运经商富可敌国的昆山人沈万三。

由于海运发达，城市繁荣富庶，意大利旅行家马可·波罗是这样描绘这座城市的，"苏州城漂亮得惊人，居民生产大量的生丝制成的绸缎，不仅供给自己消费，而且还行销其他市场。他们之中有些人已成为富商大贾。这里人口众多，稠密得令人吃惊。这里的商业和手工艺十分繁荣兴盛。有许多医术高明的医生，善于探出病根，对症下药。有些人是学识渊博著称的教授，或者是哲学家。"他还评介说："苏州人民性善良怯懦，他们只从事工商业，在这方面的确相当能干。如果他们的勇敢和机智一样优越，就凭他们众多的人口，不仅可以征服全省，而且还可以放眼图谋更远的地方。"

明代苏州　　流金溢彩

阊门洪武赶散

多少年来，在纵横数百公里的扬州、泰州、淮安、盐城等苏北大地上，许多人都自称祖先是在元末明初时候来自苏州的阊门，因此当地人都把睡觉叫作"上苏州"，希望能够梦回故乡。1980 年上海交大历史系曹树基教授在苏北 10 个县展开调查，结果发现在大丰县 18 种族谱中，有 14 种明确记载祖先于元末明初从阊门迁入。顾颉刚在《苏州史志笔记》中也谈到，兴化人祖籍多苏州。

在如此广阔的土地上，人们都异口同声地说祖先来自苏州，这就不可能是集体臆造，而应该是历史的真实。

朱元璋攻下苏州后，不惜采用各种手段，征服、屠杀、籍没、强迁大量苏州和江南诸府人户，填充安徽凤阳和苏北淮扬等地，此中既有豪门巨族，也有一般中产人家，民间称之为"洪武赶散"。有人认为朱元璋如此做法是为了报复苏州人曾经帮助了张士诚。此说不无道理，但客观地讲，在经过连年战乱之后，苏北等地人少地荒，同时也为了铲除江南原有的社会经济基础，确保东南稳定和国家赋税收入，朝廷此法当为国策，其范围涉及苏州、松江、杭州、嘉兴、湖州五府，总数约40多万人，之后便将这些人的田地没收为官田，使之成为国有土地。

这些人背井离乡，来到苏北平原，跑马为地，插草为标，开垦荒地闲田；或者煮海为盐，从事其他营生，重新开始生活。明顾公燮在《消夏闲记摘抄》中也说，"徙江南富民十四万以实凤阳，私归者有重罪"。由于当年的移民都集中到苏州，再从阊门码头启程迁往各地，故阊门日后便成为仅次于山西洪洞县大槐树之后，中国第二个寻宗之地。六百多年后的今天，当苏州市金阊区政协发起"阊门寻根"行动，便在江淮大地上激起了强烈的回响，其情切切，催人泪下，感人至深，虽历经漫长岁月而仍不磨灭。阊门，已成为千百万移民后裔们心中永远的根！

郑和七下西洋

位于长江入海口的太仓刘家港，因地处江南财富之地苏州之东，自元代通番贸易兴盛之后，外商云集，百货齐备。明永乐时国家强盛，明成祖主张"内安诸夏，外抚四夷"，派遣使臣邀好海外和四邻诸国，命郑和为钦差正使宣慰各国，启航出使西洋。自永乐三年（1405）起至宣德五年（1430），郑和七次从刘家港起锚远航，并又都以此作为收泊之地。如今，郑和的塑像和他第七次下西洋时撰立的《娄东刘家港天妃宫石刻通番事迹记》都矗立在太仓天妃宫内的郑和纪念馆。

　　曾随郑和四下西洋的昆山人费信通晓阿拉伯语，信奉伊斯兰教，在郑和使团中担任通事教瑜，南洋群岛中的费信岛就是为纪念他而命名。费信著有《星槎胜览》4 卷，记录了下西洋时 40 国的风土人情，其中占城国、交栏山、暹罗国、爪哇国、旧港、满剌加国等 20 国是亲身经历，是重要的中外交通史资料。

吴中黄金百万

　　苏州经济于成化年间（1465—1487）开始兴旺，手工艺发展迅猛，东北半城，丝织工匠比户习织，机户不下万家，生产出的苏缎、宋锦、缂丝等高档丝织品闻名海内外。苏州织造局则专门生产特供皇室与朝廷的龙袍和衣着装饰等产品。隆庆、万历后宫廷还通过苏州织造局征役工艺名匠，生产各种工艺美术品，故明代的苏州手工艺产品无不出类拔萃，如今已被世人冠之以“苏”字头的如刺绣、缂丝、玉石象牙雕刻、装裱、乐器、制扇、漆器等产品几乎都是在明代形成的，其中的“明式家具”更成为中国传统工艺文化中的一颗明珠。

　　明代苏州因地理位置通江达海而成为国内著名的工商业城市，创于明万历中期的孙春阳南货店因其店铺如州县署衙分为诸房，有南北货、海货、腌腊、酱货、蜜饯、蜡烛六房，售者由柜上给钱，取一票，自往各房发货，生意由总管者统一掌纲。这种经营模式已被当今众多学者考证为“中国资本主义萌芽商业资本的一个典型”。城西的阊门、南壕、山塘至枫桥沿运河一线列肆二十里，成为丝绸、棉布、粮食、百货、洋贸以及南北货的商业集散大市场，其中枫桥是全国最大的米豆市场，阊门绸缎肆坊也甲于天下，各路绸商无不以吴阊为绣市，阊门外则是青蓝布匹踹染加工和贸易的中心，阊门由此被喻为天下第一码头，闽、浙、广、徽、晋、鲁等地商人纷纷来此设立会馆。而此时苏州洞庭商帮的王氏、席氏、沈氏等家族也开始走南闯北，壮大实力。这时的苏州，俨然已成为全国财源滚滚的商业中心，唐寅在《阊门即事》中曾形象地描述道，"世间乐土是吴中，中有阊门更擅雄；翠袖三千楼上下，黄金百万水西东。五更市买何曾绝？四远方言总不同。若使画师描作画，画师应道画难工。"

商品经济的发展促进了城乡民众致富，并引发消费和社会风俗的变化，影响所及，使苏州成为天下倾慕与效仿的时尚中心。明末旅行家王士性在游历了很多地方之后这样说道，"苏人以为雅者，则四方随而雅之。俗者，则随而俗之"。

姑苏文采飞扬

明代的苏州文化如日中天，铺天盖地，浩浩荡荡，英才俊杰也如群星璀璨。明初湘城奇僧姚广孝（1335－1418），作为燕王朱棣的心腹，出谋划策帮助他登上了皇位，由此才出现了日后的永乐迁都北京和郑和下西洋以及编纂《永乐大典》等一系列重要历史事件。香山帮匠人蒯祥（1398－1481）在北京参加了皇宫和天安门的设计与建造，并参与重建故宫三大殿工程，官至工部侍郎，人称"蒯鲁班"。

明初吴下也多诗人，高启、杨基、张羽、徐贲互为诗友，都由元入明，诗多怀旧、题咏之作，称"吴中四杰"，其中尤以长洲人高启博学工诗，才华横溢。古文大家昆山人归有光（1506－1571），虽八次考进士不第，却好太史公书，得其神理，学徒常常数百，人称"震川先生"，是"唐宋八大家"与清代"桐城派"之间的桥梁。文坛领袖太仓人王世贞（1526－1590）以诗文闻名，成为"后七子"时代的文坛领袖。通俗文学家长洲人冯梦龙（1574－1646）一生主要从事小说、戏曲、民歌、笑话等通俗文学的创作、搜集、整理、编辑，为我国的文学发展作出了独特贡献，著作有《喻世明言》《警世通言》《醒世恒言》等70余种，其搜集整理的民歌《山歌》、《桂枝儿》时人称为"我明一绝"。

苏州素以美术家众多著称，据徐沄秋《吴门画史》载，西晋到清末有画家 1200 余人。明代中叶后，美术创作进入最繁荣时期，沈周、文徵明、唐寅、仇英等绘画大家相继在画坛出现，被尊为"明四家"。沈周、文徵明的门人和子侄辈陈道复、陆治、周文晷、王毂祥、文嘉、周天球、文伯仁、钱毂、陆师道、谢时臣、居节等人也都享誉画坛。一地同时出现这么多的名画家，实为中国美术史所罕见，后世人称之为"吴门画派"。吴门大师兼通诗、文、书、画、篆刻，他们的画富有书卷气，追术典雅隐逸，故有人称之为"文人画"。吴门画派的最盛期历天顺、成化、弘治、正德、嘉靖、隆庆到万历中期，约 130 余年。在这之后直到明末，名画家仍不绝如缕，有明一代，画家竟有 800 名之多。吴门画派堪称中国古代画史上规模最大的一个流派，其影响力一直延至清代，乃至于今天，仍然盛而不衰。

此外，苏州的书法篆刻艺术也名家辈出，徐有贞、吴宽、王鏊、祝允明等吴门书派也在中国书法史上占有重要地位。常熟人毛晋的刻书则被认为是"古今绝作"。有着"南桃北柳"之称的苏州桃花坞木刻年画与天津杨柳青齐名，至明代已形成独特的工艺制作程序，出产年画上百万张，销往全国以及南洋等地，并对日本浮世绘艺术产生过很大影响。

明代的苏州文人不仅才华出众，而且积极参与政治活动。以太仓人张溥、张采为首的一批文人于崇祯二年（1629）成立了复社，继承东林遗绪，坚持和阉党斗争，成员多时达 2000 余人，声势遍及海内，明亡后复社文人成为抗清复明斗士，死难殉国者不计其数。

昆曲委婉悠扬

元末明初，产生于昆山一带的南曲腔调经过整理改进，形成昆山腔。嘉靖年间，魏良辅（1489－1566）费时近十年，改革昆山腔的声律、唱法，吸取海盐腔、弋阳腔等南曲长处，以曲笛、萧、笙、琵琶、弦子为伴奏乐器，在唱法上讲究平上去入，抑扬顿挫，启口轻圆，收音纯细，旋律上悠远流畅，形成了委婉动人、细腻优雅的水磨调，通称昆曲，魏良辅就此有了"曲圣"和"昆曲之祖"的称誉。梁辰鱼（约1521－1594）在此基础上继续改革昆腔，编演了第一部昆腔传奇《浣纱记》，将昆曲变成了昆剧。昆山腔由此发扬光大，渐居南戏声腔之首，迅速流传，甚至出现了"天下歌曲，皆宗吴门"的局面。擅长诗文翰墨的张凤翼（1527－1613）尤善谱曲，他肆力著述，创作了传奇《红拂记》等作品，盛传于世。万历末，昆曲从长江三角洲流传北京、福建、江西、广东、湖广、四川、河南、河北等地，至清代中叶，原来的北曲消亡，昆曲成为全国性声腔剧种，很多剧种都在它的基础上发展起来，故昆曲亦被誉为"百戏之祖"。

山塘义风千古

明天启六年（1626），阉党魏忠贤专权，其亲信江苏巡抚毛一鹭勾结苏杭织造太监李实仗势欺压盘剥苏州百姓，并上疏诬陷忠正耿直、疾恶如仇的吏部员外郎、东林党人周顺昌。魏忠贤派东厂缇骑到苏州逮捕周顺昌，激起士民愤慨，一时万人云集，冲进官衙当场打死缇骑一人，并抗议加派捐税，掀起了一场声势浩大的市民抗暴斗争。巡抚毛一鹭吓得躲了起来，事后他向朝廷报告"吴人尽反"。朝廷派兵镇压，市民颜佩韦、杨念如、马杰、沈扬、周文元五人为保护众人挺身投案，五人被绑赴闾门吊桥，就刑时相顾谈笑，并痛骂毛一鹭，引颈就刃，慷慨赴义。周顺昌也被逮入京受酷刑死。第二年八月，崇祯皇帝即位，逮治阉党，魏忠贤畏罪自杀，周顺昌等也得到昭雪。苏州百姓愤怒地把毛一鹭在山塘为魏阉所造的"普惠生祠"拆毁，葬五人义骨于废基，立碑大书"五人之墓"。名士杨廷枢题"义风千古"坊，耸立墓前。复社领袖太仓人张溥有感于五义士"激昂大义，蹈死不顾"的英勇气概，撰写了《五人墓碑记》，赞扬五义士高风亮节，后被选入《古文观止》，传颂广泛，成为不朽名作。

清代姑苏　　盛世繁华

帝王南巡驻跸

康乾盛世，苏州作为那个时代中国最繁荣的经济文化中心，迎来了两朝帝王十二次南巡。两位帝王在苏足迹遍及古城和虎丘、山塘、灵岩、天平、支硎、寒山、穹窿、光福等诸多名胜。康熙讲求程朱理学，注重史治，故南巡至苏州，一路勉励官员要勤政廉洁，关注民生。他所褒奖的历史人物也大都与此有关。他允从地方人士请求，御书"至德无名"匾额悬于泰伯庙，御书"济世良相"匾额悬于范仲淹祠，御书"让德光前"匾额悬于吴季札庙，御书"坡仙遗范"匾额悬于苏轼庙。

乾隆则对山水风物更感兴趣，在苏州留下了几十首咏吟吴中胜迹的诗歌。在山塘，他不仅写下了"山塘策马揽山归"的诗句，而且还对此间景物情有独钟，当他生母钮祜禄氏皇太后七十寿诞时，送的贺礼便是仿照山塘街在圆明园建了一条苏州街。乾隆六次游历光福香雪海，五次均以旧韵作《邓尉香雪海歌》。他登临穹窿山，纵览八百里太湖，写下了《望湖亭望湖诗》。乾隆推崇赵宋王朝后裔、明代高士赵宧光，六次临幸赵宧光买山葬父，携妻守墓的寒山岭，并题诗三十余首，甚至还将山中"千尺雪"胜迹复制于承德避暑山庄。光福的香雪海梅花和洞庭东西山的碧螺春茶叶更因乾隆的赏识题词而一举成名。

手艺巧夺天工

苏州手工艺之精妙，数千年来独领风骚。早在史前时期，便出土了造型生趣、神气精灵的玉璧、玉琮等玉器和陶器、漆器等原始工艺品。春秋时干将莫邪铸剑，吴国青铜器独树一帜。六朝至隋唐佛像雕塑、丝绸、刺绣、琢玉、制瓷、刻版工艺、金银器均达到了很高水平。宋元之后更以品种丰富多彩、技艺精湛而蜚声海内，刺绣、缂丝、宋锦、灯彩、泥人、扇子、苏裱、笔砚等受到了朝廷和社会上层人士的重视和青睐。清康熙、乾隆年间则达到了有史以来最鼎盛的时期，无论官营工场还是私营作坊都得到了极大发展。

在丝绸行业，官办手工工场以设在带城桥东北的苏州织造局为代表，共设有花素织机400张，机匠1160名。另外还在明朝织造局旧址增建织造北局，也有花素织机400张，机匠1170名。官营之外，民间丝织业也得到了充分发展，《长洲县志》载，乾隆年间，苏州"东城比户习织，专其业者不啻万家"。

被誉为我国"四大名绣"之一的苏绣，早在春秋时即有记载，至宋代技艺更有了长足的进步。明万历间张应文在《清秘藏》中言："宋人之绣，针线细密，用绒止一二丝，用针如发，细者为之，设色精妙，光彩射目。山水分远近之趣，楼阁具深邃之体，人物具瞻眺生动之情，花鸟极绰约噱咮之态，佳者较画更胜"。

光绪年间，吴县人沈寿（1874－1921），研究刺绣针法，创造出近10种新的针法，她吸收绘画中明暗原理，注重物象的逼真，表现物象的立体感，创造出仿真绣法，成为欣赏性绣品最基本、最主要的表现形式。慈禧太后70寿辰，沈寿献上"八仙上寿图"、"无量寿佛"两幅寿屏，慈禧赞为绝世神品，书"福"、"寿"两字，分赠余觉、沈寿夫妇俩。

清代苏州四郊许多乡镇"家家养蚕，户户刺绣"，城中绣庄150余家，城乡绣工多达4万余人，故苏州又有"绣市"之称。城内许多行业相聚各处，形成了专业生产和集贸的街巷，如绣线巷、绣花弄、蚕丝弄、苏绣里、珍珠弄、赛金巷、赛银巷、蓆场弄、穿珠巷、铜匠浜等。

另外还有缂丝，是中国古老、独特的一种传统织造工艺，通过"通经断纬"方法做成的缂织书画，风格别具一格，极为精美，被誉为"织中之圣"。苏州缂丝自南宋以后盛名全国，成为主要产地。明代王琦《寓圃杂记》称，成化、弘治间，吴中"缂丝累漆之属，今皆精妙"。至清代，苏州缂丝仍昌盛不衰，苏州织造局自乾隆二十年（1755）起，至光绪十二年（1886），即办解缂丝品 26 批到京城，每批多时达一二百件，织物主要是蟒袍、马褂和补子等。

苏州的书画装裱技艺也一直居于全国同行业的榜首，北宋时著名书画家米芾家里就已有专作装裱的苏州匠人。明周嘉胄《装潢志》云："装潢能事，普天之下，独逊吴中。"至清代，苏裱更是名家辈出，乾隆时有"装潢竞重苏工"之说。

已被列入江苏非遗项目的苏扇，自晋到宋，已成百姓家寻常之物，宋代陆游有"吴中近来君知否? 团扇家家画放翁"的诗句。经元历明到清，不仅团扇、宫扇颇负声誉，且又以吴制的折扇闻名四方。

此外，苏州还有制作红木家具和小件的民间作坊逾 60 家，玉器作坊多达 830 余家，阊门一带比户可闻琢玉之声，吊桥堍遍设琳琅满目的玉器市肆和商摊。乾隆曾写诗称赞专诸（穿珠）巷制作的玉雕说，"相质制作施琢剖，专诸巷益出妙手"。

乾隆《元和志》云："吴中男子多工艺事，各有专家，虽寻常器物，出其手制，精工必倍于他所。女子善操作，织纫刺绣，工巧百出，他处效之者莫能及也"。由于制作精美，所以各地都以苏人马首是瞻，"破虽破，苏州货，"成为当时人竞相夸耀的一句俗语。

园林出神入化

苏州园林溯源于春秋，发展于晋唐，繁荣于吴越两宋，全盛于明清。春秋吴王始建苑囿别馆，以行猎游息。寿梦凿夏驾湖，阖闾始营姑苏台，长洲苑。六朝以来寺观大兴，宝塔佛阁，莲池乔木，其园亭多具庄严静穆，不事雕饰之胜。唐代衙署宅寺俱好叠石赏玩，北宋朱勔父子原以善治园圃叠石知名，勔败后其子孙居虎丘，以种花叠石为业，可见宋代造园成风，已出现专业工匠。明中叶至清中期，苏州号称半城园亭，先后累计达 300 余处，其中宅园占总数90%以上。尤其出现了造园理论专著《园冶》（计成著）和《长物志》（文震亨著），总结苏州造园艺术。

清代苏州园林艺术"化实物为艺术，化艺术为自然，化景物为情思"，已达到了炉火纯青的境界。苏城现存的古典园林多系清代后期重建，但其艺术风格与造园手法多继承旧制，在城市环境及住宅的有限空间中，运用理水、叠山、建筑、花木以及铺地、陈设诸要素取法自然，因地制宜。

在已被列入世界文化遗产名录的九处园林中，沧浪亭建于宋代，诗人苏舜钦贬官移居苏州，以四万钱购得五代吴越国广陵王钱元璙南园旧地而建。狮子林建于元代，乃天如禅师维则在苏弟子将金兵入关未及运走的宋徽宗时部分花石纲遗石构筑。拙政园乃明代御史王献臣建，太平军入苏，作李秀成忠王府，李鸿章云"忠王府琼楼玉宇，曲栏洞房，真如神仙窟宅"。留园始建于明代，太平军后荒芜不治，同治年间售于湖北布政使常州人盛康。艺圃，建于明代，文徵明曾孙文震孟状元及第后购得，称药圃。明末莱阳人姜埰寓此，子姜实节改名艺圃。网师园，清乾隆年间，光禄寺少卿宋宗元在南宋万卷堂故地另建别业，以作归老。民国年间张大千、张善孖兄弟住园内，曾蓄一幼虎，并常以虎姿入画。陈从周称赞此园"在全国园林中亦属上选，是以少胜多的典范"。环秀山庄，清乾隆年间为刑部员外郎蒋楫所得，园仅一亩，书厅前假山一座，最为著名，为常州叠石高手戈裕良杰作。陈从周称"环秀山庄假山允称上选，叠山之法具备。造园者不见此山，正如学诗者未见李杜"。耦园，同治十年按察使湖州人沈秉成因病寓吴，购得涉园废址，聘画家顾沄等筹划，又扩地增建西花园。民国年间史学家钱穆曾携家眷居此。退思园，位于吴江同里镇，安徽凤颍六泗兵备道、同里人任兰生被参劾罢官回乡所建，园内建筑皆贴水，体量小巧，故又被称为"贴水园"。除此之外，尚有怡园、曲园、鹤园、听枫园、畅园、柴园、可园、慕园、残粒园、北半园、南半园、惠荫园、五峰园、塔影园等数十处精致园林，就如同珍珠般散落在苏州的大街小巷。有人以为苏州园林景色一切都恰到好处，此非上帝不能为之，故赞叹苏州园林真乃上帝所赐杰作也！

状元文盛天下

清代苏州又一个登峰造极的文化现象是科举，清代全国共录取状元 114 名，苏州府即有 26 名，占全国状元数的 22.81%，占江苏全省总数的 53.06%，是名副其实的"状元之乡"。在这些人中有祖孙状元长洲彭定求、彭启丰；元和陆肯堂与七世孙陆润庠。叔侄状元吴县吴廷琛、吴钟骏；常熟翁同龢、翁曾源。同胞三鼎甲的是昆山徐乾学、徐秉义、徐文元兄弟，两个探花一个状元，史称"前明三百年所未有"。一门两鼎甲的有吴县状元潘世思与子探花潘祖荫；吴县状元缪彤与子榜眼缪曰藻；长洲状元彭定求与堂弟探花彭宁求；长洲探花明代王鏊与裔孙清代状元王世琛等。此外还有长洲钱棨，乡试解元、会试会元、殿试状元，连中三元，且在此之前县试、府试都为案元，入长洲县学秀才则是泮元，如此六元，自古未有。

在状元中潘世恩（1769 - 1854）官至军机大臣，一生经历乾隆、嘉庆、道光、咸丰四朝，荣耀备至，曾力荐林则徐出任两广总督，赴虎门禁烟。乾隆朝状元毕沅（1730 - 1797）官至湖广总督，历 20 年主持编撰了《续资治通鉴》220 卷，与司马光《资治通鉴》相衔接，成为编年体的宋、辽、金、元史，受到学术界的瞩目。同治七年（1868）状元洪钧（1839 - 1893）官至兵部左侍郎，光绪年间出使俄、德、奥、荷四国时，根据俄国人、伊朗人和亚美尼亚人编写的史书，考证补充《元史》，撰成《元史译文证补》30卷，首开了中国史学界利用外国资料研究元史的先例。此外，洪钧与妻赛金花的经历，也成为那个时代的传奇。苏州末代状元陆润庠（1841 - 1915）则在辛亥革命后作了末代皇帝溥仪的师傅。

文人士子拔萃

清代苏州文人士子众多，胆识才略卓越者遍布各个时期和各个领域。清初因保持气节而千古流芳者有昆山人顾炎武（1613－1682），"天下兴亡，匹夫有责"，两次参加武装抗清斗争，失败后行万里路，读万卷书，撰写了《天下郡国利病书》等著作，并在经学、史学、小学、金石考古、方志舆地以及诗文诸学上均有造诣，与黄宗羲、王夫之并称清初三大儒。常熟人瞿式耜（1590－1650）担任南明政权兵部尚书，留守桂林，坚持抗清，城破后英勇就义。因批点《水浒传》等六部著作而被誉为文坛奇才的吴县人金圣叹（1608－1661），因控告地方官贪腐暴虐，联络生员于顺治帝逝世之际在文庙哭庙，被清廷诬为谋反而被腰斩。

进入康乾盛世，昆山人徐乾学（1631－1694）充任《明史》总裁官和《大清会典》、《大清一统志》副总裁，并将诸书带归家乡编校。在经学研究方面，以吴县惠栋（1697－1758）和安徽休宁戴震为代表的古文经学派继承和发展了汉儒的训诂和考据方法，竖起"汉学"的旗帜，逐渐形成吴、皖两派，汉学由此得到复兴，且惠栋及其父惠士奇以及祖父惠周惕世代传经，都是著名学者。主掌苏州紫阳书院十七年的惠栋的学生钱大昕（1728－1804）又主张把史学与经学置于同等重要地位，以治经方法治史，历时近五十年撰成名著《廿二史考异》，吴派汉学由经转史，经钱大昕而达到了高峰。晚清民初，苏州经学领域最突出的代表是俞樾，其著述范围极为广泛，举凡经学、史学、方志、文学、诗词、戏曲、佛道、游艺、杂耍等无不涉猎，且卓有成就，章太炎称其为清儒中第一流大师。

清初画坛以"四王"著称，指的是苏州的四位王姓画家：王时敏、王鉴、王翚、王原祁，又称"江左四王"。因王翚为常熟人，其他三位乃太仓人，故被誉为清代虞山画派、娄东画派的开创者和领袖。他们之间有师友或亲属关系，艺术思想和绘画风尚同源异脉，并受到康熙皇帝的认可和提倡，被视为绘画中的正统派，从而创造了清代文人山水画的主流正脉。其中王翚奉诏主绘《康熙南巡图》，王原祁奉敕主绘康熙六十大寿的《万寿盛典图》，都盛极一时，称绝后世。"四王"在绘画界的影响深远长久，绵延至今。晚清著名画家元和人吴友如在上海主绘《点石斋画报》，内容以风俗、时事为主，对清廷的腐朽统治、外国资本主义的侵略以及人民的疾苦和反抗都有所反映，图画精妙，人称"圣手"。

清代苏州诗坛也是名人辈出，最引人注目的是以钱谦益（1582－1664）为首的虞山诗派和以吴伟业（1609－1672）为首的娄东诗派。这些明代诗人创作了众多的作品，其中虞山诗派对扭转明末清初形式主义诗文风格起了关键性的作用，直接促成了清初诗坛崇尚学问新局面的形成。以"梅村体"为主要特征的娄东派则在创作中以叙述史事为主，尤其注重描摹社会众生相，聚焦政治历史事件，所以诗多沉郁苍凉，低沉悲壮，饱含眷怀故国的深情，对整个清诗的发展起到了正确的导航作用。

在散文与小说方面，昆山人归庄（1613－1673）的散文酣畅雄恣，富有民族气节，著有《归庄集》，与顾炎武齐名，有"归奇顾怪"之称。长洲人尤侗将小说的笔法引入散文创作，描写生动，艺术风格上多有创造。长洲人毛宗岗（1632－1709以后）仿照金圣叹评改《水浒》的做法，假托得《三国演义》古本，对罗贯中原著加以删改。与原书比较，尊刘抑曹的正统观念明显加强，在表现技巧，文字修饰方面也有所提高。现在流行的120回本《三国演义》，就是毛宗岗修订的版本。光绪年间由吴江人金松岑和常熟人曾朴撰写的《孽海花》具有反帝爱国思想，为清末四大谴责小说之一，在近代文学史上占有重要地位。

鸦片战争后西学东进，苏州士人在第一时间见识到西方器物之精良和制度之优越，从而提出了改革的设想。有识之士中最为杰出的是吴县人冯桂芬（1809－1874），咸丰年间撰写了著名的政论文集《校邠庐抗议》，对一系列国计民生问题进言进策，建议

"采西学，制洋器，筹国用，变科举"等，明确主张"以中国之伦常名教为原本，辅以诸国富强之术"以雪耻自强，冯桂芬的改革思想在同时代的士大夫中最具远见。

清宣统年间吴江人陈去病、柳亚子等一批具有新思想的文人，在虎丘山下张公祠发起成立了 20 世纪中国第一个革命文学团体南社，由此起步，中国的传统文化开始步入了一个新的时期。同盟会成立于 1905 年，南社成立于 1909 年，人们曾经评论说，当年同盟会以武力革命鸣锣，南社以文事宣传击鼓，文武同举，这才造就出了史无前例的辛亥革命。

科学人才卓然

在科学和医学等领域，苏州人也有不俗的表现。康熙年间吴江人孙云球受传教士汤若望《远镜说》启发，别出心裁，利用苏州传统的琢玉工艺，以水晶为材料，成功磨制出各种凹凸透镜，制出了远视、近视眼镜和察微镜、千里镜、夜明镜、万花镜等 72 种光学仪器。他所著的《镜史》是中国人撰写的第一部光学著作，坊间工匠皆依照其法而仿制，从而开创了我国的光学手工业，苏州也因此成为清代全国的光学中心。清初吴江人王锡阐（1628－1682）致力于对天文历算的研究，他在吸收欧洲天文学精华的基础上，应用了当时刚传入的球面三角等新知识，提出了精确计算日月食的算法。其中月体光魄定向还为清政府编于康熙六十一年（1722）的《历象考成》采用，成为编算历法的重要手段。

清康熙、雍正、乾隆年间，苏州经济繁荣，社会稳定，医学界形成以叶桂（天士）、雷大升（允上）、薛雪、徐大椿等人为代表的"吴门医派"，医艺精湛，影响遍及全国。名医吴有性写成《温疫论》，开创了我国传染病学的先河。叶桂和薛雪对于温病学的研究，使苏州在温病学派理论和抗感染治疗学方面在相当长的时期，都居于国内领先地位。雍正十二年（1734），雷允上诵芬堂开业，不久苏州发生严重疫情，其所生产的痧药、蟾酥丸、诸葛行军散等细料丸散救人甚多，被誉为"神药"，成为最早出现的"吴门名药"。同治年间，雷允上诵芬堂开发出用于外症和咽喉炎症的六神丸新品种，为全国首创，不数年间行销全国。

民国吴县　新学兴起

中西文化合璧

民国建立，省府迁移，苏州裁府，降格为吴县。这时的苏州，城市地位虽然一落千丈，但众多文人和艺术家却在民主革命思想以及新文化的影响下，走出苏州，成为影响许多领域的骄子。经过五四新文化洗礼的叶圣陶（1894－1988）以表现人生社会为宗旨，创作了不少优秀小说、散文和童话，走上了新文学的道路。他没有迎合市民的口味，反而以引领和改造的姿态，反映底层人民的生活，表达他们的理想和追求，而与"礼拜六派"明显区别开来。其作品及活动体现了民国时期在苏州文艺领域的另一种变迁：新的民族民主革命文化思潮的涌现。

1927年郭绍虞（1893－1984）任教燕京大学，潜心研究古典文学，出版了著名的《中国文学批评史》。顾颉刚（1893－1980）于20年代高举疑古思想的旗帜，提出了有名的"层累地造成的历史观"，编纂出版了《古史辨》，轰动了整个史学界。一代曲学大师吴梅（1893－1939）对诗词、歌、赋、散文、戏剧等造诣精深，尤谙音律，精词曲，一生从事大学的词曲教学和研究，培养了一批国内外有声望的专家。

1914年周瘦鹃（1895－1968）与友人创办《礼拜六》周刊，由此出现了适合市民口味的"礼拜六派"，即鸳鸯蝴蝶派，这是在上海十里洋场出现的新通俗文学流派，其作者大都为苏州人或久居苏州者，如徐枕亚、徐卓呆、程瞻庐、包天笑、范烟桥、程小青、郑逸梅、陆詹安等等。周瘦鹃以撰写散文与短篇小说著称，同时作为"名编"，他在二三十年代几乎撑起了上海市民大众文坛

的"半月天"，推出了张爱玲、秦瘦鸥等著名作家。程小青（1893
－1976）翻译了英国作家柯南道尔的《福尔摩斯探案》，任东吴大
学附中国文教员期间创作的侦探小说《霍桑探案》，成为国内同类
作品中的杰出者。郑逸梅（1895－1992）则擅长笔记小品，记述
掌故轶闻，几十年一直为报刊撰写文章，被誉为"补白大王"。

　　创立于1928年的苏州美术专科学校在颜文樑（1893－1988）
主持下，系统地介绍了西方绘画的理论和技法，把油画、粉画、
铅画引入苏州，自此在苏州传统画与西洋画相互影响，争奇斗艳，
对全国的美术发展产生了深远影响。

　　清朝末年，西方现代医学传入中国，外籍传教士于光绪年间
在苏州开办了博习医院和福音、妇孺、更生等医院。辛亥革命后，
西医发展迅速，民国政府也在苏州建立了江苏公立医院专门学较
和附属医院等。时私人开办诊所也日益增多，至1936年，苏州已
有医院34所，西医101人，护士221人，病床810张，居全省之
冠。其中尤以博习医院最为著名，1916年医院开辟病理学科，
1917年装备X光机、显微镜、膀胱镜和验眼电镜等仪器。1926年
8月，美国外科专门医学院派员来做鉴定，确认博习医院为合格医
院，且谓"如此医院，全中国仅三四处而已。"

评弹遍及城乡

　　苏州自明代就有评话、弹词、清曲、南曲等说唱艺术。明末
清初用方言说唱的苏州评弹形成，它以说为主，"说法现身"，一
人多角，布景、道具、服装均出于一口，生、旦、净、末、丑都表
演于一身，噱、弹、唱、演多种艺术相结合，文学上叙事体与代言
体、散文与韵文相结合，具有自身完整的表演体系。

　　清乾隆南巡时苏州南词艺人王周士在御前弹唱，后随帝至内
宫演出，告病返苏后建立艺人行会组织光裕公所，从此苏州弹词
大盛，名家辈出。辛亥革命后，苏州评弹发展迅速，20年代评弹
艺人近2000人。这时在书目改编、创作方面卓有成就，出现了一

大批长篇书目，有朱少卿的《张文祥刺马》、李文斌的《杨乃武》、杨莲青的《包公》，陆澹安、姚荫梅的《啼笑因缘》，张鉴庭的《十美图》和《顾鼎臣》等等。

评弹流派唱腔大都形成于民国，且都以姓命调，主要唱腔有：俞秀山的俞调、马如飞的马调、陈遇乾的陈调、魏钰卿的魏调、朱耀祥的祥调、周玉泉的周调、夏荷生的夏调、沈俭安的沈调、徐云志的徐调等等。民国时期艺人在江、浙、沪之间走乡串街，到处演唱，余音绕梁，袅袅不绝。苏州评弹，成为那个时代江南城乡曲艺中的一朵奇葩。

近代工业兴起

清末国家面临内忧外患，有识之士主张利用西方先进生产技术富国强兵。同治三年（1864），江苏巡抚李鸿章在桃花坞大街建立苏州洋炮局，买下了英国阿思本舰队"水上兵工厂"的部分机械设备，生产枪弹和炮弹，苏州洋炮局成为中国第一个引进外国技术的兵工厂。

清光绪二十一年（1895），根据中日《马关条约》，苏州被辟为通商口岸。列强在苏设洋行、办工厂，掠夺原料，倾销洋货，苏州传统工商业遭受到沉重打击。时两江总督张之洞力主创办新式工厂，由丁忧在苏的原国子监祭酒、状元陆润庠担任苏州商务局办苏经苏纶股份有限公司总董，在盘门外筹建苏经丝厂和苏纶纱厂。其中苏纶纱厂有职工2200名，纱锭达2.2万枚，年产粗纱约1.4万件。据《中国近代工业史资料》云："苏纶纱厂与南通大生纱厂、无锡勤业纱厂等皆为中国纱业之先进，亦新工业之前导也"，在中国近代工业史上占有重要地位。1927年，严裕棠接管苏纶纱厂后增添发电机组，并自备电厂，纱锭也增至5.18万枚。1917年创建的振亚丝织厂与苏经丝厂在苏州率先将人造丝用于织绸，并改革工艺，制造出巴黎缎、古香缎等新品种，1925年有9只产品参加美国费城万国博览会，获最优等奖。东吴丝织厂创建于 1919 年，该厂生产的真丝熟织物具有特色，1931 年用电力机织造塔夫绸获得成功，在全国丝绸行业中颇有地位。1919 年投产的华盛造纸厂，其生产的 8 号黄板纸曾畅销国际市场。1920 年创办的鸿生火柴厂，其宝塔牌火柴因质量优良，跃为名牌产品。1934 年建立的太和面粉厂，也开创了苏州机制面粉的先河。

与此同时，金融业在苏州也得到迅速发展。至抗战前夕，苏州已拥有交通银行、中国银行、江苏银行、江苏农民银行、上海商业银行、苏州储蓄银行、江苏典业银业、吴县田业银业、信孚银行等 17 家银行。其中中国银行和交通银行系国民政府官办银行，控制着苏州金融业的命脉。

观前商市崛起

观前街因位于玄妙观前而得名，位于城中心，明清时还是条窄巷，游人虽多却商市不旺。1921 年中华基督教会在小公园和北局一带建造基督教青年会，设有高档浴室、理发室、电影院、弹子房、会食堂，还兼备中西大餐和西点咖啡。

由于华人基督徒大都是高级知识分子，颇善交际，与当地郡绅、殷富、权贵联系密切，故青年会成为苏州的社交场所和时尚中心。1928 年开明大戏院、大光明电影院竣工，1931 年苏州电影院落成，与大光明成为姊妹电影院，经常放映无声电影，还演出歌舞与滑稽戏。

1930 年观前街拓宽，两侧商家店铺纷纷改成欧式建筑或海派门面，观前街由此成为苏州最具特色的民国商业老街。1931 年苏州商会成立提倡国货委员会，经过考察在北局筹建国货公司，1934 年秋综合数十个部门的苏州国货公司大楼落成开业，轰动一时，成为江浙两省的首创。

受北局影响，其东北侧的太监弄也逐步兴旺，出现了三和茶馆、味雅茶馆、上海老正兴、功德林素菜馆、大春楼面馆、大东粥店、老宝和酒店及清真馆等，百多米长的太监弄顿时被饮食店占领，再加上观前街松鹤楼和北局丹凤楼以及青年会的大菜相互衔接，"吃煞太监弄"成为苏州的谚语。由观前街、北局和太监弄组成的观前商市，从此名满江南。

瞩目东吴大学

东吴大学于 1901 年 3 月 8 日在天赐庄正式开学，校舍次第落成，红墙绿树之间，欧式建筑高低错落美轮美奂。东吴大学是我国第一所与西方教育制度接轨的大学，其办学宗旨在于"为中国的年轻人提供西方标准的全面彻底的大学教育"。1906 年 6 月《东吴学报》创刊，这是国内最早的大学学报，比《北京大学月刊》和《复旦学报》都要早十年以上。东吴大学也是中国最早出现研究生教育的大学，1917 年即有硕士研究生毕业，同时东吴法学院也是中国最早的法学院。常熟人黄人（1866–1913）于光绪年间为东吴大学堂首位国文教习，所编《中国文学史》30 册也是中国最早的文学史著作。

1927 年杨永清（1891–1956）成为东吴第一位华人校长，此举也开启了全国基督教教会大学华人任职的新纪元。由于设施先进，治学严谨，又有众多知名人士前来授课，东吴大学成为民国时期国内著名的高等学府。教师中有民主革命家章太炎、法学家吴经熊、昆虫学家徐荫祺、会计学家潘序伦、经济学家吴大琨、作家苏雪林等。仅 1927 年至 1929 年期间，应聘到东吴法学院的国内知名教授就有胡适之、徐志摩、林语堂、张慰慈、潘光旦诸位先生。自清末至民国的五十年间，东吴大学为我国培养出了众多一流人才，其中有经济与人口学家马寅初、外交家顾维钧和杨公素、神学家赵紫宸、银行家贝祖贻、水利专家杨豹灵、昆虫学家吴经甫、诺贝尔物理奖获得者李政道、遗传学家谈家桢、语言学家许国璋、经济学家蒋学模、化学家顾翼东、国际大法官倪征燠名演员舒适以及蒋纬国等，此外民主人士赵朴初、费孝通、孙起孟、雷洁琼、董寅初等也都是东吴校友。

1949年4月27日，苏州解放。人民政府迅速荡涤旧社会遗留下来的污泥浊水，积极恢复生产，安定社会，随着土地改革、抗美援朝、镇压反革命运动的开展，人民政权得到了巩固，人们的爱国热情空前高涨，万众一心，百废俱兴。然而随之而来的反右斗争、"大跃进"乃至于"文化大革命"，社会的发展也走了很长一段弯路，直到1978年，全国出现了拨乱反正和改革开放的崭新局面。在苏州，乡镇企业异军突起，外向型经济突飞猛进，城市建设更以空前的规模加速发展，街坊改造、住宅和交通建设、园林和文物修缮、古城和古镇等物质文化遗产和非物质文化遗产的保护，都取得了令人瞩目的成就。随着1992年苏州高新技术产业开发区的建立，1994年中新合作苏州工业园区的启动，古城迎来了两千五百年历史上的又一次辉煌！

2004年在中央电视台"中国最具经济活力城市"评选中，苏州荣获"年度城市大奖"，其颁奖词这样写道，"一座古城，让世界读了2500年，它用古典园林的精巧，布局出现代经济的版图，它用双面绣的绝活，实现了东方与西方的对接。"

似水一样的胸怀，包含的其实是如火一样的激情。深沉的蕴涵，自有那震撼人心的力量！莫道人生代谢，世态炎凉，穿越过岁月无边的风云，千百年来，它的意志始终没有消沉。这就是苏州，与众不同的一座文化古城。

参考文献：

《苏州市志》. 江苏人民出版社，1995年1月第1版.
《苏州史纲》. 古吴轩出版社，2009年12月第1版.

"夫椒"新考

戈春源

春秋后期，吴越之间在夫椒发生了一场战争，结果以越王勾践失败而告终，越几被灭国。《春秋左传·哀公元年》："吴王夫差败越于夫椒，报槜李也，遂入越。越子以甲楯五千保于会稽，使大夫种因吴太宰嚭以行成。"夫椒在何地？自汉唐以来，形成聚讼。从大处而言有两说，一在太湖，一在越地。在两地之下，又有多种说法。今作如下辨析。

一

三国韦昭、晋杜预等主张夫椒在太湖。韦昭替《国语·越语》"（越）伐吴，战于五湖不胜"作注云："五湖，今太湖。"因为此次战争在太湖展开，故夫椒亦应在此地。杜预在《左传》注中直言："夫椒，吴郡吴县西南大（太）湖中椒山。"北魏郦道元《水经注》卷二十九"沔水"等条，同意韦昭之说，认为五湖即太湖，也就是《尚书》所说的震泽，亦即《尔雅》所说的具区，并说："湖有苞山，《春秋》谓之夫椒山，有洞室，入地潜行，北通琅邪东武县，俗谓之洞庭。"晋贺循《会稽记》云："夫椒山在太湖中，洞庭山西北。"唐杜佑《通典》亦认为，吴师伐越，败之于夫椒，"即太湖中椒山。"而《史记》裴骃集解引汉贾逵语："夫椒，越地。"司马贞在索隐中更言："贾逵云越地盖近得之，然其地阙，不知所在。杜预以为太湖中椒山，非战所。夫椒与椒山不得为一。且夫差以报越为志，又伐越，当在越地，何乃不离吴境，近在太湖中？"

二

自唐之后，两说并存，并不断争论。主张太湖说的有下列学人与著作。宋李昉等编《太平御览·江东诸山》："《左传》云，哀公元年，夫差败越于夫椒。今太湖别有夫椒山，下有大洞天宫，潜通五岳。"按：夫椒山，又名包山（苞山）今称洞庭西山（简称西山），"大洞天宫"应指林屋洞，为道教第九洞天。北宋乐史《太平寰宇记》所记与《太平御览》相同。但《太平寰宇记》在该书"常州武进县"条下又列夫椒山，谓吴王夫差败越于此。朱长文《吴郡图经续记》以为震泽（太湖）中的包山，亦称洞庭山，"鲁哀公元年，夫差败越于夫椒，盖即此山也。或曰太湖中别有夫椒山，盖与此山不远，可以通称。"南宋欧阳忞《舆地广记》："太湖中有苞山，亦曰夫椒山。《左传》'吴伐越败之夫椒'是也。山有洞室，入地潜行，北通琅邪东武，俗谓之洞庭。"范成大《吴郡志》在"洞庭包山"条下言"具区中有包山，洞庭地下，潜通琅琊东武山。山穴道，一名椒山。哀公元年，越败于吴王夫差于夫椒，即此是也。"以为包山又名椒山即夫椒。

明唐伯虎在《震泽烟树图》上所题"赠夫椒山人耿敬斋诗"："大江之东水为国，其中巨浸称震泽。泽中有山七十二，夫椒最大居其一。夫椒山人耿敬斋，与我十年为雅识。"把太湖中最大的山（洞庭西山、包山）直接称为夫椒山。明顾祖禹《读史方舆纪要》引《史记》、《通典》之文，以为包山即夫椒山。又引贺盾（循）之言，夫椒在包山的西北部。

明清以降，常州地方志及其他著作，多言夫椒山即太湖中马迹山（简称马山）或是附近二小山。康熙《常州府志》卷四："夫椒山，马迹山之从山也。相距不远，东曰夫，南曰椒。《左传》'吴王夫差败越于夫椒'，即是。"按：此二山又称大椒山，小椒山，见《太湖备考》。光绪《武进阳湖县志》《山水》："马迹山，在阳湖迎春乡。夫椒山，在马迹山南太湖中。"光绪《武阳志余》：

"堕山即夫山，椒山东北十余里，在小墅东南，今属无锡。"又：
"椒山在西青峉东南十余里湖中，西有小椒山如覆箕。"则夫椒是
夫山与椒山的合称。或说夫椒为一山，在马迹山之北。清金友理
在《太湖备考》卷四《记兵》中不仅同意杜预夫椒山在太湖包山，
而且亦认同夫椒即马山之说。他对宋建炎三年（1129）刘晏出奇
兵击败金兀术，"驻兵夫椒山"事，作了考证。他认为夫椒是马迹
山的通称，以马迹山人陈睿谟作《归夫椒山诗》作为重要证据。
又说："若谓是即东曰夫、南曰椒之'夫椒'，此二山甚小，岂能
驻兵？"直接否认了"夫椒"是夫与椒的合称。近人尤敦信在竹枝
词中，把包山缥渺峰称夫椒，有"缥渺夫椒浪拍天"之句。从上
可见，夫椒在太湖，具体亦可分四说，或谓夫椒在五湖（太湖），
或谓夫椒即包山、马山，或谓是马山前之两小山，或在马山之北，
又认为夫椒与椒山不是同一地，不能混淆。

　　力主夫椒在太湖的理由是，因于作于春秋的《国语》，明确说明
夫椒之战在五湖。五湖的说法有多种，而都在太湖流域。韦昭等
认为五湖即太湖的别名。李善注郭璞《江赋》引张勃《吴录》：
"五湖者，太湖之别名也。"唐陆广微《吴地记》引虞翻："太湖有
五道之别，故有五湖。"因太湖有五个通道，所以命名第二种说法
是指太湖附近的五个湖。《周礼·夏官·职方氏》："东南曰扬州
……其泽薮曰具区，其川三江，其浸五湖：具区即太湖；浸，湖泽
之意"。三是太湖本身以及附近的四湖。《吴越春秋》"入五湖之
中"，徐天祐引韦昭注，五湖指"胥湖、蠡湖、洮湖、滆湖，就太
湖而五。"《水经注·沔水》条："南江东注于具区，谓之五湖口。
五湖谓长荡湖、太湖、射湖、贵湖、滆湖也。"或说是太湖附近的
五个湖或港湾。即"贡湖、游湖、胥湖、梅梁湖、金鼎湖也。"
《史记·夏本纪》"震泽底定'张守节正义'：五湖者，菱湖、游
湖、莫湖、贡湖、胥湖，皆太湖东岸五湾为五湖，盖古时应别，今
并相连。"这些小湖与港湾的名称，至今仍用，有实地可指，都在
今湖及其附近。持此观点的人又指出，这次吴越夫椒之战，是越

主动出击，因而能深入到吴都附近。"勾践即位三年，意欲伐吴。"范蠡多次进谏，认为此举"逆于天，而不和于人"，行军肯定不利。但越王却说："无是贰言也，吾已断之矣。""果兴师而伐吴"。显示了勾践伐吴的主动性。又说，勾践三年（前494年），"勾践闻吴王夫差日夜勒兵，且以报越，越欲先吴未发往伐之。（重点号为笔者所加）范蠡谏曰：'不可。臣闻兵者凶器也，战者逆德也，争者事之末也。阴谋逆德好用凶器，试身于所末，上帝禁之，行者不利。'越王曰：'吾已决之矣。'遂兴师。"且太湖留有夫椒之战的众多史迹。在今洞庭西山诸峰中有金铎山，"相传吴王藏军铎于此，"是指挥吴军号铎的存放所在。还有渡渚山，称"吴王尝此渡军，"是吴向越军进攻的渡口。又，西山有一墩名"伍子盟顶"，相传是"子胥誓师处。"即伍子胥率领的吴军在这里誓师抗越的地方。在西山鸿鹤山西二里有一条南入平湖，北通官渎的人工河流，旧传是"吴王开以练兵。"盘桓山，说是吴王在此逗留住宿，故称"盘桓"。有人还怀疑，苞山附近的穹窿山，就是会稽山。在苞山败后，就近退保会稽山，是很自然的。

三

而主张夫椒在越地的学者引《越绝书·外传记地传》："浦阳者，勾践军败失众，潲于此"，又引该传"夫山者，勾践绝粮困地，去（山阴）县十五里"的记载，论定"此夫椒在越之证矣。"因浦阳即浦阳江，在浙江之东。今尚有浦阳镇。夫山离山阴不远。近人杨伯峻据此否定杜注"夫椒即太湖中椒山"之说，以为"椒山即今太湖西洞庭山，距吴都近，越纵败于此，退路仍宽广。"因而椒山不在太湖。他又引清沈钦韩《地名补注》，证明"夫椒盖绍兴县北。"魏嵩山教授根据《越绝书》之文与夫山附近众多吴越之战史迹的考证，认为"夫椒即夫山，在今浙江绍兴市西北三十里许，原钱塘江南岸，而非今江苏太湖中之洞庭西山或马迹山。"林华东教授据文献与考古资料考证，认为此战在萧山县东之固陵。

综合他们的理由，大致如下。

据《史记》记载，吴军是主动攻越，因而不会在近于吴都的太湖中作战，应深至越地。《史记·吴太伯世家》："（夫差）二年，吴王率精兵以伐越，败之夫椒，报姑苏（实应作檇李）也。"又《史记·越王勾践世家》，吴王听说越军侵吴，"悉发精兵击越，败之夫椒。越王乃以余兵五千人保栖于会稽。"吴王系主动迎击，且至越都近郊击败越军，故越军主动退到附近的会稽山。又，当时越军主将石买主张伐吴，并战于浙江之上。越王在夫椒战前欲乘吴军未发而先往伐之。

范蠡切实谏阻，说"今君王未盈而溢，未盛而骄，不劳而矜其功。天时不作而先为人客，人事不起，而创为之始。此逆于天，而不和于人。王若行之，将妨于国家，靡王躬身。"接着又讲了"兵者凶器"一类的话。大夫石买反对越王听从范蠡之说，曰："女不贞，士不信，客历诸侯，渡河津，殆非真贤。夫和氏之璧，求者不争贾，骐骥之才，不难险阻之路。……（范蠡）历诸侯无所售，道听之徒。唯大王察之。"范蠡退而不言，只得游于楚越间。勾践决心伐吴，遂发兵"与吴战于浙江之上，石买为将。"当时一些耆老、尊长进谏说："夫石买，人与为怨，家与为仇，贪而好利，细人也，无长策，王而用之，国必不遂。"但越王没有听从耆宿的话，就派遣石买上了前方。"石买发行至浙江上，斩杀无罪，欲专威服军中，动摇将率，独占其权。士众恐惧，人不自聊。"结果越师溃败，政令不行，众叛亲离，越王杀了石买（一说石买为士兵所杀），向士众谢罪。从上述史实，可见战争的地点在浙江之上，即越国境内。故而越国败后，越王有退栖之事。且五湖，泛指太湖流域众多湖泊，亦应包括浙江北岸的越地湖泊。

除了夫山即夫椒山，离山阴（今绍兴）三十里（或称十五里）之外，此战的史迹尚多。如"石塘者，越所害军船也，塘广六十五丈，长三百五十三步，去县（山阴即今绍兴）四十里。"是越军水军失利之所。"防隅者，越所以遏吴军也，去县四十里"，是越军防堵吴军的地方。以上两地均在今杭州市萧山区东四十里。又嘉庆《山阴县志》:"越王山即越王峥,在县西南一百二十里。勾践栖兵于此,又名栖山。上有走马岗、伏兵路、洗马池、支更楼故址。"此地在萧山与绍兴交界处的夏履镇。今绍兴会稽上的上城是勾践与吴战,大败,栖其中的地方。而其北城是"子胥浮兵以守城"的所在。特别是"浙江南路西城者,范蠡敦兵城也。"因越军在此固守,故谓"固陵"。"杭隝者,勾践杭也,二百石长员卒七十人度之会夷,去县四十里。"这地今称航山,是吴越之战水陆交通的要冲,在今萧山区城厢东约十五公里的瓜沥镇。魏嵩山据此推断,夫山(夫椒山)"应在今绍兴市西北原钱塘江南岸,西去今航隝山十里处。当然,夫椒山在越地何处?亦存在一些争论。如近人张宗祥《越绝书校注》,就认为夫山(夫椒山)即今会稽山,是在今绍兴市南,上述杨伯峻认为在绍兴县北。林华东以为在绍兴市之西。

四

夫椒之战的两说,各有充分理由,都不能否定。我认为夫椒山应指吴越之间从太湖至会稽(今绍兴)的众多山脉,吴越夫椒之战,是从吴都附近,一直打到会稽的长距离作战。理由如下:

"夫椒"两字都是一个泛称。"夫"指"那个"或"这个",是指示代词,《论语·先进》:"夫人不言,言必有中。"这是近指。《战国策·楚策四》:"子独不见夫蜻蛉乎?"这是远指。夫山,可作"这山"或"那山"解。因此,在吴越两地都有"夫山"。

"椒"字含义较为复杂。"椒"具有陡峭之意,尖削的高丘称"椒丘"。《楚辞·离骚》:"步余马于兰皋兮,驰椒丘且焉止息。"王逸注:"土高四堕曰椒丘。"椒丘亦作"椒阿",南朝梁江淹《水上神女赋》:"迺唱桂櫂,凌冲波,背橘浦,向椒阿。"峭突的山坡,称"椒坡"。唐项斯《赠金州姚合使君》:"城池连草墅,篱落带椒坡。"斗峭的崖岸,称"椒岸",唐方干"路入金州江中作:

'棹寻椒岸萦回去,数里时逢一两家.'"一些山的高处或顶处,也可称山椒。汉武帝《李夫人赋》:"释舆马于山椒兮,奄修夜之不阳。"《水经注》:"晋司空何无忌之临郡也,起亭于山椒,极高尽眺矣。"此类例甚多。谢庄《月赋》:"洞庭始波,木叶微脱,菊散芳于山椒,雁流哀于江濑。"李善注:"山椒。山顶也。"明王士性《广志译·江南诸省》:"又有水出山椒,名吴源,高下十堰。"清潘耒《游西洞庭记》:"稍南一支为龟山,山椒村落名后保。"此是说山的顶部或高处称椒。由于"椒"有高陡的意思,因而一些高或陡的山峰可称作"椒"。清王士祯《游嘉州凌云九峰记》:"乌龙一名青衣山,单椒秀出。"清沈德潜《游虞山记》:"越峦岭,跻蹬道,遂陟椒极。"椒极即山的顶点。这里,一些较高、较陡的山被称作"椒"。洞庭西山与马迹山在湖中是最高的山,故称"夫椒"。有"那座高山"之意。由于"夫"与"椒"都是普指,因而吴越两地均出现"夫"山;太湖中有椒山,或干脆两字连用,称夫椒。夫椒,真如朱长文所说是一通称。

总之,夫椒,指吴越两地较高的山;夫椒之战是从太湖始战,再战浙江,三战越都会稽,是较长距离的战争。因而沿途山脉有重名现象,故产生夫椒在何地的疑问。今作上述试释,这问题似可迎刃而解。

参考文献:

1. 晋杜预《春秋左传集解》第 1707 页,上海人民出版社,1977 年版.

2.《国语》第 233 页,上海书店,1987 年影印出版.

3. 晋杜预《春秋左传集解》第 1708 页,上海人民出版社,1977 年版.

4. 北魏郦道元《水经注》第 436 页,岳麓书社,1995 年版.

陆羽与苏州

陶友华

　　陆羽（733年－804年），字鸿渐；唐朝复州竟陵（今湖北天门市）人，一名疾，字季疵，号竟陵子、桑苎翁、东冈子，又号"茶山御史"。陆羽在湖州、苏州等地攀山登岭，品泉鉴水，亲自体验，探求茶叶知识，最后用七千余字的《茶经》就在中国传统文化的重要分支茶文化的发展史上写下了不朽的篇章，对中国茶业和世界茶业发展作出了卓越贡献，被誉为"茶仙"，尊为"茶圣"，祀为"茶神"。陆羽与苏州结缘，由来已久，最后曾定居苏州，在苏州有一个大的朋友圈，留下许多活动轨迹，与陆羽相关的古迹、诗文和传说构成了吴地文化的一个不可或缺的组成部分，在全国许多与陆羽有点关联的地方都在大力整理和弘扬陆羽茶文化以便开展文化活动的当下，苏州需要将陆羽对苏州的文化影响力充分认识和关注。

一、陆羽的传奇人生

　　关于陆羽的传奇人生，《新唐书》和《唐才子传》都有记载。陆羽自己也写了自传《陆文学传》。陆羽的出生地是复州竟陵县，竟陵就是今天的湖北天门市，位于湖北省中部。晋朝时期，一位法号支循的高僧在竟陵的西湖之滨建了一座寺庙，叫龙盖寺，唐朝时，龙盖寺主持换成了智积禅师，人称积公。公元733年深秋的一个清晨，智积禅师路过西郊一座小桥，忽闻桥下群雁哀鸣之声，走近一看，只见一群大雁正用翅膀护卫着一个男婴，男婴让严霜冻得瑟瑟发抖，智积把他抱回寺中收养。这座石桥后来就被人们称为"古雁桥"，附近的街道称"雁叫街"，遗迹至今犹在。积公见男婴长相丑陋，特别是脸上有一块天生的有色印疤，也许正是因为小孩长得丑，才被他的父母狠心遗弃的。

襁褓啼婴，无乳难哺，积公此时想到了自己的一个朋友李孺公，求助其夫人哺育。李公与积公平时过往甚密，素称莫逆，原籍吴兴，一饱学儒士，做过大官，因刚直不阿，一生坎坷。后索性辞官，卜居于风景秀丽的竟陵城西湖之滨。有女名李季兰，又名李冶，陆羽寄养李府时，李公就把他作为季兰的弟弟取名季疵。后来陆羽来到吴地，与李冶在太湖边相遇，互有唱和，李冶（季兰）的一首《湖上卧病喜陆鸿渐（羽）至》的诗被传为佳话，可能与这段生活有一定的关系。

陆羽三岁被积公接回寺，叫他疾儿。智积禅师对陆羽呵护有加，为其启蒙，亲授释理文句，识字读书，陆羽九岁便能学写文章。积公见陆羽聪慧异常，便寄予厚望，望他能继承佛教衣钵，但陆羽认为孔孟之道博大精深，坚持要学习儒典不屈。在陆羽和积公各执己见、相持不下时，积公改变了培育办法，认为要把陆羽造就成龙盖寺未来的高僧，就得磨其心志，劳其筋骨。于是，积公安排陆羽从事一些粗重的体力劳动，包括打扫殿房、厕所、粉刷墙壁、搬运砖头等，并要我在西湖之滨放三十头牛，让陆羽体验生活的艰难。陆羽并不气馁屈服，求知欲望更加强烈。他无纸学字，以竹划牛背为书，偶得张衡《南都赋》，虽并不识其字，却危坐展卷，念念有词。后又离开龙盖寺，到了一个戏班子里学演戏，作了优伶，那年他十二岁。他虽其貌不扬，又有些口吃，但天分很高，幽默机智，弄木人假吏藏珠之戏，演丑角很成功，三年左右就成为当地演艺界的大腕，类似于今天的小品、相声、清口的笑星或名角，受到众多粉丝追捧。更为可贵的是不仅能演戏，而且会创作，编写了三卷笑话书《谑谈》，编演参军戏。他的聪明才智在诙谐幽默的"嘲谑"表演中得到了展现，而这种具有这类智慧的人在唐朝是受人异常尊崇的。（李鹏飞《唐人的嘲谑》文史知识 2013.1）

　　唐天宝五年（公元 746 年），有一位朝廷命官李齐物到竟陵为太守，成为陆羽一生中重要转折点。因陆羽演技不凡，惟妙惟肖，引起了李齐物的注意和赞赏，又闻其好学，于是召见他，同时介绍他去竟陵西北火门山邹夫子处读书。同年冬，陆羽负笈前往求学，遂了他多年来梦寐以求的心愿。就在邹夫子处读经时，他以《易》自筮，占得《渐》卦，卦辞曰"鸿渐于陆，其羽可用为仪"。于是按卦词定姓为"陆"，取名为"羽"，以"鸿渐"为字。

　　天宝十一载（752 年），是年又一位受株连的京官贬到竟陵，此人乃是当时盛名诗坛的礼部员外郎崔国辅。崔国辅（678—755 年），吴郡（苏州）人，学问渊博，诗名与王昌龄、王之涣齐名。官至集贤直学士、礼部员外郎，与朝廷重臣王鉷是近亲。752 年因王鉷之弟王銲犯叛逆罪受株连，已过古稀之年的崔国辅被朝廷贬到竟陵作司马，陆羽闻名前往拜师，向崔国辅请教学习。其间，受崔公指点熏陶，诗文造诣更深。两人相处三年，交情甚笃，常常整日形影不离，无拘无束纵情谈笑，品茶品水，各抒己见，畅所欲言，结成忘年莫逆之交，这期间当然崔公少不了对家乡苏州的介绍，这对后来陆羽对苏州情有独钟，多次往来直至长期居住苏州可能都有深远影响。后来崔国辅得知陆羽想致力于茶学研究的宏愿后，特赠送陆羽白驴和乌犎牛各一头及文槐木书笈一个。白驴可骑行，乌犎牛耐力好，可驮载出游的行头，书笈更是存放资料和文稿的工具，这一切为陆羽行走天下提供了物质条件。临别之时，还赋《今别离》诗一首："送别未能旋，相望连水口，船行欲映洲，几度急摇手"

　　陆羽少年之时有幸与积公、李齐物、邹夫子、崔国辅等大师、贤达、学者、诗人等结识交往，并在他们诲人不倦的教导和潜移默化的影响下，诗赋学向与日俱深，茶事知识日趋丰富，思想观念日渐成熟，这些方面无疑对陆羽后来研究茶学著述茶书打下了初步基础。

　　唐肃宗至德初年，陆羽为避安史之乱渡过长江，来到吴地，与湖州的高僧皎然结成了僧俗忘年之交，并在风景秀丽的苕溪结庐桑苎园草堂，自称桑苎翁。此后，他每年春茶季节，背负茶具行李，去湖州、常州、苏州、润州、升州、杭州各地山区寺院考察茶事，其间赴无锡，品惠山寺泉水，评为第二；游苏州品虎丘寺石泉水，评为第五；品吴淞江水，评为十六。踏遍浙北和苏南等地茶区，游览周围古刹寺院，结交当时的名士高僧，搜集了大量的素材，结合以前采集到的资料，他累日笔耕不辍，终于在永泰元年（765 年）三十三岁时，完成了《茶经》初稿。

大历七年（公元 772 年）唐代大书法家、大政治家、大诗人颜真卿到湖州任刺史，当时已有一定声望的陆羽和皎然、皇甫曾、皇甫冉、张志和等一批湖州的高僧名士都汇聚到了颜真卿的周围。陆羽的品学才识深得颜真卿的赏识，大历八年到九年，陆羽成为颜真卿的幕僚，并参与了大型韵书《韵海镜源》的修编勘校工作。

陆羽以他的人品和丰富的茶学知识名震朝野，朝廷曾先后两次诏拜陆羽为"太子文学"和"太常寺太祝"，陆羽都婉辞圣命。陆羽在成名后的晚年，依然是四处品泉问茶，晚年寓居苏州虎丘，最终又返回湖州。于贞元未年（公元 804 年）陆羽走完了他皓首穷茶之路，悄然逝去，葬于浙江湖州市郊区东南约三十公里处的杼山。

纵观陆羽一生，与吴地苏州缘分很深。在李孺公家的幼年生活及后来的与李家的来往经历，使得陆羽对江南吴地有了初步认知，20 岁那年与苏州人崔国辅的忘年之交更让陆羽对苏州有了更加深厚的兴趣。

更有论者经过研究认为陆羽原籍吴郡苏州，其父母、祖辈均为吴人，陆羽之所以遁隐吴兴，撰方志，著《茶经》，埋骨吴地，皆缘起于这些内在的因果关系。因此，苏州湖州为《茶经》故里，吴地则是"茶圣"陆羽老家。

二、不仅仅是茶圣

陆羽如果仅仅研究茶，是成不了圣人的，他在那个时代还是个大学问家。《孔子家语·五仪》中，孔子将"圣人"描述为"所谓圣人，必须达到自身的品德与宇宙的法则融为一体，智慧变通而没有固定的方式。对宇宙万物的起源和终结已经彻底参透。与天下的一切生灵，世间万象融洽无间，自然相处，把天道拓展入自己的性情，内心光明如日月，却如神明般在冥冥之中化育众生，凡夫俗子永远不能明白他的品德有多么崇高伟大，即使了解一点，也无法真正明白他精神的边际到底在哪里。达到这种境界的人才是圣人。"

陆羽是茶学的创立者。但他不仅仅是一位茶学家，在《全唐诗》、《全唐文》和《唐才子传》等许多文化典籍中，都收有他的作品和《传记》；所以，他同时还是一位才学逸群的文学家、史学家和地理学家。不过，他在诗文和史地方面的著作与成就，如同有些古人所说，"他书皆不传，盖为《茶经》所掩"，几乎全部被他茶学和茶业上的突出贡献所淹没了。

事实是陆羽不但在撰写《茶经》以前，就以文人著名，就是在《茶经》风誉全国以后，以至在陆羽的后期或晚年，他还是以文人称著于世的。如权德舆所记，他从信州（今江西上饶）移居洪州（今南昌）时，"凡所至之邦，必千骑郊劳，五浆先馈"；后来由南昌赴湖南时，"不惮征路遥，定缘宾礼重。新知折柳赠，旧侣乘篮送"所到一处，每离一地，都得到群众和友朋的隆重迎送。社会上所以对陆羽有这样礼遇，如权德舆所说，不是因为他茶学上的贡献，而是他"词艺卓越，为当时闻人"，还是因为他在文学上的地位。所以，从上面的种种情况来看，陆羽在生前和死后，似乎是二个完全不同的形象。如果说他死后，他在文学方面的成就，是为茶经所掩，他确是以"词艺卓异"。

也正因为陆羽的才情和名望，苏州人才对他如此敬重，寺庙请其书额，并设祠供奉，对此后面将作详叙。

三、茶圣与苏州

虽然茶圣陆羽是湖北竟陵（天门）人，却和苏州有不解之缘，因此多次往来苏州，直至晚年定居在苏州，也为苏州作了不少有益的事情，为吴地文化写下极为精彩的一笔。茶圣不忘苏州，苏州也不应忘了茶圣。

天下之大，陆羽为何来吴地？笔者认为主要原因有以下几点：

其一，避安史之乱。安史之乱后，多年的战争和杀戮，全国人口锐减。公元755年有5292万人，到760年人口1699万，损失率68%。但苏州的人口不减反升，其户数天宝年间7.6万，安史之乱以后人口猛增，突破10万，南迁人口竟然占苏州治所吴县编户的三分之一。顾况《送宣歙李衙推八郎使东都序》云："天宝末，安禄山反，天子去蜀，多士奔吴为人海。"李白指出："天下衣冠士庶，避地东吴，永嘉南迁，未盛于此。"当时的苏州较北方而言，受战乱影响较小，虽有"刘展反叛"事件，但很快就平息了，地方资源丰富，战争创伤修复较快，于是就成为"天下衣冠士庶"避难所。陆羽在《陆文学自传》也说："洎至德初，秦人过江，子亦过江，与吴兴释皎然为缁素忘年之交。"

其二，文人交游的需要。陆羽在竟陵时忘年之交崔国辅就是苏州人，在吴地必有许多人脉。安史之乱后，苏州、湖州一带文人云集，给陆羽提供文人交游空间。吴地文化底蕴深厚，名胜古迹很多，可以满足陆羽寻古探幽的需要。

其三，撰写和修改《茶经》的需要。苏州山水清嘉，茶与水都有与众不同之处，当然也成为陆羽《茶经》中的案例了。

陆羽在苏州留下的活动轨迹也有很多。绝大部分与虎丘有关。据有关志书和诗友酬赠的记载，陆羽曾经三次光临虎丘，28岁（上元二年）与谢清昼、刘长卿结伴游虎丘，临剑池，品虎丘寺石泉水；大历十三至十四年（45-46岁）到苏州游虎丘寺，著《虎丘山记》。贞元十年（61岁）苏州小隐时，在虎丘山凿泉种茶，虎丘之北古有的"陆羽楼"为陆羽贞元中寓居虎丘的故址，他凿的泉称为"陆羽井"。《百城烟水》卷一《苏州》云："陆羽石井，傍剑池北上。井口方丈余，四傍石壁，下连石底，泉甘冽，即所品第三泉也。"《虎丘志》卷七名贤"陆羽贞元中寓虎丘，嗜茶，著经三篇，尝品众泉，凿井于虎丘剑池西南，品为天下第三泉。"旧志苏州的古迹中，虎丘北向有一处"陆羽楼"，是陆羽"贞元中寓虎丘"故址。这座楼，也名"陆太祝羽寓舍"，后曾改为"马牛王庙"；庙废，又改"磨坊公所"。所谓"贞元中"，也即贞元十年（794）前后，又《新唐书》卷一九六《隐逸·陆羽传》：陆羽贞元末卒于湖州。贞元末即804年，这就是说，陆羽在暮年又回到了苏州，并在苏州定居至少五年以上（从周世平说）。最后再回湖州皎然处。

陆羽与友人经常在苏州相互诗歌酬赠，全唐诗所录就有三首诗和一句残句。

其一是卷八一八皎然的《同李司直题武丘寺兼留诸公与陆羽之无锡》诗："陵寝成香阜，禅枝出白杨。剑池留故事，月树即他方。应世缘须别，栖心趣不忘。还将陆居士，晨发泛归航。"武丘寺即虎丘寺，因避李渊祖父虎讳，改虎丘为武丘。

其二是卷八一六皎然有《访陆处士羽》诗云："太湖东西路，吴主古山前。所思不可见，归鸿自翩翩。何山赏春茗，何处弄春泉。莫是苍浪子，悠悠一钓船。"唐大历年间，陆羽常至苏城，其间，考察了洞庭东、西山茶事，皎然此诗可作参证。

还有一首诗比较特别，收在卷八零五，也就是前述李季兰《湖上卧病喜陆鸿渐至》的诗："昔去繁霜月，今来苦雾时。相逢仍卧病，欲语泪先垂。强劝陶家酒，还吟谢客诗。偶然成一醉，此外更何之。"具体地点与同卷诗相参大体可知。同卷有李季兰《送阎二十六赴剡县》诗云："流水阊门外，孤舟日复西。离情遍芳草，无处不萋萋。妾梦经吴苑，君行到剡溪。归来重相访，莫学阮郎迷。"诗中地点明显是在苏州。阎二十六据陶敏《全唐诗人名考证》，当为阎伯均。因此，陆羽探访李季兰，亦可能在苏州靠太湖一带。《湖上卧病喜陆鸿渐至》诗意缠绵，说明她与陆羽也情非一般。陆羽年幼时和李季兰曾在一个锅里吃饭的，现在居然能在苏州相逢，真是缘分啊。李季兰：名冶，中唐著名女道士、诗人。年少能诗，形气甚雄，与陆羽、皎然、刘长卿等交游甚厚，人称中国四大才女之一，刘长卿称其为"女中诗豪"，《全唐诗》存诗十六首。

　　陆羽的诗现存完整的只有二首，还有残句三句。其中残句中就有一句："辟疆旧林间（间，《吴郡志》作园），怪石纷相向"。辟疆园，是晋顾辟疆的园林，史称"池馆林泉之胜，号吴中第一"。陆羽此吟，当然是他游历辟疆园时所作。陆羽诗虽只有一句，但对研究苏州古代园林史有很大帮助，由陆羽诗可知辟疆园是山水园，怪石众多，其怪石也就是苏州园林最常用的太湖石。

　　陆羽在苏州期间除了研究茶事、访古探幽、交游酬赠外，还做了许多事情，其中为永定寺书写题额一事就被记入苏州地方志书，此事很值得一考。

　　《百城烟水》卷二《吴县》云："永定普慈天台讲寺，在铁瓶巷，梁天监中苏州刺史郡人顾彦先捨宅建，唐乾符间赐今额，陆鸿渐书。韦应物罢郡寓居寺中有诗，初，寺在阊门北，景福五年迁于此……"后寺屡有更名兴废，嘉靖初废，知府胡缵宗改为金乡书院，东南一隅建理刑公署，止存后僧寮，万历间知县江盈科详请归还寺基，重建五贤祠，祀顾彦先、陆羽、韦应物、刘禹锡、白居易这五位与苏州息息相关的名人，并写有碑记。

　　《吴趋访古录》卷二《吴县》"永定寺次韦苏州永定精舍韵"注云："在铁瓶巷，梁天监中，吴郡太守郡人顾彦先捨宅建。唐乾符间赐今额。后人于寺建贤祠，祀顾彦先、陆鸿渐、韦应物、刘禹锡、白居易于此。"

　　二书所记略同，只是《吴趋访古录》未说陆羽书额之事，但人们在永定寺建贤祠祀顾彦先、陆鸿渐等人也提及了。

　　永定寺五十年代尚在，现早已不存，但有永定寺弄。今人潘君明在《苏州街巷文化》一书中介绍：永定寺弄"永定寺弄曾名永定寺巷口。因有永定寺而得名。据《吴地记》、《姑苏志》等记载：永定寺亦名永定讲寺，梁天监三年（504年）由苏州刺史、郡人顾彦先舍宅而建。唐代诗人韦应物于贞元五年（789）任苏州刺史，史称'韦苏州'，著有《韦苏州集》。他罢官后曾寓居寺内。……唐乾符年间（874－879）额永定普慈天台讲寺，由陆鸿渐书……万历年间（1573－1620）知县江盈科详请归还寺基，重建五贤祠，顾彦先、陆羽、韦应物、刘禹锡、白居易，并写有碑记。清代（案应为明代嘉靖初），由知府胡绩宗改为金乡书院，东南一隅建理刑公署。"

潘君明先生所见资料也是说唐乾符年间额永定普慈天台讲寺，由陆鸿渐书额，明江盈科重建五贤祠。

苏州园林研究专家魏嘉瓒亦说永定寺"唐陆羽书额"。（《苏州历代园林录》北京燕山出版社1992年3月第一版39页）

以上文献都说永定寺是唐乾符年间题额，查唐乾符年间为唐僖宗所立的年号，时间为874年11月—879年，而陆羽生活年代唐开元到贞元年间（733年－804年）他不可能在乾符年间为永定寺书额的。笔者认为苏州各志书载陆鸿渐书额是实有其事，而所写的"乾符"实为"乾元"之误，属以讹传讹。

乾元为唐肃宗的一个年号，时间在758年二月—760年闰四月，其时唐军已收复长安、洛阳，唐代皇帝崇道亦崇佛，唐肃宗认为唐军的胜利与佛祖的护佑有关，为了表达对佛教的敬意，在各地为多处寺庙赐额，苏州永定寺大概也是其中之一，而从天宝十五年（756年）陆羽初到吴地算起已有数年，所交朋友皎然又是苏州名僧，陆羽当时与吴地的文士交游甚广，在苏州已经很有影响力，永定寺新赐额，请陆羽书额，也在情理之中。永定普慈天台讲寺既然是陆羽书额，后来在寺中别列一堂建五贤祠，陆羽与顾彦先、韦应物、刘禹锡、白居易同祀才有可能。因为五人中顾彦先舍宅建寺，韦应物、刘禹锡、白居易都担任过苏州刺史，是苏州人的父母官，曾造福一方，而陆羽为与苏州有关的名贤，且为永定寺书额，属有杰出贡献者，理应同祀。

　　我们推测，永定寺的五贤祠至少在宋代就有了，因为江盈科"请归还寺基"，是重建五贤祠，而不是新建五贤祠。

　　苏州正在打造美丽苏州和文化苏州，为传承和弘扬陆羽的茶文化，应在虎丘重建陆羽茶楼，或设专祠祀之。

参考文献：

①陆建伟. 陆羽思想中的禅性意向［J］湖州师专学报 1996.2.

②储仲君. 陆羽其人其事［J］常州工学院学报 2002.1.

③周志刚. 陆羽年谱［J］农业考古 2003.02.

④大茶 弘喻. 吴中陆羽何曾觅 – 陆羽夙缘吴地因果初探［J］农业考古，2014.2.

⑤丁国强. 湖州时期陆羽与文化名流交游考［J］湖州师范学院.

晚清名臣吴大澂

吴本立

　　吴大澂是我的族叔祖，而今人对其历史功勋了解甚少。本文对吴大澂的历史功绩作一下介绍，以便读者更多地了解那段历史。

　　吴大澂（1835－1902），江苏苏州人，字清卿，号恒轩，晚号愙斋。清同治七年（1868）二甲五名进士，任编修。后出任陕甘学政，河南、河北道员，吉林帮办边防，都察院左都御史，广东、湖南巡抚等职。1840年鸦片战争开始，沙俄政府蠢蠢欲动，趁火打劫。吉林珲春地近沙俄，受到威胁。直隶总督李鸿章力保道员吴大澂可资重用。于是，清廷授吴大澂三品卿衔，帮办吉林边防。1880年派往东部边疆珲春、三姓、宁古塔等地“帮办”防务。第二年又以“督办”身份主持以上地区防务与屯垦事宜。1886年以清廷首席代表身份重勘中俄边界。吴大澂不论在东北边陲开发，还是中俄勘界谈判，都为国家和人民立下不朽的功勋。

　　翻阅我们《皋庑吴氏家乘》十卷，知悉家谱修于清嘉庆六年（1801），光绪重修，现在藏于苏州图书馆和苏州档案馆。其卷二提到奕世题名取列二十字：“传经立大本，翼德守朝仪，光裕宜师厚，承先庆履绥。”从清嘉庆至光绪年间是泰伯104世“传”字辈到107世“大”字辈。吴大澂出生于苏州察院场北，人民路以西的双林巷祖居。吴公祖上（第十二世祖石斋公）于清乾隆年间购得此屋后，即世居于此。光绪十年（1884），吴大澂购得十梓街南仓桥畔的康熙年间江苏巡抚宋荦（字牧仲）的旧居。回忆童年，当时家族人口众多。长辈谈论族亲的事，关于吴大澂最多的是他的金石书画，尤其是大篆。我祖父吴立鋆（字肇邦）与他有往来。祖父在其诗《庚申六十初度述怀七律十六首敬求诲政》中曾言：

"漕兰沉芷竟何如，恰似昆明浩劫馀。鼓角依然人已渺，亭台半圮鸟仍居。"诗中提到吴大澂时任湖南巡抚，祖父昔年公车过湘，曾宿族人窓斋抚署。此时因战乱，巡抚衙门已破坏不堪。同治年间，吴大澂授河北道之后即授帮办边防，并主持边疆屯垦。作为清末的人，国家衰败，民生维艰，吴大澂渴望报国，为官勤政清廉。族叔祖吴公就职边疆的丰功伟绩，主要有以下两点：

一、突破清廷祖制"封禁"政策，招民开垦，移民实边

清廷二百多年来实行"边外皇祖龙兴之地不得开垦"的制度。其祖制是由康熙皇帝钦定的。这使广袤无垠的东北肥沃土地闲置荒芜，只成为清廷惩治贬官谪臣的流放之地。1880年吴大澂授三品卿衔边防事务，被派往东部边疆珲春、三姓、宁古塔等地。望着一望无际的土地，但看不到一户人家耕种，吴大澂当机立断，上疏清廷皇帝，要求开垦"龙兴之地"。此举是冒着很大风险，非常大胆地发出惊人之声的。吴大澂数次上书奏请开发边疆，终于得到了光绪皇帝的恩准，1881年12月撤销对宁古塔地区的封禁。吴大澂立即派出人员去山东招募无地农民，接着大批山东饥民如潮水般涌入东北开垦荒地。在列强多次侵华，挑起无数战争，又加上连年自然灾害的条件下，广大北方地区的饥民不顾东北是满人之地，虽有严禁汉人出关的禁令却屡禁不止，闯关东的说法由此而来。但成千上万闯关东的北方人民是在清末光绪废除"封禁"所谓东北满人龙地之后，陆续来到吴大澂提出从关内移民而"招民实边"政策的东北宁古塔等地区。吴大澂采取移民边疆的屯垦措施，在珲春、三姓、宁古塔三地设立招垦局，使大批山东饥民不断来到这些地区。据《珲春宁古塔招垦章程》载："令各民就近试垦或兼种蔬菜，所收粮菜暂不归官，免其扣饷。"吴大澂奏请清廷实行了许多有利于垦荒的政策，规定"本年领地之户，一概不取押荒钱文，并酌量给以工本"。吴大澂建设亦兵亦农的屯田兵组织，此举阻止邻近的沙俄侵占，巩固了边防。屯田兵组织，每十

人为一棚，三棚驻扎一处为一屯，屯为生产和防务的基层单位。屯田兵的牛、农具、车辆和口粮都按规定发给。据《吉林通志》记载：珲春、南风、五道沟一带，在光绪七年（1881）统计，开垦土地二万七千六百多垧，三岔口一带开垦土地一万二千四百多垧。穆棱河一带，在光绪十一年（1885）年统计，开垦土地六百多垧。粮食产量大为增加。珲春一带人口，光绪十七年（1891）统计已达二万九千八百八十三人，农工商贾一片欣欣向荣。

吴大澂在督办吉林边防时，派员建立宁古塔到珲春的驿道和驿站。驿道的建设是在原有卡伦的基础上开辟了宁古塔通往珲春。这条驿道从宁古塔城过牡丹江，南行经新官地、玛勒瑚哩等九站到达珲春，全长 573 公里。该驿道由靖边军值守，维护了边防安全。

穆棱县兴源村民二十余人在五十年后的民国二十年（1931），为怀念吴大澂"募民开垦"的伟业，联名立下"吴愙斋中丞筹边遗迹"碑。碑文为："清光绪七年辛巳，吴督办吉林边务。吴公忠勤称天下，其功业在东陲尤著。"刻石为铭曰："穆陵西东，肃慎故墟。皆为穷荒，今也经途。謇謇吴公，绥兹东服。仗节乘边，山贼慑伏。民居无舍，公则治之。无耕无犊，公则字之。公之始来，榛莽际天。公之受代，编户以千。'有卷者阿'，公迹斯在。摩挲法物，犹怀风采。月明水曲，籁椒声林。如闻馨欸，古玉吉金。抱江有楼，表界有柱。视此丰碑，相望万古！"现石碑保存于兴源镇人民政府院内。

二、重勘中俄边疆划界，寸土必争，毫不退让

1840 年鸦片战争以后，清朝廷签订多个不平等条约，如《南京条约》《天津条约》《北京条约》《珲春条约》等，接着割地赔偿，丧权辱国。第二次鸦片战争，英法联军于 1857 年底攻占广州。沙俄得此情况，于 1858 年 1 月召开"特别委员会"会议进行密谋，为的是要撕毁清俄签订的《尼布楚条约》。该条约

规定，兴安岭以南、格尔必齐河和额尔古纳河以东至海的整个黑龙江流域、乌苏里江流域的土地，全部属于中国。这个条约明确划分了中俄两国的东部边界，从法律上肯定了黑龙江和乌苏里江流域包括库页岛在内的广大地区都是中国的领土。可是沙俄在英法联军发动第二次鸦片战争的同时，也趁火打劫，出兵强占了黑龙江以北、外兴安岭以南、乌苏里江以东包括库页岛在内的 100多万平方公里的土地。切断了出海口，使吉林成为失去领海海域的内陆省。

咸丰十年（1860）中俄签订不平等的《中俄北京条约》，俄国割占我国乌苏里江东约 40 万平方公里。次年勘分兴凯湖以南边界，竖立了八块中俄边界界牌，签订《中俄勘分东界约记》。互换交界地图，一切由俄人主持安排决定界牌位置。他们随意挪动界牌位置，侵占了我国大量土地。这就是清廷败类成琦在咸丰十一年（1861）的谈判中摇尾乞怜，任俄人宰割，被迫在乌苏里江口到图们江附近树立了八块木质界牌，划定了中俄东部边界。

光绪十二年（1886），清廷派遣都察院左都御史吴大澂，帮办吉林防务大臣、珲春副都统依克唐阿与俄方代表巴拉诺夫、舒利经等在岩杵河（今珲春东，俄境内克拉斯基诺）会同商办东部边境问题，史称岩杵河勘界会议。

清俄勘界谈判之前，吴大澂马不停蹄地跑遍了每一寸土地，入夜秉烛研究实地调查勘界位置，竟然发现从珲春河到图们江 500多里，没有一根界牌。黑顶子山一带早已建成沙俄兵营。他不但从军民了解，而且详细阅读旧条约、旧地图，作好十分把握的准备，以便拿出实据，有理有节收回被沙俄侵占的领土。此次勘界解决的问题，一是重立"土"字界牌，二是归还黑顶子要隘之地，三是恢复中国图们江出海权。从 1885 到 1888 年，历经八次会议，吴大澂坚持补立"土"字界牌，增高界牌，并立上石质界牌至海口 27 华里。原"土"字牌的沙草峰地方挪前十八里。凡是违反《中俄北京条约》、《中俄勘分东界约记》，沙俄侵占我国领土要坚决收回。沙俄任意挪动或错立的木界牌位置要坚决纠正。重立石界牌十一座。"土"字牌高 1.44 米，宽 0.5 米，厚 0.2 米。正面刻有"土"字石牌左侧刻"光绪十二年四月立"八个字，右侧刻有俄文"T"字。于是收回了被沙俄非法强占的黑顶子一带地方。同时，迫使俄方同意中国船只自由进出图们江入海口，争取到自由航行权。

在珲春往岩杵河要道交界添立铜柱，吴大澂亲自篆字。光绪十二年四月，都察院左副都御史吴大澂、珲春副都统依克唐阿奉命会勘中俄边界，既竣事，立此铜柱。铭曰："疆域有表国有维，此柱可立不可移。"柱高四公尺一寸五，宽一公尺〇二分（据拓本尺寸）。1900 年俄军入侵东北时，将铜柱牌打碎为两段，运到俄国滨海省。现存于哈巴罗夫斯克市伯力博物馆里。

吴大澂勘划疆界，据理力争，寸土必争，同俄签订了《中俄珲春东界条约》与《中俄勘界两国交界道路记》，收回部分领土，重新确定中俄边界界牌。面对穷凶霸道的沙俄代表，吴大澂表现出大无畏勇气，捍卫主权，维护民族尊严，劳苦功高，名垂青史。吴公去世后，俞樾（曲园）为撰墓铭。曲园先生将吴公平生业绩、学行、功业、德政概括无遗，读后令人对吴公深具仰瞻之敬。

参考文献：

1. 《珲春副都统档案》卷一百六十二.
2. 梅文昭.《宁安县志》卷一《舆地》，1924 年.
3. 《吉林通志》卷三十一《仓货志四·屯垦》，光绪十七年.

过云楼主人顾文彬家世考略

沈慧瑛

　　顾文彬在《亡三儿承行略》中说："顾氏为吴中大族，家谱久失，系出黄梁门侍郎野王公后"。家谱、宗谱之类可以追溯一个家族、家庭的发展变迁及其人物关系，由于顾氏家谱的缺失，以致顾文彬很难再往上追溯先祖们的情况。现据顾文彬日记、家书、手订年谱、祖辈父辈妻儿行略及顾春江墓志铭等档案文献，大概梳理出顾氏家族发展演变的过程，从中了解到他的先祖们世居苏州桃花坞，属于普通的自食其力的城市平民阶层。在几代人的不懈努力下，特别是到顾文彬这代通过"学而优则仕"的传统方式，才改变顾氏家族的走向，使过云楼成为藏品甲江南的著名书画楼，更使顾氏后人浸淫于优秀的传统文化，从而使顾氏成为显贵的文化世家。

一

　　顾文彬的高祖顾圣昭，先后娶沈氏、陈氏为妻。曾祖顾广居，号粹安，娶唐氏为妻，生四子，即星洲公、东齐公、镜溪公、晓岑公，其中镜溪公即顾文彬的祖父。顾鑑（1762—1822），号镜溪，是顾广居的三子，生于乾隆二十七年十二月二十九日，卒于道光二年五月十七日。顾广居虽然家庭并不富裕，却"性好施，族戚告贷无弗予"，他的这种乐善好施的性格还遗传给子孙们，顾鑑、顾大澜无不如此。顾鑑兄弟四人皆"出佐会计"，收入所得供养家人，昆季同居一起，仅"老屋九椽"，但大家和谐共处。

　　乾隆五十年（1785 年），顾鑑娶许氏为妻，第二年即生一子，可惜五日后即夭折。直至乾隆五十四年顾鑑夫妇再得一子，即顾文彬的父亲顾大澜（1789—1860）。顾大澜，字学川，号春江。生死永无定数，继儿子顾大澜出生，顾鑑的祖母陈氏、父亲粹安公、母亲唐氏先后过世。虽然行三，但在操办丧事时顾鑑出力最多，安葬亡者，以尽孝道，这可能与顾鑑"行运渐丰"有关。顾鑑经营一家油行，生活不断好转，而家族繁衍，人口增多，老屋人满为患，他决定在南濠街盛家巷买屋另过。考虑到长兄星洲公早逝，两个侄子尚幼，他就将侄儿映千、素泉带在身边一起生活，抚育成人。顾文彬印象中的祖父为人性格温和，平生没有不良嗜好，朝出晚归，风雨无阻，勤俭起家，对己极其节俭，而待人十分宽厚，经常接济贫困亲友，看到有的人实在还不出债务，干脆"焚其券，数以万计"。对他人尚且如此友善，对自家孙子更是疼爱有加，已是七八岁的顾文彬还经常被祖父抱在怀中。顾鑑有一次见到顾文彬的额头因被塾师所打而起了一个包，立即更换老师。其实这是偶尔一次老师对学生的体罚罢了，但祖父绝对不允许唯一的孙子受到一点伤害。

祖母许氏出身于书香之家，自幼熟读诗书，在夏夜蚊子围攻之时，依旧"唯灯而读"，掌握了丰富的历史知识和掌故趣闻。据顾文彬回忆，小时候常听祖母讲故事，"先祖妣每举书史稗官中异见异闻讲说不倦"，一旦塾师有事，则由她监督功课，直到晚年许氏"目渐花"，仍手不释卷。由于她文化修养高，为人极聪明，妯娌之间遇到疑难杂事，都喜欢听取她的意见，而每次处理事情都十分妥帖，所以家族上下都非常推重她。许氏生性善良，她与顾鑑一样勤奋而节约，持家有方，在顾鑑没发达之时经常以针线活所得贴补家用。许氏一生没有片刻空闲，"一丝半粟未尝妄费，而周恤贫乏曾不少"，儿媳张氏、孙媳浦氏均以她为楷模，连佣人们"无敢偷惰"。或许因为顾文彬是唯一的孙子，加之从小体弱多病，许氏对他钟爱异常，三岁之时，就随她起居生活，由其精心调养。随着顾文彬渐渐长大，许氏对他的举业之路提出不少意见，并坚持他走科举道路，因此许氏不仅是慈爱的祖母角色，还是他的人生导师。道光十一年，顾文彬中举，老人家倍加喜悦。第二年 顾文彬赴京参加会试，一等宣布结果，立即回苏，用他的话讲是以慰祖母"倚闾之望"。道光十三年又值会试，许氏自知年老体衰，随时都会离开人世，便对顾文彬说："我年已高，不愿汝远离膝下，此次会试可勿往"。果然第二年，许氏患病，"医药罔效，彬手书疏纸，焚于城隍神前，乞借寿十年。"顾文彬既焚香问神，又割股肉煎汤伺候，纵然祖孙情深，也无法挽救许氏的生命。

这位祖母似乎预测到孙子的未来，曾对顾文彬说："汝他日可望得官，但切不可任性，官事重大，稍一任性，未有不偾事者"。许氏虽为一介女流，却高瞻远瞩，深知普通人家只有靠书包翻身的真理，更懂得为官者自我约束与情绪管理的重要性。正是她支持顾文彬走读书致仕的道路，从而改变家族命运，使顾氏晋升为宦官之家，进而以文化育人，成为文化世家。可以说祖父母为人善良、处事达观、持家有方、生活俭朴的品质，给顾文彬留下了深刻印象。

按理有这样一位知书达理母亲的教诲，当年顾大澜也是一门心思奔着科举考试的道路，以求"学成文武艺，货与帝王家"，这是历朝历代读书人的愿景。他自幼拜在蒋实庵门下，因其聪慧好学，深得蒋师的期许与喜爱。从年少到暮年，他养成了无书不览、秉烛夜读的好习惯，书法学赵松雪，"尤精小行楷"。然而由于人丁单薄，顾鑑因无人相助生意，在顾大澜十六岁之时，遂命他"弃儒学贾"，从读书人转身为商人，表面上是身份的转换，实则也是个体命运的改变，涉及到将来的人生航向与社会地位。蒋实庵先生为之可惜，再三向顾鑑力争，然"争之不得，叹息不置"，顾大澜提前结束读书人的梦想，所幸这个梦想在顾文彬身上得以实现。

二

嘉庆十二年（1807），顾大澜娶张氏为妻，两年后长子文荣出生，又两年顾文彬出生，而长子过世。这种情况与上一代颇为相似，已是两代一脉单传，子孙并不旺，顾大澜后来又纳妾，但并未发现其他子女的相关资料。由于顾鑑在胥门外经营一家油行，顾大澜又"精于会计"，便成为父亲的得力助手，出于做生意与日常生活的便利，他们再次将家从盛家巷搬到附近的由斯弄，此时的顾家已然是三代同堂的小康之家。道光二年（1822），顾鑑过世，顾大澜独自经营油行，因"会计事烦"，又缺少人辅助，遂停止生意，将多年积累的钱财投资到田产上，从工商者转身为地主。同时，顾大澜开始搜山访水，寻找茔地，准备安葬顾鑑。世事难料，家中失火，危难之际，顾大澜边哭边奔出门外，大声疾呼，请人抬出存放家中的顾鑑灵柩，声称必有重赏。然火势凶猛，尚未招到救援之人，家人已合力抬出灵柩，但"室中什物不暇携运，荡然无存"，家道从此中落。某种意义上讲，钱财确是身外之物，对顾大澜而言，最大的财富就是顾文彬。顾文彬有志于"四书""五经"，十二岁时即歌咏桃花"几枝斜竹外，依旧笑春风"。也是因顾文彬咏桃花，老师发现他颇有吟诗填词的天赋，遂开始教他诗词。

　　顾大澜既关心顾文彬的学业，更关心他的身体健康，一有风吹草动，就焦急如焚。道光八年，顾文彬"患喉症颇剧。城乡名医延请殆遍"，但仍不见效。当时名医陈萃田医道最精，顾大澜为了儿子的性命，不惜"屈膝求拯"。道光十年，顾文彬到"昆山道考，复试有讹传文彬病不能入场者，府君闻之，立唤肩舆，寅夜疾驰来视，九十里未尝少休"。父子之间天然亲情，加之顾大澜对儿子日常学习生活中的全方位关爱，使他们的感情浓于一般父子。眼看顾文彬一天天长大，成家在即，一家人仅靠田产为生显然行不通。道光五年，他们从由斯弄搬到闻德桥，顾大澜再次从商，与朋友合伙开设布号，经营布匹买卖。而顾文彬则娶妻生子，专心学业，并于道光十一年得中举人，这给"中途辍学"的顾大澜带来些许安慰，然"府君与先妣皆转喜为悲，悲先祖妣不及见也"，最疼爱最支持顾文彬的老祖母没能等到这一天。顾大澜告诫儿子："孝廉二字，当之不易，汝宜顾名思义也"。顾大澜经营田产、布号，为家人提供衣食保障，儿子顾文彬则一心读圣贤书，期望再上一个新台阶。

然而至道光十五年，随着赋税严重，他们陆续将田产"减价售去"，布号也开始接连亏损，家庭经济下滑。尽管如此，顾大澜依旧热心助人，由于顾氏宗族人多，仅"宗族戚友待以举火者数十家"，这支庞大的求助人群时常要求顾大澜提供帮助，而他与乃父一样菩萨心肠，"有求必应，告贷者踵接于门，或值匮乏则典质以应之，由是家计大落"。顾文彬笔下的父亲慷慨大方，"于族中兄弟子侄贫病者、养赡之病殁者、殡葬之失业者、提携之无力完婚者、欣助之无力习业者，津贴之由族而亲，由亲而友，数十家不止也"。顾家好不容易通过多年奋斗赢得的安稳生活因接济、借贷受到不少影响。顾氏家族本不兴旺，能自立者更少，所以顾大澜多次劝诫顾文彬："惟汝一枝有向荣之望，苟得志，毋忘培根庇叶也。"次年，他们不得不再度搬家，同时中止布号生意，先搬到桐溪滨，第二年复迁居于申衙前。尽管"家计益窘"，但顾大澜生性旷达，并不忧戚，乐观生活。

道光二十一年顾文彬得中进士的消息传到苏州，顾大澜夫妇喜极而泣，重新燃起顾氏复兴的希望。第二年母亲张氏和妻儿一行北上，照顾、陪伴做小京官的顾文彬，但他的收入所得不够生活开支，顾大澜"每岁陆续寄资津贴"。顾大澜曾要同行进京，但因其早年在太湖遇暴风，舟船险遭倾覆，从此害怕坐船。这次当船行到无锡黄婆墩时，他见湖面开阔而心神大乱，止步回苏，只得让妻子、儿媳带着孙辈们进京。他坚守在苏州这个大本营，经理铜局事务，使宦游在外的儿子没有后顾之忧。当顾文彬想改捐外官时，他鼎力相助，以其在亲友中的好口碑，不日就借到六千金，为顾文彬改捐直隶州知州提供财力保障。顾文彬事后用重墨写下父亲对其及家庭的倾力支持："文彬服官京师，不但不能禄养，反需频年津贴。又益以改捐巨款，由是府君于支持家计之外，更增一累，此二十余年中不知耗几许精神、几许心血，文彬惝然坐视，不能助丝毫之力也。及服官楚北，俸入稍优，足资事育，而积累过重，仅能敷衍，并无宽裕。凡府君之宿逋，皆以铜局所得修补，徐自清偿，不肯用俸余毫末也"。

顾文彬二度上京城，由京官而外放，到湖北任知府等职，顾大澜独自把家搬到铁瓶巷，并为三孙顾承张罗婚事。咸丰三年正月，太平军围攻金陵，顾大澜带着家人到洞庭东山避难，四月他们转移到下沙塘茔屋，到八月上海告急时他们迁移到无锡朱埝，直至第二年春天回苏。战乱带来了恐慌与不安，但生活中时时有快乐的回音。当顾大澜七十寿辰，宾客盈门，儿媳浦氏率领小辈们"奉觞称祝，舞绿盈庭"。父慈子孝，家庭和美，其乐融融。此时老人家已有三个孙子一个孙女，五个曾孙子、两个曾孙女，可谓儿孙满堂，他顾而乐之，幸福满满，连日招待亲友，毫无倦容。这可能是顾大澜一生中最得意最荣耀的时刻。

自顾文彬进京为官后，父子之间每月必通一信，及至顾文彬到湖北任职后，他们每月通信两至三通，他在信中时常劝告儿子"居官清慎勤为勖"，声称自己身体、精神尚好，让顾文彬安心做事，无须惦念。顾文彬回忆其"官西曹时，则勖以明慎用刑；官楚北时，则勉以先事后食"。当得知太平军围攻武汉的消息时，他要求儿子尽职履职，不可苟且偷生："汝有分守之责，即当与城存亡，切勿临难苟免"。然而咸丰十年二月初一顾大澜病逝，顾文彬为生前不能尽孝、死后不能守灵而悲痛欲绝，他谢绝了湖广总督官文的挽留，执意丁忧回苏，可返乡之路又因战事阻隔。直至同治三年（1864），顾文彬携家人重返故里，定居在铁瓶巷，自此这里成为顾氏的大本营与顾文彬终老之所。

同治十二年五月，顾文彬通过捐资助赈等形式，朝廷授予其曾祖父母、祖父母、父母、妻子等从一品，"覃恩封典"。顾文彬的祖辈父辈以会计及自己开店经营生意获得较好的经济来源，过上小康生活，供养子辈读书，而且他们以其厚道善良、帮贫扶弱的品性影响了后代，其中祖母许氏和父亲顾大澜在顾文彬人生道路上起到关键作用，前者决定了顾文彬的人生道路，后者则为顾文彬的家庭生活提供物质保障，这从顾文彬为他们所记述的行略中可见一斑。

三

　　道光七年八月初十，顾文彬与浦氏结为夫妇。浦夫人为家中长女，下有四个弟妹，为人端庄平和，又粗通文义，在娘家时就吃苦耐劳，"提携幼弟，操习女红"。浦夫人十九岁时嫁入顾家，公公顾大澜初见儿媳就夸奖"贤内助"也，事后也证明她不负翁姑所望，不仅接连为顾家添丁，更以贤德称道于人。

　　顾文彬的祖母、母亲"自奉俭约，治家整齐"，浦氏就以两代婆婆为榜样，为人处事极讲分寸，故深得祖母许氏的喜爱。当许氏过世之时，顾文彬描写浦氏"以素蒙钟爱，悲痛逾常，又恐重伤先妣心，乃强自节哀，婉曲劝慰"。可见浦氏极其注意与两代婆婆的相处之道。她对婆婆张氏极尽孝道，当年顾文彬在京为官时，她们与同乡及世交的内眷们时有往来，每逢喜庆宴会，浦氏必陪伴婆母大人前往，"跬步不离，人皆称羡，谓姑媳亲爱逾于母女"。浦氏为人贤惠通达，当家道中落，全家由桐溪滨迁居申衙前时，她主动拿出"奁中钗钏，易五百缗为典屋资"；当三个儿子成婚、一个女儿出嫁时，所有簪珥衣服之属，都是她当年的嫁妆，经她均匀搭配，稍微再添置一些，"粲然可观"，让每个儿女的婚嫁都体面风光。即使她成为祖母级人物，孙辈的衣履之物均出自她手，待孙辈如自己抚育子女时那样用心。他们琴瑟和谐，当体弱的顾文彬要远行考试时，担心他不耐风寒，"忧形于色，初不以科名为喜也"。之后浦夫人两度到京陪伴顾文彬，照顾其起居。"长安居，大不易"，柴米油盐诸事，全仗她操心。顾文彬到湖北做官的时候，俸禄等收入渐高，家境好转，却因战事带来无尽烦恼，包括夫妻、父子分居两地，音讯不畅。浦氏留守苏州，侍奉高堂，"井臼之事，依旧亲操；翟茀之荣，一日未享"。这位能干而坚强的女性为顾文彬撑起一个家，却经受不住次子、长子先后离世的打击，在咸丰十年九月终于倒在了避难的异乡无锡。顾文彬留下这样的文字："仓皇避难，既伤家室之飘摇，复痛两儿之夭折，旧病加增，愤恨以殁"。或许是夫妻情深，顾文彬之后并未续弦，而是先后纳蒋氏、浦氏、张氏为姜，将正室的位置永远留给浦夫人。

顾文彬与浦氏育有四子二女，其中四子、六女早夭，成人的有长子廷薰、次子廷熙、三廷烈及五女，除长子无后外，廷熙育有三子，即麟祥、麟诰、麟韶，其中麟祥过继给廷薰为子，廷烈育有四子三女，即麟元、麟颐、麟士、麟澥、麟保、麟珍、麟霞。五女嫁给昆山朱以增。浦夫人过世之后，顾文彬于同治元年纳常熟人蒋氏为姜，第二年育有一子，名廷廉，在众兄弟姐妹中行七，因"惊风骤殇"。顾文彬老年得子，活泼可爱的幼子给战乱时期客居上海的他带来不少乐趣，可惜仅虚度两岁就夭亡，以致他痛惜道："余素钟爱，哭之恸"。蒋氏于同治六年病故。同治五年、六年，顾文彬又先后纳浦氏、张氏为姜，张氏无后，浦氏育有两子，即煦与荣，只是年老得子，已无力管教，最小的两个儿子在家族中被称为八大爷、九千岁，他们的为人学养等自然无法与三位兄长相比。据王颂蔚撰写的《顾文彬墓志铭》，可以得知至光绪十六年，顾文彬有七个孙子、四个孙女；十二个曾孙、十一个曾孙女。与其祖辈、父辈相比，到顾文彬这代顾家开枝散叶，人丁兴旺，俨然已是一个大家族。

顾文彬的长子名廷薰（1829—1860），字理之，号夔伯，娶苏州同乡李维城（宝之）长女为室。咸丰元年（1851），入元和庠。顾文彬眼中的廷薰"资性颖悟，诗文俱有成就，生平无俗嗜，举业之外博览群书"，是唯一能在科举场上谋取功名的儿子。廷薰在湖北时陪伴在顾文彬左右，帮助处理文案等事务，成为父亲的得力助手。太平军进攻襄阳时，他"随同当事登陴守御，寇退"，因守城有功，"奉旨以通判选用"。次子廷熙，字缉之，号蟾仲，又号辛侯，娶前副都御使程楞香之女，"生平无他好，惟书画、碑帖嗜之甚笃。京寓近琉璃厂，日游于市，见佳书画辄购之。或无力，必借归，赏玩数日；或抚粉本，然后还之。久之，鉴赏渐精，真赝立辨"。三子廷烈，后改名承，字承之，号骏叔，又号乐泉，与二兄一样爱好书画，在顾文彬同治九年再度出仕后守在苏州，管理家族事务，经营典当田产，并执行父亲的指示，四处搜罗字画，成为过云楼书画王国和怡园的缔造者。

受到史料限制，又缺少宗谱、家谱之类的重要文献，目前对顾文彬八子、九子的研究不多，而顾氏家族只有顾文彬六孙顾鹤逸这支的资料相对多些，其余支脉偏少。

清风长留李公堤

马洪德

苏州历史上的清官廉吏，至今仍然值得我们纪念效法的就有不少。清末曾任元和等苏南八个县知县的李超琼就是较突出的一位。

李超琼字紫敦号惕夫，四川合江人，生于道光二十六年（1846）十一月二十日。由于其家处于川黔边界的穷山谷（合江地处长江与赤水河的汇合处），出生时家境非常贫困，"常以一日再食为难"（李日记中语）祖父曾为秀才，父亲原来也是读书之人，但因生活所迫也只能依靠种地为生。

青少年时，工学维艰

李超琼是家中最小的一个孩子。七岁起跟随父亲读书，稍长就跟着哥哥上山砍柴。十八岁时，每天翻山越岭到50里外的太平山去跟一王姓贡生读书。（王是其父挚友，不仅不收学费，还能招待中饭）十九岁时泸州地区旱灾严重，米价腾贵。当地百姓纷纷逃往他乡。

这时，李家"连糠皮和野菜也日难一饱"，而勤奋的李超琼就在这一年，考中了秀才。二十二岁时，父亲病故，潦倒的家境连为之料理后事也显得非常窘迫。两年后，李超琼筹措了一些路费去成都谋生，一面在"锦江书院"继续读书，一面去做家庭教师以维持生计。其间他曾先后五次参加考试，但均未中举。

三十三岁时，李远走关外，先到沈阳一个同乡陈海珊（时任奉天边务观察，相当于四品官）手下当幕僚，为之襄理文案。不久，又被委派到中朝边陲安东县以南一个小镇办理税收事务。因其不畏地方黑恶势力，办事认真，工作成绩斐然。不仅如此，作为有心人，李超琼在该地工作时，还详细绘制了"朝鲜舆图"（包括朝鲜国总图，八个道的全图）且附有说明，给我们留下了宝贵的历史档案。

光绪六年（1880）李超琼三十四岁，在职参加顺天府乡试，终于得中举人。通过向吏部呈请，经考核，被分配到江苏省为候补知县，同时协助地方官员办理文案。

好不容易，到了光绪十二年（1886），四十岁的李超琼终于被任命为溧阳县令。从此，他便在苏南地区八个县担任县令（溧阳、元和、阳湖、无锡、江阴、吴县、南汇、上海）直至逝世。

千里做官，做官怀民

往往可以从古代清官的口头语中听到："千里做官只为民。"李超琼真能按中国历史的传统美德，"千里做官只为民"，老百姓也真世世代代牢记着他。

难得呀难得，在"大清王朝"贪腐成风，衰败得行将寿终正寝时，苏南地区竟有一位做官为民、一心怀民的好官——李超琼。

李超琼刚到溧阳担任县令，不久就碰到天雨不止，农田被淹20万余亩。次年，又逢久旱不雨，特别在丘陵地区受灾更为严重，二十三万余亩农田竟颗粒无收。作为一县之长的李超琼，一面如实向上申报灾情，提请减免漕粮，一面会同有经验的人士共商良策。他还身先士卒，脚穿布鞋，头戴草笠，与农夫一起至田间、山坡或排涝或抗旱。有时甚至赤脚下地，干的两腿浮肿起泡而使人感动，终使百姓灾害大大减轻。在溧阳时如此，在到达苏州元和县和其他地方时，他始终如一。

李超琼是在光绪十五年（1889）七月奉命调任元和县令的。按理说，调至富饶的江南第一府——苏州的属县做官应当轻松一点了吧。然而事实并非如此。要知道，苏州娄门外，清兵与太平军激战的烽烟刚刚退尽，二十多年前留下的断垣残壁处处皆是。尤其是苏城东隅元和县境内，更是当年李鸿章程学启等与太平军激战的主要战场之一，其破坏程度不难想象。还有，地处河网地带的苏城东郊，有些河道竟有几十年未加疏浚。每逢水旱不均，灾害定会降临到百姓头上。

出身贫苦的李超琼，虽然做了知县官，仍然不忘根本，他在诗中写道："闾阎疾苦悬心目，半生热泪为苍黎"。到任后，他首先是广泛走访四乡八镇。

真是不看不知道，原来人人称道的富饶之江南名县竟是田野荒芜，百姓负担沉重的贫瘠之地。紧接着，他立即向上申请减免加在百姓头上的白粮（附加的漕银份额）主动修缮葑门到娄门外的官塘驿路等。

反对、抵制官场腐败

清朝统治中国二百四十多年后，腐败日趋严重。李超琼身处官场不可避免会身历其境。光绪十六年五月初十日，他在日记中写到："……有沈韵锵者，以民人词讼来函嘱托，面斥而碎之，省垣积留终不可革，为之闷闷"。

光绪十七年三月二十日，李超琼又记述了："邑绅吴韶生来见，仍欲以毒虐佃户之事为请。拒而弗与接。吴姓为吴中巨族，韶生为革职侍讲学士宝恕之弟，家赀甚富，而待佃甚苛，殊出情理之外，屡有所托，余一皆绝之，为所切齿……"。

光绪十八年九月二十二日，他在日记中更记述了在审理一件案子中遇到的事："与芸庄、镜之（同级地方官）会讯小火轮船违章行驶内河一案……此辈侵夺小民生计，情殊可恨。而未讯之前，为之关说者已有……数辈奸宄钻营、饶有势力，我辈三人独持情法以抚之，能必胜耶！噫！"。

四天之后，李超琼又碰到了这样一件事……"王周氏恃与官场熟识，托人关说，直无法记。苏省有海防先用知县费鸿年者，号聚川，本宁波滑商，贸易于沪以重赀得官到省。其滥朋狎友皆王周氏戚串，屡来余署请托。一再峻拒之，遂挟恨，遍布流言。而各县幕友胥与之。比如县幕之黄定甫（汝坤）者，亦数有函至，余均未允之……"。

同年十月二十八日，李超琼在他的日记中还提到："……吴江侨寓苏城之绅陆同寿来见，却之。陆以家资钜万，纳粟为浙江候补道。为富不仁，峻削穷佃为最之户。其来也，仍欲藉为力虐佃农耳，故宁拒之。然此人势力颇强，与抚幕之吴编修大衡一气。吴方得意、以气凌人。州县钱谷一席，引荐其门下几遍。尤敢于祸福官场。以故钻营之辈多趋其门为市。吾辈三数人独不之礼。故亦自知非福……"。

从以上所引几条日记中看，我们可以清楚地看出，李超琼是一位坚持反对官场贪腐、不搞请托、关说徇私舞弊之事，不管对方家资多富，均不为所动，坚决维护穷苦百姓的根本利益，秉公断案，绝不搞歪门邪道。

李公筑堤流芳千古

由于当时连年灾害，百姓无力缴纳漕粮；另一方面，李超琼看到县内金鸡湖虽是通往上海等地的主要航道，但水面较阔，风浪很大，常有翻船之事发生。而二十多年前留下的大量瓦砾断垣正好用来筑堤治水。在得到著名士绅张履谦（拙政园西部補园主人）和沈国琛等人的支持下，发动当地百姓以工代赈，终于在1891年铸成了名扬千古的李公堤。

关于修筑李公堤，李超琼在诗中是这样写的："移舟穿曲浦，堤势偃长虹。巨浪重湖截，清流六港通。歌听帆上下，利遍亩南东。一诺经我画，羞看拟白公。"诗后他注道："东西堤长六百丈有奇为口门者六（就是现在的六座桥）既成往来行舟便之南岸田畴，亦免冲刷邑人以为余始筑也，名曰李公堤且书三字勒之石甚以为愧。"今天我们在堤口亭内有一石，上书"李公堤"三字便是当年旧物。也是为之树立的丰碑。

有关李公堤的另一首诗，他是这样写的："沈张高谊薄仓困，长有清风在水滨。新筑堤成舟楫稳，金鸡湖浪不惊人。"诗后他注道："金鸡湖堤创议于沈君国琛月捐千金为倡、张君履谦亦助二千金始请赈余款成之。"这里我们可以看出，作为一县的最高首长，他没有把一切功劳归于自己，而在诗中表彰了沈张二人，对于人们称之为李公堤而感到惭愧。这一工程虽然造福了苏州百姓，但对于李本人来讲，上面对于（因筑堤）而少收到一笔可观的银两，对他会有好看法吗？

李超琼为了减轻灾后百姓的负担，多次向省藩司申请减免漕粮、拨发、赈灾银两。他还顶撞时任两江总督的端方，立陈民生疾苦（险遭参劾）。他也反对地方虚报受灾之损失，反对禁止下属吏役鞭笞佃欠的农户。

勤劳为民身后清风

李超琼还主持疏浚年久失修的河道多处。他在诗中写道："五年我愧领鸿城，水饮湖心爱灭明。堤筑金泾栽柳偏，塘沿章练载花行。（今春浚章练塘市河合长三千三百丈有奇四月初始收工）""白公错拟名难副，赤子诚求教未成。何似拿山歌咏满，七鸦映澈玉壶清。"（七鸦浦镇洋水名），不仅在苏州一地，他在别的县里做官也同样重视农田水利建设。

作为县令，李超琼不仅对官场上的腐败亟力反对抵制；他也对地方上的邪恶势力予以坚决反对。他力主革除抢霸孀妇的恶习，反对吸食鸦片（抨击"官卖鸦片"）他主张兴教崇文（著名法学家潘昌煦就是他的门生）主持修葺苏公祠（他写的诗碑至今乃在双塔禅院内）。主持修建"郝将军卖药处"和郝太极之墓、碑，出版顾亭林（炎武）文集等他还非常关心公益事业，在苏州建立"无忌公所"，以收留遭遇火灾的无家可归者；在担任上海县令时，批拨小南门内土地建立上海救火总会等。

李超琼深得百姓爱戴，官声卓著，曾"两膺大计卓异，四奉朝命嘉奖"品级累加，"补直隶州，以知府用"，实际上二十多年并没有离开过县令岗位。

李超琼的书法纵横洒脱，别有意趣，诗文创作，清丽雅致，爱憎分明，有东坡之风。诗集《石船居古今体诗剩稿》十六卷存诗一千多首；他为人自律严谨，自光绪元年（1875）起"日必有记"（2012 年 12 月《李超琼日记》已经出版）。

李超琼因长期患病，操劳过度，在宣统元年（1909）闰二月十一日（4 月 1 日）晚上十时病逝于上海知县任上，终年六十四岁。事后，因家境萧条，连料理后事，还是由公众捐款才得进行。追悼大会之日，八邑人士千余人自动前往送别。出殡之时，各地绅民纷纷携银为其归还所欠公款。

李超琼一心为民、一心怀民，当他赴任时，很乐意把因公的积欠扛在肩上；离任时往往把积余的银两留给下一任。对于贪官污吏，他深恶痛绝，将之比作蝗虫，对贫苦百姓则关爱有加。他逝世后，因办公事尚留欠款外身无长物。好在作为清官的标志性工程——李公堤在金鸡湖畔宛如一道彩虹，不断放射出耀眼的光芒！

为纪念清官李超琼，最近，他的塑像、诗碑均已高耸在李公堤上，一代国学大师俞樾题写的《李公堤记》亦已陈列出来供人瞻仰效法。由中共苏州市纪委编印的《廉石千秋》——苏州清官廉吏史话一书也已将李超琼的事迹编入书内供人学习。

但愿李超琼这一位不甚出名的知县官能成为一切想当好官者的榜样。

愿清风长留李公堤！

参考文献：

李超琼著.《石船居古今体诗剩稿》摘抄.

苏派假山制作技艺五代传承

郑凤鸣

假 山 概 述

真山是高耸的地面，由山顶、山坡、山麓三部分组成，有山崖、山峦、山冈、山川、山路等。假山是由人工采用石料、泥料模仿真山构筑的山。

假山更是人工堆砌在园林或住宅、庭园内供人观赏的石景，它具有多方面的造景功能，如构成园林的主景或地形骨架，划分和组织园林空间，布置庭院、驳岸、护坡、挡土，设置自然式花台。还可以与园林建筑、园路、场地和园林植物组合成富于变化的景致，增添自然生趣，使园林建筑融汇到山水环境中。

假山能以假乱真，把真山的形状千奇百怪地融入人们的思想感情里，使之有明末造园家计成在《园冶》中所说的"片山有致，寸石生情"的魅力。

假山形象，奇奇怪怪，有的像人、有的像动物、有的像某种物体，非常逼真，又非常抽象，似是而非，它的特点是形象多义、多解，不确定，富有内涵意义，需要人们去丰富地联想。中国古建筑园林艺术专家陈从周先生说过："立峰是一种抽象雕刻品，美人峰细看，才像美人。"

苏州古典园林"无园不石"，在修建、维护、保养、沿革中，堆山叠石技艺一直传承至今，可以说，世界上没有任何地方像苏州这样对人工造山有这么高的技艺。因此，好的假山，是把天然山岳进行概括和提炼，在很小的地段上展现咫尺山林的面貌，幻化千岩万壑的气势；好的假山，来自自然界，合乎自然状态，表面没有破损；好的假山，色泽以奶白为最佳，其次为黄色、红色、褐色等等。

园林假山的基本造型，一是绝壁。用太湖石叠砌的绝壁（石壁）以临水的天然石灰岩山体为蓝本，石面比较光滑，显得自然贴切。由于太湖石受波浪的冲刷和水的侵蚀，会在表面形成洞、涡以及皱纹等，还会产生近似垂直的凹槽。大小不一的涡内，有时有洞，但洞又不一定在涡内。洞的形状极富变化，大洞旁往往错列有一二小洞，与天然绝壁几乎一模一样。

二是山洞。山洞一般设计在假山的核心部位，其高度常在2.20—2.50米之间，空间面积不小于3.0—4.0平方米。设计山洞时，首先要考虑到壁体的安全性，所以一般多用横石叠砌为主；其次要考虑到采光和通风，所以一般在洞壁上，设计若干小洞孔隙，有的则在洞壁上开较大的窗洞，以利用日照的散射或折射光线。

三是蹬道。无论假山高低，蹬道的起点两侧一般用的都是竖石，而且常常是一侧高大、另一侧低小。有时也采用石块组合的方式，以产生对比的效果。竖石的体形轮廓以浑厚为佳，切忌单薄尖瘦；有时为了强调变化，也常采用斜石，给人以飘逸飞动之感。若盘山蹬道的内侧是高大的山体，则蹬道的外侧常设计成护山式石栏杆。蹬道的踏步一般选用条块状的自然山石。

四是谷涧。两山之间峭壁夹峙，而且曲折幽深、两端都有出口的称为谷；谷中有山泉称为涧。两山相交，乱石重叠，水从窄峡中环绕湾转而泻的称为水口。环秀山庄假山中的谷，两侧削壁如悬崖，状如一线天，极富峡谷气氛。留园中部的池北与池西，在假山相接的折角处，设计的水涧，犹如深山中的"水口"。

五是峰峦。一般一座假山只能有一个主峰，要有高峻雄伟之势，其它山峰的高度不能超过主峰，以形成宾主之势。山头比较圆浑的叫峦。峦可以有几个，或高或低，相互之间参差不齐，绝对不能一字排开，而是要前后搭配，形成重峦叠嶂，前后呼应，错落有致的效果。各峰、峦之间的向、背、俯仰还必须彼此呼应，气脉相通。

　　苏州园林假山按材料可分为土山、石山和土石相间的假山，但多见于"以石作主而土附之"；按施工方式可分为筑山、掇山、凿山和塑山。按在园林中的位置和用途可分为园山、厅山、楼山、阁山、书房山、池山、室内山、壁山和兽山。假山的组合形态分为山体和水体。山体包括峰、峦、顶、岭、谷、壑、岗、壁、岩、岫、洞、坞、麓、台、磴道和栈道；水体包括泉、瀑、潭、溪、涧、池、矶和汀石等。山水宜结合一体，相得益彰。

　　苏州园林的假山叠石手法，流传为叠、竖、垫、拼、挑、压、钩、挂、撑等"九字诀"，达到贴近天然山石本色，以假乱真的境界。

　　假山是苏州历史建筑的特征之一，名作很多。

　　环秀山庄，以清代嘉庆年间大师戈裕良，用太湖石叠山杰作著称。

　　进门，一座硕大的假山突兀眼前，恰如置身万山之中。其体量之大，恐怕堪称全苏州各个园林假山之最：崇峦叠嶂、至少占了环秀山庄主题部分的一半。峭壁、峰峦、洞壑、涧谷、平台、磴道等山中之物，应有尽有。东部为主峰、北部为次峰。两山之间有悬崖，但又气势连绵，浑成一片。绿树掩映中，危岩峭壁、涧谷幽深，蹬道盘旋、峡谷栈道，石室飞梁，溪涧洞穴，如高路入云，气象万千。磴道与涧流相会处，一石一缝，错落有致，浑然天成，虽由人作，宛如天开，山重水复，尽得造化之妙。

　　织造府的瑞云峰，占尽了太湖石的透、漏、皱，但它不及冠云峰的瘦。不过由于有着遍体活眼，玲珑有致，使人看了还是觉得略肥而若瘦。

　　怡园拜石轩南面的花坛，有十五株石笋，错落在竹林之间，犹如雨后春笋，妙趣横生。

　　进了虎丘山门，可欣赏的石头多不胜数，有石桃、枕头石、试剑石、千人石、点头石等等，这些石头有着很多美丽的故事和传说。

苏州园林在假山制作上的独到优势，客观原因是太湖石就在脚边，开采与运输极为便利。形态奇异的太湖石，透、漏、皱、瘦，玲珑多窍，皴纹纵横，洞孔相套，有自成天然的意趣，是造园叠山的上佳石材。

同时，苏州有得天独厚的造园传统，著名的香山帮匠人在建造宫殿、状元府、官宦建筑、私家宅邸时，都会附带建造花园，花园里少不了假山。苏州假山制作技艺门类多样、技术精湛，独树一帜，中外闻名。

"苏州假山韩"五代传承

苏州市第二批非物质文化遗产项目，假山制作技艺代表性传承人韩良源，又名韩良元，苏州人，1927年出生，继承祖父韩恒生、父亲韩步本的假山制作技艺，身体力行70多年，造"山"近200座；中晚年，将假山制作技艺传承给儿孙多人，形成"苏州假山韩"群体，五代传承。

韩良源的祖父韩恒生，生于清朝道光年间的苏州茶商家庭，曾在苏州府台衙门当差，负责园艺、建筑事宜。有一年，在府衙的帮助下，韩恒生购得灵岩山西面的"秀野园"。这个园子当时已经荒芜不堪，山石坍塌、花木凋零、房屋破旧。韩恒生一一加以修复，倾注了很大的心血，却也由此产生了对园艺的热爱。其中，在堆叠假山时尤其产生了浓厚兴趣，甚至到了痴迷的程度。

韩良源的父亲韩步本，新中国成立初被园林管理处聘为专家，修复和新建了包括苏州阊门大王花园、小王花园、苏州火车站假山等。1953年，韩步本进了苏州园林修建队，作为为数不多的叠石园艺技师，先去南京担任工地技术负责人，修复了太平天国天王府；后来又先后承担了拙政园、留园、网师园、西园以及上海豫园、南京瞻园的假山修缮工程；还设计和堆叠了上海西郊公园、徐州云龙公园的假山，韩步本于1966年病故，享年70岁。

韩良源是长子，小时候家里穷，读书不多，13岁就开始从事叠石造园。他的叠山技艺直接来自于父亲的言传身教；年轻时韩良源在父亲的带领下，先后参加了虎丘、狮子林、耦园、沧浪亭、怡园的假山维修工作；以及上海龙华烈士陵园入口处12米高的"红岩"黄石假山、龙华植物园6米高的斜山掇叠；还到北京、山东、淮阴等地，参加了大观园、李清照词园、清晏园等大型假山的掇叠。

韩良源深深懂得假山是立体的画，假山制作需要绘画基础；叠假山的人一定要多看真山、研究山峰、岩石的分布，因此平时经常到大山里去写生，把漂亮的山景描画下来。

过去制作假山没有机械设备，全靠人力。平面移动石块时，先把地面整平，在地上放置硬质的滚木，用扛棒撬动滚木上的石块，使它慢慢向前移动，再把后面的滚木换到前面去，这样一点点、一寸寸地前进，速度很慢、体力消耗很大。向上抬升石块时，搭脚手架，用手拉葫芦吊装假山、靠肩膀用扛棒艰难抬动，苦不堪言。往往因为用力过猛，或者用力不当，闪了腰。

韩良源打破了"传男不传女"的观念，把假山制作技艺传给三个儿子的同时，也传给了女儿。现在韩良源的子女，包括孙辈也都从事假山制作，而且几乎都成了假山设计师。他们的假山作品既有中式庭园的清雅风范，又有现代园林的西洋景观，韩良源看了很高兴。

韩良源假山名作

韩良源在叠假山之前都会先画草图，然后用橡皮泥（后来用泡沫）制作模型，然后动手制作。韩良源使用黄石时，坚决不同时掺砌湖石；使用湖石时，坚决不同时掺砌黄石，以免格调不一致。韩良源在堆砌假山时，总是把差一点的放到背后或山洞里去。他说："这就像做衣服，好料肯定在前面，差些的做在后身。例如冠云峰，它的背后有很多斧凿痕迹，但是巧妙地由大树遮挡了，游客看不到它的遗憾，留下的是美好的印象。"

韩良源把假山的上、中、下三部分称为上停、中停、下停。留园的冠云峰，它的上停向东钮，偏东还有一个罕见的特大空穴，前后敞通，可以看见椭圆形的天空；它的中停，向西钮，有很少的穿眼，似通不通，给人以神秘之感；它的下停，又大幅度向东钮，与上停的向东钮，中停向西钮，形成了窈窕的身段，呈现了一种硬里带软的媚态。

1953 年，苏州市园林修整委员会成立，谢孝思兼主任委员，其中有专家周瘦鹃、范烟桥、陈涓隐、蒋吟秋，还有上海、南京的园林专家陈从周、刘敦桢、谢孝思，以及王力成营造厂技术人员王汉平、王国昌等人，韩步本带领韩良源作为叠石匠人也参加进去了。

二十世纪五十年代，著名古建筑学家刘敦桢教授为考察、研究苏州园林文化，常来苏州找叠山能手了解情况，经常在施工现场讲解假山文化，使韩良源得益匪浅。

韩良源年轻时的得意之作是上海龙华烈士陵园的大型叠峰《红岩》。为了增添悲壮、凝重气氛，韩良源选用黄里透红的当地石料。小的石头只有几斤重，大的有一二十吨。作品以平直和高耸结合为线条，主峰庄严挺拔，气势雄伟，表现了革命烈士坚如磐石、视死如归的意志，令人肃然起敬。

八十年代，韩良源应邀堆砌上海植物园黄石景观假山。韩良源把假山选址于进门的三岔路口，堆砌得就像一座自然界的倾斜沉积岩断层山崖，形成了既是障景，又是对景的效果。为了创作出真山飞动、奇特险怪的美学效果，韩良源采用后山的绝对重量，压住前面悬空 3 米多、重 82 吨的断崖，保证了绝对的安全。这在中国园林假山史上是一种大胆的尝试。假山造好后，陈从周教授连声说好，称赞"这是人工造就的奇景。"

1986 年北京拟修建大观园，邀请韩良源负责假山堆叠。韩良源带领次子韩啸东主叠"蓼汀花序"，结果是洞中有洞，峰峦参差、颇具野意。在立面处理上别具匠心，山峦轮廓分明，结构上有凹有凸，纹理上自然有致。平面处理上蜿蜒曲折，风致天然。

二十世纪九十年代中期，堆砌山东章丘清照园的"秀眉清照"假山时，韩良源运用了苏州园林精华，又处处呈现出鲜明的宋代建筑风格，做成了总石量 2.6 万吨、塑石 10 多万平方米的全国体量最大假山群。其中石柱 99 根，每根总高 20 米，非常有气势，表现了庭院的幽深和气势的恢宏，也映衬了李清照高洁的一生，自1997年5月落成对外开放以来，被众多游客称为"镶嵌在中国北方的一颗仿江南民居建筑的璀璨明珠"。

2010年6月，韩良源获得苏州市第二批非物质文化遗产项目代表性传承人称号。在2015年的央视大型文化纪录片《园林》里，韩良源的镜头出现在第七集，题目是《韩良源——苏州叠山世家韩派假山传人、园林大师》。他们是看了韩良源在上海的作品找到韩良源的。也是那年的8月，韩良源参加第三届苏州市民间工艺家颁奖大会，被授予"苏州市民间工艺家"称号。韩良源与其他26位工艺大师坐在嘉宾席上，感到很光荣。深圳大学教授吴肇钊赞誉韩良源为："古有戈裕良，今有韩良源"。

韩良源把毕生的精力奉献给了堆叠假山。70多年来，韩良源主持了许多置石、掇山工程，或修旧，或兴建，留存了不少作品。韩良源从这些实践中选取经典的园林叠石案例，积累了大量的笔记、写生画、图片、造园心得和参考书目。有的还保留了图纸、实地照片、画稿等，形成了六大本书稿。内容从如何选石、造型，到叠山的实际操作，如挖基放线、加固、拼接假山石，以及安全事项等等进行详细的记载和论述。

韩良源有两张特别珍贵的老照片，一张黑白照是韩良源年轻时在叠山时的留影，那时年轻力壮，充满着创作的激情与活力。另一张，是英国华人前来拜访韩良源，希望他能去英国设计造园，但被韩良源婉拒了。他们很遗憾，要求与韩良源合影留念。

假 山 制 作

以上名作精品是一种"缩景"的艺术制作，必须要匠心独造而不是一蹴而就。自然石、古老石、太湖石、黄石、红石、花岗岩、云片石、鹅卵石都是堆砌假山的材料。湖石或黄石是堆砌假山最基本的石材。

黄石质地较湖石坚硬，外形多棱角，色泽自淡至赤黄，有多种变化，宜构造气势雄健的冈峦，因此一般来说，用黄石堆砌的假山规模比较大，可以在山谷及小溪上架二顶桥，再在山上点缀绝壁，建两个以上凉亭，造成浑雄气势。例如留园中部、西北部的假山就是这样的。拙政园中部二岛，登山道与道侧用的都是黄石，石间有杂土，让竹木芦苇得以自生，野趣横生。

湖石多孔穴，更适宜用来堆砌假山。最有名的是苏州洞庭东山、西山一带的太湖石，属于石灰岩。叠山名家戈裕良的代表作品环秀山庄，就是以湖石假山闻名于世的。

堆砌湖石假山多选用环透拼叠法，外观山势用考究弧形的峦势和曲线，处处体现出湖石的天然形状。

假山制作有规律可循，但不是千篇一律的，要根据园子的实际面积、周围环境、附近相关建筑、水塘大小、花卉树木的多少和高大，石头的形状、颜色、需要堆砌的体量和造型等等综合考虑。最讲究的是以对自然、环境、生态的敬畏与尊重的造园思想，用中国传统建造园最基本、最深刻的"天人合一"理念，才能堆砌出最成功的山水，达到"虽由人作，宛若天开"的境界。

堆砌假山，不但要考虑占地面积的大小、假山与周围环境的协调、主峰和次峰的位置、高低错落的呼应和对照，还要考虑以池水衬托假山。主峰不宜位于中央，以免产生呆板、突兀的感觉。可在东麓或西麓建一个小的石洞。这种办法既节省石料、人工，山上还可以栽植树木，与真山无异。

假山与池水连接处，用绝壁比较好，其下再以较低的石桥或石矶作陪衬，使人感觉石壁更为崔嵬高耸。还可以在绝壁上建小路。游人自谷中婉转而来，俯瞰池水，缓缓渡桥，折入山谷之中，然后登山，到达山顶。这种构图与我国传统的山水画一模一样，简直是一幅活的中国画。或者在山腰建个小平台、在山顶造个亭子，以便游人休憩、赏景。亭子应当建在主峰稍微下一点的位置，这样更美。

传统的山石咬合部分用的是胶凝材料，可以用石灰加糯米浆、石灰加桐油、石灰加血料，以及石灰加糯米浆加明矾等，把这些胶凝材料用在重要部位，黏结性非常好、非常坚固，简直与花岗石一样坚硬，因此常用于修补假山石。现在则因为采用黄沙、水泥、石子作为咬合材料，然后在外观上用配色工艺使它与山石浑然一体，所以就不用原来的方法了。新工艺的效率比传统做法速度快，而且牢度也好。就是说堆砌假山也是要与时俱进、改革创新的。

血料是用猪血加工的。猪血中有血水和血块。制作时，先将血水和血块分装，再将血块碾碎成粥状，然后酌情缓慢加入冷水搅匀至原来澄出的血水一样稠度。待其过箩过滤后，把原来澄出的血水倒入桶内，搅匀后再次过箩。再用石灰泡成较稀的石灰浆，过有网眼的铁纱箩了后，将其少量倒入血水桶内，不时稍加搅动。一两个小时后，血水起变化，产生泡沫上涨，成肉冻状，血料就做成了。经过熟石灰水发酵的猪血，有黏合作用，还能防潮、防虫。

粗制滥造做出来的假山，石杂纹乱，造型呆板，没有灵气，根本谈不上艺术造型，更不要说能衬托建筑美了。有的甚至用硫酸做假山的表面处理，结果反而使假山失去了天然的光泽。

学习假山制作技艺虽说难也不难，说容易也不容易，关键是这门技艺需要有悟性、有智慧，更离不开实际制作，如果有造型艺术天赋，再加上绘画技术、力学知识、理论水平，那就更好了。

在施工技术上，假山制作技艺常被划分为自然山石叠筑、人工塑石两类。自然山石叠筑以"考料、搬运、叠筑、成型……"为根本，人工塑石以"临摹、造型、工艺、成型……"为主。两种工艺都需要假山工熟练掌握，并且具备绘画、焊接、抹灰、抹胶等多种技能。最好还要有木工、钢筋工、架子工、防水工、通风工、工程电气设备安装调试工、钳工、管道工、起重工、工程机械修理工、挖掘机驾驶员、推土铲运机驾驶员、塔式起重机驾驶技术。有了这些，从初级假山工、中级假山工，到高级假山工，都是不难的。

调查户口何以生变?

——试论清末嘉定反户口调查风潮

齐超儒

户口问题一直为历代朝廷所重视,清末宣统年间的户口调查,作为清政府宪政改革的重要组成部分,各地在调查过程中却发生大规模的反户口调查的风潮。嘉定地方性报刊《嘐报》详细记载了该地反户口调查风潮的有关情况,谣言的传播,政府及乡绅的不作为以及地方痞棍的煽动都是此次风潮形成的重要原因,清政府事后所采取的各种措施仍然无法避免对其合法性统治造成的冲击。

作为清末宪政改革的一部分,宣统年间的户口调查目的不同于以往,调查的数据不仅是朝廷征税、征兵、征发徭役的根据,而且对于划定选区、调查选民、选举议员,实行各项新政起着重要作用。不过,在各地调查的过程中,却出现了大规模的反户口调查风潮,甚至酿成民变。对此,学界已经有了部分研究。但针对反户口调查的研究,学者利用的资料多为《申报》《东方杂志》《大公报》等全国性报刊以及官方文件,这些材料侧重于国家行为及其代表人物,因报道立场、范围及篇幅所限,较少反映地方民众的思想意识,难以对反户口调查风潮在地方的发展情况进行深入考察。本文以嘉定地方性报刊《嘐报》为中心,通过对有关陆渡桥乡反户口风潮记载的考察,试图还原此次风潮在嘉定地区发生的始末,并借此探究清末新政推行下官民关系的变化。

一、清末户口调查的背景

户口问题一直为历代统治者所重视,将户口多寡作为国力强盛与社会治乱兴衰的重要标准，也是历朝历代用于征税、征兵、征发徭役的重要根据。清末的户口调查与管理是由巡警部负责，对于户口的重要性，该部在有关清查户籍的奏折中就曾提到："诚以户籍能清，则地方盛衰，人民消长，赋税多寡，奸宄有无皆不难周知"，"查户口为警政之关键，果能切实推行，不但宵小无从托迹，良善易于保卫，即教育风俗，赋税征调诸大端，亦皆以此为基础。"

随着清政府预备立宪的确立，1906年9月清廷颁布上谕，将巡警部改为民政部，负责民政事务。作为新政的重要组成部分，户口调查也就成为民政部亟待解决的问题。为此，民政部在1907年4月颁布的《清查户口问题》中强调："何以强迫禁烟，何以厉行征兵，何以定制租税，何以配赋商工业，何以振兴？概括言之，国民之权利义务，何以规定，莫不以清查户口为始基"；"清查户口，所以为今日必办之要政者，不仅为教育或禁烟计也，其最大之关系在，使他日编订宪法、组织议会、颁布自治制度之际，预核全国人民厘定选举区划，自治制具权利能力者几何，人应负担义务者几何，人服役兵事者，因是而定其额，征收国税地方税，因是而剂其平，一切新政观其结果以为断然。"同年，《民政部奏请查户口以举民政折》中再次提及户口调查问题："练兵兴学，理财清匪，各要政无事不以清查户口为先。"从1908年开始，民政部就户口调查的有关事宜进行筹备，制定了"六年调查户口计划"，即第一年颁布户口调查章程；第二年调查各省户数；第三年汇报省户数；制定《户籍法》；第四年调查各省人口数；第五年汇报各省人数；颁布《户籍法》；第六年实《户籍法》。

1908年12月民政部颁布了《调查户口章程》，该章程列有十一章四十条，对调查职员、区域、户数、口数、年限、经费、要则、罚则等事项进行了明确的规定。该章程成为各地方进行户口调查的重要依据，依照此章程各地的户口调查的工作相继展开。

二、各地反户口调查风潮的兴起

在清政府推行户口调查工作的过程中，全国各地却不断出现反对户口调查的风潮。据《清末民变年表》统计，仅 1909 年至 1911 年 10 月的两年多时间里，直接因反对户口调查的民变遍及全国 10 个省区，共计 69 起。此次事件首先于 1909 年四月份在江西地区出现，1910 年转移到江苏，广东、直隶、浙江、安徽、云南等省份也出现大规模的斗争。江苏的反户口调查风潮首先发生在宜兴，随后"江苏省各州县因调查户口，讹言迭兴，聚众毁学拆屋伤人之事，几乎无地不有，无日不有。"

嘉定地区的反调查户口风潮也发生在这一时期，据《民国嘉定县志》记载，"该乡宙十图、陶六图乡民误信谣言，反抗调查户口，殴伤所长、经董，捣坏屋宇，撕毁名册。县派飞营缉获首要二人惩办，风潮始已。"

与县志相比，《嘤报》对于此次反调查户口风潮的报道更为详细。根据该报记载，1910 年 5 月 31 日，有一个卖小鸡的小贩，在陆渡桥乡叫卖时，"述及种种谣言，有谓现在所造之户口册，将来卖于洋人筑铁路桥之用，价值极贵，每户值洋二十元。俟此册临用时，册中所书之人皆立毙等语。"这使得该乡民众大为疑惑，于是，"忽生抗查户口之心"，并有捣毁乡董房屋，殴打调查员等行为。"有宙十图、陶六图某某等结党数十人，驰至各经董家，寻衅殴人毁物，无所不为。被殴者为所长侯史封，身伤沉重，庵桥人陆飞千，发辫被拔，亦有微伤。经董杨福昌、金晋文、顾振言、梁庆堂、梁心田、费为南、秦廷爵七家，门窗、凳枱、水车、屋面以及杂物尽被打毁，并欲将侯董置于死地，后迫令书票一纸，保该党徒三年无事，又将户口册要远尽皆扯去"。次日早上，该乡参议员将此事上报县令，并将伤者送往苏州医治。该县县令邵大令特意派荆游戎、程少尉至该乡靖龙庵进行"劝谕"，检查各乡董被毁坏的物品，并对乡民"谆谆劝导"。专员的到来，引起了民众的关注，靖龙庵前"观者有三百余人"，不过，在这期间"讵有老妇多人，游戎等围住吵闹不休，游戎衣服略被扯破"。程少尉见无可理喻，先行离开，而荆游戎一时脱不开身，等到县城将情形报告给县令时已经深夜。对于此事，邵大令"拟以不了了之"，期望能够息事宁人。不过，有关调查户口的谣言很快传到其他乡镇，随着传播范围的扩大，谣言的内容也发生了改变，并将反对的矛头对向学堂，认为调查户口的事情是从学堂中发起，"唐家行学堂，已由乡民逼令停歇，而镇界刘河二镇竟有毁学情事"。一时间"谣言蠡起，东北各乡均岌岌不可终日之。"几天后，陆渡桥乡又发生董少山家被打毁的事情。

　　随着事态不断发展，"该乡之稍有家财者靡不心寒胆裂，非特恐自治之不克进行，且忧日后地痞横行，难保身家。"县令邵大令也一改初期"拟以不了了之"的态度，6月23日，邵大令饬差严拿该乡为首闹事各犯，6月28日，县差持票下乡汇同地保一起捉拿闹事犯人，但地保陆鹤芳却"因向业私卖鸦片，屡被侯董查见禀办，故佯为同原差至各家拿捉，暗中知风报信，以致各犯逃脱法网"。不过，闹事的十人中的两人稍知法纪，为避免牢狱之灾，首先发起自愿认罪赔偿，免于刑罚。先后有七人认罪，共缴纳四百二十元的赔偿金作为房屋修理费，并立下保证书，各自安分守己，如有再犯自愿加等受惩。闹事的首要桂阿荣、李阿二、毕阿小三人仍然在逃。7月19日，首犯桂阿荣之弟桂金生被捕，桂金生也是闹事参与者，但邵大令并未重惩，而是暂时羁押，勒令交出其兄抢去的户口册。随后，在桂阿荣之弟的协助下，官差及地保在常熟石牌镇将桂阿荣捉拿归案。邵大令严行讯究，判责臀四百，掌嘴三百，又责竹枝千下。此案算是告一段落。不过，就赔偿金的问题，还出现了一个小插曲。赔款金缴纳至县里后，一直没有发给受害的乡董，对于款项的使用，时人传言"此项赔款中须提出二成作为衙门内开销"，"此虽系陋规，然数百年来之习惯，一时未易革除"。而县令邵大令一向以廉洁洁自励而闻名，此举使得民众大为失望。不过后经证实二八扣之说是误传，赔偿金除提出一百二十元充当习艺所经费外，其余三百元发放给各受害的乡董。

三、反对户口调查风潮产生与谣言传播

与同时期各地所发生的反对调查户口的风潮相比，嘉定地区发生的动乱事件具并无特别之处，各地风潮起因都源于谣言的传播，在谣言传播的内容方面也大同小异，江西丰城县因调查户口，有谣言称，"有谓此次编查户籍，为异口征兵起见者，有谓将兴人口税者，其最下劣者，则误征兵为蒸兵，谓将来不免受釜甑之苦者，又谓兴筑铁路，必须多数人灵魂镇压，铁轨使得安稳者。"湖北汉口蔡甸镇，有乡民谣传此次的户口调查，"系为抽丁当兵按口派捐起见，竟怂恿无知愚民数百名，蜂拥至该处各绅耆及调查员等住宅，哄闹不休，百般开导，执迷不信，并敢将某绅房屋拆毁"。云南昭通地区，调查户口编订门牌时，"谣传谓国家现拟抽收人税、树税、生男女税，故先行查明人户数目以便举行"。

在各地有关调查户口的谣言中，既有传抽丁当兵，也有说按户抽税，还有镇压铁路之说。值得注意的是有关镇压铁路的谣言，嘉定地区反对调查风潮的起因就是来源于此。那这一谣言是如何传播嘉定地区？《民国嘉定县志》中记载："唯其时适有调查户口之风潮，由常而苏而太，蔓延及于吾邑之陆渡桥乡。"也就是说，这一谣言是由常州产生，传到苏州地区，再传到嘉定地区。而《申报》在同时期有关反对调查户口风潮的报道，恰好也能够印证这一过程。常州地区调查户口时，"忽有该乡四图乡民惑于谣言，谓系调查人民年庚，垫入铁路。纷纷向调查员索回原簿，该所所长包念兹君闻风驰往婉劝，当即解散。讵该乡六图亦为谣言所惑，适有妇女多人，路遇调查员，遂将衣襟扭住，纷纷向索原簿。"苏州地区在调查将要结束的时候，"本地乡民忽四散谣言，谓调查各户人口，系因造铁路，需用数万人八字压入之故。迨后又有一女巫造言惑众，云某老爷上身告述，某日有阴兵过境，是以本地调查各户人名八字将来入册，各人均去当阴兵云云。各乡民闻之大为惊惶，咸思将调查户口底册追回。"苏州震泽镇民众相传，"造

人民册非为铁路打桩等项之用,何以某处人民入册后已死去不少?或云造人民册连地送与外人。"镇江金坛在户口调查时,"此次调查姓名以为填造洋桥之用。"恰逢当时洋人在金坛买药,民众信以为真。

四、谣言与民变产生的社会环境分析

如何看待这些谣言在各地的传播以及民变的产生?《朤报》在反调查户口风潮发生后曾刊登过一段评论:"调查风潮之成,成于谣言,而谣言之所以动听者,以生命财产之说,故夫生命财产之危,虽大智者犹将设法以保护之也,而况于愚者。"无论是谣传的抽丁当兵、按户抽税、镇压铁路,这些都涉及到民众的切身利益,自然对此格外的关注。"一般来说,除了造谣者具有明确的目的外,其他人在被动地转述和传播谣言的过程中,很少会对谣言的来源和真实性加以理性的分析。"从谣言传播的区域来看,大多为农村地区,民众的知识水平普遍低下,尽管《申报》在1909年1月15日将民政部颁布的《调查户口章程》全文刊载,就农村地区来讲,但能够知晓的人却是寥寥无几。清政府对此也没能采取相应的措施,使得民众知晓户口调查的用意。而这也招致时人对清政府以及士绅的批评,认为他们在此次风潮中应承担一定的责任。

对于清政府来讲,没能在调查户口之前,将此次调查的目的和方法向民众宣讲清楚,为谣言的传播创造了条件。"各地方之筹备自治所,类有宣讲员赴各乡宣讲,当调查户口之先,调查之用意若何,调查之方法若何,不当宣讲透彻诏告乡民,使有以识调查之故而不至于骇诧乎?使果一一解释,宣讲透彻,则乡民于调查户口一事,耳熟能详疑虑尽释,亦何至于谣言蠭起。"而且,官员在调查过程中的一些行为方式,也值得商榷。"为官者急宜巡行乡野,竭诚演说,间招耆老,接以温言,尽情劝谕。乡民虽愚,听官之絮语,而亲见其愉色,必且转怒为喜,而释然解其暴动之心。而为调查员者,又从而设法劝遵,曲述理由。如是而民犹胶执成见肆为暴动者，吾不信也。"

再次，对于士绅，尤其是社会下层士绅，作为与地方政府共同管理当地事务的地方精英，他们处于官民之间，是沟通政府和民众的桥梁。在光绪三十四年颁布的《调查户口章程》中规定："调查户口事务，归下级地方自治董事会或乡长办理，以总董或乡长为调查长，董事或乡董为调查员。其自治会尚未成立地方，由各该监督率所属巡警，并遴派本地方公正绅董，会同办理。"这些董事或者乡董作为调查户口的主要执行者，平时他们在乡间本应起着教化乡民、维护社会秩序的作用。但是各地反户口调查风潮发生后，经常会看到砸毁乡董房屋和学堂的事件。为何乡董和学堂总是在反抗风潮中最先受到冲击。下面两段时人的评论，或许能够解释这一现象。"今夫乡间之负声望饶财产而周旋于官绅间者，视其乡之农人，每以其愚蠢不晓事而不屑与语时事，孰知今日之时势，凡乡间之不识字不能阅报之人，全赖有智识者之百端讲论，为能启其愚耳。若自以为智，厌人之愚，而屏弗与语，彼愚无知者又安得而有知哉"。"近来办事之人，大抵有一种矜贵之气，令人不可向迩，而学界中人尤甚，推其心理，若曰吾先觉者也，吾之知识非他人所能望及项背者也。从未有一人能卑躬屈己，就此社会不习惯之举动，谆谆然教导人者。"这一现象一方面反映出，士绅在参与主持地方"新政"方面存在着很大的问题，自身素质不高，在推行新政的过程中缺乏合理的方式。另一方面也说明传统的绅民之间的关系，在这一时期开始发生变化。1905 年，清政府废除科举制后，废除了原有士绅向上迁升的道路，在政治、经济、文化上的特权也被剥夺，对于基层社会统治的合法性和权威地位也随之丧失，这使得民众也敢于向其挑战。

此外，在调查过程中，有部分地方痞棍借机传播谣言，煽动民众发生暴动，以达到反对政府的目的，在砸毁乡董房屋和学堂的人中常常能够看到他们的身影，这也成为引起民变的重要原因。

五、清政府应对风潮的措施及效果

在反对户口调查的风潮发生后，各地政府开始采取措施，防止事态进一步扩大。在嘉定，除了及时逮捕罪犯，缴纳赔偿金外。为了确保调查的顺利开展，对民众进行有关户口调查的宣传。6月2日《曝报》上刊登《敬告误信谣言者》一文，对有关地方自治和户口调查的相关问题进行解释。"办地方自治，使我民不至受暴虐之官治，此我民莫大之幸福也。自治职员，须从选民中举出，欲得选民，需先调查户口。故选民者，我民至荣之名，调查户口者，自治最先之事也。今我民乃反对之，岂非将好意为恶意乎？至于造桥打市椿之说，皆系匪徒煽惑之言，我民只须静心一思之，全中国无处不调查，若曰其册以杀我民，岂非全中国之民皆陷于死地乎？邑已调查者已不少，何以此各地之民，又皆安然无恙乎？我民若一思及此，必当恍然悟矣。"不过，就《曝报》的读者情况来看，主要是支持立宪制与地方自治的地方精英阶层，新式学校的教师、学生以及工商业者、实业家。报纸受众范围小，对于普通民众来讲很难接触。风潮发生一个多月后，《曝报》上又刊出了《县发白话告示》和《调查户口之缘因》两篇文章，这两篇文章的读者对象显然不是上述提到的地方精英阶层。《县发白话告示》一文，打油诗的形式，用白话文向民众介绍了户口调查与地方自治、选区划定、选举议员之间的关系，以便消除他们的误解。"告我民为什么要查户口，今皇上爱百姓都像家人。大清国廿二省譬如一家，一家内通共有子女几人。为父母当了家应该知道，这就是查户口实在原因。也不是要抽丁问你人数，也不是要派捐费你钱文。也不是要造桥用你八字，倘有人造谣言哄骗你们。你们是好百姓，切莫上当，上了当闹了事，反害自身。有人来问你们姓名年纪，你尽管一件件回答分明。就是那大乡绅也是一样，这告示劝你们个个放心。"《调查户口之缘因》一文，则是自治筹办处宣讲讲义，同样用白话的方式，向民众解释有关调查户口的问题，基本内容与所发的告示相似。"调查户口，是官府奉旨宪办的，就是和从前的保甲门牌，差不多办法，你想想大清国的地方，共有多少大？皇上家管了这大大的地方，同百姓人家，管自己一家的事情是一样的。你们一家的妻儿老小，共有几个人，是自己知道的。倘若皇上家管了大大的地方，这地方上有多少人全不知道，岂不是笑话么？""哪晓得有一般人大惊小怪，造起谣言来了，有的说是要派捐了，有的说是要抽丁了，有一种最荒唐的话，说道要拿姓名八字去打铁路的桥桩，等那铁桥造好了，这性命就不保了。这都是胡言乱语切莫要去听他。"

显然，清政府在此次风潮发生后，加强了对民众的宣传工作。此外，还颁布了《筹备处札发厅州县流通宣讲章程》，根据章程规定，在各地筹备自治公所设置宣讲员，定期去各乡镇人口众多的地方流动宣讲，每地宣讲十日，每日两小时。其内容除了调查户口的缘起，不要听信谣言外，也对地方自治的有关事宜进行宣讲，并向识字者发放白话讲义。

从清政府宣讲的效果来看，只能说起到了一定的作用，嘉定地区此后并无大的祸端产生。但仍有部分民众对调查户口一事进行反对，11月22日《晷报》报道，"唐家行调查户口已经竣事，造册送县，讵有服三十九图某姓老妪数人，听信某女巫之谣言，日向本图经董家百般吵闹，声言非将户口册取出烧毁，吾辈非死不休，后经各经董挽人多方劝解，幸不酿祸"。"樊家桥调查户口业已毕事，调查时有某姓等五六家抗阻调查，为姚大令所闻，提某甲到案，管押数日，俟调查毕事，即行讯释。"1911年，辛亥革命爆发，此次的户口调查也被迫中止。调查过程中所发生的反对风潮，一方面影响了户口调查的进度及统计数据的准确性，另一方面风潮所引发的民变再加上各地的抗捐税斗争、毁学风潮、反禁烟风潮不断，对于清政府的统治造成巨大的冲击，使得民众走向政府的对立面，加剧了清政府合法性危机。

苏南农村城市化变迁中民间节日习俗

——以苏州吴江农村春节田野调查为例

沈建东

　　所谓城市化，主要是指一个社会向城市型功能转变的过程，它最主要的内容是包括人口的城市化和生活方式的城市化，分散的农村人口向城市的集结，城市型的生活方式向农村的全面渗透和普及。"或许可以这样解释：产业化——城市化——社会现代化其实是一个社会变动链，产业化必然会导致乡村人口向城市的集中，而城市化又必然会给整个社会的价值规范体系和制度体系带来根本性的变动。在这个变动链中，城市化以产业化为基础，又不囿于产业化。与此同时，它也是社会现代化的基础和起端。"但目前许多关于"城市化"的研究，明显朝向经济、人口方面倾斜，人的社会生活和文化习俗等关乎人精神的内容常常不受重视或被忽略了。2010 年笔者参与了文化部《节日志·春节》子课题的项目，整个春节都在吴江农村度过，为课题实地拍摄和做相关的田野调查，在近距离的接触和深入的了解中，春节这个中国重大显性的社会风俗，和中国百姓文化生活和信仰、心理都密切相关。在工业化时代的消长，亲眼目睹在苏南农村经济发达地区乡村居民节日的现状，我们重点采访了黎里镇利星社区的钱家湾，。清晨，在木瓜湖边，晨雾缭绕中，有野鸭在飞落。太阳在摇曳芦苇花丛里升起来，冬日的清晨空气清新。随行的摄影师忙着在摄像、拍照。赶紧拍下她原来的身影留着纪念。

　　2012 年、2014 年、2016 年春节，我都曾抽时间去利星木瓜荡和荡边的钱家湾。至今钱家湾、木瓜荡依然在每一个晨昏变化她的美丽。钱家湾的乡亲一如既往地忙年、过年。下面是笔者的调研报告，期待大方的指点。

一、"年"的主题亘古不变——重人伦、祈团圆，乡村城市化后主题也不变，但其中许多稻作文化特色年的风俗却离我们渐行渐远。

我国的节日习俗是伴随着人们的生产活动和社会历史的发展而不断形成和发展着。其中有不少习俗，是与我国农业社会紧密相联系着的。农业社会生产的强烈的季节性及时节特征，每年都周而复始进行着，人们对它有着深刻的观察与印象，随着一年四季气候变化，农作物的播种和丰收以及日常生活和心理的需要，逐渐形成了一系列特殊日子的民俗庆典，这就是节日的由来，春节就是节日习俗的典型代表之一。

"年"是古人庆祝丰收，除旧迎新的特殊日子。在苏州地区，稻作、桑蚕文化发达地区，年节里的习俗都和传统的生产方式有着密切的关系，20世纪80年代，苏南乡村经济模式下，经历了一次工业化的过程，乡镇企业为主的经济对原有的生活习惯就有比较大的冲击，但村庄基本都在，只是村民种地的少了，进乡办企业打工成为了工人的多了，尤其是年轻的一代。近年来的城市化进程中，成片农庄的消失，代之而起的是高楼，祖祖辈辈依附于土地的农民搬进了城市的居民楼，生活方式彻底被颠覆，原来依附于稻作、蚕桑劳作生息的"生活场"、那些世代传承的习俗，悄然被简化或者替代或者消失。

进入21世纪，村镇布局规划不断修改完善，但被保留下来的村落却越来越少。苏州地区，从改革开放初2万多个村落，到现存的5489个自然村落，数量减少惊人。而最新一轮规划，明确提出"必须保留"的仅1037个（其中：重点村765个、特色村272个），其余均为已经列入城镇规划建设用地一般村落，也就是随时可以拆迁（截止到2015年统计）。田野采访是对场景的原真的记录和对话形式展开的，从中也许可以看到消长与变化的春节。

一样忙"年"，但内容不一样，方式有变化，现代农民在城市与乡村之间徘徊——田野采访记录之一

时间：2011 年 1 月 27 日

地点：江苏省吴江市湾荡 32 号 钱菊生家

钱家湾荡位于利星社区的东面，村子里有大约 40——50 户人家，钱姓是大姓。钱菊生还有两个弟弟也在同一个村上。钱菊生家前后有两座两层楼房。一般住在后面一幢楼房里。东面是一个大荡，荡名叫木瓜荡，因为形似木瓜而得名，荡面上看见成群的野鸭。荡边上有菜地，种的白菜、青菜、芹菜、大蒜等，后面一幢楼房有个大院子，大门上红色绸带的冬青柏枝已经打结在门把手上，厨房在东面，两眼灶，灶上烧着红烧蹄髈、八宝鸭、全鸡、酱蛋、猪脚爪。灶山上贴着一副崭新的彩色神像，神的手里拿着一个条幅：恭喜发财。主人说是财神，供有红蛋一碗（六枚）。灶下烧的是柴火，已经不是从前的稻柴了，东面窗下是煤气灶。灶西有两个煤炉，上面一个在蒸甲脚鱼，一个在烧笋干。男主人钱菊生在烧灶，同时管两个煤炉上烧的东西。女主人在煤气灶上炒菜。媳妇洗盘子和碗、择菜、洗菜，大孙女也帮忙，厨房里一派忙碌景象。

口述：（注：问指沈建东提问，答指钱菊生回答，特别注明除外）

问：在你的印象中过去年的准备是从什么时候开始忙的。

答：伲小时候印象从腊月初八，俗称"轧腊八"买年货。现在物质丰富，买东西方便，忙年从腊月廿八才开始。我们村上现在也没人养猪，很少腌肉。你们在村上看见的腌腊大都是租住在村上的外地人弄的。20 世纪 80 年代我骑个自行车到北庫、黎里去买年货，六七十年代要摇船到那里去买年货，90 年代前我们村上家家户户都有船。吃的米都要自己摇船到轧米厂里去碾出来，再摇船运回来。（伲：吴方言。我或我们的意思。下同）

问：过年祭祖吗？

答：过年不祭祖的，冬至祭祖。过年吃好年夜饭，只在灶山上供新淘箩新米的年饭，希望灶君老爷保佑佢衣食有余。

问：年夜饭过去喝什么酒？

答：以前冬至前记得我父亲自己做酒，过年都是吃自己酿的酒。陈的度数也很高的，一般都喝新做出来的。现在想喝什么都是街上去买了，自己一般也不酿酒了。

问：现在年前您忙些什么呢？

答：自家开厂，忙年就是忙厂里的事情。工人要回去过年结工资，发红包。厂里的账目，没有结算的去要账，送款，过年忙生意总结。

从这段田野记录里我们可以看到：二十世纪六七十年代忙年是因为年节的饮食需要自己去制作，如年节需要各样的年糕、酒、杀猪腌肉，到镇上去买烧香的香烛钱粮、烧菜的作料、一些走亲访友的礼品等等。自家吃的米过去是自给自足的稻米，糯米，菜自家自留地里种的，过年可以制作年糕、米酒。从年初二开始的走亲戚，手里拎的礼物都是自家做的米糕和年糕，特别是新女婿上门要挑一担米糕和年糕去望丈母娘。80 年代后忙年的内容开始发生变化了，制作年糕、米酒少了。90 年代新女婿则拎西式裱花大蛋糕、烟酒，只有一样未变，一定要带上两根红皮的有根有梢的甘蔗上门，寓意新年生活节节高，甜蜜蜜。90 年代末大部分苏州农村人口开始购买商品粮食了，其他副食品也基本商品化。忙年的内容有了根本性的变化，虽然年糕过年不可缺少，但都在糕铺里定制了。在芦墟镇上我们发现有三家专门制作老式糕的铺子。问过后才知道他们生意最好的时候是年节，特别是春节前，镇上居民和附近农村居民都会来铺子里预定的，分成红糖糕和白糖糕两种，直径大约一尺，主要家里祭神用的。

钱菊生一家住在利星的木瓜湖边，家里开着丝织厂，所谓种地就是女主人在房子边和木瓜荡边种点蔬菜而已。其他消费基本都是购买至自由市场和超市，虽然住在农村但基本已经是城镇生活方式了。芦墟地区最大的一个拆迁小区——野猫圩，采访中看到居民一家人一起吃年夜饭（团圆饭）的习俗不变，但有的人家去镇上饭店吃团圆饭了，家家门上都用红绸扎着冬青柏枝。家家户户都准备好了红烧蹄髈、八宝鸭、全鸡、酱蛋、猪脚爪、笋干，这些年夜饭必须有的佳肴，虽然年夜饭在饭店吃了，但依然要准备好，初二亲戚来可以招待客人。抢烧头香、年初五拜财神风气日盛。大年初一都待在家里，年初二开始走亲戚。到正月十五年结束，与古代习俗一样没有变化。

年夜饭，团圆的主题未变，传统与现代交织——田野采访记录之二

时间：2011 年 1 月 27 日

地点：江苏省吴江市分湖镇利星社区钱家湾荡

在阿峰（钱菊生的儿子，37 岁。自己开的塑料粒子加工厂）的带领下，我们还走访了村里的其他人家，家家户户的门上都用红绸扎着冬青柏枝，有的人家大红的春联已经贴好了。有的人家在自家的楼房上插上了鲜艳的五星红旗。走过一座小桥，沿一条通往木瓜荡的小河，约 20 米处就是阿峰叔叔家，院子里一幢新盖的三层楼房。厨房在院子的东面，靠大门口。在厨房间看到一个 20 年前的老灶头，灶山上面绘满了彩色的吉祥花草图案，有牡丹、菊花、山水，还有一副孔雀开屏图。两眼灶上铁锅里烧的也是红烧蹄髈、八宝鸭、全鸡、酱蛋、猪脚爪。男主人在切笋干，他说这叫节节高，新年一定要吃的，看到他家橱里还有肉塞油豆腐、白虾、酱蛋。女主人在灶下烧火，灶山上有两根芝麻秆，用红绸系在一起，她告诉我说叫"节节高"，一家三口年夜饭烧的菜不多的，吃过年夜饭也有在灶山上摆年饭的习俗，主要有米饭、福橘、红蛋、插上葱、松柏等，寓意年年吃有余。

回到钱家，近黄昏天色已暗，钱菊生正在准备爆仗，他说吃年夜饭前要放的，叫关门爆仗。十六个高升和一串爆仗放结束，年夜饭就开始了，钱家的厨房里端出来满桌团圆饭的菜肴：

冷菜：凉拌芹菜、糯米塞藕、葱拌茄子、大蒜拌黄瓜、白糖草莓（红色象征新年红红红火火）、盐水虾。

热菜：肉嵌油扑、红烧脚鱼、清蒸鳜鱼、红烧蹄髈、八宝鸭、红烧鳗鱼、笋丁烧肉、全鸡汤、红烧猪手（弯曲如元宝，因称：元宝）、酱煨蛋、茼蒿炒肉、清炒荷兰豆、荸荠肉片、炒青菜、电暖锅里放有蛋饺、肉圆、粉丝、白菜等荤菜和素菜（蛋饺象征元宝、肉圆象征团圆、粉丝象征长寿。过去用炭烧的紫铜暖锅。寓意全家幸福，日子红红火火，现在改用电暖锅，但美好的寓意没有改变）。笔者随大家落座，得空做了口述。

问：年夜饭的菜都有些什么口彩啊？

答：笋干叫升官发财；酱蛋叫团团圆圆；蹄髈一定要吃的，生活提起来；炒青菜寓意"来年有个好彩头"；（"菜"谐音"彩"）草莓叫红红火火；糯米藕和鱼一起吃叫年年有余；芹菜叫勤勤恳恳；全鸡全鸭叫圆满完整；年夜饭吃好了，要供年饭的，里面要放荸荠、福橘、红蛋、插上葱、松柏类的东西，寓意年年有饭吃。还有端上桌的大碗米饭，里面要放荸荠，大家用筷子去挖，叫"掘藏"，寓意来年财源滚滚。

大年初一我们吃面条。希望一年健康长寿。有的人家吃汤圆。正月十五我们一般吃小圆子。

问：大年初一有什么规矩啊？

答：大年初一不出门，不扫地。垃圾不外扔，早晨要到河里拎两桶水进门，讨个"有进水"的好口彩，带来财气。大年初一弗出门做客人格，人家也不欢迎的，都呆勒屋里不出门。以前年夜饭后要用角子（一分、五分的硬币）和黄豆从大门撒到屋里厢，叫"撒金子"，嘴里要念念有词呢，念词是：金子银子才（才，吴语：全的意思）到我屋里厢来。家里院子里到年初三前都不能扫地，更不能扫掉伊（伊：指角子和黄豆）。年夜饭吃好，我们开始做冻米糕、芝麻糕、炒瓜子、花生。

中国人对年夜饭的重视，一是团圆，全家人都要团团坐好，一起吃年饭，二是菜肴讲究口采寓意。特别是年夜饭的菜肴都充满了对美好未来的祈愿，极具象征意义和口采意味。这在我们采访的整个村子各家各户中都基本一样，有老人的家庭都基本保留着灶间，但平时很少在灶上烧菜，都用煤气灶了。但年夜饭都习惯在灶上烧煮一些猪蹄髈、猪蹄、酱蛋、八宝鸭等需要文火的食物。过去烧的是稻柴，现在烧的是废木头、干树枝。灶上的灶画很少看见了。大多数的灶很简单的两眼灶。旧时常见的三眼灶，供奉灶王爷的神龛、放铜汤罐灶眼基本消失了，过去泥水匠请去砌灶头，都会手绘灶画，现在已经很难找到了。

苏南民间习俗，门插冬青柏树枝，年饭中亦插之，在吴江利星社区，我们随处可以看到。但苏州城里已经没有了。这个习俗在清顾禄的《清嘉录》卷十二"冬青柏枝"条里有记载，其曰："摘松柏之枝，副以石楠、冬青，乡人残年扎成小把，沿门叫卖。供居人插年饭中用，或藉地送神马之需，呼为冬青柏枝，又名送灶柴。"冬青柏树枝寓意万年长青、生活年年如意。年夜饭前要放高升、鞭炮。还有大年夜的关门爆仗和年初一的开门爆仗，寓意除旧布新，驱邪迎吉。在钱家湾家家户户仍然如故。

二、传统民间宗教性质的生活，没有随着城市化而变淡，许多方面却有着趋向复兴繁复的现象，祈愿的意味古今相同，但现代人似乎更功利直接。

为了研究的方便，通常把民间神灵分成祖先神、宗教神和民间俗神三种类型，宗教神指出自佛、道两教的神灵，如：如来、观音、地藏、关帝、东岳、八仙、城隍、灶神等，祖先神则是苏州人通常称的家神或喜神，每逢新年、清明、中元、冬至，过去苏州城乡祭祖活动十分频繁，燃烛、设供、烧纸钱等到处可见。民间俗神即民间奉祀虔诚而宗教上不归流的神灵如财神、五通神、蛇神、花神等，其中以财神信仰最具威力。

财神信仰愈演愈烈是社会对财富渴望程度的成正比的。也是社会比较安定，经济发展较快，商业贸易活跃的时期。在崇拜财神的同时民间信仰也呈现多元化发展的状况，民众拜神往往是见庙烧香，见神便拜，求神保佑赐福的事情当然也不外乎求取富贵钱财，除了有名有姓的财神比干、赵公明、五路、关公、范蠡等外。其他的民间信仰神灵也被信众当财神拜，也是比较普遍的现象，特别是乡村佛教和道教的神灵供在同一个神龛上，同享人间香火的现象比比皆是。反映了民间信仰的随意性和功利性。由于我国是个有着悠久历史的国家，历史人物在民间宗教里上升为神灵也是民间信仰带有传承性的特征，如范蠡成为财神等，随着时代的发展和社会的变迁，又不可避免地有着变异性的特征。

抢烧头香、拜财神：春节重要的年节内容——田野采访记录之三

时间：某年年夜

地点：吴江芦墟庄家圩

据《芦墟镇志》（2004 年上海社科院出版社出版），泗洲寺创建于唐景龙二年（708 年）。近 1300 年来，该寺多次重建、扩建、修缮。不少僧俗名人在此留下历史踪迹。遗址在芦墟镇上，我们特地去拜访了。1997 年在三白荡东草里村按原样开始复建，三白荡庄家圩上原有刘王庙，后改称刘王殿。财神殿建在原有的刘王殿的西面，里面供奉有五路财神即赵公明，他下辖有招宝天尊、纳珍天尊、招财使者、利市仙官。左右还分别供奉有文财神和武财神各一尊，神像都塑了金身。每年大年夜、年初五香火很旺，

四乡村民都会来此烧香。

　　吃罢年夜饭，夜10点多，阿峰开车送我们到离家15分钟车程的芦墟著名的三白荡边的（草里村）庄家圩，四乡居民都在吃罢年夜饭后赶到新建的泗洲禅寺来抢烧头香。在通往寺庙的路上，有成群结队的香客，也有各样的轿车都朝这个方向赶来。由于没有路灯，只看见星星点点的手电筒亮光和轿车灯光时隐时现，庙宇四周十里长棚都是乡民摆摊卖香烛、钱粮的，一路上阿峰不时和卖香烛的乡民打招呼。有的香客则背着黄布的香袋，里面放好自己早准备好的香烛钱粮。进入庙里，许多的香客都在蜡烛台上燃蜡烛，有的在烧一米多高的"高香"，上面写的是"新年高香"的字眼。在弥勒像前、刘王殿里、观音殿、天王殿等地方香客云集，排队等着磕头。但秩序很好。还有的香客烧好香后在庙里的广场上放"高升"、鞭炮。震天动地。烟雾缭绕不散。

　　只有大雄宝殿的大门紧闭。有公安、辅警把守，是预定的烧头香的地方。正好一位庙里的主持出来，与他做了简单交流，据他介绍，这样烧头香，十几年了，每年都会这样安排。共有两场，23点一场、24点一场。入场券1千多元一张进场券，要预定的。烧香的大都是当地做生意的开厂的，也有普通香客。庙内大殿里，摆放长条形的桌子和凳子，铺着黄色的桌布，每个座位上有个装线香的纸袋，预定的人都在陆续进场。

　　随阿峰的车到家，已经半夜1点了，我们又马上随钱家女主人到村西头的小庙里烧香。四周漆黑一片，只有远处那个小庙隐约有点光亮，顺着这个光亮，我们找到这个小庙，据说供奉的是当地的土地。管庙的老人说是刘王神，两边是刘王的二弟、三弟。门口有个大的供盘，香都插在上面。门两边是烛台，烧香的都是附近村庄的老年妇女。临走的时候都拔对蜡烛带走，嘴里说着："拔对蜡烛头，一年好到头。"

三、淡化和消亡的年节习俗——祭灶、照田蚕、祭井、祭紫姑、人日节等，反映着生产方式和生活方式的变化带来的深刻的影响。

祭灶、照田蚕、祭井、祭紫姑、人日节，这些古老的节日"文革"以后就基本淡化了。城市化的影响这些习俗基本消失殆尽了，只有祭灶在一些乡村还有存在。寻访中吴江利星社区祭灶的习俗已经淡化了。人们只在过年的时候会在灶上摆放供品和芝麻秆。希望灶王爷保佑自己家兴旺发达，日子如芝麻开花节节高。

照田蚕。据清顾禄《清嘉录》记载，二十五日夜农村则有烧松盆的习俗，门首架柴，成井字形，齐屋高，举火焚烧，俗称相暖热。古诗云："多谢松明力，几忘客子寒。"村农以长竿燃灯田间，焰高者稔，稔，吴语，庄稼成熟大丰收之意。谓之照田蚕，又称照田财，是祈求新年丰收的一种习俗。南宋范成大有《照田蚕词》："乡村腊月二十五，长竿燃炬照南亩。近似云开森列星，远如风起飘流萤。今岁雨雹茧丝少，秋日雷鸣稻堆小。侬家今夜火最明，的知新岁田蚕好。夜阑风焰西复东，此占最吉馀难同。不惟桑贱谷芃芃，苎麻无节菜无虫。"

20世纪80年代以来，照田蚕的习俗就式微了，乡镇工业在苏南农村遍地开花后，大片稻田消失变成了工厂和马路。就再也看不到照田蚕的习俗了。只有在老年人的记忆里仍然还保留着这样的童年回忆。钱菊生回忆，自己小时候手拿火把在自家田埂上"照田蚕"时候唱的童谣有："摊摊田角落。要收三石六。人家田里稗草，我家田里糯稻。"

祭井、祭紫姑、人日节在1949年后就基本淡化了。据清顾禄《清嘉录》记载，年夜饭后，家家汲取井水，须备三五日之用，然后以糕、果、酒祭井泉童子，封井，到初三或初五日始开，并以井水拭目，可令目不昏。

旧俗，元夕，妇女还有迎紫姑神的习俗，相传紫姑为正妻不容，常役其扫厕，正月十五死，民间此日束草人厕边或猪栏，祝词，觉掖下草人重，便是神来，设祭酒果，云其能卜新年蚕桑之事。又因正月间百草灵验，闺阁中箒帚姑、针姑皆卜以验灵。清袁景澜诗云："夜静持箕赛紫姑，红裙私祝向墙隅，占书报答年丰稔，灶婢簪花献酒脯。"

结　　语

上文民俗田野调查报告，让我们看到社会生产方式的改变，影响了人们生活方式即生活场的变化，习惯风俗虽然有渐变的过程，但变化是实实在在，不以人的意志为转移的现实。民俗有传承性和变异性的特征，因此我们更加体会到民俗学田野调查的重要性和必要性。及时记录民俗变迁和变异不仅是民俗田野调查的现实需要，且更有历史意义。

不仅仅是一种责任（后记）

编　委

《传统文化研究》第25辑的付梓出版，这是值得纪念的！

苏州市传统文化研究会于1991年7月9日在鹤园召开成立大会。会上，时任会长凡一同志明确提出，传统文化研究会的任务是年年公开出好《传统文化研究》一本书。至今，《传统文化研究》已经连续编辑，公开出版了25辑，这当然是我们编委应尽的使命！

正如杜国玲同志在为本辑的《序言》中所说，已经出版的《传统文化研究25辑》，"一如既往地继续坚持了正确的政治方向，一如既往地继续坚持了正确的舆论导向，一如既往地继续坚持正确的编辑宗旨"。这正是我们编委义不容辞的编辑方向。

已经出版的25辑，始终坚持"文史一体"的编辑思路。研究这类文章不是单纯的叙写历史事件或故事，也不是单一地文学描写，而是两者相互结合的思考，从而提炼出新的角度、新的观点，使作者更深入地去探索人文精神之美，从审美观念中去寻找历史的艺术之美，更增强可读性。

所以25辑，始终坚持历史唯物论、辩证唯物论的编辑思想。以这种思想方法来分析一些感到困惑的问题，探索以研究传统文化来联系当代的实际的问题。如过去开设的"和谐笔会"等专栏，就是以诸子优秀理念部分融入到当代和谐文化建设中间去，在古典经籍中探索排列出孔子的仁、中庸中和，孟子民本思想、墨子兼爱非攻、韩非子的法治理念等，组织写稿，缜密筛选，通过系列文章，拓开了天人合一、和而不同，以人为本，诚信关系，伦理道德的现实观，起到了良好的反响。

　　《传统文化研究》第25辑坚持了上述精神和思想，所设的核心价值论、生态综议、吴中人文、江南文化专栏和相关文稿，既涉及整个中华传统文化内容，又深入地域吴地文化。如核心价值论专栏中，《简论国学的当代价值》、《古今法律的公平平等精神刍议》，前者论述了国学的现代价值观，后者诠释了古今法律的异同，并阐述了与社会主义核心价值观之渊源关系，《墨子"兼爱"核心精神新诠》这是作者新时代的新诠释，读来有所启迪。在"生态综议""吴中人文"专栏有《我国古代传统生态思想与可持续发展》、《从伍子胥设计阖闾大城的生态理念说起》、《吴越地区人民的海洋心态和中国海上丝绸之路的起航》、《范仲淹的忧乐观及其影响》、《毛本．三国演义——苏州底层文人的贡献》、《〈请增烧造工价疏〉．价值论》等等文篇，都是各位作者坚持传统和现代"文化两端"的精心之作。又如"江南文化"中的《霜欺雪虐菊犹香》一文，凸显了晚清金坛农村女子贺双卿的优秀词作，以及她的悲惨人生，可以让读者开拓文化视线领域。

　　在城市发展中，文化竞争力的高低，有时甚至成为决定性因素；城市发展的后劲，很大程度上依赖于文化底蕴的深厚和文化发展体制的现代化。

　　所以，《传统文化研究》第25辑新设了"街区文脉"专栏，选用了《为建设古今辉映的历史文化名城提供法治保障》一文，正是符合当今为十三届全国人大所通过的《中华人民共和国宪法修正案》的精神，还有《悟以往之不谏知来者之可追》、《瑞光寺、瑞光塔新考》二文，书写了对街区文化老宅的感慨与希望，对古建筑文物的新考。反映了"一座城市的知名度和影响力不完全取决于它的经济发展水平，而在更大程度上取决于它的文化竞争力、辐射力、影响力水平"的指导思想。

　　"资料集萃"是《传统文化研究》比较固定的一个栏目，在25辑中，其中既有对清官廉吏的弘扬，又介绍了对吴地文化有所贡献的人物。

　　《传统文化研究》连续编辑公开出版 25 辑，能够坚持下来，靠的是优秀的团队，靠的是优秀的团队精神。这种团队精神，是在甘愿奉献、争当"苦力"的基础上凝聚起来的，如在开创期间，《传统文化研究》的编委都是离退休的老同志，为了编好《传统文化研究》，大家不顾冬寒夏热，看稿校对，每编一辑，都要校对五六遍，不以为苦，反以为乐。后来不断加入的一些中青年编委、编辑，他们有专业、更有活力，可是他们在所在单位里都有一份工作，也都是骨干，但他们都科学、合理地调整好工作时间上的矛盾而做到两不误。

　　"但有既往，必是序章"。在苏州市传统文化研究会里，大家以"不作名利计，但求花叶妍"的共识来相互勉励，共同前进。《传统文化研究》的编辑团队，自会长起始，不分老少，不分彼此，相互关照，各献专长，努力奉献，都是想为社团、社会多尽一份责任，决不是为了"名利"作秀。而正因为有了这种精神，才能继续编辑好《传统文化研究》这篇大文章。

　　由于我们编辑水平有限，缺点和疏漏之处难免，敬请读者见谅！